Mauritius und Rodrigues

Ilona Hupe Verlag
München

„Eine Reise ist ein vortreffliches Heilmittel für verworrene Zustände“
nach Franz Grillparzer (1791-1872)

Wissenswertes über Mauritius

Geschichte

Bevölkerung

Kulturelles Leben

Wirtschaft

Natur und Tierwelt

Unterwegs auf Mauritius

Port Louis

Der Norden

Der Osten

Der Süden

Der Westen

Neues und Bewährtes: Aktuelle Empfehlungen

Die Insel Rodrigues

Wertvolle Reiseinformationen

Infos für die Reise

Inhalt

Besondere Themen

Landkarten & Ortspläne

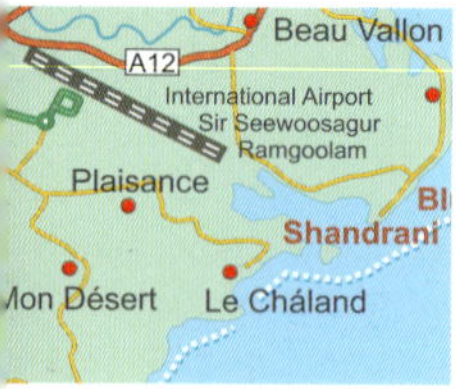

Willkommen in Mauritius

Zuerst wurde Mauritius geschaffen.
dann das Paradies.

Aber das Paradies war nur
eine Kopie von Mauritius.

Mark Twain

Die Tropeninsel verschlief die spannende Menschheitsentwicklung zunächst...

Geboren wurde die Insel vor ungefähr 8 Mio. Jahren, in einer geologisch höchst aktiven Phase, in der tektonische Aktivitäten und Vulkanausbrüche gigantische Furchen, Spalten und Erhebungen in den Ozeanen schufen. Vulkanisches Gestein wurde an die Oberfläche gespült, und der Indische Ozean gebar unter tosendem Druck tropische Eilande.

Während 2 Mio. Jahre später auf dem artenreichen afrikanischen Festland die aufregende Entwicklung des Menschen seinen Anfang nahm, dämmerten die Tropeninseln weiter in ihrem Dornröschenschlaf dahin. Als einzige Säugetiere erreichten Flughunde die Inselgruppe. Dafür entfaltete sich eine endemische Vogelwelt, deren bekannteste Vertreter die flugunfähigen Dronte waren.

Die ersten Entdecker bleiben im Dunkeln

Seefahrer sind die ersten Weltentdecker

Die Entwicklung menschlichen Lebens bedeutete auch stete Ausbreitung und Eroberung von Landflächen. Im östlichen Mittelmeerraum und dem Orient entstanden die ersten Hochkulturen. Mit den phönizischen Seefahrern, die vor 2600 Jahren im Auftrag des ägyptischen Pharaos Necho II. erste Entdeckungsfahrten in den Indischen Ozean unternahmen, nimmt die moderne Geschichte der Maskarenen, zu denen auch Mauritius gehört, ihren Anfang. Ob diese Seefahrer, von denen der Grieche Herodot erzählt, allerdings bis zu den Inseln vordrangen, ist bisher allenfalls eine Vermutung.

Ebenso unklar bleibt, ob Malaien auf ihren langen Seefahrten die Maskarenen streiften. Im ersten Jahrtausend nach Christus besiedelten die Malaien von ihrer südostasiatischen Heimat aus die Insel Madagaskar. Es gilt als wahrscheinlich, dass sie dabei auch Mauritius und ihre Nachbarinseln entdeckt haben. Jedoch liegen weder historische Beweise noch archäologische Funde vor, die diese These sichern könnten.

Arabische Dhaus vor der Küste von Mauritius

So gelten die **Araber vom Persischen Golf** als die Entdecker der Maskarenen. Gegen Ende des 10. Jh. betrieben diese begnadeten Schiffskonstrukteure ausgedehnte Handelsreisen entlang der afrikanischen Küste. Sie verbreiteten im ganzen Raum den islamischen Glauben, vermischten sich mit den Afrikanern und gründeten das Küstenvolk der Suaheli. Wagemutig segelten sie in ihren Dhaus über die Weltmeere. Schutz und Versorgung boten auf wochenlangen Fahrten nur die kleinen Inseln entlang der Handelswege. Arabische Spuren finden sich auf Madagaskar und den Seychellen, nicht jedoch auf Mauritius. Dass ihnen auch die Maskarenen wohlbekannt waren, beweisen jedoch die **arabischen Seekarten**: Assan ibn Ali soll die unbewohnten Inseln im Jahr 975 n. Chr. entdeckt haben; und fortan tauchten die Inseln unter den arabischen Namen „diva maghrebin“ (Westinsel, für Reunion), „diva mashrig“ (Ostinsel für Rodrigues) und „diva harab“ (Wüsteninsel, für Mauritius) auf allen Seekarten auf.

Die Welt erfährt von der Existenz der Maskarenen

Der lukrative Seehandel bescherte den Arabern großen Reichtum. Seltene Gewürze und exotische Waren aus dem fernen Indien und China erzielten phantastische Gewinne auf den europäischen Märkten. Die teuren Handelswaren wurden immer begehrter, und schließlich machte sich eine aufstrebende Seefahrernation daran, das arabische Handelsmonopol zu brechen.

Portugal entdeckt die Seepassage nach Osten

In Portugal bestieg ein Mann den Thron, dessen lebenslange Leidenschaft der ruhmreichen Seefahrt galt: **Heinrich der Seefahrer** (1394-1460) scharte Astronomen und Kartografen um sich, gründete eine Seefahrtsakademie, steckte enorme finanzielle Mittel in den Flottenausbau und zwang das kleine bäuerliche Königreich förmlich zum Aufstieg zur kolonialen Seemacht. Der Visionär wollte Entdeckungsgeschichte schreiben, zur Weltmacht aufsteigen, und wurde außerdem von missionarischem Eifer getrieben. Noch glaubte die Wissenschaft, die Erde sei eine Scheibe. Portugal spekulierte darauf, entlang der afrikanischen Küsten noch vor dem „Ende der Welt“ nach Ostindien zu gelangen. Um den viel versprechenden Handelsweg zu den tropischen Produktionsstätten zu finden, wurden unermüdlich Entdeckungsfahrten ausgeschickt (siehe rechts).

Das 15. Jahrhundert gilt als Zeitalter der portugiesischen Entdeckungen

Die Unterstützung arabischer Sultane erleichterte den Portugiesen die weiteren Entdeckungsfahrten im Indischen Ozean. Ihre Flotten verwendeten arabische Seekarten und erfuhren so von der Existenz zahlreicher Inselgruppen. Schon 1502 zeichnete Alberto Cantino eine Weltkarte, auf der die Inseln bereits markiert sind, obwohl erst fünf Jahre später der erste Portugiese Mauritius betrat. Kapitän Domingo Fernandes Pereira gab der Insel den Namen Ilha do Cisne, was „Schwaneninsel“ bedeutet. Ob er diesen Namen nach seinem eigenen Schiff oder nach dem inzwischen ausgestorbenen flugunfähigen Vogel Dodo wählte, der ein wenig an einen Schwan erinnerte, bleibt für immer Legende.

Portugiesische Seefahrer, die den Seeweg um Afrika erkunden sollten, erreichten 1446 den Gambia-Fluss in Westafrika und standen 1485 an der Mündung des Kongo. Drei Jahre später umrundete Bartholomão Diaz das Kap der Guten Hoffnung. Im Januar 1498 gelangte der Seefahrer Vasco da Gama schließlich bis nach Indien. Die Beharrlichkeit der Portugiesen hatte sich ausgezahlt: der Seeweg nach Ostindien war entdeckt und Landstriche entlang der Küsten eingenommen, deren Fläche ein Vielfaches des Mutterlandes betrugen.

Fünf Jahre später ankerte Pedro Mascarenhas vor der zerklüfteten Küste Reunions. Er taufte sie Santa Apolonia und wurde schließlich einige Jahrzehnte später selbst Namensgeber aller drei Inseln, Mauritius, Reunion und Rodrigues (die 1528 von Diego Rodrigues „erobert" worden war).

Somit hatte Portugal die drei Inseln annektiert, was natürlich auch nicht weiter schwierig war bei unbewohnten Eilanden. Handel und Missionierung zum Katholizismus waren mangels Inselbewohnern nicht möglich, und so schienen die Maskarenen nur von dem eher geringen Nutzen eines Versorgungspunktes auf den langen Rückfahrten von Ostindien nach Europa. Gelegentlich ankerten fortan portugiesische Handelsschiffe vor Mauritius, um Proviant aufzunehmen oder Schiffsreparaturen vorzunehmen. Sie jagten und verzehrten die heimischen Riesenschildkröten und Dronte und setzten ein paar Schweine und Ziegen aus. Die strategische Lage der Inselgruppe verkannte Portugal völlig.

Oben: Nachbildung des durch die Niederländer ausgerotteten Dodo in Iles aux Aigrettes

Die Niederlande unternehmen erste Siedlungsversuche und scheitern

Im 16. Jh. erstarkten die Niederlande, stellten eine starke Flotte zusammen und drängten in den gewinnbringenden Ostindienhandel. Die neue reiche Kaufmannsschicht forderte selbstbewusst und unverhohlen direkten Zugang zu den Produktionsstätten und wollte eigene Handelsstützpunkte erwerben. Portugal hatte plötzlich mit der Konkurrenz britischer und holländischer Seeleute zu kämpfen. Zudem schwächten Korruption und Undiszipliniertheit die lusitanischen Stellungen in den asiatischen Niederlassungen. Die reichen holländischen Kaufleute nutzten ihre Chance und stellten Portugal mit ihrer ersten Handelsfahrt nach Indonesien vor vollendete Tatsachen: von nun an würden die Niederlande um das Monopol im Gewürzhandel kämpfen.

Ein Sturm führt die Holländer nach Mauritius

Mauritius entdeckten sie dabei eher zufällig. Um einen Sturm zu umgehen, entschloss sich Vizeadmiral **Wybrandt van Warwijck**, abseits der gängigen Handelsrouten nach Süden auszuweichen und landete 1598 prompt vor der Südostküste von Mauritius. Die Stelle, an der die Mannschaft mauritischen Boden betrat, markiert noch heute ein Denkmal.

Dass Portugal weder offiziell Besitz von Mauritius ergriffen hatte noch durch bauliche Präsenz seine Vorherrschaft markierte, kam den Niederländern gerade Recht. Sie tauften die unbewohnte Insel kurzerhand zu Ehren des Königs Moritz von Nassau (ndl. Maurits, frz. Maurice) auf ihren heute noch gültigen Namen und betrachteten sie fortan als ihren Besitz.

Vier Jahre nach diesem Ereignis bildete sich in Holland die kapitalstarke private „**Vereinigte Ostindische Companie**" (VOC) als Gegenkraft zur britischen Ostindienkompanie. Nun begann ein Wettstreit um asiatische Besitzungen und Handelswege, der alle Beteiligten – Niederländer, Portugiesen, Briten und Franzosen – von Zeit zu Zeit vor den Maskarenen ankern ließ. Hatten die Inseln bisher ausschließlich als Nahrungslieferanten gedient, was bei den Riesenschildkröten und den Dronten allmählich zur Ausrottung führte, so erkannten die Holländer nun auch in den dichten alten Edelholzwäldern ein wertvolles Gut. Sogleich setzte die zügellose Abholzung des üppigen Naturwaldes ein, denn die Nachfrage auf Europas Märkten war groß. Inselflora und -fauna wurden dabei rückhaltlos dezimiert.

1615 ereignete sich in der Tombeau Bay im Inselwesten eine Tragödie: Admiral Pieter Both, der den Aufbau des Ostindiengeschäfts organisiert hatte, verunglückte tödlich mit seinem Schiff in einem Wirbelsturm. Zur Erinnerung daran trägt der markante zweithöchste Berg von Mauritius seinen Namen (Mount Pieter Both mit 823 m).

Als sich die Niederländische Ostindienkompanie um 1638 zur Besiedlung der Insel entschloss, tat sie dies ausschließlich aus marktstrategischen Gründen; vor allem, um den Edelholzschlag gegen lästige Konkurrenten zu sichern. Der offiziellen Annexion folgten erste Siedlungen in **Vieux Grand Port** an der Stelle, wo Vizeadmiral Warwijck angelandet war, und im weiter nördlich gelegenen Flachland bei Flacq (auf holländisch „vlak" = flach). Die Siedler sollten

Niederländische Siedler und ihre Sklaven suchen auf der Insel eine neue Heimat

Bilder dieser Seite: Exponate aus dem Museum in Vieux Grand Port und Ruinen in Balaclava (Mitte)

durchfahrende Handelsschiffe mit Getreide, Gemüse und Vieh versorgen. Dazu erhielten die rund 20 Familien über 500 Sklaven aus Madagaskar, dem afrikanischen Festland und Java. Doch die Besiedlung entsprach keineswegs den Vorstellungen der Handelsgesellschaft. Wirbelstürme zerstörten so regelmäßig die Ernten der Siedler, dass sie sich kaum selbst ernähren konnten, geschweige denn Schiffsbesatzungen, die Inselholz schlugen, mit frischen Lebensmitteln ausstatten. Die Siedlergruppe war viel zu klein und unerfahren, um den Widrigkeiten zu trotzen. Inzwischen wurde das Kap Afrikas holländisch besiedelt, wodurch Mauritius außerdem seine Bedeutung als Zwischenstation auf dem weiten Seeweg von Europa nach Indonesien verlor. Nach zwanzig Jahren zeigte sich das Vorhaben als defizitär und wurde abgebrochen. Alle Siedler wurden abtransportiert, Mauritius blieb verlassen zurück.

Auch der zweite Versuch, auf Mauritius Menschen anzusiedeln, scheitert

1664 unternahm Holland dann doch noch einmal einen Versuch, Mauritius zu besiedeln. Möglicherweise spornten die Erfolge am südafrikanischen Kap zu diesem Neustart an. Diesmal ging man auch viel ehrgeiziger vor und errichtete an der Ostküste standhafte Verteidigungsbauten für die neuen Insulaner. Aus Indonesien führte man **Zuckerrohr** ein und setzte Sambarhirsche aus, die beide prächtig gediehen. Zuckerrohr erwies sich als Segen für Mauritius, denn es ist die einzige Nutzpflanze, die flexibel genug ist, um den Stürmen standzuhalten. Und doch stand auch dieses Projekt unter einem schlechten Stern. Eine ständige Gefahr für die unzufriedenen Siedler, denen Frauengesellschaft und Unterhaltung fehlten, waren die Überfälle entflohener Sklaven. Im bewaldeten, bergigen Hinterland der Insel verbargen sich zahlreiche heimatlose Sklaven, die vor ihren grausamen Herren geflüchtet waren und nun ebenso grauenvolle Rache schworen. Die Siedler sahen sich in ständigem Kleinkrieg verstrickt. Ihre Felder und Siedlungen im Inselosten, den Stürmen direkt ausgeliefert, boten ein trauriges Bild. 1710 zogen die Niederländer deshalb einen endgültigen Schlussstrich unter ihr Mauritius-Engagement und verließen die Insel für immer. Alle Europäer emigrierten in die Kapkolonie, die Gebäude wurden niedergerissen und zerstört; zurück blieben einige Sklaven, die Sambarhirsche aus Batavia und Zuckerrohr.

Die Bilanz des „holländischen Jahrhunderts auf Mauritius" ist eher erschreckend: Als sie der Insel den Rücken kehrten, waren 30 Vogelarten und die heimischen Wälder vernichtet. Eingeschleppte Ratten hatten der durch zügellose Jagd bereits angeschlagenen Vogelwelt der Insel vollends den Garaus gemacht. Der Dodo und viele seiner Artgenossen waren ausgestorben.

Frankreich gelingt es, Mauritius dauerhaft zu besiedeln

Bilder links von oben: Solitaire-Modell und Zeichnung eines Dodo, beide ausgestorben

Die aufstrebende Rolle Frankreichs im Indischen Ozean hatte zunächst keinen unmittelbaren Einfluss auf Mauritius, jedoch auf die anderen Maskarenen-Inseln. 1638, im selben Jahr, als Holländer die ersten Siedlungsversuche auf Mauritius unternahmen, annektierte Frankreich die beiden Nachbarinseln Reunion und Rodrigues. Vier Jahre später folgte mit Gründung der Garnison Fort Dauphin ein erster Stützpunkt der französischen Orientgesellschaft in Südmadagaskar. Als man von hier zwölf aufsässige Meuterer auf die einsame, unbewohnte Insel Bourbon verbannte, wie Reunion genannt wurde, passierte eine **Überraschung**: Die zum Teil unterernährten, kränklichen Männer wurden nach drei Jahren wieder abgeholt und strotzten entgegen aller Erwartungen nur so vor Gesundheit und Begeisterung über ihren Verbannungsort. Dies gab den Ausschlag für das französische Besiedlungsexperiment, bei dem mehrere Schiffe auswanderungswillige Siedler und Waisenmädchen aus Frankreich zusammen mit madagassischen Sklaven an der Steilküste Reunions aussetzten. Aber auch hier kam es erst nach vielen Jahrzehnten zum Durchbruch, den die Bewohner von Reunion vor allem der Kaffeepflanze verdankten. Der Kaffeeanbau brachte dort die besten landwirtschaftlichen Erfolge und ist bis in unsere Tage der wichtigste Ausfuhrartikel Reunions geblieben.

Über die Piraten und ihre freie Republik

Im Jahr 1710 brach das nordindische Mogulreich zusammen und löste Unruhen in ganz Indien aus. Die Europamächte reagierten mit einem vorsichtigen Rückzug und suchten alternative Handelsniederlassungen im Indischen Ozean. Doch hier erlebte die Piraterie eine Blütezeit, die allen Handelsmächten auf See hohe Verluste bescherte. Im Norden Madagaskars lag das Zentrum der Seeräuberei, hier hatten die Freibeuter schon 1685 ihre „Republik Libertalia“ ausgerufen, und kaum ein Handelsschiff wagte sich in deren Nähe. 1688 errichteten die Gesetzlosen einen Stützpunkt auf Reunion, und ab 1697 besuchten sie auch die Insel Mauritius, um mit dem Inselholz neue Kaperschiffe zu bauen. Umschlagplatz für Diebesgut blieb der Norden Madagaskars. Von dieser Basis aus attackierten die Seeräuber alle Handelsschiffe im Indischen Ozean. Kühn, draufgängerisch und gefährlich, wie sie blitzschnell auftauchten und unbarmherzig zuschlugen, galten sie als Schrecken aller Seeleute und störten die Geschäfte der Handelsgesellschaften empfindlich.

Die verlassene Insel erhält französischen Besuch

Frankreich beobachtete von seinen nahegelegenen Besitzungen aus mit Genugtuung den Rückzug der Niederländer von Mauritius. Die „Grande Nation“ wartete noch eine geraume Zeit, dann sandte sie Kapitän Guilleaume Dufresne aus. Die

Anekdote:

Der geheime Schatz des Piraten La Buse („Der Bussard")

Er soll einer der führenden Köpfe gewesen sein, ein Star unter den Piraten; unerschrokken, waghalsig und erfolgreich. La Buse, bürgerlich Olivier le Vasseur, wurde steckbrieflich von vielen Nationen gejagt. 1730 fiel der Verbrecher den Franzosen auf Reunion in die Hände und wurde dort am 7.Juli 1730 öffentlich gehängt. Den vielen Schaulustigen, die seine Hinrichtung anlockte, soll er unter dem Galgen „Mein Schatz für den, der dies versteht" zugerufen und eine verschlüsselte Schatzkarte in die Menge geworfen haben. Dieses Kryptogramm mit 17 Zeilen in einer rätselhaften Schrift beschäftigt seither Generationen von Wissenschaftlern und Glücksrittern. Immerhin winkt demjenigen, der den Code knackt, ein sagenhafter Gewinn. Als bekanntester Schatzsucher errang ein britischer Großwildjäger namens Reginald Cruise Wilkins Berühmtheit. Er widmete sich in der Mitte des 20. Jh. ganz der Suche des Schatzes von La Buse, den er auf den Seychellen vergraben glaubte. Seine kostspieligen Suchaktionen förderten zwar ein paar alte Waffen und Münzen zu Tage, die vielen erbeuteten Piratenschätze jedoch nicht. Für den Schatzsucher endete die jahrelange Suche denn auch mit dem Totalverlust seines Privatvermögens.

„Chasseur" legte im Nordwesten in der Bucht der heutigen Hauptstadt an und nahm die „Ile de France" 1715 feierlich in französischen Besitz. Bis zur Besiedlung vergingen dann noch einmal sechs Jahre, ehe die ersten 15 Übersiedler aus Reunion nach Mauritius gelangten und sich im Nordwesten der Insel dort niederließen, wo heute der Stadtpark „Jardin de la Compagnie" eine grüne Oase inmitten der Hauptstadt bildet. Es sollte sich später als Meisterstreich erweisen, eine Siedlung im klimatisch begünstigten Westen von Mauritius zu gründen, konträr zu den alten niederländischen Besitzungen im Inselosten.

König Ludwig XIV. übertrug Mauritius der französischen **Ostindischen Handelskompanie**, die sich wiederum erkenntlich zeigte und ihren kleinen Stützpunkt Port Louis taufte. Damals hatte die Siedlung allerdings wenig königliches Ambiente zu bieten. Der Anbau von Kaffee, von den Emigranten aus Reunion erwartungsvoll eingeführt, erbrachte auf Mauritius nur klägliche Resultate. Inmitten ihrer geschundenen madagassischen Sklaven hausten ein paar verarmte europäische Siedler sowie zahlreiche Soldaten und grobschlächtige Söldner der Handelskompanie. Rattenplagen und allgemein verrohte, archaische Zustände schufen ein Sozialklima für den Bodensatz der Gesellschaft jener Tage, in dem sich allenfalls Hasardeure und Piraten wohl fühlten. Doch genau dieser kulturelle und ethnische Schmelztiegel gilt als der eigentliche Ursprung der heutigen Bevölkerung von Mauritius.

Der französischen Ostindischen Handelskompanie drohte also ein ähnliches Fiasko wie schon den Holländern. Um dem vorzubeugen, schickte sie 1735 einen Gouverneur zu den Maskarenen, der heute noch wie ein Nationalheld geehrt wird. Die Geschichtsschreibung spricht ihm die entscheidende und bis heute prägende Rolle als Gründer der Kolonie zu. Er ist aber auch eine tragische Figur, die trotz seiner charakterlichen Stärken dem politischen Gerangel seiner Zeit zum Opfer fiel.

Gouverneur La Bourdonnais formt die verrufene Insel zur schmucken Kolonie

Bertrand François La Bourdonnais wurde schon mit 24 Jahren Kapitän der französischen Ostindienkompanie. Seine steile Karriere begann 1724 in Indien, als er maßgeblich an der Einnahme der Stadt Mahé beteiligt war und seither den Namenszusatz Mahé de La Bourdonnais tragen durfte. In diesem weitsichtigen, tatkräftigen Mann erkannte die Handelsgesellschaft eine Idealbesetzung und sandte ihn 1735 als den neuen Gouverneur der Maskarenen direkt nach Port Louis. La Bourdonnais enttäuschte nicht. Innerhalb kürzester Zeit formte er aus dem verlotterten Spelunkennest eine vorbildliche Kolonie. Auf sein Konto geht die weitgehende Erschließung der Insel. So ließ er in Port Louis eine geordnete Kleinstadt mit rechtwinkligen Straßen anlegen, zahlreiche schmucke Kolonialgebäude errichten und den Hafen orkansicher ausbauen. In seiner Regierungszeit öffneten die ersten beiden Zuckerraffinerien. Er ließ 1200 Seeleute und rund 500 Soldaten in Port Louis stationieren und lockte zahlreiche neue Siedler aus Europa auf die prosperierende Insel.

Oben: Die Statue von La Bourdonnais in Port Louis

La Bourdonnais sorgte für Recht und Ordnung, indem er eine funktionierende Verwaltung und Gerichtsbarkeit installierte und die entlaufenen, marodierenden Sklaven einfangen ließ. Er importierte Maniok/Cassava aus Brasilien und sicherte so die Grundnahrung der Bevölkerung auch bei Wetterkapriolen und Naturkatastrophen, wie schweren Wirbelstürmen. Zeitgleich wandte er sich den Seychellen zu und ließ diese für Frankreich einnehmen. La Bourdonnais wollte Port Louis schließlich zum Freihafen erklären, stieß damit aber auf Widerstand und so kam es nur zu einer kurzen Versuchsphase zwischen 1742 und 1747.

Eine musterhafte Karriere endet jäh und tragisch

Mit all diesen Erfolgen und sichtbaren Verbesserungen in seiner kleinen Kolonie war kaum vorstellbar, dass La Bourdonnais' Stern einmal sinken könnte. Doch es gab Neider und Feinde. Im Zuge des Österreichischen Erbfolgekriegs (1740-1748) brachen Gefechte zwischen Briten und Franzosen im ostindischen Raum aus. Der ehrgeizige Generalgouverneur der französischen Niederlassungen in Indien, Joseph François Dupleix, ersuchte La Bourdonnais um dringende

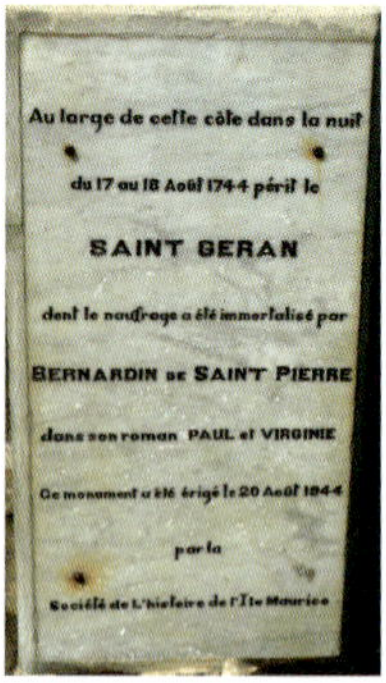

Bilder dieser Seite: Gedenktafel für die Schiffskatastrophe der Saint Geran; Büste von Pierre Poivre; Poivre Street in Pamplemousse

Unterstützung. Dieser segelte mit fünf Kriegsschiffen nach Indien und fügte den Briten mit der Einnahme der Hafenstadt Madras schweren Schaden zu. Danach kam es zum offenen Bruch zwischen den beiden Männern. Während La Bourdonnais die Kapitulation annahm und den Briten zusicherte, die Stadt zu schonen, verlangte Dupleix ihre Zerstörung und Plünderung. La Bourdonnais weigerte sich, die Stadt anzugreifen, weil er nur Weisung hatte, die britische Flotte zu bekämpfen, nicht jedoch, Landbesitz einzunehmen. Er schonte Madras gegen eine hohe Kontribution und kehrte zur Ile de France zurück. Dupleix hingegen verrannte sich in erfolglosen und verlustreichen Angriffen, und schließlich bezichtigte er in seiner Wut La Bourdonnais öffentlich des Verrats und der Annahme von Bestechungsgeldern. Es gelang ihm tatsächlich, den tadellosen Ruf des Maskarenen-Gouverneurs so weit zu beschädigen, dass Paris diesen 1746 seines Posten enthob und nach Frankreich zurückbeorderte. Dort warf man den Ex-Gouverneur als Staatsverräter in die Bastille. Seine Unschuld wurde zwar später zweifelsfrei bewiesen, doch hatten Verurteilung und dreijährige Haft dem Rechtschaffenen derart zugesetzt, dass er kurz darauf gebrochen und verarmt starb. La Bourdonnais wurde nur 54 Jahre alt. Auf Mauritius hinterließ er eine Lücke, die schwer zu füllen war. Seine Planung und Arbeit prägen die Insel bis heute.

Diese erste kulturelle Blütezeit erlitt nach La Bourdonnais' Abberufung einen herben Dämpfer. Die Landwirtschaft, auf Zuckerrohr, Kaffee und Baumwolle ausgerichtet, verzeichnete rückläufige Ernten. Der Siebenjährige Krieg zwang die einst finanzstarke französische Ostindien-Handelsgesellschaft in die Knie. 1764 wurde sie zahlungsunfähig und „verkaufte" ihre Ile de France mit allen 20 000 Inselbewohnern an die französische Krone.

Der König übertrug die Verwaltung einem Übersee-Ministerium, die Amtsgeschäfte vor Ort hatten fortan zwei Staatsbeamte gemeinsam zu erledigen: ein Generalgouverneur für die Streitkräfte und ein für Justiz und Finanzwesen verantwortlicher Intendant. Die beiden Amtskollegen, sehr ungleich in ihren Charakteren, betraten gemeinsam im Juli 1767 die Insel, und damit begann eine andauernde Phase der Zerstrittenheit. Von Daniel Dumas, dem Generalgouverneur, ist nicht viel überliefert. Sein Antipode, **Pierre Poivre** (1719-1786), hinterließ dagegen tiefe Spuren in der mauritischen Geschichte.

Eingeschmuggelte Gewürzsamen brechen das niederländische Weltmonopol und bringen den Inseln Wohlstand und Wachstum

Unermüdlicher Tatendrang und ein großartiges Organisationstalent zeichneten den **leidenschaftlichen Botaniker** aus. Er führte die von La Bourdonnais begonnene Landverteilung fort, ließ die alten Kolonialbauten renovieren und den Hafen entsanden und reparieren. Während sein Kontrahent die Landwirtschaft zur Selbstversorgung ausbauen wollte, setzte er die Ausrichtung für den Export durch. Vor allem den Anbau seltener, teurer Gewürze intensivierte Poivre. Der Visionär soll sogar heimlich Gewürzsamen eingekauft und die ersten Pflanzungen angelegt haben, mit denen Frankreich schließlich das niederländische Weltmonopol im Gewürzhandel brechen konnte. Unsterblich machte er sich aber mit der Schaffung des Botanischen Gartens von Pamplemousse, für dessen außergewöhnliche botanische Sammlung Poivre schon zu Lebzeiten berühmt wurde.

Die prosperierende, wohlhabende und ruhige Zeitphase bis in die 1780er Jahre verdankten die Maskarenen diesem geschickten Administrator und dem Umstand, dass 1770 das Hafenmonopol der Französischen Ostindienhandelsgesellschaft auslief. Der Hafen von Port Louis wurde für alle Nationen liberalisiert und sein Aufkommen verdreifachte sich in wenigen Jahren. Diese Ära brachte auch einen Zustrom neuer Einwanderer. Bis 1787 wuchs die Bevölkerung der Insel auf annähernd 40 000 Menschen, von denen allerdings 90 % Sklaven und Leibeigene waren.

Bilder oben:
Das schmiedeeiserne Eingangstor zum Botanischen Garten;
die älteste Kirche der Insel in Pamplemousses

Frankreich verdankte diese ruhige Periode aber auch der Verstrickung seines ewigen Rivalen, der Kolonialmacht Großbritannien, in den Unabhängigkeitskrieg der Vereinigten Staaten von Amerika (1775-1783). Mit Kriegsausbruch 1775 bündelten die Briten ihre Kräfte im Nordatlantik, der Indische Ozean geriet in den Hintergrund. Ab 1778 griff Frankreich aktiv in das Kriegsgeschehen ein und trug entscheidend zum Sieg der Amerikaner bei. Dies sollte sich für die Maskarenen auszahlen: Als Alliierte der aufstrebenden amerikanischen Nation profitierten sie nun von den neuen Handelsbeziehungen mit den USA.

Bilder oben: Zuckerrohr pressen war im 18. Jh. harte Sklavenarbeit; Schlot einer Zuckerrohrfabrik in St. Aubin

Bild unten: In der Villa Eureka wird das koloniale Gutsherrenleben jener Zeit wieder lebendig

Nach dem Verlust ihrer amerikanischen Kolonien konzentrierten sich die Briten dafür umso so stärker auf eine Vormachtstellung im afro-indischen Raum. Allmählich nahmen ihre Angriffe auf französische Besitzungen im Indischen Ozean wieder zu. 1789 musste sich Frankreich dem britischen Druck beugen und alle Besitzungen auf dem indischen Subkontinent aufgeben. Fortan konzentrierten sich die Franzosen ganz auf die Maskarenen, die sie nun als ihren „Stern und Schlüssel des Indischen Ozeans" rühmten.

Zum Ende des 18. Jh. hatte sich auf den Maskarenen vieles verändert, die bewegte Pionierzeit war einer florierenden Kolonialpracht gewichen. Endlose Zuckerrohrplantagen überzogen die flachen Küstengebiete, im Hafen von Port Louis wurden fast täglich neue Handelsschiffe aus aller Welt abgefertigt, und die kleine Oberschicht der Insulaner begann sich ihr Leben elegant und extravagant einzurichten. Als Marinestützpunkt fühlte sich Port Louis in diesen Tagen gleichwertig mit britischen Metropolen wie Bombay und Kalkutta.

Sklavenhandel und organisierte Piraterie finanzieren den fürstlichen Lebensstil der frankophonen Elite

Die stolzen frankophonen Insulaner feiern sich selbst

Ein Blick auf die politische Weltkarte zum Ende des 18. Jh. zeigt, wie stark Frankreichs Gebiete im Indischen Ozean geschrumpft waren und welche Dominanz ihnen mit den britischen Besitzungen gegenüberstand. Es lag auf der Hand, dass die Engländer bald auch die kleinen Maskarenen an sich reißen würden. Doch die Franko-Mauritier wehrten sich zunächst findig und sehr erfolgreich gegen den mächtigen Riesen. Diese letzten französischen Jahrzehnte auf den Inseln zeichnen einerseits eine unglaubliche Extravaganz im

Oben: Die prachtvolle Zufahrt zu einem der alteingesessenen Estates an der Südwestküste

Leben der reichen Oberschicht und ein moralisches Verrohen andererseits aus. „Nimm mit, was du noch kriegen kannst" schien die unausgesprochene Parole zu sein. Der Sklavenhandel blühte und fand mit den USA einen neuen Markt. Doch der größte Coup gelang mit dem Anheuern von Korsaren, zumeist nordafrikanischen Berufspiraten, die im Auftrag der Maskarenen einen **Kaperkrieg** gegen Handelsschiffe fremder Nationen führten. Die Korsaren agierten nach klaren Regeln: Die Gegner durften nicht getötet werden, sondern wanderten als Kriegsgefangene in das Gefängnis von Port Louis. Das Diebesgut war ebenfalls abzuliefern und wurde nach seiner Registrierung zwischen den Korsaren und den Auftraggebern aufgeteilt. Zwischen 1793 und 1802 sollen rund 120 Schiffe gekapert worden sein. Den größten Schaden erlitt Großbritannien, das den Verlust von 47 Schiffen zu beklagen hatte. Auf den berühmtesten Korsaren, Robert Surcouf, setzten sie eine hohe Kopfprämie aus. Doch Surcouf entkam, wurde auf Ile de France als Held verehrt und in der französischen Heimat sogar in den Grafenstand erhoben. Für die mauritischen Auftraggeber lohnte sich der Kaperkrieg, denn die Beute ließ sich profitabel an die Amerikaner weiter veräußern. 1794 stationierten die USA gar einen eigenen Konsul auf Mauritius, der die amerikanische „Pole Position" bei der Beuteverteilung sichern sollte.

Die Blütezeit der „Berufspiraterie" im Indischen Ozean

Bild unten: Das Denkmal in Mahébourg erinnert an die Seeschlacht von Vieux Grand Port 1810

Rechts: Auch das Naturhistorische Museum in Mahébourg widmet viel Raum der dreitägigen Seeschlacht zwischen Frankreich und England

Die französische Revolution erreicht die Inseln verspätet

Kehren wir zurück zum geschichtsträchtigen Jahr 1789 und blicken wir nach Frankreich: Mit dem Sturm auf die Bastille entlud sich der Volkszorn um mehr Freiheits-, Bürger- und Menschenrechte, schwoll an zur nationalen Revolution und fegte mit dem Geist der Aufklärung durch ganz Europa. Aus dem feudalabsolutistischen Ständestaat wurde über den Umweg einer konstitutionellen Monarchie eine innenpolitisch umkämpfte, fragile Republik, in deren Wirren Napoleon Bonaparte die Macht an sich riss. Von all diesen Vorgängen erfuhren die Kolonisten in den Tropen nur mit langer Verzögerung. Auf Ile de France kam die Kunde von der Revolution erst im Januar 1790 an. Sie löste Begeisterung aus, gestanden die neuen Machthaber den Inseln doch mehr Selbstverwaltung zu. Man wählte eigene Kolonialräte und schaffte den **Code Noir** ab, der bislang Eheschließungen zwischen Weißen und Farbigen verbot. Außerdem änderte sich der Name der Insel Bourbon in Reunion. Als mit dem Freigeist der Revolution allerdings auch die Forderung nach der Abschaffung der Sklaverei die Maskarenen erreichte, schlug deren Begeisterung ab 1796 in **offene Rebellion** um. Frankreich hatte 1794 die Sklaverei offiziell abgeschafft, doch in der Kolonie wurde sie eisern weiter praktiziert und das neue Gesetz ignoriert. Weil das Mutterland wieder einmal in einem kräftezehrenden Krieg gegen Großbritannien verstrickt war, konnte es den Rebellen nichts entgegen setzen. Ile de France war zu diesem Zeitpunkt de facto eine aufmüpfige unabhängige Piratenkolonie geworden, die vom Kaperkrieg lebte, im florierenden Hafen Alkoholkonsum und Prostitution förderte und auf den Zuckerrohrplantagen Sklaven schuften ließ.

Die reiche Minderheit klammert sich an ihre dekadente Lebensart und kann sie sich noch ein paar Jahre bewahren

1799 übernahm **Napoleon** die Macht in Paris und installierte nun endlich wieder eine klare Struktur und Ordnung. Er ernannte 1802 Generalkapitän Decean zum neuen Gouverneur von Ile de France und Reunion, dem es nach seiner Ankunft gelang, die Kolonisten wieder mit dem Mutterland zu versöhnen. Allerdings nur, weil Decean die Beibehaltung der Sklaverei akzeptierte, obwohl dies einem Gesetzesbruch gleichkam. Die kolonialen Gutsherren zeigten sich dankbar und tauften Reunion in „Ile de Bonaparte“ um. Mit diesem Arrangement hätte es aus Sicht der Inselelite gerne weiterlaufen können, wenn auch Deceans leicht diktatorischer Führungsstil unbeliebt blieb. Doch im 19. Jh. ging die französische Epoche auf der Insel Mauritius endgültig ihrem Ende entgegen.

1806 besetzte Großbritannien das südafrikanische Kap und zog nun auch die Schlinge um die Maskarenen enger, indem es eine **Seeblockade** verhängte und die Inseln vom französischen Mutterland abschnitt. Der britischen Einnahme von Rodrigues 1809 folgte am 7.Juli 1810 die Annexion von Reunion, das den Briten fast ebenso wehrlos ausgeliefert war. Im August nahmen die Angreifer Kurs auf Vieux Grand Port im Südosten von Ile de France. Die dreitägige Schlacht sollte als die einzige erfolgreiche Seeschlacht Napoleons gegen Großbritannien in die Geschichte eingehen. Genützt hat es ihm dennoch nichts, außer, dass Port Louis in Port Napoléon umgetauft wurde. Denn Großbritannien sammelte nun seine gesamten Kräfte aus Indien und Südafrika vor der Küste von Rodrigues zum finalen Schlag. Am 29.November 1810 landete die britische Seemacht mit 10 000 Soldaten auf 70 Kriegsschiffen am Cap Malheureux und rückte gegen Port Louis vor. Kaum ein Widerstand regte sich gegen diese **gigantische Übermacht**. Drei Tage später kapitulierte Gouverneur Decean ohne weiteres Blutvergießen. Man gab sich auf beiden Seiten ritterlich und ehrenhaft, es wurden keine Gefangenen gemacht und keine Plünderungen geduldet.

Napoleons einzige siegreiche Seeschlacht kann die Inseln trotzdem nicht retten

Im Friedensvertrag von Paris (1814) wurde festgelegt, dass Mauritius, Rodrigues und die Seychellen an England fielen, Frankreich jedoch die Insel Reunion zurück erhalten sollte. Den Briten schien die Vulkaninsel wertlos und sie waren gerne bereit, diese aufzugeben für die Zusage Frankreichs, auf die anderen Inseln endgültig und dauerhaft zu verzichten.

England gibt sich großzügig und überlässt die Inseln dem französischen Savoir-vivre

England schickte als ersten Gouverneur Robert Farquhar nach Port Louis, das nach vier Jahren wieder seinen alten Namen erhielt. Auch löste nun der Name Mauritius die Bezeichnung Ile de France für immer ab. Englisch wurde zur offiziellen Sprache erklärt und die Verwaltungsspitze durch britische Beamte ersetzt. Ansonsten zeigte Großbritannien nur wenig Interesse an seinen neuen Besitzungen und zeigte sich den 15 000 ansässigen Europäern gegenüber generös.

So blieben deren Besitzstrukturen unangetastet. Die französischen Gutsherren und Großgrundbesitzer behielten ihre Privilegien und das Recht auf eigene Gesetze, freie kulturelle Entfaltung und uneingeschränkte Religionsfreiheit. Wer dennoch die Insel verlassen wollte, durfte seinen gesamten Besitz mitnehmen. Durch diese großzügige Handhabung erhielt sich der französische Einfluss und bildet selbst heute noch die gesetzliche Grundlage von Mauritius (Code Civil Napoléon). Trotz britischer Oberherrschaft blieb der mauritische Alltag weitgehend frankophon geprägt. Farquhar regierte relativ autonom vom Mutterland. Obwohl die Sklaverei seit 1807 im gesamten British Empire verboten war, duldete Farquhar zähneknirschend die Zustände auf seinen Inseln. In diesen Jahren entwickelte sich Mauritius endgültig zur „**Zuckerinsel**", zu einer Plantagengesellschaft mit Monokultur, in der mächtige „Zuckerbarone" den Ton angaben und ihren Reichtum rund 80 000 rechtlosen Sklaven verdankten.

Bilder oben: Der museale Landstitz Villa Eureka

Bild unten: Grabstein aus dem 19. Jh.

Die Sklavenbefreiung - ethnische Verpflichtung für die einen, ein Eigentumsdelikt für manch anderen

Mit einer Unterbrechung regierte Farquhar bis 1823 und bemühte sich in dieser Zeit redlich um Verbesserungen der Lebensbedingungen der armen Schichten und um den Ausbau landwirtschaftlicher Bereiche. An der Frage der Sklaverei scheiterte aber auch er zeitlebens. Die Anti-Sklaverei-Bewegung bekam jedoch international und besonders in England immer mehr Zulauf; der Druck auf die Verwaltungsorgane, sich endlich den Missständen auf Mauritius zu stellen, nahm zu. Die Sklaveneigner reagierten kompromisslos und drohend. Die arbeitsintensive Zuckerproduktion sei ohne Leibeigene nicht durchführbar, und eine Sklavenbefreiung käme einem Raub an ihrem Eigentum gleich. Die Debatte erhitzte die Gemüter zusehends und radikalisierte die Gegner. 1835 sah sich die Kolonialverwaltung gezwungen, mit dem Bau von Fort Adelaide eine Drohkulisse aufzubauen, und versuchte den Widerstand der Gutsherren gleichzeitig zu brechen, indem sie ihnen eine hohe Entschädigung für jeden befreiten Sklaven in Aussicht stellte. Auf dieser Basis konnte endlich eine Einigung erzielt werden. Die Sklaven galten nunmehr als befreit, sollten per Gesetz zunächst aber noch eine vierjährige „Lehrzeit" bei ihren Vorbesitzern verbringen und dort gegen einen kleinen Lohn und Unterkunft weiterarbeiten. Da sich so für die ehemaligen Leibeigenen kaum etwas veränderte, flohen die meisten sofort von den Plantagen. Sie zogen die Armut als Subsistenzbauern oder Fischer einem Verbleiben bei den Gutsherren vor. Für die Zuckerrohrplantagen hatte das einen plötzlichen akuten Arbeitskräftemangel zur Folge.

Oben: Nur wenige Weiße, wie Pater Laval, unterstützen die befreiten Sklaven

Die Entschädigungssummen für die befreiten Sklaven ermöglichten den Plantagenbesitzern die Öffnung eines neuen Marktes: Sie warben über professionelle Händler und mit falschen Versprechungen Zehntausende arbeitswillige Männer aus den armen Metropolen Indiens und Chinas an. Diese **Kulis** erfuhren oft nicht einmal, wohin ihre Reise gehen sollte. Sie fanden sich eingepfercht auf ehemaligen Sklavenschiffen wieder und rechtlos der harten, entbehrungsreichen Überfahrt nach Mauritius ausgesetzt, die viele aufgrund der katastrophalen hygienischen Verhältnisse an Bord nicht einmal überlebten. Unter den Neuankömmlingen grassierten Seuchen und Krankheiten, die sich rasch auf Mauritius ausbreiteten. Die Arbeitsverträge garantierten den Kulis eigentlich nach einigen Arbeitsjahren eine freie Heimreise, doch nur ein Viertel der Betroffenen kehrte tatsächlich in ihre Heimat zurück. Die meisten wurden unter Zwang zurückgehalten, weil die Wirtschaft boomte und Mauritius immer noch nicht genügend Arbeitskräfte besaß. Seit der Sklavenbefreiung bis zum Jahr 1860 hatte sich die Bevölkerung verdreifacht; rund 200 000 indische Einwanderer waren hinzu gekommen. Und immer mehr wurden angeworben, ohne dass sich irgend jemand um deren soziale Einbindung und die infrastrukturellen Bedürfnisse gekümmert hätte. Der Wirtschaftsboom überschattete die soziale Schieflage. Seit Port Louis 1851 allen Nationen frei zugänglich wurde, hatte sich das Handelsaufkommen vervielfacht. Der Goldrausch in Australien öffnete einen neuen Exportmarkt. Darüber hinaus stieg die weltweite Zuckernachfrage immer weiter. Das betriebsame Port Louis feierte sich selbst, gründete ein Theater und eröffnete zwei Bahnlinien nach

Die Zuckerbarone werben Zehntausende indische Billigarbeiter an und werden Nutznießer eines außergewöhnlichen Wirtschaftsbooms

Unten: Straßenszene in Port Louis im 18. Jh.

Aapravasi Ghat

Die Briten errichteten 1834 ein Durchgangslager für die ankommenden indischen Vertragsarbeiter, in dem in den Folgejahrzehnten fast 450 000 Schuldknechte aufgefangen wurden, ehe sie die Einreiseformalitäten abgewickelt hatten. In Spitzenzeiten hielten sich im Lager bis zu 1000 indische Neuankömmlinge auf.

Es sind nur noch wenige bauliche Reste vom 1923 geschlossenen Lager Aapravasi Ghat am Hafen von Port Louis erhalten. Sie stehen als Symbol für die „erste kolonialstaatlich geregelte Arbeitsmigration" und den „frühen Beginn der Globalisierung des Arbeitsmarktes" seit 2006 als Welterbe unter dem Schutz der UNESCO (S. 90).

Mahébourg und Flacq, die beide 1926 wieder stillgelegt wurden. 1869 wurde gar ein unterseeisches Telefonkabel nach Europa und Asien verlegt. Das kleine Mauritius war nun mit der Welt verbunden, der größte Arbeitgeber für Inder im British Empire und dessen wichtigste Zuckerkolonie. Mehr als 90 % der Inselfläche bedeckten wogende Zuckerrohrfelder. Dafür mussten nun allerdings die Nahrungsmittel für 300 000 Menschen importiert werden...

Die sozialen Missstände wurden erstmals an den Pranger gestellt, als der Pflanzer Adolf von Plevitz 1871 beim Gouverneur eine neutrale, schlichtende Kommission für arbeitsrechtliche Streitigkeiten einforderte, und Gouverneur Sir Arthur Gordon diesem Anliegen stattgab. Die Untersuchung der Arbeitsbedingungen indischer Kulis bestätigte die schlimmsten Vorwürfe und brachte nach ihrer Veröffentlichung 1875 schwere Vergehen und Mängel ans Licht. Die Gesetzgebung änderte sich daraufhin etwas zugunsten der Billigarbeiter, und ein genereller Einwanderungsstopp für Gastarbeiter stärkte die Stellung der bereits anwesenden Kulis. Denn nun mussten sich die Gutsherren mit ihren Arbeitern arrangieren. Zuvor hatten sie bei Streitigkeiten einfach neue Arbeiter angeworben.

Zeichen drohenden Niedergangs werden von der selbstgerechten Oberschicht nicht wahrgenommen

In der verschwenderischen Hochblüte des satten Gutsherrenlebens zeigten sich in der polarisierten Gesellschaft erste Risse, die zunächst niemanden aufschreckten, aber bereits den Zerfall dieses ungleichen Gebildes ankündigten. Der Zuckerpreis fiel dramatisch, weil Kuba und Java preiswerteren Rohrzucker auf den Weltmarkt warfen. Mauritius geriet in die Falle einer auf Monokultur beschränkten Wirtschaft. Zeitgleich brach 1866 eine **Malariaepidemie** aus, die während der folgenden beiden Jahre fast 50 000 Opfer forderte und eine Massenflucht aus der Stadt in höhere Lagen auf der zentralen Hochebene auslöste. Trabantenstädte, wie Curepipe, Rose Hill und Beau Bassin entstanden, aber auch endlose Reihendörfer entlang der Wege und Straßen, wo sich die Inder niederließen. Malaria und Cholera-Epidemien sowie regelmäßige Wirbelstürme verstärkten auf der überbevölkerten Insel den sozialen Sprengstoff, der sich allmählich in der Rebellion der armen Arbeiter entlud. Die Umweltkatastrophen nahmen kein Ende. 1892/93 verwüstete ein **Zyklon** Port Louis, anschließend fegte ein Brand durch die Hauptstadt. Port Louis wirkte nun fast entvölkert.

Unten: La Residence, das älteste erhaltene Gebäude auf der Insel Rodrigues

Zum Ende des 19. Jh. war die Lage sehr polarisiert und angespannt: Oberflächlich blühte die Kolonie, und eine europäisch geprägte Oberschicht genoss das verwöhnte Leben in prächtigen Villen. Mauritius war Drehscheibe internationaler Zuckerexporte nach Indien, Australien und Europa. Doch wer mit offenen Augen die Insel betrat, musste angesichts der Probleme erschrecken. Mauritius litt unter einer extremen **Überbevölkerung**, die sie der unsinnigen Anwerbepraxis der Gutsherren zu verdanken hatte. 500 000 Inder hatten sie für ihre Billiglohnarbeit nach Mauritius gelockt! Diese unnatürliche Bevölkerungsexplosion innerhalb weniger Jahrzehnte führte zu schweren Ernährungskrisen, fürchterlichen hygienischen Verhältnissen und grassierenden Krankheiten. Die Einkommensschere klaffte mehr als extrem auseinander; auf dekadenten Luxus traf bittere Armut. Das einstige Konglomerat unterschiedlicher Ethnien und Kulturen teilte sich nun in vier Hauptgruppen. Ein paar Tausend Franko-Mauritier dominierten über eine halbe Million Inder und Hunderttausende Chinesen, Schwarzafrikaner und Kreolen. Deren Zuversicht und Hoffnung in die Zukunft ging wohl irgendwo in den weiten Zuckerrohrfeldern verloren. In den 1880er Jahren setzte eine anhaltende Abwanderung indischer Arbeiter von den riesigen Plantagen ein. Die Enttäuschten suchten Zuflucht in der Selbständigkeit, im Dienstleistungssektor oder emigrierten. Die Auswanderung, z. B. nach Südafrika, gelang zumeist den Jungen, Tatkräftigen und Fähigen, zurück blieben die Mutlosen und Schwachen. Weil nun die Europäer vermehrt Zuckerrüben produzieren, entmutigten rückläufige Zuckerexporte die Menschen. Es legte sich eine niederdrückende Apathie über die Insel, von Pracht und Leichtigkeit war nichts mehr geblieben. Manche Quellen beschreiben Mauritius zu dieser Zeit gar als eine „Geisterinsel“.

Bilder dieser Seite: Beispiele britischen Kolonialbaustils in Port Louis und Poudre d'Or

Oben: Statue Manilal Doctors in den Company Gardens von Port Louis

Im Ersten Weltkrieg werden die Nahrungsmittel knapp

Den Tiefpunkt seiner Entwicklung erlebte Mauritius während des Ersten Weltkriegs, obwohl die Insel nicht aktiv am Kriegsgeschehen beteiligt war. Weil kaum noch Schiffe anlandeten, halbierte sich das Handelsaufkommen zwischen 1914 und 1918, und es kam zu Nahrungsmittelengpässen. Preissteigerungen waren die Folge und trieben viele Menschen noch tiefer in die Not. Doch wieder einmal stand das Glück auf Seiten der Plantagenbesitzer. Denn dem Krieg folgte eine Zuckerhausse, die den Pflanzern Gewinne einspielte, wie sie sie lange nicht mehr hatten verbuchen können.

Mahatma Ghandi rüttelte nicht nur in Indien die Massen auf. Seit er einmal ein paar Tage auf Mauritius verbracht hatte, galt der Weise auch dort als Hoffnungsträger. Schon 1907 hatte Ghandi den befreundeten Rechtsanwalt Manilal Doctor nach Mauritius gesandt, um das politische Bewusstsein seiner Volksgenossen aufzurütteln. Und die Asiaten verlangten nun zunehmend Mitspracherechte und drängten in die Wirtschaft und den Handel.

Ab 1930 mobilisierten sich die Arbeiter. Ein Mitglied des Regierungsrats, Dr. Maurice Curé, forderte an deren Spitze bessere Arbeitsbedingungen und Lohnerhöhungen. Aus dieser Bewegung formte sich 1936 die „Mauritian Labour Party“ (MLP), eine Arbeiterpartei, der vor allem das Kleinbürgertum und die indischen Kleinbauern nahe standen. Die Forderungen nach freien Wahlen und Gewerkschaften wurden lauter. 1937 brachen auf dem Plantagen Unruhen aus, die rasch auf die Werften von Port Louis übergriffen. Die Obrigkeit rief den Notstand aus, es kam zu Streikaktionen, und schließlich sah sich Großbritannien zur Intervention gezwungen. Die britische Untersuchungskommission stellte sich auf die Seite der Arbeiter und äußerte Kritik an der Haltung der Arbeitgeber. Sie empfahl der Regierung, stärker ihre arbeitsrechtlichen Aufgaben wahrzunehmen und Gewerkschaften zuzulassen. Doch ehe solche Reformgedanken umgesetzt werden konnten, brach der Zweite Weltkrieg aus.

Mauritius im Zweiten Weltkrieg: Militärbasis und Kriegs(flug)hafen mit strategischer Bedeutung

Die Insel im Indischen Ozean leistete im Zweiten Weltkrieg vor allem als Militärstützpunkt besondere Dienste. Großbritannien errichtete einen Militärflughafen, der später zum zivilen Airport ausgebaut werden konnte, und baute den Hafen für Kriegszwecke aus. Zahlreiche junge Männer aus

Mauritius standen für die Alliierten an der Kriegsfront, während die Menschen zu Hause wieder einmal unter dem knappen Nahrungsmittelnachschub litten. Die Engpässe förderten dafür den Ausbau der eigenen Landwirtschaft.

Oben: Zahlreiche Fotos dokumentieren die Zeit der Industrialisierung

Nach Kriegsende ging der Militärflughafen in die zivile Nutzung über und band Mauritius bereits 1946 an das europäische und afrikanische Flugnetz an.

Bereits 1947 setzte Großbritannien eine neue Kommission ein, die den Vorschlag vortrug, das **Wahlrecht** für alle Alphabeten und alle Soldaten einzuführen. Dieser Rat wurde bei der Verfassungsänderung von 1948 umgesetzt.

Die Arbeiterpartei von Dr. Seewoosagur Ramgoolam bildet einen Gegenpart zur Parti Mauricien mit dem Franko-Mauritier Jules Koenig an der Spitze

1953 gründeten die frankophon geprägten Großgrundbesitzer und Pflanzer eine Gegenpartei zur MLP, die „Parti Mauricien Social-Démocrate" (PMSD), der sich zunehmend auch Kreolen anschlossen. Die beiden Parteien hatten gegensätzliche Zukunftsvorstellungen. Während die Weißen und Kreolen mit Großbritannien assoziiert bleiben wollten, weil sie die Dominanz der indischen Bevölkerungsmehrheit befürchteten, sehnten sich diese mit der Arbeiterpartei nach der völligen Unabhängigkeit.

In den 1950er Jahren gelang es durch die Trockenlegung von Sümpfen und den Einsatz chemischer Insektenschutzmittel, die Malaria auszurotten. Zeitgleich wurden große Anstrengungen unternommen, die Infrastruktur zu verbessern. Es entstanden neue Straßen, die Hafenanlagen wurden einer Modernisierung unterzogen, Wasserreserven angelegt.

Großbritannien förderte nun überall in den Kolonien die Selbstverwaltung. 1958 schuf Großbritannien die Grundlagen für die spätere unabhängige Republik, indem es das generelle Wahlrecht für alle über 21-jährigen und eine innere Autonomie einführte. Nun hatte die Masse der Landbevölkerung ein Mitspracherecht; die Arbeiterpartei unter Seewoosagur Ramgoolam gewann enormen Rückhalt und forderte die volle Unabhängigkeit. Bis dahin vergingen allerdings noch einmal zehn Jahre. Mit einer Verfassungskonferenz in London bereitete die Kolonialmacht 1965 den endgültigen Übergang in die Unabhängigkeit vor. Bei den Wahlen von 1967 sprach sich die Bevölkerungsmehrheit für die Unabhängigkeit aus. Am 12.März 1968 wurde Mauritius

Bei der Unabhängigkeit hatten die Briten die Inselgruppe Diego Garcia als Flottenstützpunkt einbehalten und ihrerseits das „British Indian Ocean Territory" ausgerufen. Diese Inselgruppe war bisher unter mauritischer Verwaltung gestanden. Jahre später übergab London die Diego Garcia-Inseln den USA, die dort eine Militärbasis errichteten und alle Insulaner zur Emigration nach Mauritius zwangen

mit den Inseln Rodrigues, St. Brandon und Agalega als parlamentarische Monarchie zum unabhängigen, souveränen Staat im Commonwealth.

Offizielles Staatsoberhaupt war Königin Elisabeth II., die vom neuen Generalgouverneur vertreten wurde. Dr. Seewoosagur Ramgoolam wurde zum ersten Premierminister von Mauritius ernannt und bildete mit den Oppositionsparteien eine Koalitionsregierung.

Die Anhängerschaft der politischen Parteien rekrutierte sich während der nächsten beiden Jahrzehnte aus den jeweiligen religiösen und ethnischen Lagern. Als stärkste Partei stand die Arbeiterpartei MLP für die Hindus. Christen und Kreolen fanden sich in der PMSD wieder, und die Muslime hatten ihrerseits die „Muslim Party" gegründet.

Wirtschaftliche Krisen, wie der Fall des Zuckerpreises und die Zerstörungen nach dem Zyklon Claudette im Jahr 1979, lösten Unruhen aus und brachten militant links orientierten Gruppen Zulauf. Die PMSD konnte mit Mühe eine Verstaatlichung der Plantagen verhindern. Auf die Generalstreiks reagierte die Koalitionsregierung drakonisch mit der Verhängung des Ausnahmezustands und zahlreichen Verhaftungen. Aus Prostest bildeten Studenten die sozialrevolutionäre Bewegung „Mouvement Militant Mauricien" (MMM). Unter dem charismatischen Redner Paul Béranger erlangte sie zahlreiche Überraschungssiege in Regionalwahlen und drohte zur Gefahr für den jungen liberalen Staat zu werden. Die nervöse Regierung verordnete vergeblich Pressezensur und eine Verhaftungswelle. 1976 errang die militante Bewegung bereits die meisten Parlamentssitze, konnte aber noch nicht die Regierung stellen, die wieder von einer Koalition aus der Arbeiterpartei und den Sozialdemokraten gebildet wurde. Außenpolitisch öffnete sich der junge Staat dagegen und wandte sich dem Kapitalismus zu. Mauritius wurde Freihandelszone, animierte internationale Investoren, was den Tourismus ankurbelte, und förderte heimische Industrien, wie die Textilproduktion.

Bis 1982 hatte die MLP unter Dr. Ramgoolam entweder alleine oder in Koalition mit der PMSD regiert. Aber in diesem Jahr brachten die Parlamentswahlen eine vernichtende, erdrutschartige Niederlage für den „Vater der Nation". Die gefürchtete MMM hatte haushoch gewonnen mit den Parolen, das Transportwesen, den Hafen und die Zuckerfabriken zu verstaatlichen. Dazu kam es aber nie, denn die Partei zerrieb sich, kaum an der Macht, in persönlichen und

Tipp Das „Sir Seewoosagur Ramgoolam Memorial Centre", ein Kulturzentrum mit kleinem Museum in dem Haus, in dem der verehrte Staatsmann in den 1930ern gelebt hat, befindet sich in Port Louis, in der Sir Seewoosagur Ramgoolam Street kurz vor den Plaine Verte Gardens

Seewoosagur Ramgoolam

Geboren wurde Seewoosagur Ramgoolam, der auch unter dem Namen „Kewal“ bekannt ist, am 18.09.1900, einer sorgenvollen Zeit für die arme Bevölkerungsmehrheit. Sein Vater Moheeth hatte sich einst in Indien als Plantagenarbeiter anwerben lassen und später eine junge Witwe geheiratet, die zwei Söhne in diese Ehe mitbrachte. Seewoosagurs Kindheit in einem kleinen, armen Fischerdorf in Belle Rive verlief unbeschwert und frei, bis der Siebenjährige seinen Vater verlor. Mit zwölf Jahren passierte ein schwerer Unfall, der Junge verlor dabei sein linkes Auge.

Unter der Obhut seines Onkels vertiefte sich der begabte Schüler in seine Ausbildung. Früh gelangte er in politisch interessierte Kreise, die Ghandis und Nehrus Freiheitskampf in Indien fasziniert verfolgten. Die wöchentlichen Schriften „Hindustani“ von Ghandis Vertrautem Manilal Doctor beeinflussten den jungen Mann stark und weckten seine Freude am Schreiben und dem Journalismus. Seewoosagur Ramgoolam hatte viel Sendungsbewusstsein und wollte den Armen auf Mauritius helfen. Seinen größten Nutzen sah er darin, Arzt zu werden. Mit 21 Jahren brach er daher nach London auf, um Medizin zu studieren. Die Jahre in Großbritannien haben den bisher streng indisch erzogenen Jüngling stark beeinflusst. Er entwickelte großen Respekt vor der britischen Kultur. Für die britische und die französische Literatur begeisterte er sich lebenslang. Zugleich ließen ihn die europäischen Jahre politisch reifen, und nach seiner Rückkehr nach Mauritius im Jahr 1935 widmete er sich leidenschaftlich dem Unabhängigkeitskampf. Schon im nächsten Jahr bildete sich mit seiner Hilfe die „Mauritius Labour Party“ und erkämpfte sich in den Folgejahren das Wahlrecht. Nun folgten bis zur Unabhängigkeit des Landes zahlreiche Ämter und politische Posten, und die Ernennung von Seewoosagur Ramgoolam zum ersten demokratisch gewählten Premierminister von Mauritius wurde die Krönung seiner glänzenden Laufbahn. Ein kleiner, armer Fischerbub stand jetzt als „Vater der Nation“ an der Spitze des Staates. Er starb, von seinem Volk tief verehrt, im Dezember 1985 als Generalgouverneur und hinterließ zwei Kinder.

sachlichen Streitigkeiten zwischen ihren beiden Galionsfiguren, dem bedächtigen Anerood Jugnauth und der schillernden Figur Paul Béranger. Es kam zur Spaltung der MMM, und der Rechtsanwalt und amtierende Premierminister Anerood Jugnauth verließ die Partei und gründete ein neue: die „Mauritius Socialist Movement“ (MSM). Es mussten daher schon 1983 Neuwahlen stattfinden, die Jugnauth im Amt bestätigten. Er konnte sich auch 1987 behaupten, als die Regierung aus seiner Partei und der Arbeiterpartei gebildet

Zu Ehren von Seewoosagur Ramgoolam tragen der Internationale Flughafen in Plaisance und der Botanische Garten in Pamplemousses, wo seine letzte Ruhestätte liegt, seinen Namen

Der 12. März 1992 spielt eine wichtige Rolle in der Geschichte von Mauritius. An diesem Tag erhielt das Land eine neue Verfassung, die den Inselstaat zu einer souveränen Präsidialrepublik mit parlamentarischer Demokratie umwandelte. Mauritius verblieb im Staatenbund Commonwealth und wählte als seinen ersten repräsentativen Präsidenten H. E. Cassam Uteem von der MMM.

wurde. Die 1980er Jahre bedeuteten für Mauritius einerseits einen deutlichen Linksruck, zugleich zeigten sich durch Jugnauths pragmatische Förderung deutliche Erfolge bei der Diversifizierung und Modernisierung der Wirtschaft. Inzwischen beschäftigte die Industrie mit 85 000 Arbeitern rund doppelt so viele Menschen wie die Zuckerproduktion. Auch der Tourismus war rasant angestiegen, und mit ihm der Dienstleistungssektor (1989 reisten 270 000 Urlauber nach Mauritius). Nach den Wahlen von 1991 bildete Jugnauth eine Allianz mit seiner einstigen Heimatpartei MMM und konnte so noch einmal vier Jahre lang regieren.

Im Dezember 1995 überschattete eine Kontroverse über die Zulassung mehrerer Sprachen in Schulen die Wahlen. Der Befürworter Jugnauth erlitt eine Niederlage und musste sein Amt an Navin Ramgoolam, den Sohn von Staatsgründer Seewoosagur Ramgoolam und neuen Chef der Arbeiterpartei, abgeben. Die MLP regierte nun in Koalition mit der MMM. Diese Allianz zerbrach nach zwei Jahren und Ramgoolam führte die Regierungsgeschäfte mit kleineren Koalitionspartnern weiter. Zwei Jahre später schufen die nächsten Wahlen wieder bekannte Machtverhältnisse, als die Wahlsieger MSM und MMM unter Anerood Jugnauth koalierten, der nun eine weitere Amtszeit einlegte. Premierminister Jugnauth erklärte 2003 seinen Rücktritt und übergab das Amt dem Vize-Premier Paul Béranger, der nun als erster nicht-indischer Premierminister das Land regierte. Anerood Jugnauth dagegen folgte Karl Offmann 2004 im Amt des Staatspräsidenten.

Sein Sohn Navin Ramgoolam folgte dem Vater: erst studierte er Medizin, später wandte er sich der Politik zu und ist seit Juli 2005 amtierender Premierminister des Landes

Von nun an verloren die regierenden sozialistischen Parteien viel Zuspruch in der Bevölkerung und die Wahlen vom Juli 2005 bescherten ihnen herbe Verluste. Gewinner war die Soziale Allianz unter Führung der Arbeiterpartei MLP. So kam Navin Ramgoolam erneut in das Amt, das er schon 1995-1999 bekleidet hatte. Bei den Wahlen im Mai 2010 trat Paul Béranger wieder gegen das Bündnis des amtierenden Premiers Navin Ramgoolam an, doch die Regierungspartei errang mit 41 von 70 Parlamentssitzen einen deutlichen Wahlsieg. Eines der Hauptanliegen der Regierung ist seither die Bekämpfung der Korruption, ein weiteres Problem stellt die starke Überbevölkerung dar. Die nächsten Wahlen finden 2015 statt.

Die neun mauritischen Verwaltungsbezirke

Port Louis: Der Bezirk Port Louis im Nordwesten der Insel wird von der gleichnamigen Landeshauptstadt geprägt. Hier leben 15 % der Inselbevölkerung in einer ausufernden Großstadt mit chaotischem Verkehrssystem.

Pamplemousses: Nordöstlich der Kapitale schließt sich ein nach Grapefruit-Plantagen früherer Zeiten benannter Bezirk an. Farmland und Zuckerrohrplantagen sowie das längste Dorf von Mauritius, Triolet, kennzeichnen die eher flache Region. Ihr Schmuckstück ist zugleich die meist besuchte Sehenswürdigkeit der Insel: der weltberühmte Botanische Garten. An seiner Küste liegen zahlreiche Sandbuchten, in denen schon früh erste Hotels Badeferien anboten.

Rivière du Rempart: Nach Norden schließt sich mit der Bucht von Grand Baie die touristische Hochburg der Insel an. Nur hier an den Buchten von Grand Baie und Péreybère kann man von Massentourismus mit entsprechender Infrastruktur sprechen. Ab der Nordspitze am Cap Malheureux kehrt wieder das ruhige Inselleben ein. Vor der Küste dieses Bezirks liegen kleine Inseln, die zum Teil unter strengem Naturschutz stehen: Serpent Island als Vogelschutzgebiet und Round Island als letzte Heimat einiger endemischer Pflanzen und Würgeschlangen.

Flacq: Die große Ebene im Nordosten trägt ihren Namen noch aus der holländischen Zeit („Groote Vlakte"). Im Landesinneren wenig abwechslungsreich und größtenteils von riesigen Plantagen überzogen, bietet sie allerdings einige der schönsten Strände von Mauritius. Hier sind erst in den letzten Jahren Hotels entstanden, von denen einige zu den besten Resorts der Welt zählen. Innerhalb des Riffs liegt die viel besuchte Insel Ile aux Cerfs.

Grand Port: Der Südosten von Mauritius ist die Keimzelle der Besiedlung und Kolonisierung; hier gingen die Holländer und Franzosen an Land, gründeten die ersten Ortschaften und bauten Wehranlagen und Wachtürme. Zahlreiche historische Denkmäler und das koloniale Stadtbild von Mahébourg halten die Erinnerung daran aufrecht. Hier liegt der internationale Flughafen, und so ist Grand Port auch heute noch das Tor für die Fremden und Besucher von Mauritius. Landschaftlich ist Grand Port reizvoll, denn der Distrikt zeigt sich abwechslungsreich mit Bergen, Buchten, Flüssen, Bächen und Ebenen.

Savanne: Savanne im Süden der Insel bietet kolossale Kontraste. Die Wellen brechen teilweise direkt und ungebremst auf die dunkle, felsige Küste. Stürme und dicke Regenwolken treffen hier erstmals auf Land und regnen sich weiter im Landesinneren an den steilen Bergen ab, wo sie prächtige Bergwälder gedeihen lassen, zu deren Füßen sich seit Kolonialtagen riesige Sugar Estates befinden. Dieser Bezirk ist touristisch am wenigsten beleckt, hier gibt es erst seit wenigen Jahren überhaupt ein paar Hotels bei Bel Ombre im Westen.

Black River: Der Bezirk im Südwesten liegt im trockenen Windschatten. Für Landwirtschaft weniger gut geeignet, hielten sich seine armen kreolischen Bewohner als Fischer über Wasser, bis der Tourismus an der Westküste der Insel florierte und viele neue Arbeitsplätze schuf. In den steilen Bergen dieses Bezirks liegt der gleichnamige Nationalpark, in dem bedrohte Tiere und Pflanzen ein letztes Refugium finden, und dessen Naturschönheiten zahlreiche Besucher anziehen. Seine Küsten bieten kilometerlange Sandstrände und herrliche Ausblicke, wie am schroffen Berg Le Morne Brabant. Nach Norden reicht Black River bis an den Bezirk Port Louis.

Plaines Wilhems: Außer Port Louis und Mahébourg liegen alle anderen Städte hier dicht beieinander, ja gehen fast in einander über. Daher leben auch 30 % aller Insulaner in diesem Inlanddistrikt. Die Städte bieten dem Besucher günstige Shopping Centres und ein paar kulturelle Anziehungspunkte. Hier fällt der meiste Niederschlag der Insel.

Moka: Tee- und Zuckerrohrplantagen prägen dagegen das Bild des Nachbarbezirks Moka. Zugleich befinden sich hier die geistigen Eliten des Staates, wie die Universität, diverse Bildungs- und Forschungszentren und das angesehene Mahatma Ghandi Institut.

Mauritius und seine Menschen

Mauritius ist ein Schmelztiegel, in dem sich über die Jahrhunderte unterschiedlichste Volksgruppen und Kulturen begegneten, teilweise assimilierten und letztlich eine multiethnische eigenständige Bevölkerung schufen.

Der Beginn dieser Entwicklung war durchaus brisant: Rassistisches Kolonialherrengehabe, Sklaverei, Menschenhandel, Verschleppung, Vergewaltigung und Vertragsbruch an den indischen Fremdarbeitern standen zu Beginn der Gesellschaftsentwicklung dieser Insel. Es gab keine Urbevölkerung: Alle sind sie irgendwann zugereist, viele unter Zwang (afrikanische Sklaven) oder mit falschen Versprechungen (indische Kulis). Die europäischen Kolonialherren lebten „wie Gott in Frankreich" auf Kosten der rechtlosen Bevölkerungsmehrheit und beugten sich nur widerwillig dem internationalen Druck gegenüber diesem Feudalsystem. Ihr maßloser Hunger nach billigen Arbeitskräften bescherte der Insel eine besorgniserregende **Überbevölkerung**. Mauritius ist eines der dichtbesiedelsten Länder der Welt. Gleichberechtigung und Bürgerrechte für alle Hautfarben sind längst etabliert worden, doch die alten Besitzstände, die Reichtümer und der Grundbesitz befinden sich immer noch hauptsächlich in den Händen der franko-mauritischen Oberschicht.

In Mauritius ist eigentlich jeder ein „Zugereister"

Friedliches Multi-Kulti auf engem Raum

Mit einer solchen Bilanz wären soziale Spannungen, eine hohe Kriminalitätsrate und religiöser Fanatismus nicht verwunderlich. Um so überraschender ist der mauritische Weg. Denn Kennzeichen seiner Zivilbevölkerung sind religiöse Toleranz, ein hohes Demokratiebewusstsein, ausgeprägte Friedfertigkeit und eine freundlich-besonnene Geisteshaltung.

Unten: Mittagspause in Curepipe

Angesichts seiner Geschichte ist dieser versöhnliche Übergang zur liberalen, freien und aufgeklärten Gesellschaft beeindruckend. Der Staat ist stolz, in einer Zeit, wo weltweit ethnische Spannungen und religiöser Extremismus zunehmen, ein klares Zeichen als Multi-Kulti-Erfolgsmodell zu setzen.

Sicherlich ist dieser Erfolg dem kleinen Inselstaat nicht zugeflogen. Bildung und Wohlstand als wichtigste Eckpfeiler für eine gesunde, friedliche Entwicklung der Zivilgesellschaft – die Regierung von Mauritius setzt seit Jahrzehnten darauf. Sie scheint sich auch des schwierigen Balanceaktes bewusst, den sie bei der Ämtervergabe zwischen unterschiedlichen Volksgruppen und Religionen beachten sollte. Vetternwirtschaft, Korruption und Rassismus existieren auch in Mauritius, sind vom demokratischen Verständnis seiner Einwohnerschaft aber bislang weitgehend in Zaum gehalten worden.

Der Schlüssel zum mauritischen Erfolg sind Toleranz, Demokratiebewusstsein und Friedfertigkeit

Der mauritische Weg könnte auch ganz kurz mit **„Multi-Kulti ja, Vermischung nein“** auf den Punkt gebracht werden. Hier lebt sich jede Religion aus, haben sich die Menschen ihre kulturellen Eigenheiten bewahrt und gehen ihren traditionellen Lebensanschauungen nach. Tür an Tür mit Menschen völlig anderer Herkunft, anderen Glaubens und anderer Werteanschauung. Man toleriert einander, bleibt aber möglichst unter seinesgleichen. Auch dem fremden Besucher kann nicht entgehen, dass sich auf dieser Insel jeder Glaube ausleben darf: Bunt bemalte Tamilentempel stehen neben Kirchen und Moscheen. Es ist auf Mauritius möglich, im Duft exotischer Räucherstäbchen einem Muezzin zu lauschen, während der Blick auf eine katholische Kirche fällt, die von hinduistischen Häusern mit kleinen Schreinen in den Vorgärten umringt ist.

Oben: Eine typische Szene auf den vielen lebhaften Wochenmärkten der Insel

Unten: Sega-Tänzerinnen sind meistens Kreolinnen

Mehrheitlich leben die gut 1,3 Millionen Mauritier in den großen fünf Städten der Insel: Port Louis, Quatre Bornes, Beau Bassin/Rose Hill, Curepipe und Vacoas/Floreal/Phoenix. Die einst vom europäischen Kolonialismus geprägten Ortschaften verlieren dieses Antlitz mehr und mehr. Das typische mauritische Straßenbild zeigt heute vielmehr unzählige weiß getünchte Flachdachhäuser und mitunter nur halbfertige Betonklötze. Teilweise ragen anstelle von Dächern nur die Eisenträger in den Himmel. Muslimische Häuser sind meistens von einer schützenden Mauer umgeben, die kleinen Fenster von blickdichten Vorhängen bedeckt, denn die familiäre Privatsphäre ist Angehörigen des Islam besonders wichtig. Hindus und Tamilen platzieren kleine Schreine in den Gärten, die gerne mit bunten Fahnen und Stoffbändern

Bevölkerungsdaten

Gesamtbevölkerung:	1.331.000 Einwohner
Bevölk.-wachstum:	0,66 % pro Jahr
Bevölkerungsdichte:	653 Ew./km² (BRD: 227 Ew./km²)
Lebenserwartung:	Männer 72 Jahre, Frauen 79 Jahre
Durchschnittsalter:	34 Jahre (BRD: 44 Jahre)
Ärztedichte:	1 Arzt pro 950 Einwohner

geschmückt werden und in denen Räucherstäbchen brennen und Obststücke als Opfergaben liegen. Wohlhabende Europäer residieren eher an den kühleren Berghängen, schotten ihre Villen gerne ab und lieben üppige tropische Gärten.

Die bedenklich hohe Bevölkerungsdichte liegt weltweit an 18. Stelle – hinter Stadt- und Inselstaaten wie Singapur, Monaco, Gibraltar, Hongkong, Malta, Taiwan oder Bermuda. Die Zahl klingt dramatischer, als die Situation vor Ort aussieht, denn die Touristenzentren liegen überwiegend in vergleichsweise dünn besiedelten Gebieten. Die staatlich unterstützte Geburtenkontrolle reduzierte das Bevölkerungswachstum inzwischen auf unter ein Prozent.

Ein buntes Völkergemisch

Indo-Mauritier

Oben: Blick über Curepipe

Unten: Der Stadtmarkt von Mahébourg während der Litschi-Saison

Menschen indischer Herkunft prägen die Insel am stärksten, denn zwei von drei Bewohnern gehören der indo-mauritischen Volksgemeinschaft an. Die ersten indischen Händler und Handwerker waren bereits zur französischen Periode im 18. Jh. eingewandert. Später fanden sie auch als Hausdiener und Bauern Beschäftigung, bildeten bis 1800 aber nur eine kleine Gemeinschaft von rund 6000 zumeist aus dem südindischen Raum kommenden Tamilen. Dass wenige Jahre später Inder in derart großer Zahl nach Mauritius gelangten, geht auf die Sklavenbefreiung im 19. Jh. zurück. Die Großgrundbesitzer organisierten sich ab 1835 neue billige Arbeitskräfte auf dem indischen Subkontinent. Als „Kulihandel“ bezeichnet man die jahrzehntelange Anwerbung indischer Gastarbeiter, die Hunderttausende Inder zum Teil mit

falschen Versprechungen – so wurde ihnen das ferne Ziel Mauritius als eine Stadt in Südindien verkauft – und Fünfjahres-Arbeitsverträgen auf die kleine Insel lockte, wo sie unter kaum besseren Bedingungen als zuvor die afrikanischen Sklaven schuften mussten. Den meisten blieb auch die versprochene Heimreise nach fünf Jahren verwehrt, so dass die indischen Arbeiter sehr bald die absolute Bevölkerungsmehrheit stellten. Auf Mauritius wurde es nun eng. Zu den Tamilen aus dem Süden waren rund 200 000 Nordinder hinzu gekommen.

Bereits seit 1860 stellen die Indo-Mauritier die Zweidrittelmehrheit. Starke religiöse, sprachliche und ethnologische Unterschiede spalten ihre Identität allerdings. Die größten Gruppen stellen die **Tamilen** und **Hindus**, unter denen heute immer noch viele Plantagenarbeiter und Kleinbauern sind, die in ländlichen Regionen siedeln. Die Erfolgreichen findet man in den Beamtenberufen, bei den Lehrern, Ärzten und Rechtsanwälten. Dem gegenüber bilden die Muslime aus Gujarat und anderen nordindischen Bundesstaaten eine Minderheit. Sie gehören zumeist der Mittelklasse an und sind stark vertreten in der Textilindustrie, im Import von Stoffen und Reis und teilweise auch in der Tourismusindustrie.

Umgangssprachlich werden die Hindus meistens als „Indians" bezeichnet, die Tamilen wegen ihrer südindischen Herkunft dagegen als „Madras".

Oben: Ein Tamile von der Westküste

Afro-Mauritier

Nachfahren europäischer Männer und afrikanischer Frauen heißen Kreolen. Der Code Noir verbot solche ehelichen Verbindungen in der Vergangenheit und der Kodex jener Zeit hätte sie auch nicht akzeptiert. Kreolen entstammen also hauptsächlich Zwangsverbindungen und der sexuellen Ausbeutung von Sklavinnen. Der Anteil der Kreolen an der Gesamtbevölkerung wird zwischen 25 und 30 % angegeben. Ihre Präsenz in Gesellschaft und Wirtschaftsleben ist allgegenwärtig. Kreolen sind erfolgreich in Verwaltung und Beamtendiensten, vielfach aber auch als einfache Arbeiter tätig oder als Kleinbauern selbständig.

Innerhalb ihrer Gemeinschaft hat die Sehnsucht nach europäischer Lebensart eine Hierarchie entwickelt, in der helle Hauttypen besser angesehen sind als stärker Dunkelhäutige. Schwarzafrikaner gibt es praktisch nicht auf Mauritius. Größter gemeinsamer Nenner der afro-mauritischen Bevölkerung ist die gemeinsame Religion: Kreolen sind fast ausnahmslos gläubige Katholiken.

Der **Volksmund** nennt hellhäutige Kreolen „Mulattos", die dunkelhäutigen „Mozambic" und reine Afrikaner „Zulus", was jedoch einen abwertenden Touch hat.

In Mauritius wird der Name „Creole" auch für Variationen anderer ethnischer Abstammungen verwendet. Dies stiftet mitunter viel Verwirrung.

Oben: Kreolische Bäuerinnen in Rodrigues

Sino-Mauritier

Die chinesischen Einwanderer erreichten die Insel erst in der britischen Kolonialphase. Sie kamen mehrheitlich aus Süd- und Nordostchina, verließen ihre Heimat durch die Aussicht auf bessere Arbeitschancen und ließen sich als Handwerker und Kleinhändler nieder. Anfangs kamen fast nur Männer. Um 1900 wurden unter 3500 Chinesen lediglich 58 Frauen ermittelt. Ein auffälliges Merkmal chinesischer Auswanderer war ihr enger Zusammenhalt, der unermüdliche Fleiß und ihre Vorliebe zur Ansiedlung in urbanen Zonen (Port Louis hatte schon damals eine China Town). Um 1920 kontrollierten sie bereits den mauritischen Einzelhandel. Ursprünglich gehörten die meisten dem buddhistischen Glauben an, doch konvertierte bis heute rund die Hälfte zum Christentum. Der Männerüberschuss unter den Chinesisch-stämmigen Mauritiern ist immer noch auffällig. In der modernen Gesellschaft treten die rund 3 % Sino-Mauritier vor allem im Einzelhandel und der Gastronomie auf. Sie leben überwiegend in den Städten.

Franko-Mauritier

Alles Französische hat sich bei den Weißen in Mauritius am stärksten erhalten; das britische Erbe tritt meistens in den Hintergrund

Franzosen waren die ersten dauerhaften Siedler auf den Maskarenen. 1715 nahmen sie Mauritius offiziell in Besitz und förderten die Ansiedlung ihrer Untertanen. Sie wurden als „Zuckerbarone" reich und holten Tausende afrikanischer Sklaven zur Arbeit auf den mauritischen Feldern. Eine kleine weiße Oberschicht beherrschte in dekadenter Manier die rechtlosen, bettelarmen Massen. Sie zwangen den Afrikanern auch ihren katholischen Glauben auf. Obwohl stets nur eine zahlenmäßige Minderheit im Land, galt seit jeher alles Europäisch-Französische als höchste Kulturstufe, und diese

Einschätzung hat sich bis heute kaum verändert. Eine helle Hautfarbe, französisches Savoir-Vivre und die französische Sprache genießen Status und Ansehen.

Je nach Statistik werden ein bis zwei Prozent der Bevölkerung den Franko-Mauritiern zugeordnet. Diese Minderheit tritt dominant im Wirtschaftsleben auf. Sie beherrschen weiterhin die Zuckerindustrie, sind aber auch sehr stark vertreten im Handel und Tourismus.

Selbstverständlich handelt es sich bei den Franko-Mauritiern keinesfalls um ausschließlich Französischstämmige. Die französische Kulturprägung als übergreifendes Merkmal der Weißen auf Mauritius führte zur Namengebung. Französische Einflüsse haben sich viel stärker erhalten, obwohl die britische Kolonialzeit deutlich länger währte. Das britische Erbe wird selten sichtbar, am ehesten noch im Straßenverkehr: Es herrscht Linksverkehr.

Mauritius macht es dem Fremden auf den ersten Blick wirklich nicht leicht: Seine Bewohner sind fast alle mehrsprachig und wechseln mühelos zwischen allerlei fremdartigen Sprachen hin und her. Umgangssprache ist das eigenwillige Kreol, wenngleich offizielle und wichtige Gespräche zumeist auf Französisch geführt werden. Und das auf einer Insel, deren Amtssprache eigentlich Englisch ist!

Verwirrende Sprachvielfalt

Man sagt, 33 Sprachen hätten die Einwanderer auf die kleine Insel mitgebracht. 22 davon sind bei der Volkszählung von 1983 noch erfasst worden. Diese Zahl verstärkt den Eindruck eines linguistischen Chaos. Drei Sprachen dominieren auf Mauritius durch ihre volksübergreifende Bedeutung:

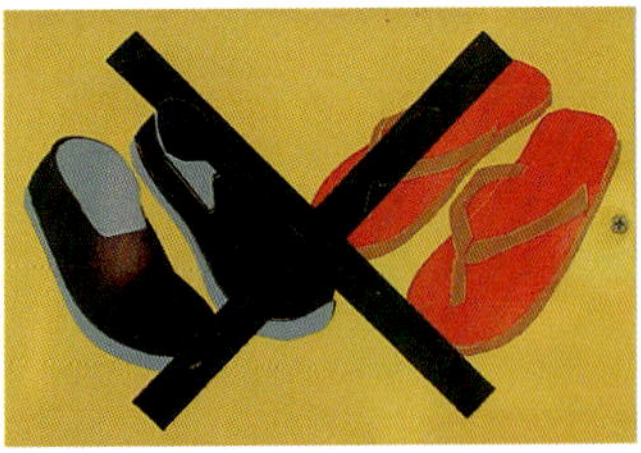

Kreol

Kreolsprachen findet man heute über die Welt verteilt, vor allem in den südlichen USA, in der Karibik, auf den Seychellen und den Maskarenen. Mehr als 10 Millionen Menschen sprechen eine Kreolsprache. Kontinentübergreifend sind sie in der Lage, einander halbwegs zu verstehen, obwohl sich ihre Sprachen eigenständig und ohne Berührung aus dem Pidgin-Französischen entwickelt haben. Sie unterscheiden sich im Detail: Im Süden der USA haben sich viele englische Elemente eingeschlichen, auf Mauritius dafür zahlreiche Ausdrücke indischer Sprachen.

Oben: Manchmal ist ein Bild selbsterklärend und besser als Tausend Worte, hier z. B. an einem tamilischen Tempel.

Unten: Mit dem Tourismus enstand ein neuer Beruf: Strandverkäufer!

Die Sprachentstehung geht auf die Sklavenhaltung zurück. Französischsprachige Gutsherren trennten bewusst Sklaven gleicher Herkunft und Familien, um ihren Willen zu brechen und sie abhängig zu halten. So konnten die von allerlei Ländern Afrikas eingeschleppten Sklaven weder untereinander noch mit den Herren kommunizieren. Es entstand daraus

Holländisch, das an die ersten Besiedlungsversuche durch die Niederlande erinnern könnte, ist übrigens nur noch in einigen geographischen Namen zu finden.

seit dem 18. Jh. eine Mischung beteiligter Kontaktsprachen, deren Wortschatz reichhaltig und bildhaft ist, wogegen die Grammatik sehr einfach bleibt. Kreol hat sich im weiteren Prozess als mauritische Standardsprache etabliert, die 95 % der Bevölkerung versteht und anwendet. Kreol ist eine reine Sprechsprache, daher ist bisher auch keine verbindliche Schriftform festgelegt worden. Lange Zeit als minderwertiger Französisch-Dialekt verunglimpft, wird Kreol heute als eigenständige Sprache anerkannt und es gibt sogar eine Wissenschaft, die sich damit befasst, die Kreolistik.

Englisch

Die offizielle Amtssprache wird seit 1940 in den Grundschulen gelehrt und verbindet heute alle Volksgemeinschaften. Da die meisten Menschen aber selten Englisch sprechen, sind in dieser Sprache ihre Schreibfähigkeiten besser entwickelt als das Sprechen. Englisch hat das Image einer Geschäftssprache und ist bei Indio-Mauritiern relativ weit verbreitet. In entsprechenden Berufssparten, wie dem internationalen Handel, Speditionsgewerbe und im Tourismus, sind Englisch-Kenntnisse selbstverständlich und gebräuchlich – allerdings gerne mit einer Färbung ins Frankophone.

Französisch

Info Jean-Marie Gustave Le Clézio, dessen Romane häufig in Mauritius spielen, wurde 2008 mit dem Nobelpreis für Literatur ausgezeichnet

Sie gilt als Sprache der Kultur und Literatur, als Sprache des Adels und der Intellektuellen – Französisch genießt auf Mauritius den höchsten Rang und wird voller Stolz gesprochen. Die französische Oberhoheit mag bald 200 Jahre zurück liegen; ihre Sprache führt klar in der Gunst der Insulaner. Die Medien berichten französisch, neue Literatur erscheint zumeist auf Französisch, man grenzt sich mit Französischkenntnissen gegenüber dem einfachen Volk ab. Diese Sprachbindung wird sogar gefördert, indem Frankreich immer noch zahlreiche Stipendien an begabte Schüler vergibt.

Tipp Sprachlich ist Mauritius manchmal recht verwirrend. Mit Französischkenntnissen kommt man auf der Insel am besten zurecht

Im Alltag sieht das dann so aus: Zuhause spricht der Mauritier in seiner Muttersprache mit den Angehörigen und Verwandten. Geht er einkaufen oder vergnügt sich am Strand, stellt er automatisch auf Kreol um. Wenn er aber z. B. ein Bankgeschäft abschließt, eine Versicherungsagentur betritt oder offizielle Amtsgespräche führt, wird er die Konversation höchstwahrscheinlich auf Französisch pflegen, weil ihn die Beherrschung der Kultursprache auszeichnet. Sollte das Amtsgespräch zusätzlich einen entsprechenden Schriftverkehr erfordern, dürfte unser Mauritier nun auf Englisch schreiben, schließlich ist es die amtliche Schriftsprache!

Neben diesen Hauptsprachen existieren zahlreiche indische und chinesische Sprachen, Dialekte und Mundarten. Sino-Mauritier unterhalten sich auf Mandarin oder Kantonesisch, Indo-Mauritier haben die Wahl zwischen Hindi, Tamil, Urdu, Gujarati, Bengali, Punjabi u. v. m. Finden sie dabei keine gemeinsame Mundart, so können sie auch noch auf Bhujpuri zurückgreifen, einer allein zur Kommunikation mit anderssprachigen Indern entstandene Zweitsprache, für die es keine Schriftform gibt.

Unten: Die mauritische Mittelschicht genießt das moderne Ambiente und die vielen Feste an der Caudan Waterfront in Port Louis

Vielfalt der Religionen

Religionsfreiheit wird sehr wörtlich genommen und ausgiebig praktiziert, wobei dies friedfertig und pragmatisch geschieht. Fundamentalistische Gruppierungen sind hier unbekannt, ebenso religiös begründete, gewalttätige Auseinandersetzungen. Darauf ist Mauritius stolz und betont gerne, der friedliche Schmelztopf des Indischen Ozeans zu sein. Bei der Volkszählung von 1983 sind verwirrende 87 religiöse Bekenntnisse ermittelt worden. Die häufigsten Religionen sind:

Hinduismus

Den hinduistischen Glauben praktizieren mehr als die Hälfte der Insulaner, die fast ausschließlich der Indo-Mauritischen Gruppe angehören. Die indischen Vertragsarbeiter haben ihre Religion im liberalen britischen Kolonialsystem stets frei ausüben können, Zwangsbekehrungen fanden nicht statt. Der Hinduismus ist eine sehr tolerante Weltanschauung, weshalb seine Anhänger auch selten andere Religionsanhänger provozieren.

Für Außenstehende erscheint der hinduistische Glaube aufgrund seiner zahlreichen Facetten, vielen Gottheiten und der komplizierten Mythologie sehr exotisch und schwer verständlich. Hinduisten versuchen niemals, andere Menschen von ihrem Glauben zu überzeugen, denn ihre Anschauung basiert auf einem Kastensystem, in das man nur hineingeboren werden kann. Somit ist der Hinduismus ihrer Überzeugung nach nur innerhalb dieser Gemeinschaft praktizierbar. Hinduismus ist die Lehre vom Kreislauf der Wiedergeburt (Karma), von der Seelenwanderung auf der Lebensleiter mit dem Ziel der Erlösung. Diese Philosophie erlaubt persönliche Freiheiten und Präferenzen, kennt aber auch strenge Regeln und Tabus. Verstöße dagegen erfordern Buße, sonst schaden sie dem eigenen Karma.

Tolerant und vielfältig – in Mauritius darf jeder seinen Glauben praktizieren

Reine Hindu-Gotteshäuser sind schlichte, weiße Tempel mit einem zurückhaltenden farbigen Design, wie sie z. B. die beeindruckende Tempelanlage Maheswarnath Shiv Mandir in Triolet auszeichnet. Sehr viel auffälliger, bunter, größer und greller zeigen sich die Tempel der Tamilen aus Südindien. Der „Sockalingum Meenatchee Ammen Kovil"- Tempel bei Port Louis ist ein schönes Beispiel der Tamilen-Architektur. Hier tauchen farbige Figuren, große Ornamente, verspielte Türmchen auf, dazu grelle Farben, wie hellblau und rosa. Auch bei den Festlichkeiten und Prozessionen fallen die Tamilen auf: Sie beten, meditieren und fasten wie alle Hindus, aber darüber hinaus kasteien sich Tamilen mit Nadeln und Haken, laufen in Trance über glühende Kohlen und vieles mehr.

Christentum

Etwa 27 % der mauritischen Bevölkerung bekennt sich zum Christentum, vor allem Franko-Mauritier, Kreolen und etwa die Hälfte der ansässigen Sino-Mauritier (Chinesen). Die Franzosen hatten den Katholizismus eingeführt und die afrikanischen Sklaven zwangskonvertiert. Ihre kreolischen Nachfahren sind heute überzeugte Christen. Bei den chinesischen Einwanderern entschieden sich die Konvertiten freiwillig für den Glaubenswechsel. Wenige Protestanten (Anglikaner), Presbyterianer und Baptisten stehen einer mächtigen katholischen Mehrheit gegenüber. Christliche Gotteshäuser findet man vorwiegend in Städten, die bedeutendste Kirche ist die 1850 errichtete St. James Kathedrale in Port Louis. Die kleine Insel Rodrigues hat eine 98%ige Christianisierungsrate, denn hier leben fast ausschließlich Kreolen.

Bilder links: Hindu-Tempel Kashinath Mandir, Shivala und Grand Bassin. Bilder oben: Opferschale in einem Tempel in Grand Bassin; die Kirche Ste. Philomène in Poudre d'Or

Mauritius hat einen eigenen „**Apostel der Schwarzen**". Jedes Jahr am 09.September pilgern unzählige Gläubige zur kleinen Kapelle von Ste. Croix in Port Louis, wo die Gebeine von Pater Jacques Desire Laval liegen. Der 1803 geborene Franzose war 1841 als Arzt und Geistlicher nach Mauritius gelangt und hatte sich fortan der Seelsorge der Armen gewidmet. Laval wurde zum Fürsprecher der befreiten Sklaven und armen Inder. Nach seinem Tod 1864 wurde das Grab auf dem kleinen Friedhof zum Wallfahrtsort fast aller Konfessionen, denn es sollen dort wundersame Heilungen stattgefunden haben. Lavals Gebeine wurden schließlich in die Kapelle umgebettet, und Papst Johannes Paul II. sprach ihn am 29. April 1979 selig. Alljährlich prozessieren die Pilger mit Fackeln in der Nacht zum 9.September zur Wallfahrtskirche und halten Gottesdienste ab. Ein kleines Museum berichtet dort auch über das Leben und die Taten Lavals.

Oben: Kunstvoll verziertes Eingangstor der Jummah-Moschee in Port Louis, dem bedeutendsten muslimischen Gebetsort des Staates

Islam

Auch der Islam ist durch nordindische Einwanderer nach Mauritius gelangt und zählt heute fast jeden siebten Einwohner zu seiner Anhängerschaft. Die große Mehrheit (95%) gehört der Glaubensrichtung der Sunniten an. Wie Christen und Juden glauben auch Muslime an nur einen Gott: Allah, den Schöpfer aller Dinge, dem Engel zur Seite stehen, und der mehrere Propheten zur Erde sandte, wie Moses, Noah, Jesus und Mohammed. Die fünf Säulen des Islam sind für jeden Gläubigen die wichtigsten Gebote: Das Gottesbekenntnis, die fünf täglichen Waschungen und Gebete, das Almosengeben, das Fasten und die Pilgerfahrt nach Mekka (Hadsch). Der Verzehr von Schweinefleisch, Alkohol und das Glückspiel sind Muslimen tabu. Ihre Gotteshäuser sind meistens weiß getüncht mit grünen Verzierungen, häufig auch feinen Schnitz- und Zierarbeiten, und einem schlanken Minarett. Annähernd 100 Moscheen sind auf Mauritius errichtet worden, die größte und bedeutendste ist die Jummah-Moschee in Port Louis. Freitag ist der wöchentliche Feiertag, an dem der Moscheebesuch Pflicht ist.

Bilder rechts: Hinduistische religiöse Symbole und Götterfiguren; wie Shivas Reittier Nandi; Pilger in Grand Bassin

Chinesische Weltanschauungen und Lebensphilosophien

Nachdem die Hälfte der Chinesen zum Christentum konvertierte, sind die „Drei Lehren" Chinas, der (chinesische) Buddhismus, der Daoismus und der Konfuzianismus, nur untergeordnet vertreten. Oft sind die Übergänge zwischen diesen Religionen fließend. In der chinesischen Weltanschauung bestehen komplizierte Zusammenhänge zwischen Astrologie, Magie und dem irdischen Leben. Zahlreiche Götter schützen die Menschen, Dämonen und Geister plagen sie. Die Abwehr solcher böser Geister durch Lärm und Feuer sowie der Schutz vor ihrem Einfluss mit Hilfe von Amuletten und Symbolen sind zentrale Merkmale, die auch die Feste und Prozessionen prägen: mit Knallkörpern, bunten, feuerspeienden Drachen und vielen Laternenlichtern. Ihre Gotteshäuser sind meistens runde, mehrstöckige, schlichte Gebäude mit auslaufenden Dächern, deren Enden sich leicht dem Himmel zuneigen. Festigkeit und Schlichtheit strahlen diese Pagoden aus. Ein schönes Beispiel ist die Thien Thane Pagode in Port Louis.

Unten: Die Thien Thane Pagode in Port Louis

Religiöse und traditionelle Feste in Mauritius

Auf Mauritius wird gerne gefeiert. Alle religiösen Gemeinschaften praktizieren ihre traditionellen Feierlichkeiten mit großer Leidenschaft. Es vergeht kaum ein Monat, in dem nicht irgend eine religiöse Zeremonie stattfindet oder eine Prozession abgehalten wird. Alte Bräuche und Riten sind allgegenwärtig, sie spielen für die Menschen im Jahreszyklus eine bedeutende Rolle.

Die wichtigsten Hindu-Feste

Hindus und Tamilen feiern die meisten und buntesten Feste der Insel. **Maha Shivaratree**, die „große Nacht Shivas", ist ein fünftägiges nordindisches Fest Ende Februar/Anfang März zu Ehren des ranghöchsten Gottes Shiva. Ein Pilgerzug weiß gekleideter Gläubiger prozessiert zum See Grand Bassin, um dort heiliges Wasser zu schöpfen. Sie tragen kleine Tempelchen, die mit Spiegeln und Blumen verziert wurden. Die Prozession lockt viele Zuschauer an und erinnert an indische Pilgerzüge am Ganges. In den März fallen in der Regel auch das Neujahrsfest nach dem südindischen Telegu-Kalender, **Ougadi**, und das bunte Fruchtbarkeitsfest **Holi**. Dieses Fest der Farben und des Frohsinns ist sehr ausgelassen, die Menschen bewerfen sich mit Beuteln voll gefärbten Wassers und mit Puder! Noch fröhlicher geht es im Oktober beim Lichterfest **Divali** (Deepavali) zu, wo Hindus den Sieg Krishnas des Guten, über das Böse, den Dämon Narakasuran, feiern. Vor allen Häusern brennen tönerne Öllampen und die Menschen prozessieren mit Lichtern und Fackeln durch die Straßen. Die Tamilen feiern Ende Januar/Anfang Februar ein besonders bizarres Fest namens **Thai Poosam**. Die Gläubigen bereiten sich neun Tage lang intensiv durch Gebete, Fasten und Meditationen auf ihren Bußgang vor. Der zehnte Tag, der Festtag, beginnt mit dem gemeinsamen Waschen am Fluss. Die Gläubigen legen sich Lendenschurze an und streuen heilige Asche über ihre nackten Körper. Sie durchstechen in Trance ihre Körper, Zungen etc. mit langen Nadeln, Nägeln und Haken. Dann nehmen sie ihren **Cavadee** auf, eine schwere, geschnitzte und üppig geschmückte Holzkonstruktion, an der Gefäße mit frischer Milch hängen. Unter dieser Last treten sie einen stundenlangen Büßergang zum Tempel an, der

sie läutert und von ihren Sünden reinwäscht. Am Tempel befreien Priester die Büßer von ihren Nadeln und Haken. Die Gottheit im Tempel wird mit der Milch der Büßer übergossen. Es heißt, trotz des stundenlangen Bußgangs in der Tageshitze sei die Milch so frisch wie am Morgen. Die Büßer erfahren Segnung, sie haben während der Selbstkasteiung weder geblutet noch Schmerz verspürt. Die Prozession endet schließlich in Heiterkeit und ausgelassenen Feiern.

Eine wichtiges chinesisches Fest im mauritischen Jahreszyklus ist das Mondfest im September, bei dem sich die Menschen mit mondförmigen Kuchen beschenken

Die planmäßigen Frühlingsfesttermine der nächsten Jahre:
19.02.2015
08.02.2016
28.01.2017

Chinesische Feierlichkeiten

Der chinesische Kalender wurde erst 1921 dem Gregorianischen Kalender angepasst. Der alte Neujahrstag, an dem traditionell das wichtigste Fest des Jahres gefeiert wurde, liegt nun im Januar/Februar. Also gab man diesem Fest einen neutralen Namen, und so heißt das traditionelle chinesische Neujahrsfest nun **Frühlingsfest**. Nach chinesischer Auffassung ist der Verlauf des Neujahrstages (heutzutage am Tag des Frühlingsfestes) ein Abbild des beginnenden Jahres. Es bemüht sich daher jeder um einen harmonischen, friedfertigen und glücklichen Tagesablauf. Dem Fest geht ein großer Hausputz voraus, um das Glück einlassen zu können. In der Nacht vor Neujahr empfängt die Gemeinschaft das neue Jahr – wegen der Dämonen, die es zu vertreiben gilt – mit sehr viel Lärm und Feuerwerken. Den Festtag über feiern Freunde und Familien ausgelassen und die Kinder werden mit Geld in roten Umschlägen beschenkt. An diesem Tag sind kein Fleisch- und Alkoholkonsum erlaubt.

Muslimische Feste

Muslime feiern auch im lebensfrohen Mauritius meist fernab der Öffentlichkeit im privaten Rahmen, daher sind ihre Feste und Feierlichkeiten vergleichsweise unauffällig.

Höchstes Fest für Muslime ist das Opferfest, **Eid-ul-Adha**. Es wird zum Höhepunkt der Hadsch, der Pilgerfahrt nach Mekka, rund 10 Wochen nach dem Fest des Fastenbrechens gefeiert und dauert vier Tage an. Ein Fest zu Ehren des Propheten Mohammed, bei dem jeder ein Opferlamm schlachten und Almosen geben soll.

Die voraussichtlichen Ramadan-Termine der nächsten Jahre:
18.06.-17.07.2015
06.06.-05.07.2016
27.05.-25.06.2017

Im Islam ist das Fest des Fastenbrechens, **Eid-ul-Fitr**, am Ende des Ramadan ein bedeutendes Familienfest der Gläubigen. Der Ramadan, der Besinnungsmonat, fordert strenges Fasten während einer ganzen Mondphase. Am 29. Tag des Ramadan, wenn die Mondsichel nach Neumond erstmals wieder am Himmel steht, feiert die ganze muslimische Gemeinschaft

Bild oben: Wandverzierung in einem Hindu-Tempel

ein mehrtägiges Freudenfest. Es ist ein Fest des Friedens, der Versöhnens und der Nächstenliebe. Die Frauen kochen riesige Mengen feinster Speisen, alle tragen Festkleidung, und die Kinder werden liebevoll beschenkt.

Die Schulbildung wird ernst genommen

Das mauritische Schulwesen ist kostenlos und orientiert sich am britischen Bildungssystem. Schon lange ehe die allgemeine Schulpflicht Ende der 1980er Jahre eingeführt wurde, absolvierten die meisten Kinder eine schulische Ausbildung. Der Lohn für diese konsequente Bildungspolitik ist eine weltweit vorbildliche Analphabetenrate von lediglich 5 %. Das hohe Ausbildungsniveau von Mauritius genießt überall entsprechende Anerkennung.

Anstelle staatlicher Kindergärten kümmern sich zunächst rund 1500 private Kindergärten um die Vorschulbildung der Kleinsten. Mit fünf Jahren gelten die Kinder als schulreif und besuchen eine der etwa 300 Grundschulen von Mauritius. Die Klassengrößen betragen meistens 30-40 Schüler. Nach sechs Schuljahren erhalten die Kinder ihr CPE (Certificate of Primary Education). Die begabten Schüler wechseln dann auf eine von rund 150 weiterführenden Schulen, während die übrigen zwei Drittel nach weiteren drei Jahren ihre Grundschulausbildung abschließen. Neben renommierten Schulen, wie dem Royal College für Jungen und dem Queen Elizabeth College für Mädchen, lehren auch mehrere Privatschulen mit hohem Standard. In Le Reduit bietet die

Schülernachhilfe ist im bildungsorientierten Mauritius weit verbreitet, obwohl sie pro Stunde 15-25 Euro kostet

Bild unten: Eine muslimische Schulklasse unternimmt einen Ausflug in den Botanischen Garten von Pamplemousses

Bilder unten:
Drei Hotelangestellte an der Ostküste; Arbeiterinnen im Gartenbau; Schulkinder auf dem Heimweg in Curepipe

Universität naturwissenschaftliche Fachrichtungen, wie Medizin und Forschung, an, ferner Sozial-, Ingenieurs- und Agrarwissenschaften sowie Jura. Seit den 1970ern unterrichtet auch eine Hotelfachschule in Rose Hill.

Für die indo-mauritische Bevölkerungsmehrheit existiert neben dem Unterricht auf Englisch seit 1955 auch asiatischsprachiger Schulunterricht. Außerdem erhalten sie hervorragende Weiterbildung im Mahatma Ghandi Institute, das in Mauritius mehrere Zweigstellen unterhält.

Das Gesundheitswesen

Offiziell ist die Gesundheitsversorgung kostenlos. So werden Bedürftige in den staatlichen Krankenhäusern gratis behandelt, wo knapp 3700 Patientenbetten zur Verfügung stehen. Allerdings suchen viele wegen der notorisch überfüllten Hospitäler und „Dispensaries" eine Privatklinik auf (Clinics genannt), deren Betreuung und Versorgung aber bezahlt werden muss (die privaten Kliniken verfügen über weitere 562 Betten). 1400 Ärzte versorgen die Bevölkerung; das bedeutet, ein Arzt hat 950 Menschen zu versorgen. Im Vergleich dazu teilen sich 1000 Menschen in der BRD 3,73 Ärzte. 173 Dentisten sind für die zahnärztliche Versorgung der mauritischen Bevölkerung zuständig.

Neben der modernen Medizin suchen vor allem Kreolen häufig traditionelle Heiler auf, denen sie großes Vertrauen schenken.

Zwischen Tradition und Moderne: Frauen in Mauritius

Die Moralvorstellungen sind in der mauritischen Gesellschaft konservativ geprägt. Obwohl Frauen inzwischen mehrheitlich einen Beruf erlernen, erfolgreich arbeiten und oft zum Familieneinkommen beitragen, ihre Töchter ebenso frei erziehen und schulisch fördern wie die Söhne, ist ihre Rolle doch traditionell behaftet. Selbstverwirklichung im westlichen Sinne ist unbekannt. Hier wird weibliche Selbstverwirklichung mit Mutterschaft und Familie gleichgesetzt. Eine Frau, die nicht heiratet, wohnt bei ihrer Familie. Sollte sie es wagen, als Single alleine eine Wohnung zu beziehen, wäre ihr Ruf rasch ruiniert.

Oben: Mutter und Tochter beim Stadtbummel in Port Mathurin, Rodrigues.

Unten: Eine Pilgerin in Grand Bassin.

Die Familie in der mauritischen Gesellschaft

Auch das Familienbild ist traditionsbewusst und konservativ geprägt. Mauritier sind ausgesprochen kinderlieb und familienbewusst. Der Einzelne identifiziert sich stets über seine Familie, die soziale Gemeinschaft bildet für ihn die wichtigste Institution.

In der Familie werden Sozialfälle abgefangen und moralische Werte gelebt. Familiäre Isolation wäre eine Schreckensvorstellung und wird unter allen Umständen vermieden. So entsteht eine Verbindlichkeit, die den Einzelnen in eine feste, der Familie und dem „Clan" verpflichtete Rolle zwingt, ihm aber auch den Schutz und die Fürsorge derselben gewährt. Diese lebenslange Wechselbeziehung bestimmt das private und öffentliche Handeln. Es ist ein funktionierender „Generationenvertrag": die Alten versorgen die Jüngsten, während die Jungen niemals die Alten im Stich lassen oder sie gar in ein Altersheim abschieben würden. Da familiäre Bande als die engsten und sichersten im Leben gelten, sind Familienbetriebe auch im Geschäftsleben weit verbreitet.

Kinderlosigkeit ist für Mauritier ein großes Unglück; freiwillige Kinderlosigkeit praktisch unvorstellbar. Der Nachwuchs genießt nahezu Narrenfreiheit, wird aber zugleich zu Respekt vor Älteren, Fremden und Erziehern angehalten. Heutzutage haben auch mauritische Familien meistens nur noch ein bis zwei Kinder.

Zum Zeitpunkt seiner Unabhängigkeit war Mauritius nur ein eher einkommensschwacher Agrarstaat mit dem einseitigen Monopol des Zuckerrohranbaus. Was sich in den letzten 40 Jahren daraus entwickelte, darf sich eine Erfolgsgeschichte nennen.

Oben: Professionell verpackt senden die Modellfabriken ihre fragilen Schiffsmodelle sicher in die ganze Welt

Ein Wirtschaftswunderland?

Mauritius präsentiert sich heute als Wirtschaftswunderland mit beeindruckenden Wachstumsraten, einem relativ hohen Lebensstandard und einer verhältnismäßig niedrigen Arbeitslosenrate. Der selbstbewusste Inselstaat strebt eine Position im Indischen Ozean an, wie sie Singapur in Südostasien innehat, als wirtschaftlicher Knotenpunkt und Motor für die ökonomische Entwicklung des geographischen Raums. Seinen Boom verdankt der Kleinstaat einer konstanten, verlässlichen Wirtschaftspolitik, deren Eckpunkte sind:

- Diversifizierung der Landwirtschaft und Förderung von Dienstleistungs- und Fertigungsindustrie
- Ausbau des Finanzdienstleistungssektors
- Anreize für Investoren durch die Freihandelszone
- ein einfaches Steuersystem mit niedrigen Steuersätzen
- hohe Sozialleistungen, wie einem kostenlosem Bildungs- und Gesundheitswesen
- Ausbau des hochpreisigen Tourismus

Ein ganz entscheidender Weg wurde bereits 1970 eingeschlagen, als der Staat eine **Freihandelszone** einrichtete (Export Processing Zone, kurz "EPZ"). Sie setzte einen Industrialisierungsprozess in Gang, der die Wirtschaft zu diversifizieren half, nahezu die Vollbeschäftigung der Arbeitskräfte erreichte und dem kleinen Land völlig neue Einkommensquellen öffnete. Am stärksten wuchsen die Fertigungsindustrie von elektronischen Bauteilen und Schmuck sowie die Textilindustrie. Mauritius gilt heute als **drittgrößter Hersteller der Welt von Strickwaren**. Vor allem den Frauen boten sich in diesem Produktionsbereich mit rund 50 000 Arbeitsplätzen Beschäftigungsmöglichkeiten. So steht der Inselstaat seit Ende der 1990er Jahre an der Schwelle zur Industrienation.

Bis vor kurzem war die Landwirtschaft die wichtigste wirtschaftliche Basis des Landes. Dominiert wird sie immer noch vom **Zuckerrohranbau**, der jeden siebten berufstätigen Insulaner beschäftigt und sich über 80 % der nutzbaren Flächen ausbreitet. Das entspricht etwas mehr als der Hälfte der Inseloberfläche. In guten Jahren liegt die Jahresproduktion bei bis zu 700 000 Tonnen. Die endlosen Felder dieser widerstandsfähigen, zähen Pflanze prägen nach wie vor das Antlitz der Zuckerinsel, und selbst die Hierarchie der

Bilder rechts: Salzgewinnung in Tamarin; Helikopterservice von Air Mauritius; Zuckerrohrfabrik in Flic en Flac; Eine Waage auf dem Zentralmarkt von Port Louis

Zuckerbarone bleibt noch in den Machtstrukturen erkennbar. Rund 30 000 Kleinbauern (petit planteurs) stehen weniger als 20 franko-mauritische Großgrundbesitzer gegenüber, die zudem Eigentümer der Zuckerraffinerien sind, bei denen die Kleinbauern anliefern müssen. Der allergrößte Teil des Rohzuckers wird exportiert, die EU stellt einen der Hauptabnehmer. Nur etwa 5-10 % verbleiben im Land. Als lukratives Nebengeschäft für den lokalen Markt manifestierte sich die Rumproduktion aus dem Zuckerabfallprodukt Melasse.

Viel Engagement bei unterschiedlichem Erfolg steckte die Regierung in Versuche, sich vom Monopol des krisengefährdeten Zuckerrohranbaus zu lösen. Fehlgeschlagen sind Experimente zur Rindfleischproduktion, wogegen die Geflügelzucht erfolgreich in Angriff genommen wurde. Auch der Kaffee- und Teeanbau, mehrheitlich für die heimische Produktion, verbuchte im Hochland Erfolge. Mit Obst und Gemüse, insbesondere Kartoffeln, kann Mauritius seinen Bedarf inzwischen relativ gut selbst decken. Eine weitere Erfolgsstory ist die **Blumenzucht**. Mauritische Flamingoblumen (Anthurien), ein blühendes Aronstabgewächs, sind ein Exportschlager.

Einzig der Fischfang dümpelt immer noch. Trotz seiner 200-Meilen-Zone im fischreichen Ozean kann Mauritius seinen Fischbedarf bei weitem nicht dekken und importiert große Mengen vor allem von den Seychellen und Madagaskar. Seine rund 3500 eigenen Fischer arbeiten noch mit veralteten Fangmethoden. Trotz aller Verbesserungen ist Mauritius gezwungen, einen

beträchtlichen Anteil an Nahrungsmitteln zu importieren, insbesondere Milch- und Fleischprodukte.

Neuesten Meldungen zufolge führt der **Tourismus** inzwischen im Wirtschafts-Ranking des Landes vor den beiden weiteren Standbeinen Landwirtschaft und Fertigungsindustrie. Man gerät ins Staunen, wenn man die erstklassige touristische Infrastruktur der Insel betrachtet und sich dann vorstellt, dass bis zu Beginn der 1950er Jahre kein einziges Hotel auf Mauritius stand, geschweige denn irgendjemand mit Touristen und sonnenhungrigen Urlaubern rechnete (siehe rechts).

Oben: Ein Nebenprodukt des Tourismus ist der Souvenirverkauf

Mauritius hat sich außerdem zur **Steueroase** entwickelt; es gewährt ausländischen Investoren attraktive Anreize. So dürfen diese ihre zur Produktion erforderlichen Rohstoffe zollfrei nach Mauritius einführen; es fallen während der ersten 20 Jahre kaum oder gar keine Steuern an, und schließlich dürfen die Unternehmer ihr Kapital auch wieder ohne Beschränkungen aus Mauritius abführen.

1989 gründete sich die Börse von Mauritius und seither floriert als viertes Standbein der mauritischen Wirtschaft die **Finanzdienstleistung**. Der Staat verzichtet auf eine Kontrolle des Devisenhandels und lockt mit einem einfachen Steuersystem. Bis heute haben sich rund 1400 ausländische Firmen im kleinen Inselstaat registrieren lassen – ein deutlicher Erfolg dieser liberalen Politik.

Der Tourismus blüht: Im Jahr 2013 besuchten erstmals mehr als 1 Mio. Gäste die Tropeninsel . Die Gästekapazität liegt bei 24 000 Betten in knapp 150 Hotels. Rund 80 000 deutsche Urlauber zieht es Jahr für Jahr nach Mauritius. Am stärksten steigen die Gästezahlen aus Indien und China.

Wirtschaftsdaten

Wachstumsrate:	3,4 % (2013)
Inflationsrate:	3,5 % (2013)
Arbeitskräfte:	637 600 (2013)
Arbeitslosigkeit:	8,3 %, zwei Drittel davon Frauen (2013)
Unterhalb der Armutsgrenze Lebende:	8 % (Schätzung von 2006)
wichtigste Exportpartner:	England, Frankreich, USA, Südafrika (2012)
wichtigste Importpartner:	Indien, China, Frankreich, Südafrika (2012)

Wie der Fremdenverkehr nach Mauritius gelangte

Als Keimzelle des erfolgreichen mauritischen Tourismus gilt ein Quantas-Flug von 1952, der, wie damals üblich, zwischen Sydney und Johannesburg einen Zwischenstopp zum Auftanken auf der Maskareneninsel einlegte. Nur waren dieses Mal 50 Passagiere an Bord, die eine ganze Woche auf der Tropeninsel zu bleiben gedachten, anstatt nach kurzem Tankstopp sofort wieder abzureisen. Weil es keine entsprechenden Herbergen oder Hotels gab, mietete die örtliche Repräsentanz ein elegantes Herrschaftshaus im Hochland für diese ersten mauritischen Touristen (das Haus ist noch heute im Besitz der Hotelgruppe Beachcomber). Was damals mit einer Notlösung begann, entwickelte sich ziemlich gradlinig zum Touristenmagneten. Ab den 1970er Jahren veranstaltete Mauritius erste Werbekampagnen, um

internationale Gäste auf die Insel zu locken. 1975 stellten 29 Hotels auf der Insel bereits 3000 Betten zur Verfügung. Zwei Jahre später reisten erstmals mehr als 100 000 Gäste nach Mauritius. Zum Ende der 1980er Jahre brach ein regelrechter Bauboom im Hotelsektor aus. Das neue Jahrtausend bescherte der Insel bald mehr als eine halbe Million Besucher jährlich, die in den inzwischen rund 100 Hotels und Gästehäusern unterkommen. Etwa 3 % der Bevölkerung sind direkt im Hotelgewerbe beschäftigt, noch einmal die gleiche Anzahl profitiert indirekt vom Geschäft mit den Urlaubern. Ausländische Investoren sind willkommen, dürfen aber nicht mehr als 49 % Anteile an einem Hotel oder Resort übernehmen. Um die vielen hungrigen und spendierfreudigen Gäste auf hohem Niveau zu verköstigen, importiert Mauritius große Mengen an Nahrungsmitteln. Das Land hat sich das ehrgeizige Ziel gesetzt, die Besucherzahlen in wenigen Jahren sogar noch zu verdoppeln. Dass diese Pläne aufgrund fehlender Infrastruktur wohl nicht so bald realisiert werden, betrachten viele mit Erleichterung. Denn ein Massenziel à la Mallorca wünscht sich hier niemand.

Welchen Herausforderungen sieht sich Mauritius für die Zukunft ausgesetzt?

Die steigende Konkurrenz im Billiglohnbereich ist in Mauritius nicht unbemerkt geblieben. Länder, wie Madagaskar und China, produzieren heute viel billiger und schneller als Mauritius, wo die Löhne für afrikanische Verhältnisse stark gestiegen sind und das Pro-Kopf-Einkommen heute bei rund 3500 US-Dollar liegt. Man möchte sich hier wie beim Tourismus aus der Affäre ziehen, indem sich Mauritius qualitativ von der Konkurrenz abzuheben versucht, anstatt den Kampf um Massenproduktionen aufzunehmen. Dem kommt natürlich das hohe Ausbildungsniveau auf der Insel zugute.

Mauritisches Lohnniveau

Einfache Arbeiter, z. B. Gärtner, verdienen rund 5000 Rs pro Monat (etwa 125 Euro). Beschäftigte im Tourismus haben typischerweise ein Monatseinkommen von 180-300 Euro. Männer verdienen allerdings bei gleicher Tätigkeit mehr als doppelt soviel wie Frauen.

Mauritius ist Mitglied der Südafrikanischen Entwicklungsgemeinschaft **SADC**, die derzeit 15 Staaten Afrikas mit 240 Mio. Menschen vereinigt. Sie strebt eine Zollunion im gesamten Wirtschaftsraum an.

Schrittweise sollen die Zölle aufgehoben werden und seit 2012 sogar eine übergreifende Freihandelszone entstehen, die sich einmal über die Länder Namibia, Botswana, Südafrika, Swaziland, Zambia, Zimbabwe, Malawi, Tansania, Mosambik, Lesotho, Angola, D. R. Kongo, Madagaskar, die Seychellen und Mauritius erstrecken soll. Die Fortschritte verlaufen allerdings schleppender als erwartet.

Welche Strategie kontinuierliches Wachstum im Tourismus bringt, darüber bestehen Differenzen. Es gibt Befürworter für eine Öffnung hin zum „Chartertourismus" wie in der Dominikanischen Republik, wo niedrige Preise durch Masse zu Profit führen sollen. Bisher bleibt die Regierung ihrer Linie treu, nur den erlesenen Fremdenverkehr zu fördern gemäß dem erfolgreichen Image der „Trauminsel für Anspruchsvolle", strebt andererseits aber einem Ausbau des Tourismus auf bis zu 2 Mio. Besuchern pro Jahr an.

Oben: Der Tourismus ist heute der wichtigste Wirtschaftszweig im Inselstaat Mauritius

Ökologie und Umweltschutz

Das mauritische Wirtschaftswunder hat eine Kehrseite: Die hohe **Luftverschmutzung** durch die Textilindustrie, die ohne einschränkende Gesetzgebung giftige Chemikalien und Bleichmittel verwenden darf. Hier wären dringend eingreifende Maßnahmen von Seiten der Regierung gefordert.

Auch sonst zeigt sich die Regierung von Mauritius umweltfreundlichen Energien gegenüber nicht gerade aufgeschlossen. Das Land nützt bisher auch noch viel zu wenig die moderne Solarenergie.

Ein weiteres Thema sind die bedrohten **Korallenriffe**. Die vielen Hobbytaucher, die auf die fragilen Korallen treten und mitunter sogar „Souvenirs“ sammeln, und die zunehmenden Wassersportaktivitäten, wie „Unterwasserspaziergänge“, beeinträchtigen das empfindliche Ökosystem unter Wasser enorm. Motorbootverkehr begünstigt die Algenbildung, was mancherorts, wie z. B. in Mont Choisy, bereits bedrohliche Ausmaße annimmt. Als Erfolg haben sich die „künstlichen Riffe“ erwiesen, die Mauritius gründete, indem an vielen Stellen ausrangierte Schiffe versenkt wurden. Seit 1980 bieten bereits 15 solcher eisernen Schiffswracks den Pflanzen und Tieren des Meeres einen neuen Lebensraum.

Unten: Ein sauberer Ozean ist das größte Kapital der Ferieninsel

Bilder von oben: Ile aux Deux Cocos in der Lagune von Rodrigues; die markante Halbinsel Le Morne; eine Welle trifft auf Lavagestein an der Südküste; typische Bergszenerie im Norden von Mauritius

Die geographische Lage: Ein Spiel mit Vergleichen

Der kleine Inselstaat liegt im westlichen Indischen Ozean nahe dem Wendekreis des Steinbocks. Die Republik umfasst neben der gleichnamigen Hauptinsel (1865 km²) die Insel Rodrigues (104 km²) und die 1000 bzw. 400 km entfernten Archipele Agalega (75 km²) und Cargados-Carajos (1,3 km²). Gemeinsam mit der französischen Insel Reunion bilden die mauritischen Inseln die geographische Einheit der Maskarenen.

Der Staat genießt eine isolierte Insellage ohne gemeinsame Grenzen mit irgend einem anderen Staat. Auch wenn es überraschen mag: Sein nächst gelegener Nachbar ist die EU! La Reunion liegt als französisches Überseedepartement nur 200 km entfernt, während Madagaskar fünfmal so weit westlich und das afrikanische Festland sogar erst 1800 km weiter im Westen zu finden sind. In allen anderen Himmelsrichtungen müsste man mehrere Tausend Kilometer reisen, ehe man wieder auf Landflächen träfe.

Unter der Flächenangabe 1865 km² für die Hauptinsel Mauritius können sich die meisten Menschen spontan wenig vorstellen. Ziehen wir also Vergleiche heran: Mauritius ist um 30 % kleiner als Luxemburg und erreicht auch nicht einmal ganz das Ausmaß des Bundeslandes Saarland. Die Insel ähnelt vielmehr der Ausdehnung von München bzw. misst in etwa die doppelte Fläche der Ostseeinsel Rügen. Sie begnügt sich in den gigantischen Weiten des Indischen Ozeans mit einer Länge von 65 km mal 48 km Breite. Und die Entfernung zur kleineren Schwesterinsel Rodrigues entspricht mit 560 km fast der Strecke zwischen München und Berlin.

Der erste Eindruck einer tropischen Schönheit

Als birnenförmig wird die Insel Mauritius gerne beschrieben, wogegen Rodrigues eher an eine Kaulquappe erinnert. Beide Inseln sind fast komplett von schützenden **Korallenriffen** umgeben (im Süden von Mauritius gibt es eine 15 km lange Lücke); und weiße Sandstrände prägen ihre Küsten. Die Korallenriffe liegen knapp unter der Wasseroberfläche in einem Abstand von 200 m bis 5 km zur Landfläche. Sowohl innerhalb als auch außerhalb dieser Riffe befinden sich weitere kleine, unbewohnte Inseln. Im Schutz der Korallenriffe liegen zahlreiche Lagunen. Jenseits der Korallenriffe stürzt der Meeresboden jäh auf die im Indischen Ozean durchschnittliche Tiefe von rund 3600 m unter dem Meeresspiegel ab.

Während Mauritius rein vulkanischen Ursprungs ist, zeigt sich **Rodrigues** als vergleichsweise jugendlicher Basaltblock von etwa 8 x 18 km Ausdehnung auf 104 km² Fläche, den ein bis zu 400 m hoher Gebirgskamm zentral durchquert.

Mauritius wird von eindrucksvollen **Gebirgsketten** durchzogen, vor allem im Südwesten, wo die höchsten zackigen Bergspitzen 828 m (Piton de la Rivière Noire), 823 m (Pieter Both) und 812 m (Le Pouce bei Port Louis) betragen. Bei diesen abenteuerlich gezackten Gebirgsprofilen lässt sich eine Südwest- nach Nordost-Richtung erkennen. Im Südwesten entspringt auch der längste Fluss der Insel, die Rivière Sud Est, und mündet nach einer 40 km langen Reise an der Ostküste in den Ozean. Die Berge umschließen das **Zentrale Hochplateau**, das sich als ehemaliger Vulkankrater entpuppt, und dessen Name „Plaines Wilhems" noch der holländischen Zeit entstammt. Das fruchtbare Hochland, in dem die meisten Menschen leben, erstreckt sich auf Höhenlagen zwischen 400 und 600 m. Hier befinden sich auch mehrere natürliche Krater- und einige künstliche Stauseen. Zu den Küsten hin flacht das Land ab, entwässern sich zahlreiche Flüsse und Bäche, und nimmt die Vegetationsvielfalt deutlich ab. 330 km Länge beträgt die Küstenlinie und wird zumeist von weißen Sandstränden zwischen schwarzen Lavafelsen geprägt.

Zwei Naturhäfen sind von Bedeutung, sie liegen in Port Louis und Mahébourg

Die Entstehung der Insel

Eine feurige Geburt

Mauritius zählt zu den betagten Inseln der Region. Sie wurde bereits vor 7 bis 8 Millionen Jahren durch tobende Vulkanausbrüche geboren. Ein Kraterboden mit rund 20 km Durchmesser lässt sich heute noch im zentralen Hochland der Insel

Schon gewusst?

Charles Darwin besuchte während seiner Weltumseglung im April/ Mai 1836 auch die Insel Mauritius

erkennen. Einst ragten die Vulkane und Bergspitzen mehrere Tausend Meter aus dem Ozean und spien reichlich Lava aus. Niederschläge, Stürme und Erosion sowie die fortwährende tektonische Tätigkeit des Meeresbodens flachten die Insel allmählich ab und schufen die heutige Inseloberfläche. Die letzten vulkanischen Aktivitäten ließen vor 100 000 Jahren nach und erlaubten der Natur auf dem erloschenen, fruchtbaren Lavagestein eine prächtige Entfaltung. Dichter tropischer Regenwald bedeckte das malerische Eiland. Seine isolierte Lage begünstigte die Entstehung zahlreicher endemischer (nur hier vorkommender) Arten in der Flora und Fauna. Es gab keine Raubtiere, und manche Vögel erlaubten sich sogar, das Fliegen zu verlernen, weil ihr Leben auf dem Inselboden sicher genug war. Mauritius war ein Paradies, wie es sich die Menschheit gemeinhin erträumt, allerdings nur, bis die Menschen dieses Kleinod entdeckten...

Oben: Wasserfall im „Tal der Farben"

Risikofaktor Homo Sapiens

Mit den ersten Inselbesetzern, den niederländischen Seeleuten, setzte augenblicklich die Ausbeutung der natürlichen Ressourcen ein. Die rigorose Abholzung des Regenwaldes ging mit der Vernichtung der heimischen Tierwelt einher, zum Einen, weil sie ihren natürlichen Lebens- und Schutzraum verlor, zum Anderen, weil flugunfähige Dronte und Riesenlandschildkröten einfache Beute waren und dem Hunger der Seeleute zum Opfer fielen. Der Waldvernichtung folgte die Monokultur des intensiven Zuckerrohranbaus. Absichtlich und versehentlich eingeschleppte Tierarten, wie Ratten, Wildkatzen und Mangusten, bedienten sich an den ungeschützten Vogelnestern - für zahlreiche kleine Tierarten und Vögel begann eine katastrophale Entwicklung. Stürme zerstörten die schutzlos der wütenden Natur ausgelieferten Reste heimischer Flora, die einst im Windschatten der hohen Edelhölzer gedeihen konnte. Zu allem Überfluss sorgte die Überbevölkerung seit den Immigrationswellen im 19. Jh. für zusätzliche Belastungen des Ökosystems. So paradiesisch die Insel Mauritius sicherlich einst war, so deprimierend und

Unten: Vulkanberge und Zuckerrohr – die typische Szenerie von Mauritius

Bilder rechts: Ananasfelder; Bergurwälder im Black River Gorges Nationalpark; Zuckerrohrfelder bedecken einen Großteil der Insel

hoffnungslos präsentierte sich ihre Natur 400 Jahre nachdem die Menschen von ihr Kenntnis erlangt hatten.

Ein Umdenken hat erst vor etwa einer Generation stattgefunden. Unter dem Einfluss der Unabhängigkeit, als die Menschen plötzlich Mauritier waren anstelle von Übersee-Franzosen und -Briten bzw. Exil-Indern, als ehemalige Sklaven sich als vollwertige Bürger eines jungen Staates fühlten, und diese neue nationale Identität Heimatgefühle und Patriotismus aufbaute, da erwachte auch ein Bewusstsein für die Belange der heimischen Natur. Ein Übriges tat der aufkeimende Tourismus, denn Mauritius braucht für sein Image als Paradiesinsel zwangsläufig bessere Nachrichten als Meldungen von aussterbenden seltenen Vogelarten, verdreckten Flüssen und einer zerstörten Vegetation.

Versuche der Wiedergutmachung

Der engagierte britische Naturforscher und Ornithologe Gerald Durrell gründete 1984 mit einigen Mitstreitern den Mauritius Wildlife Appeal Fund. Sein größtes Anliegen war die Rettung endemischer Tierarten, insbesondere von akut vom Aussterben bedrohten Vögeln. Dementsprechend ausgerichtet begann die NGO-Tätigkeit der Naturschützer, die rasch bekannt wurde und sogar die Regierung zu ökologischen Zugeständnissen motivieren konnte. Seit Mitte der 1990er Jahre kümmert sich der Verein nicht nur um die Finanzierung von arterhaltenden Maßnahmen, sondern wird verstärkt tätig in der aktiven Renaturierung und bei diversen Waldschutzprojekten. Zeitgleich formierte sich aus diesem ersten Naturschutzbund die heute international anerkannte **Mauritius Wildlife Foundation** (MWF). Die Arbeit des MWF beinhaltet neben Projekten zum Schutz bestehender Ökosysteme auch die Wiederherstellung ursprünglicher Flora, die Rettung gefährdeter Arten mithilfe aufwändiger Zuchtprogramme, Bildungsarbeit bei Schulkindern und – last not least – sogar der Ökotourismus wird zaghaft angegangen, als Einnahmequelle und zur Verbreitung umweltbewussten Gedankenguts.

Oben: Chamarel Falls in der Trockenzeit

Heute stehen 4 % der Landesfläche unter Naturschutz (zum Vergleich: in Bayern etwa 6 %). Den größten Schutz genießt der 1994 ernannte **Black River Gorges Nationalpark** (Rivière Noire) im Südwesten der Insel, der sich über 65,7 km² im zerklüfteten Gebirge erstreckt und aufgrund seiner Schönheit ein Aushängeschild des Landes ist. Der Park beherbergt 80-90 % der noch vorhandenen ursprünglichen Wälder und ihrer besonderen Fauna. Verwaltungstechnisch gliedert er sich in drei Einheiten. Die „Recreation Zones" im Tiefland dienen der naturnahen Erholung, denen sich „Nature Zones" anschließen, in denen gewandert wird, aber keine Freizeitinfrastruktur erlaubt ist. Die strengsten Schutzmaßnahmen in den „Reserved Zones" dienen der Arterhaltung.

Zahlreiche weitere Naturreservate verteilen sich über die Insel, deren Schutzstatus sich manchmal lediglich auf das Bebauungsverbot beschränkt, andernorts aber wiederum wertvollen und engagierten Projekten Raum bietet. Ein gutes Beispiel für erfolgreichen, modernen Naturschutz ist das Auswilderungs- und Renaturierungsprojekt auf der **Ile aux Aigrettes** vor der Südostküste von Mauritius. Seit 1985 untersteht die Insel dem MWF, der es sich zur Aufgabe macht, die ursprüngliche Inselfauna und Küstenvegetation wieder herzustellen. Eine limitierte Besucherzahl wird inzwischen sogar auf der Insel zugelassen. Inseln, wie Ile aux Aigrette, Coin de Mire und Gabriel Island, eignen sich für Projekte, die dem Tierschutz dienen, besonders gut, wenn sie frei von eingeschleppten Beutetieren, wie Ratten und Mangusten, sind. **Botanische Gärten** sind ein Hort seltener Pflanzen, dienen dem Erhalt heimischer Flora und begeistern die Besucher durch ihren Artenreichtum. Mauritius leistet sich drei solcher Gärten: zwei kleine Gärten in Le Petrin und Curepipe und den Besuchermagnet in Pamplemousses. Dort gibt es neben einigen Tiergehegen und einer wertvollen Versuchsstation 500 verschiedene Arten, wovon 25 Spezies auf den Maskarenen endemisch sind. Allein 80 verschiedene Palmenarten wurden im Pamplemousses Garden gepflanzt.

TIPP Jedem Reisenden möchten wir einen Besuch der **Botanischen Gärten** von Mauritius ans Herz legen. Man muss kein Hobbygärtner und Freizeitbiologe sein, um die Vielfalt und Schönheit tropischer Natur in diesen Gärten zu genießen

Einige Naturreservate, sie zählen heute zu den meistbesuchten des Landes, gehen eigentlich auf Plantagen und Wirtschaftsgüter zurück, die später renaturiert bzw. ökologisch umgestellt wurden. In der **Domaine de l'Etoile** befinden

sich die letzten Urwaldreste in Privatbesitz mit einem immensen Bestand an Ebenholzbäumen. Die ehemalige Jagdfarm bietet heute Wanderfreunden und Ökotouristen ein stimmungsvolles Ausflugsziel mit geführten Wanderungen, Restaurant, Reitgelegenheit, Quads und Mountain Bikes. Noch etwas kommerzieller ist das **La Vanille Crocodile Park and Nature Reserve** im Süden der Insel angelegt. Die Krokodilfarm hat neben einer beachtenswerten Schmetterlingssammlung auch einen kleinen Zoo gegründet, in dem die Besucher z. B. Makaken, Chamäleons, Wildschweine und Schildkröten beobachten können. Ein Highlight des Parks sind besonders die Reste tropischen Küstenurwalds, der sich hier erhalten konnte. Auch der Inselwesten hat ein kommerzielles Schutzterrain. Im **Casela Bird Park** befinden sich auf 8 ha Fläche bis zu 2500 Vögel in Vogelhäusern. Hier bietet sich auch dem vogelkundlichen Laien eine Möglichkeit, den extrem seltenen Mauritius-Turmfalken und die Rosafarbene Mauritius-Taube zu sehen. Natürlich verdient auch die reiche Unterwasserwelt Aufmerksamkeit, vor allem dort, wo sie in Gefahr ist. In Baie aux Tortues (Schildkrötenbucht), deren Name daran erinnert, dass früher Meeresschildkröten zur Eiablage in diese Bucht schwammen, gilt die Unterwasserfauna als noch zu 90 % intakt. Sie steht deshalb als **Meeresnationalpark** unter sehr strengem Schutz. Kommerzielle Unterwasserausflüge durfen dort nur sehr bedingt stattfinden.

Bilder von oben: Impressionen aus dem Botanischen Garten von Pamplemousses und der Domaine d'Anse Jonchée

Bild unten: Sambarhirsche im Freigehege

Mauritische Pflanzenpracht

Schon gewusst? Unter Endemismus versteht man das Auftreten einer Art in einem klar umgrenzten Gebiet

Tipp Jedem Abend bei Dämmerung gibt es in den Banyan-Feigen ein lautes Vogelspektakel, wenn die Vögel dort ihre Schlafplätze aufsuchen

900 Pflanzenarten beherbergt der Inselstaat, von denen 311 Spezies endemisch sind. Jede dritte Pflanzenart kommt also nur auf den Maskarenen vor. Zieht man einen Vergleich mit Deutschland, wird auch hier wieder die Besonderheit der mauritischen Inseln deutlich: Von den 2500 Spezies in Deutschland sind lediglich 88 Endemiten, d. h. nur 3,5 % aller Arten.

Mit der Vielzahl endemischer Arten im Indischen Ozean steigt auch die Bedeutung der Arterhaltung. 113 Pflanzenarten gelten auf Mauritius als gefährdet, und 50 davon sind akut vom Aussterben bedroht. In diese Klassifizierung fallen Arten, von denen nur noch weniger als 10 Exemplare in freier Natur vorkommen. 13 heimische Arten zählen sogar zu den seltensten Pflanzen der Welt – ein trauriger Rekord.

In diesen Zahlenspielen verrät sich bereits die kontroverse Situation im Land. Einerseits ein **Tropenparadies**, anderseits fürchterlich ernüchternd angesichts endloser monotoner Zuckerrohrplantagen, die die Insel bedecken. Nur ein Prozent der ursprünglichen Inselvegetation hat den Kahlschlag und die Pflanzwut der Zuckerbarone überlebt. Lediglich im Black River Gorges Nationalpark sind ursprüngliche Edelholzwälder, wie im Macchabee Forest, auf rund 10 km^2 Fläche erhalten. Da scheint es glaubwürdig, wenn Ökologen vor 10, 20 Jahren behaupteten, für die Natur auf Mauritius sei es „**Fünf vor Zwölf**". Immerhin haben sie die Regierung und einen Teil der Bevölkerung aufrütteln und zu erfreulicherweise wirksamen Rettungsmaßnahmen bewegen können.

Auf dem Meeresniveau bilden Palmsavannen die vorherrschende Vegetation. Die berühmte **Kokospalme** (*Cocos nucifera*) ist dabei gar kein Produkt der Insel, sondern wurde erst Ende des 18. Jh. eingeführt. Seither hat sie sich triumphal ausgebreitet, was der aufstrebende Tourismus erst recht förderte. Welches Hotel am Indischen Ozean würde schon auf einen palmengesäumten Strand verzichten? Also werden die Kokospalmen eifrig gepflanzt, gehegt und mühevoll gegen die starken Stürme geschützt, die sie immer wieder bedrohen. Viele andere Palmarten schmücken mauritische Plätze und Straßenzüge, z. B. raschelnde Schraubenpalmen, elegante Königspalmen (engl. Mountain Glory), kuriose Flaschenpalmen, seltene Seychellennuss-Palmen und auch die wertvollen **Kohlpalmen**. Sie liefern Palmito, Palmherzen, die als Salat zubereitet zu den exquisitesten Speisen auf Mauritius zählen. Denn um ein Palmherz zu ernten, muss eine ganze ausgewachsene Palme gefällt werden.

Neben den Palmen ist ein anderer Baum an den Meeresküsten weit verbreitet, der, wie die Kokospalme, erst im auslaufenden 18. Jh. die Inseln erreichte. Er trägt hier den Namen **Filao** und seine Erscheinung ist regelrecht irreführend. Denn die Blätter der **Kasuarine** (*Casuarina equisetifolia*) erinnern an Kiefernnadeln und auch ihre kleinen zapfenähnlichen Früchte geben ihr die Erscheinung eines Nadelbaums. Dabei handelt es sich um einen Laubbaum, der besonders starke Widerstandskräfte gegen Trockenheit und Stürme aufbietet. Als Dünenbefestigung und Windschutz haben die Kasuarinen daher einen Siegeszug an den tropischen Meeresküsten angetreten. Wo sie sich ausbreiten, gedeihen allerdings keine anderen Arten mehr, denn ihre herabfallenden „Nadeln" ersticken andere Pflänzchen im Keim. Die meisten öffentlichen Strände der Insel säumen Filaoswälder.

Auch die bengalische **Würgerfeige**, der **Banyan** (*Ficus bengalensis*), darf sich als Kosmopolit unter den Tropenbäumen bezeichnen, weil der Parasit eine extrem erfolgreiche Strategie verfolgt. Seine Samen keimen auf einem beliebigen Wirtsbaum. Dort treibt er Zweige und Luftwurzeln aus, die nach unten wachsen, sodann in den Boden wurzeln und schließlich verholzen. So entstehen Stämme, die wiederum selbst Zweige treiben, von denen auch wieder Luftwurzeln nach unten streben und sich verwurzeln. Er wuchert also maßlos, „erwürgt" praktisch seinen Wirtsbaum, und bildet schließlich einen mehrere Meter starken Hauptstamm, der den abgestorbenen Wirtsstamm umschließt, und von seinen zahlreichen Sekundärstämmen umringt wird. Hinduisten und Buddhisten verehren diese prächtige, schattenspendende Ficuspflanze, die man als ein Symbol der Kraft des Stärkeren ansehen kann. Besonders prächtige Exemplare kann man im Botanischen Garten von Curepipe, in der Tempelanlage von Triolet und in Port Louis im Jardin de la Compagnie bestaunen.

Auf Mauritius wird Ihnen der augenfällige Banyan immer wieder begegnen, z. B. am Friedhof von Cap Malheureux

Mitte des 20. Jh. legte man die sumpfigen Niederungen in Mauritius erfolgreich durch den Anbau von **Eukalyptuswäldern** (*Eucalyptus*) trocken. Diese schnellwachsenden, termitenresistenten Arten entziehen dem Boden viel Feuchtigkeit. So konnte die Mückenplage eingedämmt und die Malaria ausgerottet werden.

Schon gewusst?

Am saftigsten schmecken die Mangos zur Haupterntezeit im Dezember/Januar

Als „Stahl der Tropen" lobten die Kolonialmächte einst die Universalnutzpflanze **Bambus** (*Bambusae*). Seine jungen Triebe sind essbar (Bambussprossen), und die hohlen, knotigen Stängel als extrem stabiles Nutzholz begehrt. Sowohl zum Gerüstbau als auch für kunsthandwerkliche Flechtarbeiten lassen sich die Rohrstangen einsetzen. Als botanische Besonderheit durchbrechen die Schösslinge bereits mit der endgültigen Stammdicke den Boden, wachsen fortan also nur noch in die Länge. Bambus ist wegen seines kieselsäurehaltigen Holzes äußerst feuerbeständig.

Der berühmteste und vermutlich auffälligste Baum Afrikas ist der **Baobab**, auch Affenbrotbaum *(Adansonia digitata).* Der Wollbaum kommt nur in niedrig-heißen Savannenregionen Afrikas vor. In Mauritius ist er kaum verbreitet, doch man kann ein paar eindrucksvolle Exemplare dieser extrem vitalen und zähen Giganten im Botanischen Garten von Pamplemousses entdecken. Die meiste Zeit bleibt der Baobab ohne Blätter, was seine charakteristische Erscheinung noch unterstreicht. Er hat große, weiße Blüten, die nur für etwa zwei Tage am Ende der Trockenzeit aufblühen, und ovale, samtige Früchte, die soviel Vitamin C enthalten wie kaum eine andere Pflanze.

Als einer der ältesten Fruchtbäume der Menschheit genießt der ursprünglich aus Südostasien kommende **Mangobaum** (*Mangifera indica*) überall tiefe Verehrung. Der immergrüne Laubbaum bildet kräftige schattenspendende Kronen, in denen zu Beginn der Regenzeit Tausende an Vitamin C und A reiche Früchte heranreifen. Vor dem Genuss der süßen Mangofrüchte sollte man ihre oft klebrige Schale gut abwaschen. Die Fruchtstiele enthalten nämlich ein langwirkendes Gift, das beim Pflücken austreten kann. Das Fruchtfleisch der Mango ist aber nicht nur köstlich, sondern auch gesund. Auf Mauritius reifen Mangofrüchte nahezu ganzjährig, nur zwischen Mai und Juli kann der Baum nicht geerntet werden.

Als salztoleranter Küstenbaum auf sandigen Böden bringt es der **Indische Mandelbaum**, auch **Badamier** genannt (*Terminalia catappa*), zu einer stattlichen Erscheinung. Durch die waagrecht und etagenartig vom Stamm angeordneten Zweige erhält der bis 23 m hohe Baum seine dekorative Wirkung und spendet herrlichen Schatten. Im Mai und Juni erblüht die **Tamarinde** (*Tamarindus indica*) in gelben bis rötlichen Farben. Der knorrige Afrikaner wird vor allem wegen der leicht säuerlichen Samenhülsen geschätzt, die einen bedeutenden Anteil am Gewürzreichtum der indischen Küche haben. Der **Rote Mahagonibaum** (*Khaya nyasica)* kann sogar bis zu 60 m Höhe erreichen und gilt wegen des Edelholzes als wichtiger Holzlieferant für Möbel. Seine Rinde enthält Chinin, einen bedeutsamen Wirkstoff gegen Malaria. Dieser Gigant wächst allerdings nur in geschützten Waldlagen im Inselinneren, wo man auch den hochwüchsigen **Teakbaum** (*Tectona grandis*) antrifft.

Eine stattliche Anzahl schöner Zierpflanzen wurde im Laufe der Jahrhunderte auf den Maskarenen eingeführt. Zu ihnen zählt der in Australien beheimatete, vom November bis Januar feuerrot blühende **Flamboyant**, Flammenbaum *(Brachychiton acerifolium),* der wegen seiner großen auffälligen Blüten gerne in Gärten gepflanzt wird. Auch der **Afrikanische Tulpenbaum** *(Spathodea Campanulata)*, ein Import aus den tropischen Gebieten Westafrikas, hat große, scharlachrote Glockenblüten. Den Korallen- oder Roten-**Feuerbaum** *(Erythrina abyssinica)* sieht man ebenfalls häufig in den Gärten. Eine wahre Augenweide ist der **Jacaranda**, auch Palisander genannt *(Jacaranda acutifolia)*, wenn er im November/Dezember voller blauer Einzelblüten steht, die allmählich abfallen und wie ein blauer Teppich den Boden bedecken. Den betörendsten Duft verströmt jedoch der **Frangipani** oder Pagodenbaum, der nur mittelhoch wächst, rund um das Jahr weiß-gelbe Blüten entfaltet und einen wertvollen Grundstoff zur Herstellung von Parfum bildet. Blühende Ziersträucher, wie roter **Weihnachtsstern** aus der Wolfsmilchfamilie, werden gerne in Gärten angepflanzt (er blüht von Mai bis August). Der australische Zierstrauch **Bottlebrush** (*callistemon viminalis*) erreicht etwa 3 m Wuchshöhe und besticht durch seine vielen büscheligen, roten

Der **Baum der Reisenden** *(Ravenala madagascariensis)*, wird gemeinhin gerne für eine besonders attraktive Palme gehalten, faktisch handelt es sich bei dem madagassischen Wappenbaum aber um einen Verwandten der Banane. Die fächerartig ausgebildeten Blattstiele des **Ravenal** entfalten sich nur in Ost-West-Richtung. Meistens sieht man nur einzelne Exemplare, jedoch im Landesinnern, wie zwischen Ruisseaú Ruse und Nouvelle Découverte, bilden sie regelrechte Wälder.

Bilder links: Roter Bambus; Frangipaniblüten
Bilder oben: Baobab-Baum mit seinen Früchten; Prächtige Exemplare des Ravenal

Oben: Ein in Europa reichlich unbekannter Exot ist der **Brotfruchtbaum**, dessen warzige, bis zu 2 kg schweren Früchte im gelb-reifen Zustand ein stärkehaltiges Fruchtfleisch ausbilden, das tatsächlich wie Brot in Scheiben geschnitten und geröstet werden kann

Blütenwedel, die ihm auch den passenden Namen Zylinderputzer eingebracht haben. Der **Baumhibiskus** bringt ganzjährig sehr große, zarte Blüten in gelb oder rot hervor. **Oleander** zählt zu den Hundsgiftgewächsen, denn seine Blätter sind giftig. Er blüht auf Mauritius zwischen Oktober und Juni in weiß, rosé oder lila. **Bougainvilleen** ranken sich ganzjährig mit weißen, gelben, lachsfarbenen oder roten Blüten an Hauswänden und Zäunen empor. Weil in jedem ihrer Blütenstände drei kleine Einzelblüten stehen, nennt man sie auch Drillingsblume. Nicht übersehen sollte man die Vielzahl blühender Büsche, die man in den Gärten entdecken kann, wie z.B. das Schwertlilien-ähnliche Indische Blumenrohr und die Goldtrompete.

Exportfähige Nutzpflanzen und zahlreiche tropische Früchte aus aller Welt werden auf Mauritius kultiviert. Warzige **Litschis**, die ab November reifen, **Guaven**, die von Dezember bis Mai den Speiseplan bereichern, und **Papayas,** deren süße Früchte das ganze Jahr über geerntet werden können. Die stammlose **Banane** (*Musa sapientum*) entwickelt zeitlebens nur einen einzigen Fruchtstand mit ca. 80 bis 250 Bananen und einer violettfarbigen Blüte. Unter den weltweit etwa 60 verschiedenen Bananenarten sind die Obst- und die Mehlbanane die bekanntesten. Ihre langen Blätter sind oft zerrissen, wodurch sie Stürmen besser standhalten können. Die **Nationalblume** heißt **Trochetia** (*Trochetia boutoniana*) aus der Gattung der Malvengewächse und kommt auf Mauritius in fünf Arten vor. Der kleine Baum liebt feuchte, bewaldete und windwärts gerichtete Berghänge. Er bildet wunderschöne glockenförmige rote Blüten aus.

Zuckerrohr, das Hauptanbauprodukt der Insel, braucht besonders viel Feuchtigkeit und muss daher intensiv bewässert werden. Er dient der Herstellung von Rohzucker, Weißzucker und der Alkoholgewinnung. Die Rohrstangen wachsen auf Mauritius bis zu 5 m hoch. Sie werden als 30 cm lange Setzlinge gepflanzt und zwischen Juni und November geerntet. Die Rohrstangen enthalten bis zu 15 % Zucker, der in den Fabriken anschließend ausgepresst und eingedickt wird.

Unvollständig wäre eine Beschreibung der mauritischen Flora ohne die **Flamingoblume** (*Anthurium*). Die tropischen Blumengebilde halten sich frisch bis zu vier Wochen nach dem Schnitt, was sie transportfähig macht und zum Exportschlager befähigt. 18 Millionen Blumen produzieren die mauritischen Plantagen jährlich.
Die wachsartigen, herzförmigen Blütenkolben sind sehr lichtscheu, benötigen aber sanfte Sonneneinstrahlung und hohe Luftfeuchtigkeit. Sie gedeihen bestens unter den eigens dafür entwickelten Plastiknetzen.

Mangroven

Die mauritische Ostküste besitzt stellenweise flache Lagunen und Flussmündungen, an denen sich **Mangroven** angesiedelt haben.

Die skurrilen Gewächse harren in einem höchst unwirtlichen Lebensraum aus und schaffen ein Biotop für viele tropische Meeres- und Küstenbewohner. Denn Mangroven wachsen dort, wo andere Pflanzen nicht mehr lebensfähig sind: im Gezeitenbereich tropischer Küsten. Eine geniale Anpassungsfähigkeit ermöglicht diesen unscheinbaren, immergrünen Tropengehölzen die Existenz in einer ständig wechselnden Umgebung. Alle sechs Stunden, mit jeder Ebbe und Flut, durchleben sie ein Wechselbad, denn dann liegen ihre langen **Stütz- und Atemwurzeln** frei bzw. unter Wasser. Dem enormen Salzgehalt, der alle anderen Bäume abtöten würde, begegnen Mangroven auf unterschiedliche Weise. Manche entwickeln Blattdrüsen, durch die mit Hilfe einer Flüssigkeit das Salz wieder ausgeschieden wird. Andere befördern Salz durch ihre Wurzeln bis in die Blätter, die sie bald danach abwerfen.

Es gibt viele verschiedene Mangrovenarten, die sich zwar alle recht ähnlich sehen, aber nicht unbedingt miteinander verwandt sind. **Rote Mangroven** vermehren sich sehr schnell und effektiv. Aus den Früchten sprießen auf dem Baum pro Jahr einige Hundert Keimlinge, die bereits dort bis zu 50 cm lange Wurzeln bilden, bevor sie schließlich abfallen. Sie treiben im Wasser und verankern sich sofort bei der ersten Bodenberührung mit ihren langen Wurzeln. Sehr schnell entwickeln sie Seitenwurzeln, um sich gegen die Strömung zu schützen. Finden die Keimlinge keinen Nährboden, können sie bis zu ein Jahr lang im salzhaltigen Mündungsgewässer treiben, ohne abzusterben.

Da Mangroven lebenslang den Gezeitenströmungen ausgesetzt sind, bilden sie sehr starke, pfahlartige Stützwurzeln. Zwischen diesen Wurzeln lagert sich angeschwemmter Schlamm an. Dieser Schlamm, abgestorbene Wurzelteile und enorme Mengen abgeworfenen Laubes stabilisieren die Mangrovensümpfe und werden zu nährstoffreichem Morast, der wiederum das Wachstum der Mangroven beschleunigt. Wie ein breiter Gürtel umschließt das wuchernde Dickicht schließlich Küsten und Wasserwege, und schützt als **natürlicher Filter** die Uferzonen vor Brandung, Treibgut und Abfällen. Im Hort dieser dichten, schlammigen Vegetation finden Schalentiere, Muscheln, Krabben und Austern einen hervorragenden Lebensraum. Viele Wasser- und Watvögel nisten in den Sümpfen; und Barsche, Welse und Hummer halten sich im brackigen Flachwasser auf.

Ein fragiles Vogelparadies

Schon gewusst?
Die meisten Vögel schließen nur ein Auge, wenn sie schlafen. Mit dem anderen Auge halten sie nach Gefahren Ausschau

Die Begeisterung von Ornithologen und Vogelfreunden für die mauritischen Inseln gründet sich weniger auf der **Artenvielfalt**, die mit 123 Spezies vergleichsweise mager ausfällt. Ihr Wert bemisst sich vielmehr nach der Kostbarkeit sehr seltener Arten. Von ehemals 29 endemischen Vogelarten haben bis heute neun auf der Hauptinsel und weitere zwei auf Rodrigues überlebt. Sie heißen Mauritius-Turmfalke, Rosafarbene Taube, Mauritius-Sittich, der Raupenschmätzer *(Coracina typica)*, der Schwarze Bülbül *(Hypsipetes olivaceus)*, zweierlei Brillenvögel *(Zosterops olivacea chloronothus und Zosterops borbonicus mauritianus)*, der Mauritius-Weber *(Foudia rubra)* und der Paradies-Fliegenschnäpper (*Terpsiphone bourbonnensis desolata).* Auf Rodrigues sind der Rodriguez-Weber (*Foudia flavicans*) und der Rodrigues-Rohrsänger (*Acrocephalus rodericanus*) endemisch.

Unten: Flamingos im Casela Bird Park; Hotelpools als Badespaß für Vögel, wie diese Madagaskar-Fodys

Nach dem ausgestorbenen Dodo ist der berühmteste Vogel von Mauritius der **Mauritius-Turmfalke** (*Falco punctatus*), ein Kestrel, dessen Überleben zu den weltweit größten Triumphen der Umweltschützer zählt. Als „Hühnerfresser" verschrien, wurde der kleine Greifer über viele Generationen gejagt und verfolgt. 1974 konnten nur noch vier lebende Vögel entdeckt werden, was dem Falken alsdann die Einstufung als seltenster Vogel der Welt bescherte. Sein Schicksal schien besiegelt, und doch begann jetzt der Kampf der Naturschützer um sein Überleben. Der Vorläufer der Mauritus Wildlife Foundation und vor allem der leidenschaftliche Ornithologe Gerald Durrell starteten ein

Bilder von oben: Hirtenmaina; die seltene Mauritius-Taube; Mangrovenreiher; Madagaskar-Fody

Zuchtprogramm, indem sie Eier des letzten verbliebenen Falkenpaares entwendeten und ausbrüten ließen, die Jungvögel später aussetzten und zahlreiche Nistkästen aufstellten. 35 Jahre nachdem man davon ausgehen musste, die vier Falken seien die letzten Vertreter ihrer verlorenen Art, kreisen jetzt wieder fast 800 Mauritius-Falken über den bewaldeten Berghängen – eine phantastische Erfolgsgeschichte!

Ein sehr ähnliches Rettungsprogramm half, den **Mauritius-Sittich** (*Psittacula eques echo)* zu erhalten. Von diesem grünen Papagei fand man 1987 nur noch acht Exemplare, die schon nicht einmal mehr brüteten. Auch diesmal erhielt ein endemischer mauritischer Vogel das Prädikat „seltenster Papagei der Welt". Seine Aufzucht erwies sich als besonders schwer, weil die kleinen Papageien sehr krankheitsanfällig sind. Kaum eine Spezies der Welt hat je größere Fürsorge erfahren als der Mauritius-Sittich. Doch es zahlt sich aus: Innerhalb ihres 40 km² kleinen Lebensraums in der Black River Schlucht haben sie sich auf bisher 120 Tiere vermehrt. Die Vogelkundler sind zuversichtlich, den Erhalt der Sittiche geschafft zu haben.

Ganz so sicher sind ihre Prognosen bei der **Rosafarbenen Mauritius-Taube** (*Columba mayeri*) noch nicht, obwohl den engagierten Vogelschützern auch hier ein ganz beachtlicher Erfolg gelang. Ihr Projekt startete 1986 mit den letzten zwölf verbliebenen Tauben. Auch diesmal entwendeten die Helfer Eier, die sie von Haustauben ausbrüten ließen. Erfreulicherweise legten die Mauritius-Tauben eifrig neue Eier, sobald man ihnen die frisch gelegten weg nahm. Auf diese Weise konnte sich die hübsche Taubenart auf derzeit mehr als 300 Exemplare vermehren. Die Vögel sind aber alle beringt und werden auch noch zugefüttert. Man findet sie heute im Black River Gorges NP, bei Grand Bassin und auf der Ile aux Aigrettes.

Auch die anderen endemischen Arten sind gefährdet und unterstehen dem besonderen Schutz. Die Mauritius Wildlife Foundation unterhält eine Vogelbrutstation in Grand Rivière Noire an der Westküste, das Besuchern allerdings nicht ohne begründete Voranmeldung offen steht (Info und Kontakt unter www.mauritian-wildlife.org).

Der interessierte Tourist vermag vielleicht nicht unbedingt eine dieser ornithologischen Raritäten zu entdecken, wird sich aber rasch an den Sing- und Ziervögeln, die allerorten in Hotelgärten und Parkanlagen zwitschern, erfreuen. Besonders erfolgreich haben sich der hübsche **Rotohrbülbül** (*Pycnonotus jocosus)* sowie der zierliche grau-beige **Maskarenen-Brillenvogel** (*Zosterops borbonicus mauritianus*) an die menschliche Umgebung angepasst. Sie besiedeln in Schwärmen die tropischen Gärten und ernähren sich von Insekten und Blütennektar. Afrikanische Webervögel, wie der hübsche **Madagaskarweber** (*Foudia madagascariensis*), bauen in den Gärten emsig ihre Nester, Spatzen (*Passer domesticus*) picken Krumen vom Restaurantboden, und der Hirtenstar bzw. **Hirtenmaina** (*Acridotheres tristis*) stolziert durch die Grünflächen. Allerorten begegnet man auch dem zutraulichen **Sperbertäubchen** (*Geopelia striata)*.

Feenseeschwalben (*Gygis alba*), Reiher und Regenpfeifer prägen die Gezeitenzone der Meere ebenso wie Brachvögel und Reihenläufer. Die grazilen **Tropikvögel** verbringen die meiste Zeit im Flug über dem offenen Meer, brüten aber auf den Maskarenen.

Wir haben kaum je zuvor auf der Welt so eine Präsenz mutiger Vögel an Hotelbuffets und Restauranttischen erlebt, wie auf Mauritius, wo die frechen Piepmätze, allen voran Spatzen, Hirtenmainas, Sperbertäubchen und Rotohrbülbüls, eifrig Brot und andere Köstlichkeiten mit den Gästen teilen!

Bilder von oben:
Maskarenen-Brillenvogel; Teichhuhn;
Mauritius-Bülbül bzw. Rotohrbülbül;
Sperbertäubchen

Der Dodo
Seit über 400 Jahren ausgestorben, doch immer noch das Wahrzeichen von Mauritius

Als die ersten Seeleute auf Mauritius vor Anker gingen, trafen sie an Land auf einen merkwürdigen plumpen Vogel mit dickem Hinterteil, wuchtigem Hakenschnabel und Watschelgang, der nicht fliegen konnte. Seine Flügel waren verkümmert, dafür watschelte der etwa 25 kg schwere Geselle träge auf kurzen, entenähnlichen Füßen umher. Die Niederländer fanden ihn kurios, hässlich, nannten ihn Dodo („Faulpelz") und hielten den eigenwilligen Laufvogel für einen „Irrtum der Evolution". Dabei hatten die Dronte, bedingt durch die isolierte Insellage und weil sie keine Feinde hatten, eine faszinierende Eigenentwicklung erfahren.

Trotz aller Geringschätzung: Ihr Fleisch fanden die Seeleute äußerst schmackhaft. So wurden die hilflosen Dronte zur fetten Beute und landeten ruck zuck im Kochtopf. Aber erst die Ratten und Affen, die mit dem Menschen auf die Maskarenen gelangten, vernichteten die Dronte. Sie fraßen die Eier und Jungtiere, ohne dass sich die Dronte wehren konnten. Nun wurden dem Dodo seine Schutzlosigkeit und die langsame Fortpflanzung zum Verhängnis. Irgendwann zwischen 1681 und 1693 wurde der letzte Dodo gesehen.

Es ist so wenig über den truthahngroßen Vogel bekannt und erhalten geblieben, dass selbst seine Gattung nicht eindeutig geklärt ist. Im britischen Oxford lagern Knochenreste und ein Schädel des *„Raphus cucullatus"*, und im Naturkundemuseum von Port Louis ist ein Modell nachgebildet.

Gängiger Ansicht nach handelte es sich bei den Dronten um flügellose Tauben. Sie waren endemisch auf Mauritius und verschwanden, als sich dort die Lebensumstände änderten. Auf Rodrigues hat es einen ähnlichen endemischen Vogel gegeben, den Solitaire, der ebenfalls ausgerottet wurde.

Der Dodo ist nun schon so lange verschwunden, und doch ist er in Mauritius überall präsent und im kollektiven Gedächtnis geblieben. Selbst im Sprachgebrauch; denn manchmal hört man hier den Ausdruck „Dead as a Dodo". Er gilt heute weltweit als ein Symbol für die Vernichtungswut des Menschen.

Wer sich für die Vogelwelt auf Mauritius interessiert, dem empfehlen wir folgende Stationen, an denen „Birding" besonders erfolgreich ist:

- Black River Gorges Nationalpark: Bassin Blanc; Macchabee Forest, Black River Gorges View Point: Die Heimat der seltensten Vogelarten von Mauritius bietet ihnen auch noch den besten Schutz.
- An den Saltpans in Tamarin und Petit River Noire, überwintern asiatische Zugvögel.
- Kestrel Valley (Ostküste): Das Naturreservat bietet Wald- und Greifvögeln ein Zuhause.
- Ile aux Aigrettes (Insel im Südosten): Die ganze Insel steht unter dem Schutz des MWF und ist nur mit Voranmeldung zugänglich. Es werden Führungen unternommen.
- Botanische Gärten: Alle drei Gärten locken mit ihrer Pflanzenzier auch zahlreiche Vögel an.
- Casela Bird Park: 140 verschiedene Vogelarten, darunter die seltene Rosafarbene Mauritius-Taube.

Unten: Sambarhirsche wurden einst aus Indonesien eingeführt; Aldabra-Riesen-landschildkröten werden gehegt und gepflegt

Bilder rechts: Ein müdes Wildschwein; Borstenigel Tanrek; Makake und ein prächtiger Ornament-Taggecko

Säugetiere und Reptilien

Wie bei den Pflanzen prägte die isolierte Insellage auch die Entwicklung der Fauna. Tiere mussten auf irgendeine Weise erst einmal die Inseln erreichen: schwimmend, fliegend, vereinzelt wurden sie sogar angespült. Deshalb waren die Flughunde zunächst die einzigen Säugetiere auf Mauritius. Vögel und Reptilien konnten sich ohne Gefahr durch etwaige Räuber bestens entfalten. Die Landfauna kennt heute mehr als 670 Arten, davon sind 300 endemisch. Fast jede vierte Tierart gilt heute jedoch als bestandsgefährdet.

Zwei Tierarten waren die dominanten Vertreter bei der Ankunft der ersten Menschen: Die flugunfähigen **Dronte** (Dodo) und die **Riesenlandschildkröten**. Beide hatten eines gemeinsam: sie ließen sich leicht einfangen und landeten daher bevorzugt im Kochtopf der Schiffsköche. Riesenlandschildkröten haben schon im Dinosaurierzeitalter vor 180 Mio. Jahren gelebt und sind somit Zeitzeugen der Entwicklung unseres Planeten. Auf Mauritius wurden sie schon Ende des 18. Jh., nur 200 Jahre nach Ankunft der Europäer, ausgerottet. Die Insel beherbergt heute allerdings wieder ein paar Exemplare dieser faszinierenden Tiere. Sie wurden einst auf Empfehlung von Charles Darwin von der Seychelleninsel Aldabra nach Mauritius überführt, um ihren gefährdeten Bestand zu schützen. Nachdem sie ein gesegnetes Alter von 200 Jahren erreichen können, mag es sein, dass einige dieser Exemplare noch aus der Darwinschen Immigrantengruppe stammen. Frei lebend kommen die Riesenlandschildkröten heute nur noch auf den Seychellen und den Galapagosinseln vor. Die Tiere erreichen ein Gewicht von 250 kg, obwohl sie nur alte Blätter und Gräser fressen und notfalls sogar wochenlang ohne Nahrung auskommen können.

Die Menschen führten bald fremde Tiere ein. Versehentlich schleppte man Ratten und Wildkatzen ein, absichtlich wurden indonesische **Sambarhirsche**, **Wildschweine** und Makaken ausgesetzt. Die Java-Hirsche brachten bereits um 1639 holländische Handelsschiffe auf die Maskarenen, um sich dort eine Art Nahrungsmitteldepot für die langen Seefahrten anzulegen. Heute leben rund 6000 Hirsche in diversen Naturreservaten. Ein Teil wird während der jährlichen Jagdsaison zwischen Juni und September geschossen und landet auf dem mauritischen Speiseplan. **Makaken** sind etwa 70 cm große Backentaschenaffen aus der Familie der Meerkatzenverwandten, die von den Portugiesen aus Malaysia importiert wurden. Die flinken Primaten sind Opportunisten, bedrohen daher die Vogelwelt und räubern in Gruppen ganze Zuckerrohrplantagen. Die 60 000 Makaken sind heute eher eine Belastung für das fragile Ökosystem der Insel.

Aus Madagaskar wurde der **Tanrek** eingeführt, ein nachtaktiver Borstenigel, den die Kreolen „cochon marron" nennen. Der Insektenfresser fällt zwischen Juni und September in einen Winterschlaf. Wie auch die Makaken wurden Tanreks früher von ärmeren Bevölkerungsschichten verspeist. Sie sind heute nur noch selten zu entdecken.

Haus- und Wanderratten sind einst wahrscheinlich als blinde Passagiere auf den Ozeanschiffen eingewandert. Sie wurden eine derartige Plage, dass **Mangusten** ausgesetzt wurden, um die Ratten zu vernichten. Bedauerlicherweise haben sich wenig später die Mangusten selbst als Übel erwiesen, denn sie vernichteten auch die Kaninchen- und Hasenpopulation.

Flughunde sind auf Mauritius mit vier Arten vertreten. Die kleinen Säugetiere zählen nicht zu den Fledermäusen und ernähren sich vegetarisch (daher der englische Name Fruit Bats). Auf Rodrigues existiert eine kleine endemische Population namens *Pteropus rodrigensis*, Golden Friut Bats, weil ihr Fell rötlich-gelb glänzt. Flughunde haben einen hundeähnlichen Kopf mit auffallend großen Augen und fledermaustypische Flügel mit einer Spannweite von bis zu 1 m. Sie sind ausgestattet mit einer hervorragenden Nachtsichtfähigkeit und gutem Geruchssinn,

verfügen aber gewöhnlich nicht über eine Echolokalisierung, im Gegensatz zu den Fledermäusen. **Fledermäuse** sind auf Mauritius ebenfalls zahlreich vertreten. Eine Art trägt sogar den Namen Mauritius-Grabfledermaus, weil man den Holotyp einst in einem mauritischen Grab entdeckt hatte.

Mauritius ist frei von giftigen **Schlangen**, es leben hier nur ungiftige Arten. Auf der menschenleeren kleinen Insel Round Island kommen zwei endemische Würgeschlangen vor. Artenreich sind die Geckos, Skinke und Agamen von Mauritius. Vereinzelt kommen auch Chamäleons vor, doch sie zeigen sich meist nur dem geschulten Auge.

Bunte Unterwasserwelt und maritimes Leben

Neben den Landtieren weist die Fauna von Mauritius auch ein vielfältiges Spektrum an Meeres- und Schalentieren auf. Vor Mauritius kommen 1000 Muscheln und Schnecken vor, 20 verschiedene Muränen und hier lebt die weltweit dichteste Konzentration an Blauen Marlins. In diesen Gewässern werden die begehrten Speerfische mit bis zu 700 kg Gewicht gefischt!

Das Meer als Lebensraum gliedert sich in die Gezeitenzone, die geschützten Lagunenbereiche, daran anschließende Korallen- und Felsenriffe und den tiefen Ozean. In der Gezeitenzone, die dem ewigen Rhythmus von Ebbe und Flut ausgesetzt ist, halten sich Krustentiere, Felshüpfer, Schleimfische und Krabben, die im Boden in kleinen Sandhöhlen leben, auf. Hier findet man mancherorts auch Mangrovenwälder. Krabben gelten übrigens als reinste Putzkolonnen, weil sie alles Organische auffressen und verwerten.

Die Korallenriffe

Die Koralle ist ein Tier aus dem Stamm der Nesseltiere. Sie entzieht dem Meerwasser Kalk und scheidet dieses wieder aus. Lebende Korallenpolypen machen nur einen kleinen Teil der Riffmasse aus, der Großteil besteht aus den unzähligen vielfältigen, kalziumreichen Skelettbauten abgestorbener Korallen. Korallenbänke sind daher gigantische Tierfriedhöfe. Pro Jahr wächst ein gesundes Korallenriff etwa 1 bis 2 cm. Korallentiere gehören somit zu den wenigen Tiergesellschaften, die landschaftsbildend wirken. Seit Darwin weiß man auch, dass Korallenriffe stets knapp unter der Wasseroberfläche bleiben. Sie brauchen Sonnenlicht und Wärme und kommen in allen Weltmeeren vor, vor allem aber an den Ostküsten der Kontinente in tropischen und subtropischen Zonen. Korallen reagieren extrem empfindlich gegen Wasserverschmutzung. Was die außerordentliche Artenvielfalt ihres Lebensraums angeht, bilden sie ein Äquivalent zum tropischen Regenwald. Das Kalkgerüst abgestorbener Korallen fungiert als schützender Lebensraum für zahlreiche Fische, wie die ulkigen Lippfische, prächtige Schwärme von Papagei- und Doktorfischen, zarte Engelfische und geheimnisvolle Steinfische, die zur perfekten Tarnung ihre Farbe je nach Untergrund wie Chamäleons verändern können. Auch allerlei Riffkrabben und Krustentiere bewohnen die Korallenbänke. Seeanemonen haben eine Wirtsfunktion für Anemonenfische, die man auch als Clownfische kennt, und die zu den lebhaften Korallenbarschen zählen. Seesterne bewegen sich auf unzähligen winzigen Füßen vorwärts, die sich auf ihrer Unterseite befinden. Zu den bekanntesten Korallenbewohnern zählen die eleganten **Rotfeuerfische**. Sie sind extrem schnelle Jäger und stoßen in unglaublicher Geschwindigkeit auf ihre Beute zu. Ein interessantes Phänomen sind auch die Schiffshalter, barschartige Stachelflosser mit kleiner Saugplatte, mittels derer sie sich an größere Fische, Haie oder Meeresschildkröten anheften. So lassen sie sich dann mitziehen und ergattern meistens auch etwas von der Mahlzeit ihres Wirtes. Auch Riff- und Fahnenbarsche sind hier typisch und zählen zu den besonders fotogenen bunten Schönheiten. Papageifische fertigen sich selbst eine Art Schleimkokon, in dem sie schlafen.

Bilder oben:
Farbenprächtige Bewohner der Korallenzonen: Neugieriger Kofferfisch, feuerroter Seestern und ein freundlicher Halfterfisch

Im tiefen Ozean

Das Reich der Tiefe liegt unzugänglich in ewiger Dunkelheit, den starken Strömungen ausgesetzt. Vor Mauritius sind sieben Haiarten bekannt, am häufigsten wird hier der Weißhai gesichtet. Schwärme winziger gestreifter Makrelen begleiten oft die Haie. Zehnerlei Walspezies und vier Delphinarten, vor allem Große Tümmler und Gemeine Delphine, sind ebenfalls in den mauritischen Gewässern vertreten. Wale tauchen oft nur saisonal auf, z. B. im Juli und August die Buckelwale vor der Nordspitze von Mauritius. Zu den bekanntesten und schnellsten Tiefseefischen zählen Speerfische (Marlin), Segelfische und Schwertfische. Barrakudas ziehen dagegen gemütlicher ihre Bahnen.

In den mauritischen Gewässern lebt auch die friedliche Riesenmuschel **Bénetier**. Sie erreicht beachtliche 250 kg Gewicht und ist mit ihren stark gezackte Schalen eine stattliche Erscheinung. Viel Seemannsgarn rankt sich um diesen harmlosen Giganten: Der Volksmund erfand eine unwahre Horrorgeschichte von der vermeintlich gefährlichen, fleischfressenden Mördermuschel.

Schon gewusst?

Mantarochen sind trotz ihrer Erscheinung harmlos

Haie halten sich nur außerhalb der Lagune, hinter dem Riff, auf

Thunfische erreichen Spitzengeschwindigkeiten von fast 80 km/h. Die geselligen Fische sind zumeist in Schwärmen unterwegs

Vor der Südwestküste von Mauritius tummeln sich besonders viele Krustentiere, wie die begehrten Tiger-Garnelen und fünf Hummerarten

Das Leben im Mangrovensumpf

Ausgesprochen faszinierend ist die Vielfalt höchst eigenwillig anmutender Lebensformen, denen man im Schlick der Mangroven begegnen kann. Dem flüchtigen Betrachter bleiben die vielen krabbelnden und springenden Tiere meist verborgen, denn sie ziehen sich bei vermeintlicher Gefahr sofort in Sand- und Schlammlöcher zurück. Bleibt man dagegen eine Weile ruhig stehen, kommen die neugierigen Kleintiere schnell wieder zum Vorschein. Besonders auffällig sind die sogenannten **Winkerkrabben** aus der Familie der Reiterkrabben bzw. Zehnfußkrebse. Die männlichen Krabben tragen neben einer unscheinbaren Schere auch eine monströse, überdimensionale Schere, mit der sie heftig winken, um Weibchen zur Begattung anzulocken bzw. Rivalen abzuschrecken. Bei den weiblichen Winkerkrabben sind dagegen beide Scheren gleich ausgebildet. Winkerkrabben laufen und graben seitwärts und haben eine extrem gute Sehkraft. Sie leben in senkrechten Höhlen, die sie bei ansteigender Flut von innen mit einem Schlammbrocken verschließen. So bleibt genug Luft in der Höhle, und bis zur nächsten Ebbe harren die Krabben darin aus.

Die originellsten Bewohner im Mangrovenschlick sind sicherlich die amphibischen **Schlammspringer.** De facto handelt es sich um Fische in Grundelgestalt, die bei Flut schwimmen und sich bei Ebbe im feuchten Schlick aufhalten. An Land ziehen sich die 5–15 cm großen Tiere mit Hilfe ihrer langen Brustflossen vorwärts und können enorm weit springen. Die riesigen, froschartigen Augen vermögen sie rundum zu drehen. Sie ernähren sich von kleinen Krabben, Asseln, Insekten und Garnelen.

Unterwegs auf Mauritius...

Port Louis

Wochentags verstopft die Stadt hoffnungslos, und in den Stoßzeiten müssen alle Verkehrsteilnehmer stundenlange Staus ertragen. Halbwegs gemütlich ist die Stadt nur am Wochenende, allerdings verliert sie dann mit dem Trubel und städtischen Treiben auch das Lebendige

Info Besondere Vorsicht empfiehlt sich beim Überqueren von Straßen wegen des ungewohnten Linksverkehrs

Die Inselkapitale präsentiert sich mit zweierlei Gesichtern. Lärm, Verkehrschaos und Menschengewimmel untermalen wochentags den Anspruch der Stadt als größtes Finanz- und Wirtschaftszentrum im Indischen Ozean. Völlig konträr zeigt sich die 150 000-Einwohner-Stadt dagegen nach Sonnenuntergang. Dann klappt sie sprichwörtlich ihre Gehsteige hoch und fällt in tiefe Nachtruhe. Einziger Gegenversuch zu diesem puritanischen Abendprogramm ist die neue Caudan Waterfront mit ihren Kinos, einem Spielkasino und Restaurants, die auch abends noch geöffnet sind.

Es ist wenig wirklich Altes in der Stadt erhalten, die viel unter Naturkatastrophen, Epidemien und Großbränden zu leiden hatte. Die meisten historischen Gebäude stammen aus dem 19. Jh. Manche wurden in der Vergangenheit liebevoll restauriert, viele andere stehen vergessen entlang der geraden Einbahnstraßen. Baufällige, vernachlässigte Holzhäuser bilden einen eigenwilligen Kontrast zu den modernen Hochhauskomplexen. So zeigt sich das Stadtzentrum als ein Konglomerat altersschwacher Holzhäuschen mit vergangenem kolonialem Glanz und trister Betonklötze, pseudomoderner Hochhäuser und einem Gewimmel aus Fußgängern, Taxis und öffentlichen Bussen. Mit einem reizvoll morbiden Charme behaupten sich die letzten kreolischen Villen dieser betriebsamen, dem Verkehrschaos ausgelieferten Hafenstadt. Die Hauptstadt hat atmosphärisch viel mehr zu bieten als die jüngeren Städte im Inselzentrum. Ihre abwechslungsreichen Sehenswürdigkeiten rechtfertigen einen ausgiebigen Stadtrundgang, die Caudan Waterfront lockt mit modernen Vergnügungs- und Shoppingangeboten und das städtische Treiben lässt Besucher ein wenig in den mauritischen Alltag schnuppern.

Uns gefällt die Stadt am besten, wenn sie sich für ein paar Stunden vom Lärm der sich durch ihre Straßen quälenden Fahrzeugschlangen erholen darf: in den Nachmittagsstunden am Wochenende. Dann nämlich kann sich auch der unerfahrene Fremde ohne Unfallgefahr zu Fuß treiben lassen (wochentags sollte man seine ganze Aufmerksamkeit lieber den vorüber donnernden Bussen widmen!). Für einen Stadtrundgang empfehlen wir daher den Samstagnachmittag. Dem Zentralmarkt allerdings, einem der größten Spektakel der Metropole, sollte man möglichst auch einmal vormittags einen Besuch abstatten, zu seiner geschäftigsten Zeit.

Ein Blick auf die Stadtgeschichte

Der Naturhafen an der windgeschützten Nordwestküste der Insel diente bereits den Holländern als Ankerplatz. Doch erst der französische Gouverneur Graf Mahé de La Bourdonnais erkannte die strategische Bedeutung der kleinen Hafensiedlung, ließ die Bucht ausbauen, eine Werft anlegen und hier seinen Regierungssitz gründen. Seine Amtszeit brachte wirtschaftlichen Aufschwung, Port Louis nahm Gestalt an und blühte auf. Als die junge Stadt 1770 Freihafen wurde, zogen allerdings rauere Sitten ein, denn nun gehörte Port Louis den Piraten und Seeleuten aus aller Welt, die ihr Geld in den Hafenspelunken verloren. Der Handel mit gekaperter Ware florierte, und die Städter waren Nutznießer der Piraterie. Mit dem anschließenden Zuckerboom bildete sich eine reiche Elite. Das napoleonische Zeitalter inspirierte Gouverneur Decaen dazu, seine Hauptstadt in Port Napoléon umzutaufen. Da Mauritius aber 1810 von Großbritannien erobert wurde und Decaen sich der britischen Übermacht ergeben musste, die mit 10 000 Soldaten vor Port Louis aufmarschierte, blieb diese Namensänderung eine kurze Episode. Denn es zählte zu den wenigen Änderungen der neuen britischen Verwaltung, die Hauptstadt wieder in Port Louis rückzubenennen. Die Briten verordneten der verrufenen Hafenstadt wieder mehr Recht und Ordnung, reparierten die Substanz, bauten Kirchen und gründeten den ersten Rennklub mit Rennbahn auf der südlichen Erdhalbkugel. Port Louis entwickelte sich zu einer Stadt der Gegensätze, denn neben den breiten, armen Massen aus befreiten Sklaven, indischen Einwanderern und chinesischen Wirtschaftsflüchtlingen genossen wenige Ultrareiche das Luxusleben der Privilegierten in vollen Zügen. Das britische Anliegen, die Sklaverei abzuschaffen, brachte die stolze französische Inselelite massiv gegen die neuen Herren auf. Um sich gegen einen bewaffneten Aufstand abzusichern, demonstrierte London mit dem Bau von Fort Adelaide auf einem Bergrücken über der Stadt seine Überlegenheit.

Zahlreiche Katastrophen im 19.Jh., wie Brände, Zyklone und Epidemien, trieben die Wohlhabenden aus der heißen Stadt in das klimatisch viel gesündere Hochland. Port Louis, das administrative Zentrum, blieb fortan vor allem der Wohnsitz der armen Bevölkerung. Die jungen Städte im Hochland, wie Curepipe und Rose Hill, gerieten zum neuen Lebensraum der europäischen Privilegierten.

Erste Orientierung

„Por Loui", wie die Metropole gerne französisch ausgesprochen wird, schmiegt sich galant an eine natürliche Meeresbucht und lässt sich im Süden und Osten von schützenden Bergketten umschließen. Die Berge Le Pouce, der „Däumling", und Pieter Both, mit 821 m der Zweithöchste und besonders markant, weil ein dicker Felsbrocken auf seiner Spitze zu schweben scheint, bilden eine imposante Kulisse. Doch die malerische Lage hat auch eine Schattenseite: Wie durch ein Nadelöhr zwängt sich die größte Verkehrstrasse der Insel durch Port Louis; sie durchschneidet die Stadt und bürdet ihr den gesamten Verkehr zwischen dem Norden und dem Süden der Insel auf. Aus Mangel an vernünftigen Umgehungsstraßen quält sich Tag für Tag alles durch Port Louis.

Es existiert nicht mal ein durchgehender öffentlicher Verkehr, denn die Stadt besitzt zwei Busbahnhöfe, die getrennt voneinander den Norden bzw. den Süden bedienen. Sie liegen fast einen Kilometer voneinander entfernt, so dass alle Passagiere, die vom Inselsüden in den Norden und andersherum reisen wollen, im Zentrum von Port Louis zu Fuß zwischen den Busbahnhöfen unterwegs sind. Ein ständiger Quell von Menschenmassen inmitten des Verkehrsgedränges...

Das Straßennetz legten die Gründer im klassischen Kolonialstil rechteckig an. Viele Straßen dürfen heute nur noch im Einbahnsystem befahren werden. Wenn überhaupt, existieren auch nur schmale Gehsteige. Das Laufen macht daher wenig Freude, es mangelt den vielen Fußgängern an Bewegungsspielraum, und auf den Straßen herrschen rücksichtslose Bus- und Autofahrer.

Tipp Am besten beginnt man einen Stadtspaziergang an der Caudan Waterfront, die bewachte Parkplätze und einen Taxistand bietet. Von der Promenade aus präsentiert sich die Stadt außerdem von einer ihrer attraktivesten Seiten

Oben: Bunter Obststand in der Fußgängerzone an der Caudan Waterfront

Info Es existiert nur eine einzige Zufahrt zur Caudan Waterfront, die am südlichen Kreisverkehr der M1-Stadtautobahn abzweigt. Die bewachten Parkplätze sind täglich von 7-23 Uhr zugänglich und kosten 50 Rs für die ersten vier Stunden.
Die Läden öffnen von 9:30-17:30 Uhr, sonntags von 9:30-12.30 Uhr.
Infos: www.caudan.com

Caudan Waterfront

Der Caudan Waterfront Komplex entstand in den 1990er Jahren in bester Lage auf dem Gelände alter Speicher und Hafenlagerhallen. Was als Flaniermeile rund um das Luxushotel Labourdonnais angefangen hat, ist heute ein Einkaufsparadies mit Kasino und erfreut sich bei Touristen und Einheimischen gleichermaßen größter Beliebtheit. Allein die Lage direkt am Hafen und dem Zentrum von Port Louis lohnt bereits einen Besuch, um an der Promenade zu schlendern und die herrliche Aussicht auf die von Bergen umrahmte Stadt und die eleganten Yachten zu genießen. Architektonisch erinnert der Komplex ein wenig an eine Kreuzung amerikanischer Konsumtempel mit der Waterfront von Cape Town. Shoppingarkaden, „Food Courts" und Kinos wachsen aus dem Boden, mehr als 60 Boutiquen, Schmuck- und Schuhläden wetteifern bereits um die Gunst der neuen Wohlstandsschicht im Land. Caudan ist heute der Treffpunkt der Jugendlichen im Land. Wenn die Stadt spät nachmittags ihre Tore schließt, ist an der Waterfront immer noch etwas los. Der Reisende kann hier prima Einkäufe erledigen: Neben zahlreichen Shops und Boutiquen präsentiert der zweistöckige Craft Market (Marché artisanal) allerlei kunsthandwerkliche Souvenirs, zudem gibt es mehrere Banken und Wechselstuben, eine Apotheke und ein Internetcafé. Nur ein paar Schritte, und schon stillt man den kleinen Hunger zwischendurch an den Essensständen im Food Court oder im Café. Wer es etwas edler bevorzugt, wählt im L'Observatoire-Bereich nach Gusto aus einem von fünf Restaurants den persönlichen Favoriten. Frisch gestärkt gibt es dann etwas Kultur im Blue Penny Museum, das sich ebenfalls auf dem Gelände befindet. Angenommen, Sie wollten nur ein einziges Museum auf Mauritius besuchen, dann sollten Sie sich unbedingt für dieses entscheiden.

Die wertvollste Briefmarke der Welt – ein Fehldruck!

Einen beträchtlichen Teil ihrer Popularität verdankt die Insel Mauritius heute einem lange zurück liegenden Briefmarkenfehldruck. Denn praktisch jeder kennt den Ausdruck „Blaue Mauritius" und hat schon einmal von der wertvollen Briefmarke gehört. Was sich dahinter verbirgt, ist allerdings nur wenigen bekannt.

1847 schrieb die kleine britische Kolonie Philatelie-Geschichte, denn sie war die erste, die eigene Briefmarken herausgab. Unter der Regentschaft von Gouverneur Gomm wurden eine rote Ein-Penny-Marke für Sendungen innerhalb von Port Louis und eine blaue Zwei-Pence-Marke für Überseebriefe und solche nach La Reunion entwickelt. Der Graveur Joseph Osmond Barnard erhielt den Auftrag, entsprechende Druckplatten mit dem Konterfei der jungen Queen Victoria herzustellen. Lady Gomm, die Ehefrau des Gouverneurs, meldete sogleich großen Bedarf an den neuen Briefmarken, da sie Einladungen für einen Maskenball versenden wollte. Auf der Umrandung der Marken, von denen Barnard daraufhin jeweils 500 Stück herstellte, waren bei der ersten Serie die Wertangabe sowie „Mauritius", „Postage" und „Post Office" eingraviert. Und darin lag der Fehler: Barnard hatte den mündlichen Auftrag, „Post Paid" („Gebühr bezahlt") auf die Marken zu gravieren, falsch umgesetzt, indem er „Post Office" („Postamt") schrieb. Sein Lapsus wurde bereits im folgenden Jahr entdeckt und noch vor dem Druck der zweiten Serie behoben. Für die Philatelisten aus aller Welt geriet diese erste mauritische Serie, von der die meisten Exemplare Einladungsschreiben zu einem Maskenball frankiert hatten, fortan allerdings zu den gefragtesten Sammlerstücken.

Von der Blauen Mauritus existieren heute weltweit offiziell noch acht gebrauchte und vier postfrische Exemplare. Die etwas weniger bekannte Rote Mauritius ist in zwölf gebrauchten und zwei ungebrauchten Exemplaren vorhanden. Die Marken gelten als die wertvollsten der Welt, deren Wert mit jedem Weiterverkauf und jeder weiteren Auktion noch höher steigt. 3,5 Millionen Euro war der berühmte „Bordeaux-Brief" eines Weinhändlers seinem jetzigen Besitzer wert, auf dessen Umschlag zwei Mauritius-Marken abgestempelt sind; eine Blaue und eine Rote.

Tipp Wir stufen das Blue Penny Museum als eines der Top-Highlights der Insel ein

Blue Penny Museum: Das modernste Museum des Landes residiert in einem schönen Gebäude kreolischen Stils und verteilt sich über zwei Stockwerke. Am Eingang werden Multimedia-Sets in vier Sprachen ausgehändigt (Deutsch, Englisch, Französisch und Italienisch), die den Besucher kurzweilig von einer Station in der Landesgeschichte zur nächsten begleiten.

Im Obergeschoss beginnt der historische Rundgang durch das Entdeckungszeitalter und die koloniale Entwicklung von Mauritius. Anhand zahlreicher Seekarten, Schiffsmodelle, Stiche und Gemälde wird hier das mauritische Kulturerbe würdig bewahrt und spannend vorgestellt. Sehr interessant ist die Ausstellung zur städtischen Entwicklung von Port Louis mit diversen Vergleichsfotografien. Danach öffnen sich die Geheimnisse der Briefmarkenkunde. Ein Bereich ist den Erstausgaben mauritischer Briefmarken gewidmet, einschließlich natürlich dem berühmtesten Irrtum der Philatelie, der „Blauen und Roten Mauritius" von 1847. Allein diese beiden Briefmarken sind mehrere Millionen Euro wert und werden stündlich nur zehn Minuten beleuchtet, um sie vor dem Verblassen zu schützen. Die Sicherheitskräfte rufen dann die Besucher zusammen, damit jeder einmal einen Blick auf die edlen Stücke werfen kann.

Das Erdgeschoss schafft einem emotionalen Thema der mauritischen Seele Raum: Paul & Virginie, die unglücklichen Liebenden, werden hier in zahlreichen alten Romanausgaben und zeitgenössischen Gemälden lebendig; es sind sogar ein paar Wrackteile und Fundstücke des gesunkenen Segelschiffs Saint-Géran ausgestellt (siehe auch S. 122).

Info Öffnungszeiten: Mo-Sa 10-17 Uhr, sonn- und feiertags geschlossen. Eintritt: Erwachsene 245 Rs, Kinder bis 7 Jahre frei, bis 17 Jahre 120 Rs.
Es werden Gruppen- und Familientarife angeboten. Der Museumsladen bietet eine gut sortierte Auswahl an Büchern und Souvenirs, z. B. Reproduktionen und Bildbände

Stadtspaziergang

Wir verlassen die **Caudan Waterfront** durch die Fußgängerunterführung unter der M1-Stadtautobahn hindurch zum palmengesäumten Herz der Stadt, der **Place d' Armes** (heute heißt es Place Bissoondoyal). Hier, wo Autos und Busse vorbei donnern, liegt die Keimzelle der Stadt. In der Mitte des Kreisverkehrs steht das **Denkmal** des Gouverneurs **Mahé de La Bourdonnais**. Er war der Held der französischen Kolonialperiode, der eigentliche Stadtgründer. So steht seine Statue folgerichtig am Beginn des Stadtrundgangs. Die Örtlichkeit vermittelt recht anschaulich, wie alt auf neu trifft, wie ehrwürdige Kolonialgebäude von modernen Hochhauskomplexen, dem Mc Donalds-Schnellrestaurant und Bankhäusern bedrängt werden. Der Verkehr tost und lärmt, an dieser engsten Stelle muss alles vorbei. Dem Denkmal gegenüber, am anderen Ende des langgezogenen, mit einer Palmenallee elegant geschmückten Platzes, zeigt sich der historische **Regierungspalast** (Hôtel du Gouvernement/Government House) in schöner französischer Kolonialarchitektur. Diese frühere Gouverneursresidenz strahlt eine geradlinige Eleganz aus, obwohl sie seit 1740 mehrmals verändert und erweitert wurde. Dieses älteste erhaltene Gebäude der Insel hielt sowohl Abrissplänen als auch Wirbelstürmen stand. Früher überragte es alle nahestehenden Gebäude. Heute wirkt es fast geduckt zwischen den modernen Hochhäusern und riesigen Baukränen, beweist aber wieder

Info Stadtplan von Port Louis: siehe hintere Umschlaginnenseite !

Schon gewusst?
Im Durchschnitt bleiben Touristen 7-10 Tage auf Mauritius

Bilder links: Das berühmte Blue Penny Museum

Unten: der Regierungspalast von Port Louis

Bilder unten: Statue Manilal Doctors im Jardin de la Compagnie; das renovierte Stadttheater

einmal, wie viel attraktiver mitunter in früheren Jahrhunderten gebaut wurde. Auch die Briten begeisterten sich für den Prachtbau mit seinen schlichten Säulen und Veranden. Allerdings bewiesen sie wenig Feingefühl gegenüber der französischen Inselelite, als sie die Palastzufahrt mit einer Statue der Queen Victoria ausstatteten. Der auch im Innern prachtvolle Bau dient nun Repräsentationszwecken und ist nicht öffentlich zugänglich.Südlich des Regierungspalasts sind im ansprechenden, ockerfarbenen Gebäude des Mauritius Instituts das **Naturhistorische Museum** und die Staatsbibliothek untergebracht. Das kleine Museum präsentiert die ursprüngliche heimische Natur, das Leben im Ozean, eine umfangreiche Muschel- und Schmetterlingssammlung und ausgestopfte Vögel. Die meiste Aufmerksamkeit zieht die „Dodo Gallery" auf sich, denn sie zeigt eine originalgroße Nachbildung des Dodo. Öffnungszeiten: 9-16 Uhr, jedoch samstags nur bis 12 Uhr und mittwochs, sonn- und feiertags geschlossen. Freier Eintritt. In der Staatsbibliothek, die sich im Obergeschoss befindet, ruht das gesammelte natur- und geisteswissenschaftliche Wissen von Mauritius.

Gleich neben dem Museum bietet die beschauliche Parkanlage **Jardin de la Compagnie** (**Company Gardens**) eine ruhige Verschnaufpause für die lärmgeplagten Hauptstadtbesucher. So klein der Park auch ist, er beeindruckt doch gewaltig. Gigantische Banyans, bengalische Würgefeigen, spenden dieser Ruheoase mit ihrem ausladenden Luftwurzelgeflecht viel Schatten. Auf den Parkbänken ruhen sich Fußgänger aus, verbringen Arbeiter die Mittagspause und sitzen verliebte Paare. Der Name geht noch auf die französische Ostindien-Gesellschaft zurück, die den Park seinerzeit auf dem ehemaligen Gelände des Stadtmarkts anlegen ließ. Noch früher befand sich an dieser Stelle ein moskitoverseuchter Sumpf, in dem Leichen verscharrt wurden. Neben den monströsen Würgefeigen fallen mehrmals Löwenbüsten und einige ehrwürdige Statuen mehr oder weniger verdienter

Persönlichkeiten von Mauritius auf. So begegnet man hier Manilal Doctor, dem engen Vertrauten Mahatma Ghandis, der den indischen Arbeitern politische Rechte erkämpfte, aber auch Adrien d'Épinay, einem der stärksten Widersacher der Antisklavereibewegung, dem es gelang, die Abschaffung der Sklaverei auf Mauritius noch viele Jahre hinauszuzögern.

Würde man hier weiter nach Süden wandern, die Chaussée Street und Barrack Street entlang, man käme zu einem mächtigen steinernen Quader im Kasernenstil, den **Line Barracks**, der seit den 1730er Jahren die kolonialen Truppen zur Verteidigung der Stadt beherbergte. Gouverneur de La Bourdonnais ließ hier seine zuvor privat untergebrachten 6000 Soldaten bündeln und brachte so mehr Ordnung und Disziplin in das Soldatenleben. Heute residieren die Polizei- und die Immigrationsbehörde in den Line Barracks, Besucher dürfen den Innenhof betreten.

Wir folgen jedoch der Rue Poudrière entlang dem Jardin de la Compagnie und erhaschen da und dort einen Blick auf baufällige koloniale Holzhäuser und Banyanwurzeln, die sich vehement ihren Weg durch alte Steinmauern bahnen. Wir biegen in die kleine, für Autos gesperrte Rue du Vieux Conseil (Old Council Street) ein. Fachlich Interessierte werden sich für das **Fotomuseum** (Museum of Photography) in einem historischen Lagerhaus mit Gewölbe begeistern, wo alte Druckmaschinen, Fotoapparate und postalische Dokumente aus der Privatsammlung des Fotografen Tristan de Breville ausgestellt werden. Öffnungszeiten: Mo-Fr 9-15 Uhr, Eintritt: 150 Rs, weitere Infos: www.musee-photo.voyaz.com.

Am Ende der Rue du Vieux Conseil gelangen wir direkt zur Place Nelson Mandela (früher Place Gillet). Hier versteckt sich mit dem renovierten Poncini-Gebäude und dem gegenüber liegenden **Stadttheater** ein hübsches Ensemble, das den feudalen Geist des 19.Jahrhunderts noch ein wenig erahnen lässt. Erbaut 1820-1822 – und damit eines der ältesten Theater der südlichen Hemisphäre – gewährte das schmucke Theater der Inselkolonie Zugang zur europäischen Kulturszene, zog es zu seinen glanzvollsten Zeiten doch namhafte Dirigenten und Orchester an. Ein Jahrhundert lang, von 1850 bis 1950, gönnte sich die Stadt den Luxus, teure Künstler zu engagieren. Dann hatte das moderne, größere Theater in Rose Hill seinem inzwischen renovierungsbedürftigen Vorgänger den Rang abgelaufen und es musste schließen. Erst 1994 ist das alte Theater nach umfassenden Restaurierungsarbeiten wieder eröffnet worden. Die Kuppel im Inneren zeigt wunderschöne Malereien, stimmungsvolle Kristallleuchter tauchen die hölzernen Ränge in sanftes Licht.

Tipp Wer sich ausruhen möchte, findet ganz in der Nähe im alteingesessenen Café du Vieux Conseil ein ruhiges Plätzchen, das als Mittagslokal der Einheimischen beliebt ist. Fotomuseum und Café sind jedoch am Wochenende geschlossen. Wer seinen Durst mit Bier löschen möchte, sollte im urigen Lokal Lambic nahe der Line Barracks vorbeischauen (s. S. 91).

Bilder oben: Impressionen eines Spaziergangs durch die Straßen von Port Louis

Info Stadtplan von Port Louis: siehe hintere Umschlaginnenseite!

Tipp Die Pferderennen jeden Samstag ab 12:30 Uhr zählen zu den großartigsten Reiseerlebnissen, denn hier lebt die mauritische Seele. Jeder kann teilnehmen. Zutritt zur Tribüne und dem Balkon kostet 175 Rs für die Herren und 100 Rs für Damen. Wer luxuriös in der Loge sitzen möchte, bucht die Crown Lodge (www.crown-lodge.net, Tel. 7299621; inklusive Transfers, Snacks und Getränken ca. 155 Euro). Mietwagenfahrer können auf dem Gelände parken.

Bilder rechts: Die vielen Gesichter von Port Louis: Die Nord-Süd-Achse von Mauritius führt mitten durch das Stadtzentrum; Pferderennen sind ein Spektakel am Samstag; Ausblick von Fort Adelaide auf die Rennbahn Champ de Mars und Signal Hill; der Yachthafen an der Caudan Waterfront

Die breite Rue Jules Koenig, gesäumt von modernen Bürokomplexen und Hochhäusern, mündet in die Pope Hennessy Street und führt geradewegs zur Pferderennbahn **Champ de Mars** am Fuße der Berge. Das ovale Hippodrom, auf dem ehemaligen Exerzierplatz der Franzosen erbaut (daher der Name „Marsfeld"), ist weithin sichtbar. Seine Eröffnung und die Gründung des ersten Turf-Clubs (Rennklubs) im Jahr 1812 erfolgte seinerzeit mit politischem Kalkül, sollte er doch die Gräben zwischen den alteingesessenen Franzosen und den britischen Neuankömmlingen überbrücken helfen. Großbritannien besaß zwar die politische Macht, gesellschaftlich mussten sich die Engländer aber erst mühsam den Respekt der stolzen Franzosen erkämpfen – Pferderennen schienen dazu ein probates Mittel. Später bewies der Rennplatz seine völkerverbindende Wirkung auch bei den armen asiatischen Einwanderern und mittellosen Nachkommen von Sklaven, die ebenfalls dem euphorischen Wettfieber verfielen und auf dem Champ de Mars bald zwischen den europäischen Gutsherren auftauchten. Bis in unsere Tage ist die Leidenschaft für den Pferderennsport zur nationalen Angelegenheit gewachsen. In Mauritius sind Rennwetten ein Volkssport. Und wie stolz ist man hier, dass sie die zweitälteste Pferderennbahn der Welt besitzen (nach Ascot)! Während der Rennsaison von Ende März bis Anfang Dezember finden an den Samstagnachmittagen jeweils bis zu acht Rennen statt, die einen unglaublichen Menschenauflauf verursachen. Die Polizei muss das Gelände großräumig absperren und den Verkehr regeln, Tausende Menschen drängen sich auf den Zuschauerrängen und feiern. Zwischen den mit Spannung erwarteten Rennen herrscht fröhliche Jahrmarktstimmung mit Musik, Essensständen und Karussells für die Kinder. An den bedeutendsten Renntagen „Maiden Cup" und „Gold Cup" treffen rund 50 000 Besucher zusammen. Auch die Feierlichkeiten zum Tag der Unabhängigkeit am 12. März finden hier statt.

Auf dem Weg zum Champ de Mars könnte man einen Abstecher machen zu den bedeutendsten christlichen Kirchen der Stadt. Beide zählen aber nicht zu den Sehenswürdigkeiten ersten Ranges. Die römisch-katholische **Kathedrale St. Louis** aus den 1930er Jahren an der Rue Monseigneur Gonin ist ein eher düsterer, schwerer, grauer Steinbau, der an mittelalterliche Kirchenschiffe erinnert. Die Vorgänger dieser Kirche waren aus Holz konstruiert und daher immer nur kurzlebig gewesen. So wurde der erste Kirchenbau von einem Wirbelsturm hinweg gefegt und das nächstfolgende Gotteshaus durch Termitenbefall einsturzgefährdet. Neben der Kathedrale befindet sich auch der

Bischofssitz. An der Labourdonnais Street/ Ecke Poudrière Street haben die Briten 1850 die anglikanische **Kathedrale St. James** auf einem ehemaligen französischen Lager für Schießpulver und einem Gefängnis errichtet.

Geübte Fußgänger sollten auch **Fort Adelaide (La Citadelle)** in den Rundgang einbeziehen. Zur Zitadelle, die mitten in der Stadt auf einem 100 m hohen Hügel thront, führen zwei Wege, einmal von der Rue Dr. Eugène Laurent/Avenue Suffren, der andere von der Rue Jummah Mosque. Der rund zehnminütige Anstieg lohnt sich hauptsächlich wegen der einzigartigen Panoramaaussicht über die Stadt. Von hier oben erschließt sich dem Betrachter die reizvolle Lage der Stadt. Man blickt über die Altstadt und die Hafenanlagen bis zu den Wohnvierteln am Stadtrand, zum Signal Hill und zu den Moka-Bergen im Süden. Die Fortanlage ist weniger interessant. 1834-1840 errichtete die britische Kolonialmacht Fort Adelaide zur Demonstration ihrer Stärke und zum Schutz ihrer Truppen gegenüber einer aufmüpfigen französischen Siedlergemeinschaft: Es war die Zeit der Antisklavereibewegung, und Großbritannien erfuhr heftigen Widerstand von Seiten der Plantagenbesitzer, die nicht bereit waren, die Sklaverei aufzugeben.

Lange Zeit verfiel die Anlage unbeachtet, erst in jüngerer Vergangenheit wurde sie für den Tourismus und als gelegentlicher Austragungsort für Popkonzerte entdeckt. Öffnungszeiten: Mo-Sa von 9-16 Uhr, Eintritt: 50 Rs.

Zwischen Fort Adelaide und dem Hafen breitet sich die **China Town** (Quartier Chinois) aus mit Straßenzügen voller kleiner Geschäfte, einem buntem Schildermeer und chinesischen Garküchen. Bei der Jummah Moschee in der Royal Street symbolisieren orangefarbene Tordurchfahrten die Begrenzung des chinesischen Viertels, ansonsten verlaufen die Übergänge zur Altstadt fließend. In China Town, wo sich im 19. Jh. die

Oben: Jummah Moschee

Bilder rechts: Impressionen aus dem Zentralmarkt von Port Louis: Obst, Gemüse, Chilis, Reis und Bohnen in allen Variationen

chinesischen Immigranten niedergelassen hatten und ihre Kultur leben konnten, betritt man eine fremdartige Welt. Auf den baufälligen Bretterhäusern weisen Schilder mit chinesischen Schriftzeichen den Eingeweihten den Weg, der Tourist vermag sich nur treiben zu lassen. Hier herrscht Kleinhandel im wahrsten Sinne des Wortes. Stöbern Sie ruhig durch die winzigen Verkaufsbereiche, staunen Sie über das preiswerte, überaus breite Warenangebot und nehmen Sie die andersartigen Gerüche und Geräusche wahr. Stellen Sie sich vor, dass manch ein Bewohner von China Town das Viertel nie verlässt. In diesen Straßenzügen ist abends mehr los als in den anderen Vierteln, die Lokale und Restaurants – die hier gerne „Hotel" heißen – schließen nicht so früh. Einheimische trifft man dann auch im Spielkasino L'Amicale, wo chinesische Kartenspielvarianten gepflegt werden (Zugang von der Rue Emmanuel Anquetil). Falls Sie zum Zeitpunkt eines chinesischen Festes in Mauritius verweilen, sollten Sie keinesfalls die bunten, lebendigen Feierlichkeiten in China Town versäumen! Chinesische Pagoden liegen allerdings wider Erwarten nicht in China Town. Statt dessen befindet sich hier das bedeutendste Gotteshaus der Muslime.

Wie ein Palast aus einem orientalischen Märchen schmückt die **Jummah Moschee** die Royal Road. In einer jahrzehntelangen Bauphase in der zweiten Hälfte des 19. Jh. schufen indische und pakistanische Handwerker diesen Prachtbau, der aufgrund seiner kostbaren Ausstattung zu den wertvollsten architektonischen Meisterleistungen der Insel zählt. Damals lag die Moschee noch mitten im indischen Quartier, erst später zogen viele Chinesen zu und gaben dem Viertel eine neue Prägung.

Das strahlend weiße Gotteshaus spielt mit herrlich verzierten hölzernen Vertäfelungen und türkisfarbenen islamischen Dekorelementen. Durch ein mächtiges, filigran bearbeitetes Holztor gerät man in das beschauliche Innere der Moschee, wo sich die Waschplätze für die Gläubigen, eine Koranschule und die Gebetshallen befinden. Es ist eine Oase der Ruhe, während draußen der Verkehr vorbei donnert. Frauen und Nicht-Muslime dürfen diesen Vorraum, nicht aber die Gebetshallen und die Koranschule, von Sa-Do von 10-12 Uhr betreten, sofern sie durch bedeckte Arme und Beine die Kleidervorschriften befolgen und die Schuhe ausziehen. Die Moschee betreibt auch eine Website: www.jummahmasjid.org

Im Umfeld der Moschee mehren sich wieder die Fußgänger, denn man nähert sich dem Busbahnhof für die Strecken in den Inselnorden. Unser Rundgang schließt nun mit einem der Höhepunkte von Port Louis ab, dem Besuch des Zentralmarktes (**Central Market/Le Bazar**). Hier spielt sich täglich ein turbulentes, überfülltes Markttreiben ab – ein Sammelsurium aus Marktgeschrei, dampfiger Luft, Enge und wechselnden Gerüchen und Düften. Die Szenerie ist wirklich exotisch: Man betritt die Markthallen durch prunkvolle schmiedeeiserne Tore und gelangt augenblicklich in das pulsierende Herz der Stadt. Warme, stickige Luft regt den Stoffwechsel an, lautes Stimmengewirr unterschiedlichster Dialekte dröhnt im Kopf und emsige Betriebsamkeit feilschender Marktleute vor ihren überladenen Ständen fesselt den Blick. Die fremdartigen Aromen, der zarte Duft von Koriander, Ingwer und Vanille, regen schlagartig den Appetit an. Die Obst- und Gemüsehalle ist besonders malerisch. Von der Empore, wo sich hauptsächlich Tuchhändler und Souvenirverkäufer ausbreiten, genießt man einen phantastischen Blick über die vielen Obst- und Gemüsestände. Die emsigen Händler lassen sich von den unsicher staunenden und fotografierenden Touristen nicht weiter stören. Markthändler, die sich auf Touristenwaren und allerlei Tand spezialisiert haben, werben dagegen lautstark und versuchen, ihre überteuerten Waren an ahnungslose Touristen zu verhökern.

Neben Lebensmitteln, wie Gemüse und Fisch, bilden heute die Souvenirstände das Rückgrat des Marktlebens. Hier findet der Besucher praktisch alles, was Mauritius auf diesem Sektor zu bieten hat: Farbige Korbwaren aus Palmwedeln, „Dodo"-Figuren, bunte Tücher, Kleidung und Schmuck.

Seit 1828 befindet sich der Markt an dieser Stelle, zuvor war er mehrfach abgebrannt und an verschiedenen Örtlichkeiten der Stadt neu aufgebaut worden. Auch heute noch sind Brände eine reale Gefahr für die Marktleute; der letzte verheerende Großbrand liegt erst ein Jahrzehnt zurück. Der Markt quillt förmlich überall über und verlagert sich daher bereits hinaus auf die Straßen und vor die altersschwachen kolonialen Häuser in der näheren

Tipp Die meisten Souvenirs werden hier zu überzogenen Preisen feilgeboten, kräftiges Handeln ist unbedingt angesagt! Typische Touristenartikel, wie Vanillestangen, gibt es im chinesischen Supermarkt nebenan viel billiger

Info Der Zentralmarkt ist täglich geöffnet, aber an Sonn- und Feiertagen nachmittags zu. Vormittags ist hier am meisten los. Vorsicht: Im Gedränge des Marktes haben Taschendiebe ein leichtes Spiel

Umgebung. Kleine Garküchen versorgen dort die Hungrigen mit lokalen Spezialitäten, wie Briani und Samoosas. Beim Kräuterdoktor quillt der Stand mit Naturheilmitteln aus getrockneten Pflanzen, Wurzeln und anderen Merkwürdigkeiten über. Vom Fischmarkt, wo die bunten Korallenfische neben getrockneten Tintenfischen liegen, ziehen Gerüche herüber. Ein Bäckerstand bietet jede Menge frisches, knuspriges Baguette. Der Markt ist ein Schmelztiegel ethnischer und gesellschaftlicher Gruppierungen von Mauritius: Der Bauer trifft den Städter, der Katholik den Tamilen, der Fischer den Beamten. Das bunte Gedränge präsentiert die Vielfalt dieses Landes, inklusive seiner vielen Touristen.

Nach diesem Frontalangriff auf die Sinne ist es jetzt nur ein Katzensprung zum Astrolabe Komplex und Caudan Waterfront.

Bei Interesse lohnt sich zuvor noch der Besuch des kleinen **Postmuseums** im kolonialen Gebäude der Hauptpost in der Quay Street. Hier sind Telegrafenautomaten, alte Druckplatten, Exponate zur Postgeschichte, Briefmarken und Kopien der berühmten Briefmarken-Fehldrucke, der Blauen und Roten Mauritius, zu sehen. Außerdem werden Briefmarken und Umschläge mit Ersttagsstempel sowie Sondermarken verkauft. Öffnungszeiten: Mo-Fr 9:30-16:30 Uhr, Sa 10-16 Uhr, Eintritt: Erwachsene 225 Rs, Kinder 100 Rs.

Hinter dem Postmuseum liegt am Hafenkai noch ein Kleinod, das die meisten Besucher unentdeckt „links liegen" lassen: Das **Windmill Museum** in einer 1736 von La Bourdonnais errichteten, restaurierten Mühle. Öffnungszeiten: Mo-Fr 10-12 Uhr und 13-15 Uhr, Eintritt frei.

Auerßdem liegt nördlich der Hauptpost das erst kürzlich als Weltkulturerbe von der UNESCO eingestufte Durchgangslager **Aapravasi Ghat**, wo rund 450 000 indische Schuldknechte im 19. Jh. nach ihrer Ankunft aufgefangen wurden. Es steht Besuchern Mo-Sa von 9-16 Uhr offen, ist aber mehr ein nationales Denkmal als touristisch relevant. Der Eintritt ist frei, eine Spende wird dankbar angenommen (s. S. 26).

Hotels in Port Louis

Labourdonnais Waterfront Hotel: Port Louis, Caudan Waterfront, Tel. 2024000, Fax 2024040, email: info@labourdonnais.com, www.labourdonnais.com. Das 5-Sterne-Business-Hotel in schönster Lage mit 98 Zimmern, 11 Suiten, drei Restaurants und einem Health Centre gibt sich im gediegenen Kolonialstil. Geschäftsreisenden zu empfehlen, keine Badegelegenheit.
Preise: ab 80 €/DZpP und 140 €/EZ.

Le Suffren Hotel: Port Louis, Caudan Waterfront, Tel. 2024900, Fax 2024999, email: reservations@lesuffrenhotel.com, www.lesuffrenhotel.com. Ein ansprechendes 4-Sterne-Hotel mit 113 Zimmern und Restaurant am südlichen Rand der Caudan Waterfront, das zum selben Management wie das Labourdonnais Hotel gehört. Es bietet einen grandiosen Hafenblick, ist für Badeurlauber ungeeignet, aber ein Tipp für Geschäftsreisende. Preise: ÜF ab 70 €/DZpP und 115 €/EZ.

Le Saint Georges Hotel: Port Louis, 19 Rue Saint Georges, Tel. 2112581, Fax 2110885, email: reservation@saintgeorgeshotel-mu.com, www.saintgeorgeshotel-mu.com. Zentrumsnahes Stadthotel in einem Hochhausbau mit 60 Zimmern, Pool und Restaurant. Nüchtern, aber sauber und zweckmäßig.
Preise: ÜF ab 48 €/DZpP und 80 €/EZ.

Praktische Informationen

Tourist Info: Die Touristeninformation (MTPA) befindet sich im Victoria House in der St. Louis Street/Ecke Barracks Street, Tel. 2101545 (siehe Stadtplan).

Shopping: Die besten Einkaufsmeilen bieten die Caudan Waterfront, der Astrolabe Shopping Complex und der Central Market (für Souvenirs). Im nördlichen Vorort Roche Bois entsteht ein modernes Geschäftsviertel mit dem Espace Shopping Centre.

Restaurants: Im beliebten „Carri Poulé" an der Place d'Armes gibt es indisch-kreolische Küche. „Le Café du Vieux Conseil" in der gleichnamigen Straße im Zentrum offeriert wochentags zur Mittagszeit im ruhigen, schattigen Gartenlokal Snacks und leichte Küche. Eine tolle Empfehlung für Biertrinker ist das rustikale Restaurant „Lambic" an den Line Barracks. In diesem kleinen Kolonialhäuschen werden unzählige Biere aus aller Welt ausgeschänkt (Montag bis Freitag von 8-22 Uhr geöffnet, samstags erst ab 11 Uhr, Tel. 2126011, www.lambic.mu). Auch das breite kulinarische Angebot in der Caudan Waterfront bietet für jeden Geschmack und Geldbeutel etwas; vom Fast Food bis zum Gourmetrestaurant. Unser Tipp: „Tandoori Express" im Astrolabe Foodcourt serviert feinste indische Kost für 5-8 Euro. Gleich nebenan gibt es bei „Beer & Spice" Seafood und Fassbier auf bequemen Holzbänken. Bitte beachten: Die meisten Lokale in der Stadt schließen bei Sonnenuntergang. Wer abends ausgehen möchte, wird an der Caudan Waterfront und in China Town fündig oder diniert im Lambic.

Bus Terminals: Die beiden Busbahnhöfe von Port Louis liegen knapp einen Kilometer voneinander entfernt und begrenzen in etwa das Stadtzentrum. Am Gare Victoria/ Victoria Square zwischen den Line Barracks und der Caudan Waterfront laufen alle Busverbindungen in den Süden und Südosten des Landes, in die Städte im Zentralplateau und nach Mahébourg, zusammen. Der Immigration Square Bus Terminal zwischen der Jummah Moschee und dem Hafen bedient dafür die Strecken in den Norden und Nordosten. Busse fahren von in etwa 6-18:30 Uhr. Für den Wechsel von einem Busbahnhof zum anderen ist man ungefähr 15 Minuten zu fuß unterwegs.

Parken: Bewachtes Parken bietet die Caudan Waterfront an zwei Plätzen und einem Parkhaus täglich von 7-23 Uhr. Die Zufahrt erfolgt von der Stadtautobahn vom südlichen Kreisverkehr. Die ersten vier Stunden kosten 50 Rs (überdachte Plätze sind etwas teurer). Auch beim Astrolabe Komplex gibt es einen kleinen bewachten Parkplatz. Siehe Map auf S. 80.

Nachtleben sollte man in Port Louis nicht erwarten; die tagsüber so quirlige, unruhige Stadt verwaist am Abend und fällt in tiefen Schlaf. Nur an der Caudan Waterfront und im chinesischen Viertel ist auch in den Abendstunden noch ein wenig los, z. B. in den Kasinos. Die Nacht gehört hier sicher nicht den Touristen, eher der Halbwelt. Wo tagsüber Besucher zwischen Würgefeigen schlendern, im Jardin de la Compagnie, breiten sich nachts Rauschgifthandel und Prostitution aus. Wenngleich Port Louis tagsüber als relativ sicher gilt, sollte man im Dunkeln nicht allein durch stille Straßen laufen.

Chinesische Pagoden

Port Louis besitzt drei größere Pagoden, die allerdings wider Erwarten nicht in China Town, sondern weiter südlich davon liegen. Die chinesisch-taoistische **Lam Soon Pagode** befindet sich in der Eugene Laurent Street an der Pferderennbahn. Die bekanntere **Thien Thane Pagode** liegt malerisch am Signal Hill. Dafür folgt man von den Line Barracks der Straße Rue Volcy Pougnet bis zu deren Ende, wo die breite Straße sich deutlich verengt. Hier biegt man rechts in die kleine Straße und danach in die zweite nach links. Das achteckige Gotteshaus liegt direkt am Berghang .

Tamilischer Tempel

Einer der größten und schönsten tamilischen Tempel liegt im nördlichen Vorort Abercrombie. Man erreicht den „Sockalingum Meenatchee Ammen Kovil Temple", der besser bekannt ist unter dem Namen **Kaylasson**, über die nördliche Ausfallstraße Nicolay Road (der Verlängerung der Royal Road), an der sich dieser großflächige Komplex unübersehbar auf der rechten Seite erstreckt. Von Norden kommend zweigt man von der M1-Autobahn beim Kreisverkehr, an dem nach Westen Baie de Tombeau ausgeschildert ist, in die gegenüberliegende östliche Richtung ab. Diese Straße endet an einer T-Kreuzung, an der man rechts die umzäunte Tempelanlage in ca. 200 m Entfernung liegen sieht. Die wichtige Prozession Kavadee wird unter anderem hier zelebriert.

Ein katholischer Wallfahrtsort

Unweit des Kaylasson Tempels, im Stadtteil Sainte Croix, zieht ein katholischer Wallfahrtsort Pilger aller Konfessionen an. Man folgt der Nicolay Road weiter stadtauswärts bis zu einem Kreisverkehr, an dem rechts eine Polizeistation liegt, und hält sich weiterhin geradeaus. Kurz danach erscheint ein Schild mit dem Hinweis auf die **Grabstätte von Père Laval**. Dort muss man rechts abbiegen; der kurze Weg endet nach ca. 500 m direkt an der Kirche. Von Norden kommend ist die Stelle gleich nach dem Fluss am Stadtbeginn von Port Louis ebenfalls durch Schilder markiert. Auch die Anreise mit öffentlichen Bussen vom Immigration Square Bus Terminal ist möglich. Hinter dem Parkplatz erstrecken sich das Mausoleum von Père Laval, die Kirche und im Nebengebäude ein Devotionalienladen und eine kleine Ausstellung über Leben und Wirken des berühmtesten Priesters von Mauritius.

An vielen Tagen, besonders sonn- und feiertags, reißt der Strom pilgernder Menschen an diesem Ort nicht ab

Pater Jacques Desire Laval gelangte 1841 als katholischer Arzt und Missionar nach Mauritius, um nach „schwarzen Seelen zu fischen". Als aufgeklärter Geist war er entsetzt, als er die harten Lebensbedingungen der indischen Schuldknechte und befreiten Sklaven kennenlernte. Er schlug sich bald auf ihre Seite und wurde ihr Fürsprecher im Dialog mit Kirche und Kolonialregierung. Die Armen behandelte der Arzt gratis. Seinen Einsatz für die Rechte ehemaliger Sklaven dankten ihm diese schon zu Lebzeiten mit Verehrung. Laval geriet unterdessen mit der Kirche und der weißen Oberschicht in Konflikt, hielt aber lebenslang an seiner humanistischen Überzeugung fest. Am 9.9.1864 starb Laval 61-jährig und wurde auf dem Friedhof von Ste. Croix beigesetzt. Schon bald begannen die Wallfahrten an das Grab, die Pilger berichteten sogar von Wunderheilungen. Lavals Gebeine wurden schließlich in einen gläsernen Sarkophag umgebettet und die alte Kirche in den 1960ern durch einen modernen zeitgenössischen Betonklotz ersetzt. Alljährlich prozessieren Tausende Pilger mit Fackeln in der Nacht zum 9.September zur Wallfahrtskirche und halten katholische Gottesdienste ab. Aber auch während des Jahres sind Pilgerfahrten zu Père Laval eine viel gepflegte Tradition. Das Erstaunliche aber ist, dass auch andere Glaubensangehörige an das Grab des **„Apostels der Schwarzen"** pilgern. Sie beten schweigend am gläsernen Sarkophag oder versuchen vorsichtig, diesen zu berühren. Im Sarkophag liegt eine Nachbildung des Paters, seine Gebeine befinden sich darunter in einer Gruft. In dieser würdevollen, andächtigen Atmosphäre sollten sich die Besucher fotografisch möglichst zurückhalten. Auch hier, wie ebenso in Grand Bassin, wird augenscheinlich, wie tief die hingebungsvolle Religionsausübung in der mauritischen Kultur verhaftet ist. Papst Johannes Paul II. sprach Père Laval am 29. April 1979 schließlich selig.

Cap Malheureux
Coin de Mire
Hibiscus
Beau
Camp Pave
Le Cannonier
Merville
Pereybere
Club Mediterranée
20° South
Royal Palm
Veranda
Shivala Tempel
Mauricia
Grand Baie
Tarisa
Coralia
La Croisette Shopping
Casuarina
Mont Choisy
A4
The Vale
Trou aux Biches
Trou aux Biches
Palmiste
Maheswarnath Tempel
Fond du Sac
Bel Azur
Veranda Pointe aux Biches
White Oaks
M2
Aquarium
Camp Scipion
Triolet
Le Recif
Villas Mon Plaisir
Plaine des Papayes
Chateau de Labourdonnais
Le Meridien
Point Aux Piments
Le Victoria
Gowsal
Solitude
Mosallement St-André
Mapou
Oberoi
La Plantation
Maritim
A5
Balaclava
A4
Westin Turtle Bay
Intercontinental
Aventure du Sucre
Angsana
Arsenal
Botanischer Garten
Pamplemousses
Les Cocotiers
Le Chambly
A2
Baie du Tombeau
Calebasses
Mont Goút
M2
A2
Grande Rosalie
Terre Rouge
Roche Bois
Notre Dame
St. Croix
Congomah
Caudan Waterfront
Kaylasson Tempel
Valton
Port Louis
Lam Soon Pagode
Ruisseau Rose
Thien Thane Pagode
Richelieu
A3
Melotte
Nouvelle Découverte
Pailles
Le Pouce 812m
Coromandel
Domaine Les Pailles
N
M1
Roselyn Cottage
A1
Eureka
Circonstance
Bagatelle City
Moka
St-Pierre
Beau Bassin
A7
1
5 km

Freizeitpark Domaine Les Pailles

Rund 6 km südöstlich von Port Louis schmiegt sich ein 1500 ha großes Freizeitgelände in das Guibiestal im Schoße der Moka-Berge. In den 1980er Jahren verwirklichte ein Geschäftsmann seinen Traum von der Rekonstruktion alter Wirtschaftstechniken und eines Sugar Estates zu touristischen und pädagogischen Demonstrationszwecken. So entstand ein bildhaftes, spielerisches Museum zur Inselgeschichte, das sich an Schulklassen, einheimische Familien und Touristen richtet. Das Ganze wird ein wenig klischeehaft aufgezogen. So kann der Besucher eine nostalgische Zugfahrt mit der Schmalspureisenbahn unternehmen und in der Pferdekutsche zur rekonstruierten Zuckermühle, zu einem Kräutergarten und zu den Destillen für aromatische ätherische Öle und für Rum fahren.

Die Illusion vom feudalen Landleben im Zeitalter der Zuckerbarone, von der „Guten Alten Zeit". Es ist die mauritische Antwort auf Disneyland und Freizeitpark Rust!

Vor allem Kinder kommen hier auf ihre Kosten

Der Nachbau der frühkolonialen Zuckermühle demonstriert, wie der Zuckerrohrsaft, Fangourin genannt, ausgepresst, anschließend gekocht wird und kristallisiert. Um die Presse anzutreiben, muss ein Rind unablässig im Kreis laufen (diese Arbeit wurde einst den Sklaven aufgebürdet). Das Räderwerk lässt zwei Steinsäulen gegeneinander drehen, die den Saft aus dem Zuckerrohr pressen. Die Destille zeigt dann, wie aus dem Nebenprodukt Melasse hochprozentiger Rum entsteht.

Info Auf Seite 20 wird eine solche Zuckerrohrpresse gezeigt

Die vier Spezialitätenlokale sind ohne Eintritt zugänglich und bieten moderate Preise: Das Restaurant „Clos Saint Louis" kocht mit französisch-kreolischen Elementen, das „Indra" offeriert indische Küche; beide Restaurants haben sonntags geschlossen. „Fu Xiao" verwöhnt seine Gäste jeden So-Fr von 12-14.30 Uhr und täglich ab 19 Uhr mit chinesischen Speisen im schön gedeckten Speisesaal. Im legeren „La Dolce Vita" dreht sich dagegen alles um Pizza und Pasta, die direkt neben dem großen Pool serviert werden (täglich mittags von 12-14.30 Uhr).

Anreise: Die Autobahn von Port Louis in Richtung Curepipe nehmen und an der Abfahrt nach Pailles verlassen. Nun der Beschilderung folgen bis zum Parkplatz an der Rezeption. Öffnungszeiten: Täglich von 10-17 Uhr, Restaurants und Casino bis 22 Uhr. Von 10.30-15.00 Uhr finden alle 30 Minuten Führungen statt. Eine Schmalspurbahnfahrt kostet 110 Rs, eine Kutschenfahrt 120 Rs. Am Wochenende kann man von 12-16 Uhr auch Quadbike fahren (15 min. 300 Rs). Info: Tel. 2864225, Fax 2864226, www.domainelespailles.net.

Info Für den Besuch der Villa sollten etwa 30 Minuten angesetzt werden. Wenn man auch die Gartenanlage und den Spaziergang zum Wasserfall einplant und das kreolische Mittagsmenü auf der Terrasse genießt, dehnt man den Aufenthalt spielend auf einen Halbtagesausflug aus

Oben: Villa Eurêka inmitten der gepflegten Gartenanlage und vor den grünen Moka-Bergen
Bild rechts: ein neugieriger Mauritius-Bülbül

Kolonialvilla Eurêka

In der kleinen Ortschaft Moka, wenige Kilometer südlich von Port Louis gelegen, wartet ein kreolisches Schmuckstück auf Besucher. Inmitten einer großzügigen, prächtig gestalteten Parkanlage thront eine Kolonialvilla aus dem frühen 19. Jh. Ein britischer Einwanderer, der sich für den französisch-kreolischen Architekturstil begeisterte, hatte seinerzeit das Gutshaus erbaut. Seine Nachkommen haben Eurêka (La Maison Créole Eurêka) restaurieren und mitsamt der originalen Möbel und Innendekoration zum Museum ausstatten lassen. Das Anwesen liegt großartig am Fuße der Moka-Berge und grenzt direkt an den Fluss Rivière Baptiste. Spazierwege führen durch den tropischen Garten entlang des Flusses zu einem kleinen Wasserfall. Die koloniale Villa ist in schlichten Grautönen gehalten, die dem Gutshaus eine unaufdringliche, elegante Ausstrahlung verleihen. Sage und schreibe 109 Türen sollen in die Villa hineinführen. Stets weht eine sanfte Brise durch die Wohnräume, die wirken, als seien ihre Bewohner nur ein paar Minuten außer Haus. Der Besucher wandelt über knarzende Böden durch die Innenräume, erhält Zugang zu den Privatzimmern kreolischer Gutsherren, bestaunt die zeitgenössischen Gemälde und Fotografien an den Wänden. Hier kann man sich einmal ausmalen, wie es sich als mauritischer Großgrundbesitzer im 19. Jh. gelebt hat – das hat schon etwas!

Die Villa beherbergt ein Museum, ein kleines Restaurant und einen bescheidenen Souvenirladen. Öffnungszeiten: Mo-Sa 9-17, So 9-15.30 Uhr, Eintritt zur Villa Eurêka 200 Rs, inklusive Gartenanlagen und Wasserfall 300 Rs. Mittags bietet das Restaurant auf der Terrasse mit Blick über den Garten ein kreolisches Dreigängemenü für 23 Euro an. Außerdem werden hier drei Gästechalets angeboten, von denen zwei über kleine Küchenzeilen verfügen. Preise: ÜF ab 45 €/DZpP und 90 €/EZ.

Zufahrt von Port Louis: Man verlässt die Autobahn an der Ausfahrt Mont Ory/Moka und folgt der unauffälligen Beschilderung bis zum Parkplatz unter schattigen hohen Bäumen. Weitere Infos: Tel. 4338477/ 4332584, email: eurekamr@intnet.mu, www.maisoneureka.com.

Le Pouce: Wanderung auf den Hausberg von Port Louis

812 m hoch ragt Le Pouce, der „Daumen", über die Hauptstadt. Es gibt zwei Aufstiegsmöglichkeiten, die zwar keine bergsteigerischen Fähigkeiten erfordern, aber Trittsicherheit, gutes Schuhwerk und eine ordentliche Portion Kondition. 800 Höhenmeter im tropischen Klima und der Sonne ausgesetzt zu erklimmen, sind kein Spaziergang. Wer es dennoch schafft, wird mit einem grandiosen Ausblick belohnt. Der einfachere Wanderpfad beginnt in Moka, an der Brücke über die Rivière Nord-Ouest im Ortsteil St. Pierre. Er führt zunächst durch einige Felder, später durch einsamen Wald und am Schluss wird es auch noch richtig steil. Der andere Weg führt vom südlichen Stadtrand von Port Louis durch das Vallée du Pouce den Berg hinauf. Die ganze Tour erfordert je nach Fitness drei bis fünf Stunden. Der Reiz lässt sich noch steigern, wenn man den Berg von der einen Seite besteigt und die andere Flanke hinab wandert.

Info Nach Regenfällen ist die Bergbesteigung weniger empfehlenswert, da der Boden aufweicht. Wegen der mehr als dürftigen Wegmarkierungen sollten Sie einen Wanderführer mitnehmen. Organisierte halbtätige Besteigungen ab/bis Eurêka in Moka bieten Yemaya Adventures, Vertical World und Trekking le Maurice an (z. T. auch in deutscher Sprache, Adressen siehe S. 269)

Le Château de Réduit

Die Residenz des Staatspräsidenten gilt als Sehenswürdigkeit, weil das elegante Anwesen im kolonialfranzösischen Stil inmitten einer riesigen gepflegten Gartenanlage mit altem Baumbestand liegt, doch leider ist sie nur noch an ganz wenigen ausgewählten Tagen im Jahr öffentlich zugänglich. Der Name Réduit bedeutet Zuflucht, und als solche war das 1748 erbaute, kleine hölzerne Fort gedacht, das bei Bedarf Frauen und Kindern Unterschlupf bieten sollte. Weil aber derart reizvoll gelegen, befand bereits Gouverneur Dumas wenig später, dass La Réduit einen prächtigen Wohnsitz abgäbe und ließ sich das Gebäude entsprechend umgestalten. 1778 musste es jedoch wegen Baufälligkeit abgerissen und komplett neu errichtet werden. Dieser Steinbau steht heute noch. Er wirkt immer noch wie ein Versteck, denn die Villa lässt sich inmitten des weitläufigen Prachtgartens kaum ausmachen.

Glanz und Glorie der kolonialen Epoche der reichen, satten Zuckerbarone fanden hier ihren Ausdruck

Hot-Spots
im Norden

Tempel in Triolet

Besuch von Grand Baie

Modellschiff-Fabrik in Goodlands

Besuch von Poudre d'Or

Pamplemousses Garden

Aventure du Sucre

Von Port Louis nach Grand Baie

Der Norden von Mauritius ist das populärste und am besten erschlossene Gebiet der Insel. Landschaftlich überwiegen flache, von scheinbar endlosen Zuckerrohrfeldern bedeckte Ebenen und sanfte Hügel; nur südlich von Pamplemousses ragen abwechslungsreiche Berge auf, in denen sich die Wolken abregnen. Ein Vorteil des Nordens sind die kurzen Wege zu den touristischen Zentren in Port Louis und Grand Baie sowie zur berühmtesten Sehenswürdigkeit der Insel, dem Botanischen Garten in Pamplemousses. Ein angenehmes Klima und wenig Wind sind weitere Pluspunkte dieser lebhaften Region.

Info Wir beschreiben zunächst im Uhrzeigersinn die Küstenstrecken mit ihren Hotels und Stränden. Anschließend folgen die Sehenswürdigkeiten im Inselinneren.

Info-Maps: S. 94 und S. 119

Das dichte Busnetz ermöglicht ein gutes Zurechtkommen auch ohne eigenem Mietwagen

Baie du Tombeau

Der Hauptstadt am nächsten liegt die Baie du Tombeau, zu deutsch „Grabesbucht", die ihren düsteren Namen der Tatsache verdankt, dass in diesen gefährlichen Gewässern früher zahlreiche Schiffe auf Riffe und Felsen aufliefen und kenterten. 1615 sanken mehrere Handelsschiffe in einem Wirbelsturm, wobei auch der niederländische Admiral Pieter Both den Tod fand. Phantasievolle Zeitgenossen vermuten in der Grabesbucht geheime Piratenverstecke. Taucher bargen jedoch bisher nur ostindisches Porzellan von den gesunkenen Handelsschiffen. Verbuddelte Piratenschätze harren also weiter ihrer Entdeckung.

Die Bucht ist heute dicht bebaut mit tropisch bepflanzten Privathäusern und Ferienvillen, die kaum Zugang zum Meer erlauben. Wochentags ist es einsam und idyllisch am felsigen Strand, an den Wochenenden dominieren hier Partystimmung, Badefreuden und lebhafter Trubel.

Hotels im Bereich von Baie du Tombeau

Hotel Les Cocotiers: Tel. 2474222, Fax 2474211, email: info@cocotiers-hotel-mauritius.com. Ein einfaches Mittelklassehotel mit 48 Zimmern, das seine abgelegene Lage am wenig reizvollen Strand von La Goulet durch persönlichen Service und einen netten Poolbereich ausgleicht. Preise: ÜF ab 27 €/DZpP und 55 €/EZ.

Hotel Le Chambly: Tel. 4053000, www.hotellechambly.com. Das Mittelklassehotel mit 40 modischen Zimmern im venezianischen Stil liegt nicht am Meer, sondern etwa 2 km landeinwärts an einer Flussmündung in Port Chambly. Zielgruppe sind junge, aktive Reisende. Preise: ÜF ab 55 €/DZpP und ab 98 €/EZ; Self-Catering-Villa ab 150 € pro Tag.

Die Straße entlang der Grabesbucht neigt sich wegen des tiefen Einschnitts des Rivière du Tombeau wieder dem Landesinneren zu und führt in die kleine Ortschaft **Arsenal**. Hier reihen sich zahlreiche Boutiquen, Modeläden und ein paar kleinere Designer Outlet Zentren aneinander. Der Name Arsenal erinnert an ein französisches Munitionsdepot aus dem 18. Jh., das aber nicht mehr vorhanden ist.

Oben: Regenbogen über der Bucht von Grand Baie

Reste dieser kolonialen Anlagen liegen sich auf dem Gelände des Maritim Hotels

In Arsenal gabelt sich die Straße zwischen Triolet und Beau Plan/Pamplemousses. Die reizvolle Strecke in Richtung Pamplemousses führt durch dichte Wälder am Sanatorium von Moulin à Poudre („Pulverfabrik") und dem Sir Seewoosagur Staatskrankenhaus vorbei. Hält man sich dagegen links, gelangt man über Triolet direkt nach Grand Baie. Allerdings muss man dazu das mit ungefähr 4 km Ausdehnung längste Dorf von Mauritius durchqueren, was bei dem hiesigen Verkehrsaufkommen tagsüber selten Vergnügen bereitet.

Tipp für die Fahrt nach Norden: 1,5 km nördlich von Arsenal zweigt die kleinere Küstenstraße vom Highway links ab, die durch flache Zuckerrohrfelder wieder zum Meer führt und über Balaclava und Trou aux Biches nach Grand Baie gelangt – und dabei die verkehrschaotische Ortschaft Triolet umgeht

Balaclava & Baie aux Tortues (Turtle Bay)

Vor langer Zeit kamen Meeresschildkröten zur Eiablage an den Strand der Schildkrötenbucht, Baie aux Tortues. Dies ist lange vorbei, aber die vorgelagerten Korallenriffe gelten heute als die besterhaltenen der ganzen Insel. Diese intakten Korallengärten zu retten ist die Aufgabe des bisher einzigen Meeresnationalparks von Mauritius.

In dieser dünn besiedelten, ländlichen Region locken Hotels mit schmalen Stränden und hervorragenden Schnorchel-Spots (siehe S. 100). Die Ferienresorts liegen jedoch etwas abgeschieden für unternehmungslustige Gäste, die sich auch außerhalb der Hotels unterhalten möchten.

Ein Feriendomizil für Gäste, die Ruhe und Entspannung suchen

Hotels in Balaclava & Baie aux Tortues

Hotel Maritim: Balaclava, Tel. 2041000, Fax 2041020, email: info.mau@maritim.de, www.maritim.de. Die 4 Sterne-Plus-Anlage unter deutschem Management bietet einen weitläufigen Strand und Poolbereich, Spa mit Sauna, ein 9-Loch-Golfplatz. Auf dem riesigen Hotelgelände befinden sich die Ruinen des Forts Balaclava, ein Reitstall und das stilvolle Edellokal „Château Mon Desir". AI möglich. Preise: HP ab 150 €/DZpP und 215 €/EZ.

Hotel La Plantation: Tel. 2043000, Fax 2615709, email: laplantation@apavou-hotels.com, www.apavou-hotels.com. Nach seiner Renovierung als 4 Sterne-Plus-Hotel eingestuft, liegt das Resort mit 271 Zimmern und riesigem Pool an einem mittelmäßigen Strandabschnitt. 3 Restaurants, AI möglich. Preise: ÜF ab 86 €/DZpP und 170 €/EZ.

Westin Turtle Bay Resort & Spa Mauritius: Starwood Hotels, Tel. 2041400, www.westinturtlebaymauritius.com. Das frühere Grand Mauritian Resort wurde 2014 als modernes Wellnesshotel & Spa mit 190 Zimmern und Suiten wieder eröffnet. Mit fünf Restaurants und vielen Sportangeboten. Preise: HP ab 200 /DZpP und 300 €/EZ.

Oberoi Hotel: Tel. 2043600, Fax 2043625, email: gm@oberoi-mauritius.com, www.oberoi-mauritius.com. Das Resort zählt zur absoluten Top-Liga: Alle Villen verfügen über einen eigenen Pool und bieten viel Privatsphäre am langen Sandstrand. Der pure Luxus! Preise: ÜF ab 345 €/DZpP und 690 €/EZ.

InterContinental Resort: Tel. 2821010, Fax 2820812, email: info@icmauritius.com, www.intercontinental.com. Modernes 5-Sterne-Resort mit 210 Zimmern im puristischen Design, Fitness-Center, Ayurveda-Spa, 5 Restaurants. AI möglich.
Preise: HP ab 165 €/DZpP und 260 €/EZ.

Angsana Balaclava: Tel. 2041888, email: balaclava@angsana.com, www.angsana.com. Ende 2011 eröffnetes, beschauliches und eher kleines Wellness-Resort mit 51 Suiten. Preise: HP ab 215 €/DZpP und 435 €/EZ.

Aquarium

Nahe der Abzweigung nach Triolet liegt noch in Pointe aux Piments rechterhand der Küstenstraße ein Meerwasseraquarium, das die vielseitige Unterwasserfauna der Maskarenen in zahlreichen Becken und Aquarien vorstellt. Darunter befinden sich auch ein Süßwasserbecken und ein 15 m langer Pool mit Tiefseefischen.

Öffnungszeiten: Mo-Sa 9:30-17:00 Uhr, So 10-16:00 Uhr, Fischfütterung jeweils um 11 Uhr. Eintritt: Erwachsene 250 Rs, Kinder bis 12 J. 125 Rs. Adresse: Coastal Road, Pointe aux Piments, Tel. 2614561, Fax 2615080, www.mauritiusaquarium.com.

Pointe aux Piments

Von den Hotels bei Balaclava fährt man erst wieder ein kurzes Stück des Wegs zurück bis zur beschilderten Abzweigung nach Norden. Durch Zuckerrohrplantagen windet sich die schmale Teerstraße in Richtung Pointe aux Piments. Ehe die Straße im kleinen Fischerdorf wieder an die Meeresküste gelangt, zweigt nach links auf Höhe des Max Shops die Sackgasse zu den beiden Hotels Le Victoria und Le Meridien ab.

Bleibt man auf der Hauptstraße, führt diese nun nach Norden, entlang des steinigen Strandes, wo einige Fischerboote malerisch in der flachen Lagune dümpeln. Kasuarinen säumen den felsigen, langen öffentlichen Badestrand („Public Beach"). Dazwischen befinden sich noch die baulichen Reste einer französischen Granatenstellung. Doch die „Batterie des Grenadiers" wird heute von den badesüchtigen Wochenendausflüglern ziemlich ignoriert. Sie sind aber ein weiteres anschauliches Beispiel dafür, wie ernsthaft Frankreich einst die Insel gegen die britische Übernahme zu verteidigen versuchte.

Das gemütliche, ruhige Fischerdorf verändert sich langsam seit dem Bau moderner Badehotels. Da und dort öffnen Lokale und Boutiquen, und zahlreiche Privathäuser bieten preiswerte Unterkunft an. Der Strand ist an den meisten Stellen nicht allzu prickelnd, denn er ist vielfach stark durchsetzt von schwarzem Lavagestein. Die Hotelstrände wurden aber mühevoll bereinigt und bieten den Gästen nun auch Badevergnügen ohne scharfkantige Felsen.

Hotels in Pointe aux Piments

Hotel Le Victoria: Pointe aux Piments, Tel. 2042000, Fax 2618224, email: victoria@bchot.com, www.levictoria-hotel.com. Ein 4-Sterne-Plus-Familien- und Sporthotel der Beachcomber-Hotelgruppe an einem langgezogen Sandstrand mit Pool und Wassersportzentrum. Anstelle eines Spa-Bereichs gibt es mehrere Gyms, Sauna und Dampfbad. Die eleganten 254 Zimmer sind mit 60 m² außergewöhnlich groß und können so auch Familien unterbringen. Üppige Buffets, AI möglich.
Preise: ÜF ab 75 €/DZpP, 115 €/EZ.

Le Meridien: Tel. 2043333, Fax 2043344, email: info@lemeridien.mu, www.lemeridien-mauritius.com. Weitläufig konzipierte Hotelgebäude mit 4 Restaurants sowie 265 großen Zimmern und Suiten. Ein breites Sportangebot und ein schöner Sandstrand für überwiegend französische Gäste. Einstufung als 4 Sterne Plus.
Preise: VP ab 110 €/DZpP und 165 €/EZ.

Le Recif Hotel: Tel: 2610444, Fax 2615247, email: info@recif-hotel.com, www.recif-hotel-mauritius.com. Ein Erwachsenenhotel von Attitude Resorts mit 70 klimatisierten Zimmern der Kategorie 3 Sterne Plus. Ruhig und beschaulich für Ruhesuchende.
Preise: HP ab 50 €/DZpP, 70 €/EZ.

Villas Mon Plaisir: Tel. 2617980, Fax 2616600, email: villasmp@intnet.mu, www.villasmonplaisir.com. Kleineres Mittelklassehotel mit 41 Zimmern direkt am Strand, in dem einige Wassersportaktivitäten angeboten werden. Mit Pool und Restaurant, eine nette Anlage für preisbewusste Reisende mit viel Unternehmungsgeist.
Preise: HP ab 30 €/DZpP und 40 €/EZ.

La Margarita: Tel. 2613969, Fax 2618238, email: margarita@intnet.mu, www.lamargaritahotel.com. Einfaches Schwesterhotel der Villas Mon Plaisir mit 18 Zimmern und Pool, nicht am Strand gelegen. AI möglich.
Preise: HP ab 30 €/DZpP und 40 €/EZ.

White Oaks Premium Villas: Tel. 3210892, email: info@whiteoaksvilla.net, www.whiteoaksvilla.net. Klein aber fein: Eine Luxusanlage mit zwölf Ferienbungalows für je 2-6 anspruchsvolle Selbstversorger, direkt am Strand und mit schönem Pooldeck.
Preise: ab 5 Nächte mögl., ab 110 €/Nacht.

Veranda Hotel Pointe aux Biches: Tel. 2655901, Fax 2655905, email: pointeauxbiches@veranda-resorts.com, www.veranda-resorts.com. Das zwanglose "Barfußhotel" am nördlichen Ende von Pointe aux Piments bietet als 3-Sterne-Plus-Anlage ein ungewöhnliches Konzept, denn im ganzen Resort dominiert ein betont lässiger Robinson-Crusoe-Stil auf Sandboden. Kein besonderes Wassersportprogramm, wie Glasbodenboote, Wasserski etc., dafür mit idyllischem Spa-Bereich (gegen Gebühr). Die einsame Lage reizt hier nicht wirklich zum Flanieren, aber es ist ein sympathisches Hotel zum Ausruhen für ein eher jüngeres, legeres Publikum. AI möglich.
Preise: HP ab 90 €/DZpP und 130 €/EZ.

Bon Azur Elegant Resort: Tel. 2655020, email: resa@mascareigneslocation.com, www.mascareigneslocation.com. Neuere Feireinhausanlage mit zwölf modernen und luxuriösen Suiten und Penthäusern für jeweils 2-6 anspruchsvolle Gäste Mit Salzwasser-Pool und Liegeterrasse.
Preise: ab 155 € pro Nacht.

Trou aux Biches

Nur wenige Kilometer nördlich liegt der Küstenort Trou aux Biches. Die Straße führt direkt am Meeresstrand entlang, der sich hier steinig zeigt und nur ein paar Angler und Fischer anzieht. Nach den ersten Häusern kündigt sich mit dem langen Public Beach die Ortschaft Trou aux Biches an.

Rechts passiert man bald den Komplex mit den Restaurants Palme d'Or, Coco de Mer und Boat House, dahinter folgt der Supermarkt Chez Popo. Nach der Stichstraße zum Hotel Le Palmiste zweigt auf Höhe des nächsten Public Beaches vor der Polizeistation die Zufahrt nach Triolet ab, über die man zum berühmten Maheswarnath Shiv Mandir Tempel gelangt (S. 104). An dieser Straße befinden sich auch das Internetcafé Cyber Café, die Diane Boutique und ein weiterer Supermarkt. Bleibt man aber auf der Küstenstraße, führt diese nun seit dem Umbau des Hotels Trou aux Biches in einem Bogen um das Luxusresort herum zum Hotel Casuarina und geht dann unbemerkt über in den Ort Mon Choisy.

Tipp Trou aux Biches und Mont Choisy stufen wir weit oben in der Skala der besten Strände und Ferienorte der Insel ein

In Trou aux Biches beginnt die etablierte **Touristenzone**, die bis Péreybère reicht, mit Grand Baie in der Mitte als Hochburg. Trou aux Biches ist weit auseinander gezogen, zum Flanieren daher auch nicht unbedingt ideal, dafür geizt es nicht mit traumhaften, kilometerlangen weißen Stränden. An den Wochenenden und Feiertagen füllt sich der Public Beach und herrscht fröhlicher Trubel, den Rest der Woche sind die Urlauber allein an den tropischen Stränden. Die Lage ist reizvoll, sie bietet schönere Strände, Tauch- und Badegelegenheiten als Grand Baie. Wer ausgehen, shoppen oder flanieren möchte, ist mit einem Taxi oder Bus schnell im quirligen Grand Baie. Auch zu den kulturellen Highlights (Tempel von Triolet, Port Louis) und Naturschönheiten (Pamplemousses Botanical Garden) ist es nicht weit. Die touristische Infrastruktur mit Banken, Supermärkten, Bars, Restaurants und allerlei Unterkünften ist wirklich ausreichend, ohne turbulent zu sein.

Hotels in Trou aux Biches

Le Sakoa Hotel: Tel. 2655245, Fax 2658910, email: info@sakoa-management.com, www.lesakoa.com. Sehr gepflegte, familiäre Apartmentanlage mit 16 Zimmern und zwei Suiten mit Küche. Die Zimmer zur Straße sind laut, wir empfehlen daher die schöneren und ruhigen Meerblickzimmer. Kleines Restaurant vorhanden, aber die meisten Gäste bevorzugen Selbstversorgung. Pool im Garten; Wassersport gegen Gebühr.
Preise: ÜF ab 90 /DZpP und 185 €/EZ.

Hotel Trou aux Biches: Tel. 2046800, Fax 2046868, email: trouauxbiches@bchot.com, www.trouauxbiches-resort.com. Die trendigste Adresse am Platz genießt auch eine phantastische Lage direkt am endlosen weißen Strand. Das erweiterte und 2011 neu konzipierte Beachcomber-Resort bietet 333 Suiten und Villen, sechs ausgezeichnete Restaurants, jede Menge Pools und einen riesigen Sport- und Spa-Bereich.
Preise: ÜFP ab 130 €/DZpP und 290 €/EZ.

Hotel Le Palmiste: Tel. 2656815, Fax 2656811, email: info@hotel-maurice.com, www.hotel-lepalmiste.com. Kleineres Mittelklassehotel ohne viel Schnickschnack und Ambiente, das etwas zurückgesetzt in einer ruhigen Seitenstraße liegt und im Innenhof des Gebäudekomplexes 51 geräumige Zimmer, ein Restaurant und zwei Pools bietet.
Preise: HP ab 70 €/DZpP und 111 € /EZ.

Le Cardinal Exclusive Resort: Trou aux Biches Road, Tel. 2045200, Fax 2658837, email: info@lecardinalresort.intnet.mu, www.lecardinalresort.com. Das elegante, moderne Schwesterresort vom Casuarina Resort liegt direkt zwischen Strand und Straße, verfügt über 13 Junior Suiten und Penthäuser, eine Bar, Pool und Restaurant.
Preise: HP ab 200 €/DZpP und 360 €/EZ.

Casuarina Resort & Spa: Trou aux Biches, Tel. 2045000, Fax 2656111, email: casuarina@intnet.mu, www.hotel-casuarina.com. Eine tropische bepflanzte, familiäre 3-Sterne-Plus-Ferienanlage. Im Gartenbereich befinden sich zwei Pools mit Liegen, weitere Liegen stehen am kleinen, schmalen Strand zur Verfügung. Viel Wassersport inklusive, wie Glasbodenboote, Schnorcheln, Paddelboot. Außerdem gibt es einen Spa und eine Tauchschule, beides gegen Gebühr. Alle 93 Zimmer und 12 Bungalows sind klimatisiert. Einziger Nachteil: Das Hotel liegt jenseits der Küstenstraße. Deshalb raten wir: Lassen Sie sich möglichst ein ruhigeres Zimmer weiter hinten im Gartenbereich geben.
Preise: AI ab 75 €/DZpP und 110 €/EZ.

Le Grand Bleu Hotel: Tel. 2655812, Fax 2655842, emali: lgbtab@intnet.mu, www.legrandbleuhotel.com. Ein einfaches, lebhaftes Mittelklassehotel, das nicht direkt am Strand, sondern jenseits der Küstenstraße liegt. Preise: ÜF ab 30 €/DZpP und 45 €/EZ.

Restaurants

Le Pescator: Fischrestaurant mit romantischer Terrasse direkt am Ozean rund 500 m nördlich des Casuarina Hotels. Hier kocht man im europäisch-kreolischen Stil. Reservierung empfohlen, Tel. 2656337.

Le Bay des Pirates (früher Le Cocoteraie): Nettes Lokal an der Straße mit günstigen Seafood-Gerichten (Lobster und Garnelen).

Ritz Club (früher Caprice): Mont Choisy. Italienisches Restaurant an der Einmündung der Küstenstraße von Trou aux Biches in die Straße zwischen Triolet und Pointe Canonniers.

Freizeitgestaltung

Hochseefischen: Tagesausflüge können im Corsaire Club nördlich vom Casuarina Resort organisiert werden.

Shopping & Internet: Entlang der Straße nach Triolet gibt es mehrere Möglichkeiten zum Shoppen und Surfen.

Kasino und Golf: Fehlanzeige! Beides gehörte früher zum Hotel Trou aux Biches, wurde aber im Zuge des Resortumbaus geschlossen.

Tauchen

Nautilus Diving Centre im Trou aux Biches Hotel: Tel. 2655495, email: ricana@intnet.mu, www.nautilusdivers.com,

Prodive Tauchbasis im Casuarina Hotel: Kevin Cock, Tel. 2656213, email: prodive@hotmail.com, www.prodivemauritius.com.

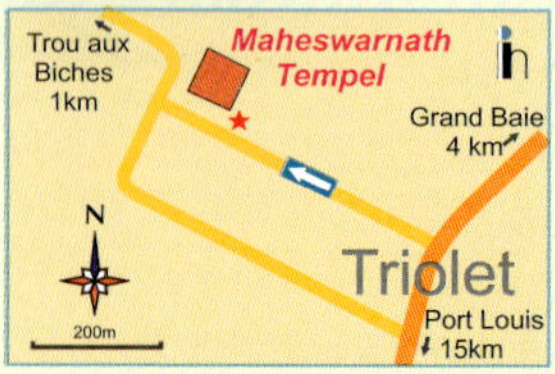

Sehr sehenswert: Tempelanlage in Triolet

Das längste Dorf von Mauritius sollte man möglichst nicht der Länge nach durchqueren müssen, so verstopft ist diese indisch geprägte Reihensiedlung tagsüber. Unbedingt sehenswert ist aber der Hindu-Tempel **Maheswarnath Shiv Mandir**. Von Trou aux Biches ist es nur ein Katzensprung dorthin. Das Einbahnstraßensystem erschwert die motorisierte Anreise ein wenig. Man fährt am besten von Trou aux Biches bis zur A4, der Hauptstraße in Triolet, und biegt in Richtung Grand Baie ab. Die erste Linksabbiegung danach führt direkt zum Tempel. Im Hof, bei den mächtigen Badamierbäumen, kann man parken.

Manchmal führt ein Wärter die Besucher bereitwillig durch die Tempelanlage und singt klangvoll im Haupttempel (eine Spende ist angebracht). Andernfalls darf man auch allein die verschiedenen Bereiche besichtigen. Vergessen Sie aber nicht, vor dem Tempelinneren die Schuhe auszuziehen. Man sollte möglichst ruhig und unauffällig auftreten, um die Betenden nicht zu stören.

Der Tempel aus dem späten 19. Jh. ist das größte Heiligtum der Hindus. Der elegante weiße Bau weist sogar islamische Architekturelemente auf. Ornamentbänder in kräftigen Farben und feines Dekor zieren die Außenfassaden. Trotzdem wirkt der Hindu-Tempel viel zurückhaltender als die bunten tamilischen Tempel. Rund um den Haupttempel, der Shiva geweiht ist, reihen sich weitere kleinere Tempel zu Ehren verschiedener Hindugötter, wie z. B. Gott Ganesh mit dem Elefantenkopf. Auch Shivas Reittier Nandi genießt einen Ehrenplatz und erhält viele Opfergaben. Verwirrend ist die Vielfalt der zum Teil in Glaskästen geschützten Skulpturen, die Nichteingeweihten in die Religion des Hinduismus viele Rätsel aufgeben. Die Tempelanlage spielt eine bedeutende Rolle beim jährlichen Pilgerfest Cavadee. Kurz vor Sonnenuntergang bevölkern übrigens Hunderte lärmende Vögel die riesigen Bäume im Tempelgarten. Ob der Tempel auch der größte des Landes ist, ist strittig, denn dieses Attribut schreibt man auch dem Amma Tookay Tempel im Süden bei Camp Diable zu.

Info Ein offenes Wort: Die Küstenstraße zwischen Trou aux Biches und Cap Malheureux ist tagsüber stark befahren. Am Wochenende kommen noch viele Motorräder hinzu. Darunter haben inzwischen alle Hotels zu leiden, die an dieser Straße liegen. Wir empfehlen, hier unbedingt ein ruhiges Zimmer möglichst weitab der Straße zu reservieren

Nördlich des Casuarina Hotels schließen sich das einfache Le Grand Bleu Hotel, Blue Water Divers und das Restaurant Le Corsaire beim Bootsclub an. Das Mont Choisy Hotel liegt direkt am Meer, dahinter, jenseits der Küstenstraße, die Apartmentanlage Le Cocoteraie mit nettem Restaurant. Kurz danach folgt die MCB Bank beim Supermarkt. Nach den Beach Villas und den Villas Mont Choisy beginnt wieder ein langer öffentlicher Strand mit üppigem Filaoswald. Auf Höhe des Tarisa Resorts wendet sich die Küstenstraße nun ins Landesinnere und mündet auf die B13 zwischen Triolet und Pointe Canonniers.

Mont Choisy

Mont Choisy ist eine begehrte Wochenendresidenz der wohlhabenden Einheimischen. Entsprechend gepflegt und beschaulich präsentiert sich die weitläufige Küstensiedlung, die einen richtigen Ortskern vermissen lässt. Dafür besitzt sie einen der großzügigsten öffentlichen Strände der ganzen Insel, wo sich an den Wochenenden Busladungen voller Familien zum gemeinsamen Picknicken einfinden.

Hotels in Mont Choisy

Coral Azur Hotel: Tel. 2656070, email: montchoisy@intnet.mu, http://coralazur.com. Modern und gepflegt zeigt sich dieser 3-Sterne-Neuzugang in bester Lage. Die 88 Zimmer in 9 Bungalows; 3 Restaurants, ein Kids Club und viele Sportaktivitäten. Preise: HP ab 66 €/DZpP und 130 €/EZ.

Cosi Hotel (früher **La Cocoteraie**): Tel. 2655104, email: cosihotel@gmail.com, http://cosihotel.com. Eine ältere kleine Selbstversorgeranlage mit Flair, hinter der Küstenstraße und dem gleichnamigen Restaurant gelegen. Sie bietet geräumige Apartments, darüber liegende Zimmer, fünf Bungalows und einen kleinen, sonnigen Pool mit Plastikliegen. Kein Meerblick. Preise: Preise: ÜF ab 33 €/DZpP und 65 €/EZ, Apartments ab 110 €/Nacht.

Tarisa Resort: Tel. 2656600, Fax 2655193, email: tarisa@intnet.mu, www.tarisa-resort.com. Großflächige 3-Sterne-Hotelanlage an der Küstenstraße mit 75 Zimmer auf drei Etagen und indischem Ambiente. Sie liegt gegenüber dem öffentlichen Strand. Preise: HP ab 75 €/DZpP und 110 €/EZ.

Hotel des 2 Mondes: Tel. 2657777, email: contact@hoteldes2mondes.com, www.hoteldes2mondes.com. Neues 3-Sterne-Hotel, das nicht direkt am Strand liegt, 16 Zimmer, Pool, Spa, Gym und Restaurant bietet. Preise: ÜF ab 45 €/DZpP und 70 €/EZ.

Beach Villas, **Mont Choisy Beach Resort** und **Villas Mont Choisy:** Kleinere gepflegte Anlagen mit Studios für unabhängige Selbstversorger. Vermittlung via Grand Bay Travel Tours, www.gbtt.com, und via Indian Ocean Travel, www.iot-mauritius.de.

Pointe Canonniers

Zwischen Mont Choisy und Grand Baie ragt eine Landzunge weit in den Indischen Ozean, die einst von strategischer Bedeutung war. Schon die Franzosen stationierten hier eine Garnison, die britische Verwaltung errichtete später auch noch einen Leuchtturm, der den Schiffen zur Orientierung diente. Heute genießen Touristen die herrliche Aussicht zur Süd- und Nordküste; und die Kanonen der Kolonialzeit zieren Badestrand und Restaurantterrasse.

Von Mont Choisy führt die B13 in 2 km geradewegs zur Landspitze von Pointe Canonniers. An den langen Public Beach schließt sich der Club Med an. Dann folgen die Zufahrt zum Le Canonnier Hotel und wenig später die Seapoint Bungalows, ehe die Straße scharf nach Osten abknickt und sich Grand Baie zuwendet. Die Straße verläuft nun zwischen den Grundstücksmauern feudaler Villen am Meer, gibt aber fast keine Ausblicke frei, direkt nach Grand Baie.

Bild oben: Picknick am öffentlichen Strand

Bild links unten: Strand des Mont Choisy Hotels

Die dichte Wohnsiedlung Pointe Canonniers geht unmittelbar in den berühmten Ferienort Grand Baie über

Hotels in Pointe Canonniers

Club Mediterranée: Tel. 2638509, Fax 2637511, email: info@clubmed.de, www.clubmed.de. Weitläufige All-Inclusive-Clubanlage am schönen Strand mit 280 Zimmern, intensiver Kinderbetreuung, viel Animation und großem Sportprogramm einschließlich Golfplatz. Gute Küche! Preise: All-Inclusive ab 180 €/DZpP.

Le Cannonier Hotel : Tel. 2097000, Fax 2637864, email: cannonier@bchot.com, www.lecannonier-hotel.com. Familiäres älteres 4-Sterne-Hotel von Beachcomber mit 248 Zimmern und mehreren kleinen Strandbuchten. Im alten britischen Leuchtturm residiert der Kids Club, an der Landspitze gibt es ein malerisches A-la-Carte-Restaurant. Preise: ÜF ab 70 €/DZpP, 100 €/EZ.

Seapoint Beach Bungalows: Tel. 6964804, Fax 6967380, email: nakaloo@intnet.mu, www.seapointbungalows.com. Apartments und Selbstversorger-Studios für 2 bis 6 Pers. in einer einfachen Anlage mit Strandzugang, kleinem Pool und Garten. Kein Restaurant. Preise: Studios kosten ab 60 €/Nacht.

La Pointe Villas: Tel./ Fax 2586036, email: lapointevillas@intnet.mu, www.lapointevillas.com. Eine gute Wohnadresse für Unternehmungslustige: 17 zweckmäßige Apartments und Studios zur Selbstversorgung in einer gepflegten Anlage mit zwei Pools. Der öffentliche Strand liegt ca. 300 m entfernt. Preise: ab 79 €/Nacht (ohne Verpflegung).

Hotel 20° South: Tel. 2635000, email: info@degreesud.com. Ein abgeschirmtes, elegantes Boutiquehotel mit individuellem Stil und persönlicher Atmosphäre. 27 geschmackvolle Zimmer umringen den Pool im Garten. Wellnessbereich mit Dampfbad. Preise: HP ab 90 €/DZpP und 135 €/EZ.

Baystone Boutique Hotel & Spa: Tel. 2091900, email: baystone@baystone.mu, www.baystone.mu. Modern-kühles neues 5-Sterne-Resort mit 19 Zimmern, erst 2014 eröffnet und nur für Erwachsene. Preise: ÜF ab 120 €/DZpP, 180 €/EZ.

Info Die Hotels in Pointe Canonniers sind sehr kinderfreundlich und bieten flach abfallende Strände. Die Siedlung eignet sich wenig zum Flanieren, auch längere Strandwanderungen in Richtung Grand Baie sind wegen der vielen abgegrenzten Privatgrundstücke schwierig. Nachtschwärmer und Einkaufswütige werden ins nahegelegene Grand Baie ausweichen müssen. Tagsüber bestehen permanente Bus- und Taxiverbindungen nach Grand Baie und Port Louis.

Grand Baie

Vor einer Generation lag hier noch ein verschlafenes Fischernest. Doch dann setzte eine rasante Entwicklung ein, die bis heute andauert. Der Bereich um Grand Baie wird wegen seines mediterranen Flairs gerne als die „Cote d'Azur von Mauritius" verkauft. In der Tat schlängelt sich hier wie am Mittelmeer die schmale Küstenstraße durch einen sehr touristischen Badeort. Die breite Bucht mit ihren Motorbooten und teuren Yachten ist wirklich malerisch, und der Blick auf die Luxusvillen und schicken Hotels vor dem Hintergrund markanter blauer Berge zweifelsohne sehr reizvoll. Der Gast findet hier alles, was einen unbeschwerten Urlaub ausmacht: Wechselstuben, Mietwagenagenturen, Taxis, Supermärkte, Cafés, Nachtclubs, Einkaufsgalerien, Fast Food und Gourmetrestaurants, einfache Pensionen und Luxusherbergen, Reiseanbieter und Bootsausflüge.

Es ist zudem ein Ort, an dem Pauschalreisende und Individualisten unterschiedlichster Nationen aufeinander treffen. Viele Leute, oft Stammgäste auf Mauritius, mieten sich im Ort einfache Apartments oder kommen in preiswerten Pensionen unter. Deshalb bietet Grand Baie vergleichsweise viele kleine Kneipen und Cafés sowie Läden für Selbstversorger. Am Wochenende füllt sich der Ort mit Einheimischen, und dann werden die Nächte durchgefeiert. Sie lieben es, mit ihren Autos ganz cool den Sunset Boulevard auf und ab zu fahren. Grand Baie ist freitags und samstags die angesagteste Location, um das Nachtleben von Mauritius kennenzulernen!

Ortsbeschreibung

Die touristische Hauptstadt von Mauritius zieht sich von Pointe Canonniers bis zum Hotel Merville Beach über rund 5 km ohne klar erkennbare Ortsgrenzen. Von Pointe Canonniers kommend kündigt sich die Touristenhochburg mit Restaurants, wie Le Languste und Le Capitaine, an. Dann taucht auf der linken Straßenseite der **Shivala Hindu-Tempel** (siehe S. 110) auf, wenig später das Café Müller und Le Tandoor Indian Restaurant. Jetzt hat man die „Große Bucht" erreicht und erhascht endlich den Blick auf die vertäuten Boote und Yachten in der sanften Meeresbucht. Die Küstenstraße heißt hier **Royal Road**. Beim „Sunset Boulevard Shopping Village" beginnt die eigentliche Touristen-Flaniermeile: Linkerhand liegen die öffentlichen Badestrände unter Kasuarinen, mit wartenden Taxis, mobilen Snackbars, Eisverkäufern

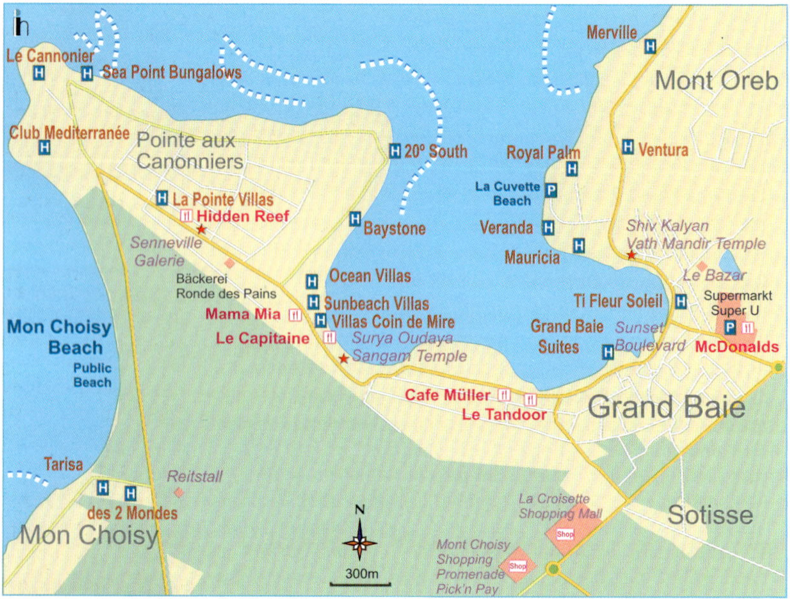

und vielen Fliegenden Händler. Auf der anderen Seite Shoppingarkaden, Boutiquen, Banken, Lokale, Cocktail Bars und jede Menge kleiner Büros, die Ausflugsfahrten und Wassersportaktivitäten anbieten. Im Ortszentrum ist man umringt von trendigen Kneipen, wie Malibu Spur und Le Dodo. Hier liegen die Mietwagenagenturen AVIS und Europcar und das Captain Nemos Reservation Office. Fehlende Gehsteige, das Verkehrsgewühl und die vielen Fußgänger erschweren das gemütliche Herumschlendern ein wenig. Leider gibt es noch keine effektive Umgehungsstraße für den Autoverkehr. Gegenüber der Taxis, beim La Pagoda Restaurant, führt eine schmale Straße mit Souvenir- und kunsthandwerklichen Geschäften zum überdachten Souvenirmarkt „**Le Bazar**“, wo Urlauber unter Musikbeschallung in kleinen Buden und auf Wühltischen ausgiebigst dem Kaufrausch verfallen können. Die Royal Road folgt dagegen den Ausläufern der Bucht. Beim rot-weißen **Shiv Mandir Tempel** mit den Elefantenfiguren auf der rechten Seite (Bild S. 107) verlässt man schon wieder das Zentrum von Grand Baie. Eine Stichstraße führt links zu den Hotels Le Mauricia, Veranda und Royal Palm, zwischen denen sich der La Cuvette Public Beach versteckt, den viele als den schönsten öffentlichen Strand der ganzen Insel rühmen.

Geradeaus folgen entlang der Küstenstraße die Stardance Bar, der mittelgroße Supermarkt Store 2000 und das Ventura Hotel. Jetzt nimmt auch wieder die Bebauung zu, und man fährt zwischen den Hecken und Grundstücksmauern edler Villen, ohne freien Blick zum Meer zu haben.

Strände & Badegelegenheit

Die Bucht von Grand Baie ist sehr gut geschützt und vom Ozean nur durch eine schmale Öffnung im Norden zugänglich. Zahlreiche Boote, Motorsegler und Yachten liegen hier vor Anker. Zum Baden ist der Strand in der Bucht weniger geeignet.

Im Ortskern findet man einen unbebauten öffentlichen Strand, an dem sich viele Mauritier und Gäste einfinden, die in einem Hotel ohne Strandzugang wohnen. Um einiges reizvoller ist jedoch der bekannte **La Cuvette Public Beach**, der eher unauffällig zwischen dem Veranda Hotel und dem Royal Palm Hotel am nördlichen Ende der Bucht zu finden ist. Er bietet einen großen Parkplatz, Toiletten, Duschen, Abfalleimer, einen makellosen Sandstrand und einen phantastischen Blick auf die Landzunge Pointe Canonniers und den Ozean.

Einkaufstipps in Grand Baie

Lebensmittel: Der große „SuperU-Hypermarket" mit Boutiquen, Fastfood-Lokalen, Internetcafé und ATM-Schalter bietet bis in die Abendstunden gute Einkaufsmöglichkeiten für Selbstversorger (So nur vormittags). Am Ortsende Richtung Péreybère liegt der Supermarkt „Brigadier 2000". Die „**La Croisette Shopping Mall**" mit dem Food Lovers Market (Foto rechts) und die gegenüberliegende „Mont Choisy Shopping Promenade" mit Pick'n'Pay an der Ausfallstraße zur M2 haben allen städtischen Supermärkten allerdings längst den Rang als modernste Einkaufszentren abgelaufen.

Souvenirs: Schauen Sie mal beim Bazar vorbei (etwa 200 m vom Sunset Boulevard gelegen). Die von Räucherstäbchen duftgeschwängerten, durchgehenden Buden und Mini-Verkaufsstände haben neben viel Ramsch auch schönes Kunsthandwerk und typische Andenken im Angebot. Die Verkäufer sind unaufdringlich und freundlich; kräftiges Handeln gehört hier allerdings zum Geschäft.

Kleidung & Schmuck: Zahlreiche Boutiquen und Modeläden präsentieren ihre Waren in den Shoppingarkaden entlang des Sunset Boulevards. Im Bazar findet man vor allem preiswerte T-Shirts, Stoffe und Badekleidung.

Sehr sehenswert: Shivala Hindu-Tempel

Der farbenprächtige Tempel gehört zu den jüngsten bedeutsamen Gotteshäusern der Insel, denn er wurde erst im Jahr 2000 fertiggestellt. Ein Teil seiner Faszination beruht auf der überraschenden Tatsache, diese stille, ehrwürdige Tempelanlage inmitten einer modernen, lauten Touristenhochburg anzutreffen. Mit dem Schritt durch das Holztor betritt man eine spirituelle, fremdartige Welt. Manchmal ist ein Wärter in der Nähe, um den staunenden Gästen die mystische Bedeutung der exotischen Figuren und Fabelwesen zu erklären. Man darf den Tempel auch allein besichtigen, die Gläubigen nehmen kaum Notiz von den Fremden. Öffnungszeiten: 8-16 Uhr, um eine Spende wird gebeten. Bitte nicht vergessen: Das Tempelinnere darf man nicht mit Schuhen betreten.

Restaurants und Nachtleben

Das gastronomische Angebot von Grand Baie ist in jeder Hinsicht vielseitig: beim Preis, der Geschmacksvielfalt und der Qualität. Vom Pizza Hut und dem mobilen Biriani-Stand bis zum sündhaft teuren Japaner ist die ganze Bandbreite vertreten. Besonders häufig sind China-Restaurants, wie Palais de Chine, La Pagode, Hong Kong Palace und La Jonque. Dann folgt die indische Küche mit den Restaurants Le Tanjore im Ventura Hotel, Taj Mahal, La Charrette und Happy Rajah. Italienische Kost servieren Le Paparazzi, Don Camillo und Luigi's. Auch an der kreolischen Fusion-Küche versuchen sich mehrere Lokale. Das Hinterhof-Café Müller offeriert Milchshakes, Crepes und Frühstücksvariationen. Unser Tipp: „Cocoloto" im Ortszentrum neben Ti Fleur Soleil serviert Pizza und Salate mit lässiger Musik, Gratis-Internetzugang und Fassbier zwischen den Bananenstauden im gekiesten, schattigen Innenhof. Wie kein zweiter Ort bietet Grand Baie Bars, Nachtclubs und Diskotheken, z. B. Stardance Bar, B52, Banana Café und einen Disko-Nachtclub im Hotel Le Mauricia.

Die Freizeitgestaltung: Wassersport & Landausflüge

Nirgendwo ist das Ausflugs- und Wassersportangebot breiter als in Grand Baie. Was anderswo nur von den Hotels organisiert wird, z. B. Wasserski, Glasbodenboote, Wind- und Kitesurfen, kann man hier praktisch an jeder Ecke buchen. In der Bucht frönt alles dem Wassersport und sonstigen Vergnügungen rund ums Meer. Die Auswahl ist riesig und die starke Konkurrenz drückt die Preise – zum Vorteil der Urlauber, die hier günstigere Angebote finden als an den anderen Küstenbereichen von Mauritius.

Captain Nemo's Undersea Walk: Tel. 2633077, Fax 2633101, email: undersea@intnet.mu. Hinter diesem Ausdruck verbirgt sich ein etwa halbstündiger Unterwasserspaziergang in 3 m Tiefe. Eine Glasglocke mit Sauerstoffzufuhr, die man aufgestülpt bekommt, macht's möglich. Wie auf dem Mond wandelt man dann am Meeresboden zwischen den bunten Fischen, die sich prima mit Brot anlocken lassen. Preis: rund 25 € pP.

Le Nessee: Tel. 6704301, Fax 6743720, email: mtco@mautourco.com. Hier haben wir es mit einem Zwitter zu tun: halb Glasbodenboot und halb Unterwassergondel. Deshalb sieht man auch seitlich aus dem tiefer gelegten Boot die faszinierenden Meeresbewohner. Preise: ca. 17 €, Kinder 8 €. Ausflüge im traditionellen **Glasbodenboot** kosten etwa 12 € pro Stunde.

Blue Safari Submarine: Royal Road, Tel. 2633333, Fax 2633334, email: bluesaf@intnet.mu, www.blue-safari.com. Das **Unterseeboot** bietet auch Nicht-Tauchern die Gelegenheit, einmal bis zu 35 m tief abzutauchen. Dauer: Zwei Stunden, der Tauchgang selbst dauert 30 min. Preise: Erwachsene 100 €, Kinder 60 €. Alternativ bietet das Unternehmen auch eine Tour im **Unterwasserscooter** an, den die Gäste selbst steuern dürfen. Weil sich der Kopf in einer durchsichtigen Glaskugel befindet, kann man sich sogar unterhalten, wenn man zu zweit fährt. Der Tauchgang in 3 m Tiefe erfolgt in Gruppen und wird von erfahrenen Tauchern begleitet. Hier können selbst Nichtschwimmer und Kinder ab 12 Jahren mitmachen. Preise: Einzelfahrt 100 €, zu zweit 125 €.

Tauchen: Rund um Grand Baie liegen sehr gute Tauchplätze, die Insidern unter den Namen „Aquarium" und „Coral Gardens" bekannt sind. Exquisite Tauchgründe bieten auch die Inseln im Norden, zu denen Bootsausflüge unternommen werden (siehe S. 117). Preise: ab 40 € pro Tauchgang.

Hochseefischen: Sportfisher Charters am Sunset Boulevard unternimmt Touren zum Hochseefischen. Tel. 2636309, Fax 2638358, email: sportfisher@orange.mu, www.sportfisher.com.

Motorbootfahrten: Schnellboot-Trips zur Insel Gabriel und Ile aux Cerfs (ab 60 € pP) und ähnliche Bootsausflüge bietet Mautourco, Tel. 6704301, Fax 6743720, email: info@mautourco.com, http://mautourco.com. **Wasserski** kostet etwa 28 € pP für 10 Minuten.

Motorsegler Isla Mauritia: Yacht Charters, Tel. 2638395, Fax 2637814, email: yacht@bow.intnet.mu, http://isla-mauritia.com/. Eine Ganztagestour zur Baie du Tombeau mit einem historischen Segelschoner aus dem 19. Jh. – Entspannung mit Picknick, Musik und Schnorchelgelegenheit. Jeden Mittwoch und Samstag. Preise: Erwachsene 63 €, Kinder die Hälfte.

Landausflüge: Die Reiseagenturen von Grand Baie ermöglichen mit ihrem breiten Angebot, praktisch alle Sehenswürdigkeiten der Insel auf Rundfahrten zu erleben. Die Tagesfahrten kosten pro Person ab 12 €, wobei dieser Preis keinerlei Eintritt oder Verpflegung beinhaltet. Wer zur Ile aux Cerfs an der Ostküste fährt, bezahlt inklusive Inseltransfer 24-36 €.

Reiseagenturen & Tourist Info

Grand Baie bietet keine Touristeninformation. Dafür gibt es hier eine Anzahl privater Reisebüros, die Touristen gerne weiterhelfen, Ausflüge organisieren und privat geführte Unterkünfte unter Vertrag haben, z. B. Mauritours (www.mauritours.net), Grand Baie Tours & Travel (www.gbtt.com) und Ebrahim Travel & Tours (www.gbccar.mu).

Hotels in Grand Baie

Merville Beach Hotel: Tel. 2092200, Fax 2638146, email: reservation@luxresorts.com, www.mervillebeach.com. Dieses Hotel, mit 3 Sternen Plus eingestuft, hat eine lange Tradition und viele Stammgäste, war es doch die erste Touristenherberge auf der Nordhälfte der Insel. Es besitzt einen der ganz wenigen wirklich privaten Strände von Mauritius, weil beiderseits umzäunte Privatgrundstücke liegen (ca. 300 m breit). 169 Zimmer verteilen sich in einer hübschen Gartenanlage voller tropischer Pflanzen. Im Hauptgebäude befinden sich einfache Standardzimmer; die Superior-Zimmer im Gartenflügel liegen ruhiger. Im Spa gibt es einen Salzwasserpool mit Meerblick und Sauna/Dampfbad, die stundenweise auch ohne Spa-Behandlung benützt werden dürfen. Familiäre Atmosphäre, deutschsprachige Gästebetreuung. Preise: HP ab 85 /DZpP und 165 €/EZ.

Veranda Grand Baie Hotel & Spa: Tel. 2098000, Fax 2637369, email: verandahotel@veranda-resorts.com, www.veranda-resorts.com. Lebhaftes 3-Sterne-Hotel mit schönem Strand am nördlichen Ende der Bucht. Eine hübsche Gartenanlage mit leger-jugendlicher Atmosphäre, in der auch AI angeboten wird. Preise: HP ab 75 €/DZpP und 105 €/EZ.

Royal Palm Hotel: Tel. 2098300, Fax 2638455, email: royalpalm@bchot.com, www.royalpalm-hotel.com. Das Hotel der Spitzenklasse mit nur 84 Suiten genießt einen ausgezeichneten Ruf und bietet stilvolle Erholung, einen außergewöhnlichen Spa- und Fitness-Bereich und einen weichen Sandstrand. Das kulinarische Angebot und der gediegene Service sind exzellent. Diese Adresse wird höchsten Ansprüchen gerecht. Preise: ÜF ab 400 €/DZpP und 690 €/EZ.

Grand Bay Suites: Tel. 2655261, email: resa1.gbtt@intnet.mu, http://grandbaysuites.com/. Mitten im Zentrum am Sunset Boulevard gelegen, bietet sich diese hochwertige 4-Sterne-Apartmentanlage für unternehmungslustige, unabhängige Selbstversorger an. Sie bietet klimatisierte Apartments mit Balkon oder Terrasse und Pool. Preise: ab 34 €/DZpP und 68 €/EZ.

Ti Fleur Soleil: Tel. 2630380, Fax 2637060, email: tifleursoleil@intnet.mu, www.tifleursoleil.com. Das Stadthotel mit 19 Zimmern über einer Bar direkt an der Hauptstraße im Ortszentrum ist nicht wirklich eine Empfehlung für Ruhesuchende (Bild oben). Bei Redaktionsschluss war das Hotel wegen Renovierung geschlossen.

Ocean Beach Hotel & Spa (auch **Ocean Villas**): Tel. 2631000, Fax 2633055, email: info@ocean-villas.com, www.ocean-villas.com. Ansprechende Bungalows in einer älteren, eingewachsenen Gartenanlage direkt am schmalen Strand zwischen Pointe Le Cannoniers und Grand Baie, mit Poolbereich, Restaurant und Spa mit Hamam. AI möglich. Preise: HP ab 40 €/DZpP und 65 €/EZ.

Ventura Hotel: Tel. 2636030, Fax 2637479, email: info@hotelventura.net, www.hotelventura.net. Einfache, indisch geprägte Mittelklasseanlage mit 32 Zimmern und einem netten Poolbereich.
Preise: ÜF ab 33 €/DZpP und 45 €/EZ.

Le Mauricia: Tel. 2091100, Fax 2637888, email: mauricia@bchot.com, www.lemauricia-hotel.com. Mit diesem großen 4-Sterne-Hotelkomplex mit 237 Zimmern spricht die Beachcomber-Gruppe ein jugendliches, nachtaktives und unternehmungslustiges Publikum an; durch eine kühle Inneneinrichtung mit viel Metall, einen modischen Gastrobereich, riesigen Pool und eigenen Nachtclub. Die ebenerdigen Superior-Zimmer haben eigene Liegen und je einen privaten Mini-Sandstrand aufgeschüttet. Vom quirligen Strand sind es nur wenige Minuten ins Zentrum von Grand Baie. AI möglich.
Preise: ÜF ab 65 €/DZpP und 100 €/EZ.

Privatunterkünfte, Apartments & Pensionen: Grand Baie bietet eine stattliche Auswahl an Privatpensionen, Zimmer- und Apartmentvermietung. Wir empfehlen, sich die Häuser persönlich anzusehen und erst vor Ort auszuwählen. Behilflich sind mehrere z. T. auch deutschsprachige Reiseanbieter mit guten Ortskenntnissen, die im Internet eine Auswahl der zuverlässigeren Unterkünfte vorstellen (Adressen siehe im Infoteil: Reiseagenturen). Einige deutsche Reiseanbieter, wie Indian Ocean Travel, FTI und Dertour, vermitteln auch Ferienhäuser bzw. Luxusvillen für bis zu sechs Personen, die in der Regel nicht direkt am Strand liegen, wie z. B. die Athena Villas, Waterside Apartments und Oasis Villas.

Verkehrsmittel

Busse: Grand Baie liegt nur 17 km von Port Louis entfernt. Dort fahren die Busse ab dem Immigration Square Bus Terminal via Trou aux Biches nach Grand Baie und weiter zum Cap Malheureux in einem halbstündigen Rhythmus, mit Haltestopps praktisch alle paar Hundert Meter. Zusätzlich gibt es Expressbusse, die ohne Zwischenstopps direkt nach Grand Baie durchfahren. Zwischen Pamplemousses und Grand Baie bestehen etwa stündliche Verbindungen.

Taxi: Es besteht ein deutliches Preisgefälle zwischen den Taxifahrten, die man am Hotel organisiert, und denen, die man im Ort frei aushandelt. Mit etwas Geschick kostet ein Tagesauflug innerhalb der Region ab 25 €, die Fahrt nach Port Louis 15 € und ein Flughafentransfer 30-35 €. Ein Minibus mit Chauffeur kostet ab 60 € pro Tag.

Für ca. 5 € pro Tag kann man an vielen Plätzen **Fahrräder** mieten. Weil der Norden von Mauritius überwiegend flach ist, bieten sich für sportliche Naturen ausgedehnte Radausflüge durchaus an.

Motorroller kosten 12-17 € pro Tag.

Oben: Insel Coin de Mire

Bilder rechts:
Strand von Coin de Mire;
Wasserski-Vergnügen;
Tamilentempel und der
Friedhof in Cap Malheureux

Von Grand Baie nach Cap Malheureux

Jenseits des Merville Beach Hotels wird es wieder ruhiger. Früher lag das nächste Dorf Péreybère rund 3 km von Grand Baie entfernt. Heute gehen die Ortschaften bereits unauffällig direkt ineinander über.

Péreybère

TIPP Péreybère bietet viele Berührungspunkte mit den Einheimischen

Péreybère (sprich: pörejbier), noch vor wenigen Jahren ein verträumtes Fischerdorf in einer kleinen, reizenden Bucht, entdeckten erst die reichen Mauritier und dann der internationale Tourismus. Seither führt die Straße bis zum Cap Malheureux praktisch durch enge Steinmauern, hinter denen Villen in tropischen Gärten stehen. Den gemütlichen Dorfcharakter hat Péreybère verloren, zuviel Verkehr braust hindurch. Aber noch ist es hier halbwegs überschaubar. Die schmale Bucht rahmt den kleinen öffentlichen Sandstrand mit schwarzen Lavafelsen ein. Es gibt nur wenige, zumeist kleinere Hotels ohne Privatstrand und mehrere Apartmentanlagen, und so treffen die Touristen hier leichter auf Einheimische. Wer keine Touristengettos mag und sich gerne unters Volk mischt, könnte hier fündig werden.

Kurz hinter Péreybère erreicht die Küstenstraße das Coin de Mire Hotel, an dessen kleinem Strandabschnitt Fischer anlanden. Wenig später sticht rechts des Weges etwas zurückgesetzt ein farbenprächtiger **Tamilentempel** ins Auge. Danach sollten Sie nach links einen Blick auf den alten **Friedhof** werfen. Über die alten Grabsteine wacht ein riesiger **Banyanbaum** mit seinem gewaltigen Luftwurzelgeflecht.

Unerwartet plötzlich öffnet sich der Blick wieder auf das Meer, die vertäuten Fischerboote und die ferne Insel Coin de Mire. Der eigentliche Blickfang dieses Plätzchens ist allerdings eine kleine, leuchtend rote Kirche (S. 116).

Hotels in Péreybère

Hotel Hibiscus: Tel. 2638554, Fax 2638553, email: resa@hibiscus.intnet.mu, www.hibiscushotel.com. Das einzige Hotel am Ort, das am Meer liegt, kaschiert seine enge Bebauung durch üppige tropische Pflanzen. Strandbar und Poolbereich wirken ansprechend, doch anstelle eines Strandes gibt es nur felsiges Lavagestein. 40 Zimmer, Kategorie 3 Sterne Plus, AI möglich. Preise: HP ab 60 €/DZpP, 90 €/EZ.

Péreybère Hotel & Apartments: Tel. 2638165, Fax 2636353, email: pereyberehotel@intnet.mu, www.pereyberehotel.com. Hotelblock im Ortszentrum gegenüber des öffnetlichen Strands mit kleinem Innenpool und Restaurant. Gästen, die mitten im Geschehen sein wollen, zu empfehlen. Die Zimmerausstattung ist sauber und besser, als das Gebäude vermuten lässt. Wir empfehlen die ruhigeren Zimmer ohne Meerblick. Preise: ÜF ab 30 €/DZpP, 59 €/EZ.

Ocean Beauty: Tel. 2633039, Fax 2633055, email: info@ocean.mu, www.ocean-beauty.com. Kleines Boutique-Hotel in einer charmanten Anlage mit nur neun Zimmern, jedoch nicht direkt am Strand gelegen. Ein Idyll für Gäste, die wirklich Ruhe suchen. Preise: ÜF ab 49 €/DZpP und 98 €/EZ.

Casa Florida Hotel: Tel.2637371, email: florida@intnet.mu, www.casaflorida.net. Inhabergeführtes Hotel mit Apartments, Bundalows und Studios mit Kitchenette, Pool, kleinem Spa, nicht direkt am Strand gelegen. Preise: ÜF ab 26 €/DZpP und 42 €/EZ.

Cape Point Exclusive Resort: Tel. 2655020, email: resa@mascareigneslocation.com, www.mascareigneslocation.com. Moderne kleine Anlage mit Luxusapartments direkt am Strand. Preise: Ü ab 120 € pro Nacht.

Essen und Trinken

Restaurants: „Lotus" bietet Thai-Küche, das „Café Péreybère" kocht chinesisch. Am nördlichen Ortsrand liegen die Restaurants „Camaron Rouge" und „Le Percheur".

Selbstversorger decken ihren Bedarf im Winners-Supermarkt. Eine Bank und ein Internetcafé liegen direkt im Ortszentrum.

TIPP Gegenüber der Kirche bietet sich Hungrigen und Romantikern die Coin de Mire Resto Bar für eine Pause mit Blick auf das Nordkap von Mauritius an

Cap Malheureux

Das „Unglückskap" ist ein geschichtsträchtiger Ort. An dieser Stelle landete 1810 die britische Übermacht auf ihrem Weg zur Annexion von Mauritius. 10 000 Soldaten gingen hier an Land und marschierten praktisch ohne Gegenwehr bis nach Port Louis. Den düsteren Namen der Landspitze haben aber wahrscheinlich eher die vielen Schiffsunglücke in diesen strömungsreichen Gewässern verschuldet.

An diesem Ort steht ein Wahrzeichen von Mauritius, denn die pittoreske **Kapelle Notre Dame Auxiliatrice** ist tausendfach fotografiert und vielfach zu Werbezwecken publiziert worden. Mit ihrem schmucken, strahlend roten Satteldach wirkt sie ein wenig deplaziert. Etwas Selbstvergessenes, Melancholisches liegt über der dörflichen Szenerie, denn ungeachtet der Touristen, die für einen kurzen Fotostopp halten, gehen die Fischer schweigend ihrer täglichen Arbeit nach.

Coin de Mire Hotel: Attitude Resorts, Tel. 2049900, Fax 2627305, email: info@coindemire-hotel.com, www.coindemire-hotel.com. Das ältere 2-Sterne-Plus-Hotel liegt unmittelbar an der viel befahrenen Küstenstraße, auch die beiden Pools und viele der 90 Zimmer befinden sich direkt an der Straße. Musikbeschallung am Pool übertönt den Verkehr. Der Strand jenseits der Küstenstraße ist schmal und steil, gewährt aber einen reizvollen Blick auf Fischerboote. Trotz der ungünstigen Lage hat das Hotel viele Stammgäste, es wird auch AI angeboten. Preise: HP ab 40 €/DZpP, 60 €/EZ.

Kuxville und Serendip Apartments: Tel. 2628836, Fax 2627407, email: kuxville@intnet.mu, www.kuxville.de. Sehr persönlich geführte Bungalows zur Selbstversorgung (dt. Leitung). Die Kuxville-Apartments liegen alle am Strand, die Serendip-Bungalows in einem Garten hinter der Küstenstraße. Eine Unterkunft ganz anderer Art: ohne Fernseher, Animation und Abendprogramm! Jedes Apartment wird von einer Hausmaid versorgt, die auch reichhaltig für die Gäste kocht. Durch die voll ausgestattete Küche mit großem (Tief-) Kühlschrank gut geeignet für Selbstversorger und Familien, die kein typisches Touristenprogramm wünschen. Bushaltestelle vor der Tür, erfahrene Tauch- und Kitesurfschule anbei. Preise: Die verschiedenen Bungalows und Beach Villas kosten 95-250 € pro Nacht.

Freizeitgestaltung

Tauchen: Tauch- und Kitesurfschule Sindbad Ltd. auf dem Gelände der Kuxville Apartments. Hier werden auch Bootsausflüge vermittelt (www.sindbad.mu).

Fahrräder: Kuxville vermietet Fahrräder gegen eine geringe Gebühr.

Verkehrsmittel

Busse: Linienbusse verkehren ganztags etwa stündlich zwischen Cap Malheureux und Pamplemousses. Im halbstündigen Rhythmus fahren Busse nach Grand Baie und Port Louis.

Taxis: Taxifahrten kosten rund 7 € nach Grand Baie, 16 € zum Botanischen Garten von Pamplemousses, 20 € nach Port Louis und 45 € zum Flughafen (Handeln notwendig). Für Ganztagesausflüge mit einem Taxi sollte man je nach Fahrtstrecke 35-45 € ansetzen.

Essen und Trinken

Restaurants: In Richtung Grand Baie liegen zwei Restaurants an der Straße nahe dem bunten Tamilentempel: Das Restaurant „Kanaco" und der Seafood-Spezialist „Bella Amigo" in der Pavée Road, wo man auch frischen Fisch und Meeresfrüchte einkaufen kann. Info unter Tel. 2626263, www.bellamigo.com.

Selbstversorger: In östlicher Richtung findet man bei Paladien einen kleinen Lebensmittelmarkt. Gute Einkaufsmöglichkeiten bietet in Goodlands am Ortsrand Richtung Poudre d'Or der große Winners-Supermarkt und ein Shopping Centre (S. 120). In westlicher Richtung bietet sich kurz vor Péreybère der kleine OREB Supermarket an. Die umfangreichste Auswahl führen allerdings die neuen Shopping Malls in Grand Baie (S. 109).

Die vorgelagerten Inseln

Fünf unbewohnte Inseln vor der Nordspitze von Mauritius bergen ein ausgezeichnetes Tauch- und Schnorchelparadies und sind überdies wichtige Schutzzonen für die bedrohte Tier- und Pflanzenwelt. **Coin de Mire** in nur 4 km Entfernung bildet mit seiner markanten, fast dreieckigen Silhouette ein beliebtes Motiv für Sonnenuntergangsszenen. Das steile, bröckelige Tuffgestein dieser Insel und das fehlende Riff würden eine Schiffsanlandung erschweren, wäre das Betreten der unter Naturschutz stehenden Insel nicht sowieso verboten. So lassen die Ausflugsboote das bekannte Eiland links liegen und steuern noch rund 5 km weiter zur **Ile Plate** (Flat Island) und ihrem kleineren Anhängsel **Ilot Gabriel** (Gabriel Island), die von fischreichen, intakten Korallenriffen umgeben sind. Bei einer Choleraepidemie 1856 nutzte man die Inseln als Quarantänestationen, woran noch immer der alte Friedhof und ein Leuchtturm auf Flat Island erinnern.

Mit 20 km am weitesten von Mauritius entfernt stehen die **Ile aux Serpents** (Snake Island) und **Ile Ronde** (Round Island) unter strengem Naturschutz. Auf Round Island leben noch endemische Tierarten, wie der Gunther's Gecko *(Phelsuma guentheri)*, die Round Island Boa *(Casarea dussumieri)*, und der Weißschwanztropikvogel *(Phaethon lepturus)*, für deren Erhalt die Biologen kämpfen. Auch die endemische Flaschenpalme *(Hyophorbe lagenicaulis)* ist hier mit einigen Exemplaren vertreten.

Serpent Island ist dafür ein Vogelschutzgebiet. Es ist ein **Kuriosum**, dass auf Round Island Schlangen leben, nicht aber auf Serpent Island (Schlangeninsel), diese dafür rund ist – im Gegensatz zur Erstgenannten! Hier liegt offensichtlich ein Irrtum der Kartografen vor. Für beide Inseln gilt: Betreten verboten!

Von Cap Malheureux nach Goodlands

Je weiter man nun nach Osten fährt, um so ruhiger wird der Verkehr. Nach dem Abzweig zum versteckt gelegenen Paradise Cove Hotel öffnet sich die Meeresbucht Anse La Raie, an deren Ende ein kleiner bunter Hinduschrein sichtbar wird. Bei Pointe Madras liegt das französische Marina Resort, danach wendet sich die Straße den Zuckerrohrfeldern zu und erreicht im Weiler Colodyne beim kleinen Supermarkt die Abzweigung ins Landesinnere Richtung Goodlands und Mapou/Pamplemousses. Wir bleiben allerdings auf der schmalen Küstenstraße nach Grand Gaube.

Unten: Straßenszenen in Grand Gaube und Goodlands

Grand Gaube

Umringt von eintönigen Zuckerrohrfeldern steht diese Fischergemeinde im Ruf, ihr Handwerk, den traditionellen Schiffsbau, besonders gut zu verstehen. Neben der Fischerei betreiben die Männer eine Austernzucht, ansonsten steht die Zeit hier ziemlich still. Touristisches Treiben sucht man (noch) vergebens. Entsprechend ab vom Schuss liegen die wenigen Hotels. Für Ruhesuchende kein Problem – doch wer mehr Unterhaltung auch außerhalb des Hotels braucht, sollte sich vielleicht ein anderes Quartier suchen. In diesem letzten Fischerdorf des äußersten Nordens knickt die Straße ins Landesinnere nach Goodlands ab.

Tipp Wier hier Urlaub macht, sollte entweder Ruhe suchen oder einen Mietwagen haben

Hotels in Grand Gaube

Paradise Cove: Tel: 2044000, Fax 2044040, email: resa1@pcove.mu, www.paradisecovehotel.com. Ein charmantes 5-Sterne-Boutique-Hotel im asiatischen Stil mit 67 luxuriösen Zimmern, abgeschieden an der Bucht Anse La Raie gelegen. Tauchschule anbei, AI möglich. Adults Only: Nur für Erwachsene! Preise: HP ab 165 €/DZpP, 250 €/EZ.

Calodyne Sur Mer: Tel. 2821590, Fax 2821363, email: calodynesurmer@intnet.mu, www.calodynesurmer.com. Einsam gelegene Mittelklasseanlage mit 56 Apartments zur Selbstversorgung im kreolischen Kolonialstil, jeweils mit 2 oder 3 Schlafzimmern. Großer, sonniger Poolbereich, kleiner Strandbereich, Tauchen und AI möglich. Preise: HP ab 56 €/DZpP und 95 €/EZ.

LUX* Grand Gaube: Grand Gaube, Tel. 2049191, Fax 2882828, email: luxgrandgaube@luxislandresorts.com, www.luxresorts.com. Ausgedehnte, nach Feng Shui-Prinzipien konzipierte 4 Sterne-Plus-Anlage mit 195 Zimmern und Suiten, mehreren Strandbuchten, Pools, Restaurants, Fitnessraum, Spa-Bereich mit frei zugänglicher Sauna/Dampfbad und Salzwasserpool. Sehr einsam und idyllisch gelegen am Pointe aux Roches, westlich des Fischerdorfes. Es wird auch AI angeboten.
Preise: ÜF ab 110 €/DZpP und 210 €/EZ.

Paul & Virginie: Tel: 2880215, Fax 2889233, email: pauletvirginie@veranda-resorts.com, www.verandagroup.com. Romantisches 3-Sterne-Hotel in Grand Gaube mit 81 Zimmern, zwei Pools, schmalem Strand und kleinem Spa (ohne Pool/Sauna). Seit 2014 nur noch für Erwachsene. AI möglich. Siehe „Neues und Bewährtes“: S. 210.
Preise: HP ab 85 €/DZpP und 125 €/EZ.

Zilwa Attitude: Tel. 2049800, Fax 2627050, http://zilwa-hotel-mauritius.com. Das frisch renovierte 4-Sterne-Hotel von Attitude Resorts liegt einsam bei Pointe Madras/Anse La Raie und verfügt über 214 Zimmer, mehrere Restaurants und einen Spa-Bereich. Es wurde im Herbst 2013 unter dem Motto „authentisch mauritisch“ wieder eröffnet. Schöner Poolbereich. AI möglich.
Preise: HP ab 95 €/DZpP und 140 €/EZ.

Verkehrsmittel

Busse: Öffentliche Busse fahren von hier durchs Inland nach Port Louis, nicht via Grand Baie. Es bestehen auch Busverbindungen nach Troilet und Centre de Flacq.

Taxi: Taxifahrten nach Grand Baie kosten etwa 15 €, nach Port Louis 27 €. Eine Fahrt nach Pamplemousses dauert von Grand Gaube je nach Verkehrsaufkommen rund 20 bis 35 Minuten, nach Port Louis etwa 45 bis 65 Minuten.

Goodlands

Goodlands ist eine aufstrebende Arbeiterstadt mit indo-mauritischer Prägung. Industrie und Landwirtschaft bilden die Grundlage der neuen wohlhabenden Mittelschicht. Für den Reisenden ist die lebhafte Stadt wegen ihrer guten Einkaufsmöglichkeiten interessant: Mittwochs und samstags findet hier ein Gemüsemarkt statt, dienstags und freitags ein Kleidermarkt. Ein gut bestückter Winners-Supermarkt liegt 100 m nach „Historic Marine" am Ortsausgang Richtung Poudre d'Or, kurz danach gelangt man zur neuen Shopping Mall „VIP Village" (mit ATM).

Tipp Für Naschkatzen: Am Ortsausgang Richtung Petit Raffray bietet die Schokoladenfabrik „Van Ann l'Artisana Chocolatier" Werksverkauf. Die Pralinen finden in diversen Supermärkten, Cafés und Hotels sowie bei Air Mauritius Abnehmer. Mo-Fr 8-18 Uhr

Sehr sehenswert: Historic Marine

Die Fabrik für maßstabsgetreue historische Schiffsmodelle ist ein richtiger Besuchermagnet. Hier fertigen rund 80 Kunsthandwerker mit viel Akribie Modellschiffe nach Originalplänen und Fotos. Das Edelholz, zumeist Mahagoni und Teak, wird aus Südafrika und Asien eingeführt. Neben dem beeindruckenden Verkaufs- und Ausstellungsraum liegt die Werkstatt, in der die Handwerker mit viel Liebe fürs Detail berühmte Schlachtschiffe, elegante Windjammer und historische Segler nachbilden. **Showroom** und **Werkstatt** sind auch für Nichtkäufer interessant. An den größten Modellen wird bis zu fünf Monate gearbeitet, entsprechend ist der Preis (ein Arbeitsmonat kostet grob 400 €). Historic Marine verlangt stolze Preise, gilt aber als der Mercedes unter den Anbietern, und gewährleistet eine professionelle Abwicklung von der Auftragsannahme bis zum bruchsicheren Versand in Holzkisten.

Adresse: Goodlands, Tel. 2839404, Fax 2839204, email: info@hismar.mu, www.historic-marine.com. Öffnungszeiten: Mo-Fr 9-17 Uhr, Sa/So 9-12 Uhr, die Werkstatt kann man mittags und am Wochenende nicht besichtigen. Eintritt frei.

Unter dem Eindruck der historischen Segelschiffe empfehlen wir nun einen stimmungsvollen kurzen Abstecher in die koloniale Vergangenheit:

Poudre d'Or

Nur 3 km von Goodlands liegt das gemütliche Fischerdorf Poudre d'Or, das seine Berühmtheit vor allem dem schmerzlich-schönen Roman **Paul & Virginie** von Bernadin de St. Pierre verdankt. Hier spielte sich am 17.08.1744 ein historisches Schiffsunglück ab, bei dem die Saint Géran in einem Sturm auf das Riff der Ile d'Ambre auflief und mit Mann und Maus vor den Augen der entsetzten Insulaner sank. Diese Tragödie wurde zur Schlüsselstelle in dem berühmten Roman von Bernadin de St. Pierre (siehe S. 122).

Am Hafenpier, der zwischen dichten Mangroven liegt, erinnert das **Monument der St. Géran** an das tragische Unglück. Es gibt hier auch ein paar Steinbänke und eine Toilette. Am Ende des Public Beaches inspiriert ein altes Gebäude den nachdenklichen Betrachter: Das Hospital von 1864 ist ein schönes Beispiel britischer Kolonialarchitektur (siehe Foto S. 27).

Oben: Monument der St. Géran, Gebetsfahnen am Ganga Sagar Dhaam Tempel beim Public Beach

Hartnäckig halten sich die Legenden um versteckte Piratenschätze in der Gegend um Poudre d'Or (zu deutsch: „Goldstaub"). Angeschürt wurden die Schatzsucher durch einen Fund aus den 1950ern, als in der näheren Umgebung ein Koffer voller historischer Goldmünzen auftauchte. Seit dieser Entdeckung suchen zahlreiche Glücksritter und Tauchexpeditionen nach vermeintlichen Schätzen. Sie entdeckten zwar 1966 das Wrack der Saint Géran, ihre Ausbeute belief sich aber auf ein paar Münzen und Porzellangeschirr. Die alte Schiffsglocke wurde geborgen, und sie steht heute im Museum von Mahébourg.

Wer sich auf die unbewohnte, nur von Dickicht und Wald bedeckte **Insel Ambre** übersetzen lassen möchte, braucht mit einem der Fischerboote am Pier rund 30 Minuten für die Strecke.

Ile d'Ambre wurde nach dem Stoffwechselprodukt Ambra aus dem Darm des Pottwals benannt

Unsere besondere Empfehlung

Am südlichen Ortsende von Poudre d'Or sollten Sie sich die **Kirche Ste. Philomène** aus dem Jahre 1847 nicht entgehen lassen. Sie steht sehr malerisch unter hohen Kokospalmen. Der idyllische alte Friedhof ist auch noch in Betrieb. Im Innern des Gotteshauses beeindrucken die wuchtigen Schwenkfenster, das einheitliche Holzgestühl und die schweren Holzseitentüren.

Paul & Virginie

Ein Drama über die unerfüllte Liebe

Mauritius im 18. Jahrhundert. Die Tropeninsel gehört seit ein paar Jahrzehnten zu Frankreich. Reiche Gutsherren lassen Tausende Sklaven auf den Feldern schuften. Humanistisches Gedankengut kennt hier noch niemand. Das starre Klassensystem gewährt dem einfachen Volk wenig persönlichen Gestaltungsraum. Wer nicht dem Adel angehört, fristet ein hartes, arbeitsames Dasein.

Doch völlig unbekümmert von den gesellschaftlichen Zwängen ihrer Zeit wachsen in der tropischen Idylle zwei Kinder auf. Die beiden erleben in natürlicher Umgebung und tiefer Zuneigung zueinander unbeschwerte und freie Jugendjahre. Ein jähes Ende findet ihr Glück, als eine adelige Tante aus Frankreich Virginie zu sich holt, um dem jungen Mädchen eine standesgemäße Ausbildung zu ermöglichen. Virginie reist nach Europa, leidet dort aber unter großem Heimweh. Auch Paul denkt sehnsüchtig an seine geliebte Freundin in der Ferne. Bald entschließt sich Virginie, zu Paul und dem einfachen, naturnahen Leben auf Mauritius zurückzukehren. Sie reist an Bord der St. Géran, dem Unglücksschiff, das in Sichtweite ihres Geliebten Schiffbruch erleidet. Ein paar Matrosen wollen die junge Frau in höchster Not retten, doch Virginie weigert sich aus Scham, ihre schweren Reifröcke abzulegen. Paul muss vom nahen Ufer mit ansehen, wie die schweren Kleider Virginie in die Tiefe ziehen und die junge Frau ertrinkt. Paul stirbt wenig später an seinem gebrochenem Herzen.

Diese fiktive Liebesgeschichte ist heute auf Mauritius derart gegenwärtig, dass man versucht ist zu glauben, es handle sich um ein historisch belegtes Ereignis. Allerorten stehen Paul & Virginie-Monumente, hängen Gemälde mit Szenen ihres Lebens und sind Örtlichkeiten nach ihnen benannt. So soll z. B. in Baie du Tombeau Virginies Leiche an Land gespült worden sein, und im Botanischen Garten von Pamplemousses seien die beiden der Legende nach bestattet worden. Auch in Frankreich zählte der durchaus sozialkritische Roman fast zwei Jahrhunderte lang zu den meist gelesenen Kinderbüchern.

Der Schöpfer von Paul und Virginie, **Henri Bernardin de Saint Pierre**, wurde 1737 in einfachen Verhältnissen in Nordfrankreich geboren. Nach seiner Teilnahme am Siebenjährigen Krieg und längeren Wanderjahren durch Europa und Russland kam er 1768 als Ingenieur nach Mauritius. Dort verbrachte er drei Jahre mit romantischen Naturstudien und leidenschaftlichen sozialkritischen Beobachtungen. Er verabscheute die Sklaverei. Nach seiner Rückkehr in Paris begann Saint Pierre zu schreiben und publizierte 1784 erfolgreich die dreibändigen Naturstudien „Etudes de la Nature“. In einer Neuauflage dieser Studien im Jahre 1788 veröffentliche er erstmals den Roman „Paul & Virginie“, der alsbald seinen Siegeszug durch die Literatur antrat. Der Roman erschien in zahlreichen Übersetzungen; die deutsche Ausgabe ist nur noch antiquarisch erhältlich.

Im Landesinneren

Pamplemousses Botanical Gardens & Aventure du Sucre

Die Hauptsehenswürdigkeit der Insel liegt nur 12 km nordöstlich von Port Louis bzw. 15 km von Grand Baie entfernt und ist sehr gut zu erreichen. Auch der trägste Sonnenanbeter sollte sich dieses Ausflugsziel nicht entgehen lassen.

Info Pamplemousses ist der älteste Botanische Garten der Südhalbkugel

Die Kombination beider Sehenswürdigkeiten bietet sich wegen ihrer Nähe zueinander geradezu an. Direkt beim Botanischen Garten in Pamplemousses halten die Linienbusse zwischen Port Louis und Grand Gaube. Busse von Grand Baie und Trou aux Biches kommend stoppen nahe dem Museum Aventure du Sucre. Mietwagenfahrer finden an beiden Zielen, die gut ausgeschildert sind, sichere Parkgelegenheit.

Oben: Ein Teichhuhn stolziert über die Seerosenblätter im Bassin des Nénuphars

Die Entstehung des Botanischen Gartens

Pamplemousses verdankt seinen Namen der Südfrucht Pampelmuse, die schon zu Zeiten der Niederländer aus Indonesien eingeführt und hier angebaut worden ist. 1736 erstand Gouverneur La Bourdonnais den Landsitz. Er verabscheute das stickige, schwüle Klima von Port Louis, ließ hier deshalb seinen Landsitz „Mon Plaisir" erbauen und legte die ersten umfangreichen Obst- und Gemüsegärten an. Für die Versorgung der Sklaven importierte La Bourdonnais die Cassavapflanze (Maniok), die sich rasch verbreitete. Auch

Tipp Am schönsten sind die Lichtverhältnisse morgens und spätnachmittags, zudem entgeht man dann dem größten Besucheransturm. Meiden Sie Wochenenden, wenn zusätzlich zu den Touristen auch noch zahlreiche einheimische Familien den Tag im Park verbringen

die ersten Gewürzsetzlinge – Zimt und Pfeffer – gehen auf sein Konto. Unter La Bourdonnais war die Anlage aber noch eher eine Plantage. Seine Nachfolger Pierre Poivre, der von 1767-1775 den Garten verwaltete, und Nicolas Céré, Parkdirektor von 1775-1810, begründeten den Ruhm dieser botanischen Schatztruhe. Beide waren sehr ambitioniert, eine weltweit einmalige Anlage zu schaffen. Sie pflanzten vor allem Gewürze an, ferner Kräuter, Blumen, Wasserpflanzen und Obstbäume aus der ganzen Welt. Wirtschaftliche Anreize stachelten die leidenschaftlichen Botaniker an, denn mit dem Anbau von Muskatnuss, Gewürznelken und Pfeffersträuchern sollte das niederländische Gewürzmonopol untergraben werden. Man muss sich in die damalige Zeit versetzen: Exotische Gewürze erzielten irrsinnige Gewinnspannen auf den europäischen Märkten. Die Vorherrschaft im Gewürzhandel war von nationaler Bedeutung. Auf Mauritius gediehen die Setzlinge so prächtig, dass sie schon bald nach Madagaskar und Sansibar exportiert werden konnten. In der Folge brach schließlich das holländische Handelsmonopol zusammen.

Der Botanische Garten wurde in dieser Zeit mehrfach erweitert. Später florierte auch der Export von Orchideen nach Europa. Am Ende der französischen Kolonialzeit war der Garten bereits weltberühmt, verlor dann aber die Aufmerksamkeit und wurde in den folgenden Jahrzehnten vernachlässigt. Erst unter James Duncan, der ab 1849 vor allem die Sammlung der Palmen initiierte, bekam die Anlage ein neues Gesicht und interessante Erweiterungen. Mit dem Zuckerboom geriet der Botanische Garten in den Fokus der Forschung als Versuchsstation für Zuckerrohrarten aus aller Welt. Später zogen die Briten hier Tausende Eukalypten, mit denen sie die mückenversuchten Sümpfe trockenlegten, um die Malariaerkrankungen einzudämmen. Zwei verheerende Zyklone, 1945 und 1960, verwüsteten den Garten; dank des günstigen Klimas erholten sich die Pflanzen aber rasch. Ein Garten für Arzneipflanzen entstand 1995 mit Unterstützung Chinas, und zur Jahrtausendwende erhielt der Botanische Garten einen gemauerten Schutzzaun.

Heute dehnt sich der älteste Botanische Garten der Südhalbkugel über 26 ha Fläche aus. Er liegt an einer Wettergrenze im Windschatten der Hochlandberge. Rasche Wechsel zwischen Sonne und kurzen Regenschauern sind typisch. Seit September 1988 heißt er zu Ehren des ersten Präsidenten „Sir Seewoosagur Ramgoolam Botanical Garden". Mehr als 500 Pflanzenspezies beherbergt das Gelände, darunter 80 verschiedene Palmenarten, von denen 10 auf den Maskarenen endemisch sind. Manche Bäume sind fast 300 Jahre alt. Der Park ist ganzjährig eine Augenweide, am schönsten allerdings zur Regenzeitblüte zwischen Dezember und April.

Im Park unterwegs

Der botanische Garten ist nicht streng angeordnet, sondern eine weitläufige Parkanlage mit vielen Wegen, Palmenalleen und Fischteichen. Sitzbänke zum Ausruhen sind zahlreich vorhanden. Entlang der schmalen Kanäle führen idyllische Fußpfade, oft abseits der berühmten Aussichtspunkte, an denen sich die Touristengruppen sammeln. Ganz bewusst möchten wir Ihnen keine feste Besichtigungsroute vorschlagen, denn es macht viel mehr Spaß, sich ein wenig treiben zu lassen.

Bilder linke Seite: Aufnahmen aus dem Botanischen Garten, die die Vielfalt der Flora erkennen lassen: Grand Bassin; Schmiedeeisernes Eingangstor; Lotusblütenteich; Chateau de Mon Plaisir

Bilder rechts: Königspalmenallee in der Poivre Avenue; Seerosenteich „Bassin des Nénuphars" und Besucherströme in der Avenue Mon Plaisir

Oben: Mangrovenreiher
Rechts: Rotohrbülbül; Zuckermühlen-Nachbau

Info Weitere Pflanzenfotos und -beschreibungen finden Sie auf S. 62ff, z. B. über Baobabs und Palmen

Wer die Anlage beim Haupteingang betritt, steht bereits vor dem ersten berühmten Fotomotiv, dem filigranen, weißen, **schmiedeeisernen Eingangstor**, das seit 1868 den Zugang zum Park markiert. Es ist ein typisches Kunsthandwerk viktorianischen Stils. Gleich hinter dem alten Pförtnerhaus, in dem jetzt die Polizei untergebracht ist, wurzeln drei prächtige **Baobabs** (*Adansonia digitata*) vom afrikanischen Festland. Hier beginnt die Poivre Avenue, flankiert von schlanken **Königspalmen** (*Roystonea regia*). Sie kreuzt die Telfair Avenue mit ihren legendären, riesigen **Talipotpalmen** (*Corypha umbraculifera*), die nur ein einziges Mal nach 40 bis 60 Lebensjahren Millionen winziger Blüten entwickeln und danach absterben. Zwischen den Talipotpalmen und dem Liénard Obelisken an der Cossigny Ave lohnt sich der Besuch eines weiteren klassischen Afrika-Baumes: Der **Leberwurstbaum** (*Kigelia pinnata*) wird seinem Namen wirklich gerecht. Wie dicke Würste hängen die schweren Früchte herab. Von hier ist es nur ein Katzensprung zum größten Anziehungspunkt des Botanischen Gartens. Im **Seerosenteich** „Bassin des Nénuphars" dehnen sich die größten Seerosenblätter der Welt auf bis zu zwei Meter Durchmesser aus. Teichhühner staksen problemlos auf den wuchtigen grünen Blättern umher, die fast den ganzen Teich bedecken. Die **Giant Amazon Water Lily** (*Victoria amazonica*) entwickelt weiße Blüten, die sich rosa färben, ehe sie nach zwei Tagen verblühen. Nicolas Céré hatte den schmalen Teich 1778 kreiert. Der Botaniker ahnte sicher nicht, dass hier einmal täglich Hunderte Freizeitfotografen am Beckenrand stehen würden, um die idealen Lichtverhältnisse für ihre Aufnahmen zu erwischen! Der nächste äußerst fotogene Besuchermagnet liegt gleich um die Ecke. Über die Sir Henry Barkly Avenue, von einer Reihe indischer Betelnusspalmen verziert, gelangt man zum kleineren **Lotosteich**. Erst 1941 errichtet, gehört er zu den jüngsten Errungenschaften des Gartens.

Das **Château de Mon Plaisir** am Ende der Sir John Pope Hennessy Avenue ist eine Nachbildung des Landsitzes von La Bourdonnais. In der prächtig renovierten, 1823 erbauten Kolonialvilla residiert seit langem die Parkdirektion. Von Zeit zu Zeit finden hier auch Staatsempfänge statt. Im Untergeschoss informiert eine dauerhafte Fotoausstellung über das Wirken des tief verehrten ersten Präsidenten von Mauritius. Vor dem Château befinden sich das „**Sir Seewoosagur Ramgoolam Mausoleum**“ und das gleichnamige Denkmal. Nach seinem Tod wurde der Leichnam des „Vaters der Nation“ im Park feierlich verbrannt und bestattet. Seither pilgern viele Menschen an diese Gedenkstätten; auch Schulklassen unternehmen

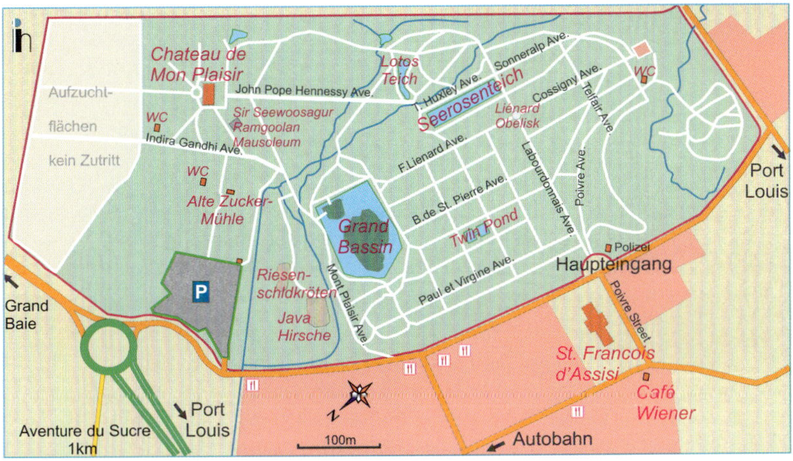

Tipps für den Parkbesuch

Adresse: SSR Botanic Garden, Pamplemousses, Tel. 2439401, Fax 2439402, email: ssrbg@intnet.mu. Öffnungszeiten: 9-18 Uhr, Eintritt: Mo-Sa 200 Rs, sonn- und feiertags für Einheimische gratis. Der Parkplatz liegt 300 m vom Eingangstor entfernt.

Viele Besucher lassen sich von den mehrsprachigen Guides führen (Festpreis 50 Rs pP). Sie geleiten die Touristen zügig zu den Highlights des Parks, ihre Tour dauert etwa 45 min. Auch die geführten Tagesrundfahrten der Hotels sehen für den Parkbesuch oft nur rund eine Stunde Aufenthalt vor. Dabei sollte man wenigstens 1,5 bis 2 Std. einplanen, um die Anlage in Ruhe anzusehen. Viele Detailinformationen liefert auch die englisch-französische Broschüre, die beim Eingang verkauft wird (ca. 250 Rs).

Auf den Übersichtskarten sind „Kioske" eingezeichnet. Dabei handelt es sich um Pavillons, in denen man sich ausruhen oder picknicken kann. Ein Lokal oder Getränkeverkauf existiert im Park bisher nicht. Toiletten befinden sich bei der nachgestellten Zuckermühle. Vorsicht: Die Restaurants im Umfeld beider Parkeingänge sind reichlich überteuert.

Tipp Kurz vor der Kirche und dem Eingang in den Botanischen Garten liegt das Café Wiener. Obwohl der Konditor nicht aus Österreich kommt, sondern Mauritier ist, verführt er seine Gäste mit Kuchen und Torten.

regelmäßige Ausflüge hierher. Auf dem Weg in Richtung Parkplatz beim Nebenzugang zum Botanischen Garten begegnet man auch einer Reminiszenz an die erste **Zuckermühle** von Mauritius (Le Moulin à sucre), die seinerzeit in Pamplemousses stand. Der Nachbau zeigt die Funktionsweise des frühkolonialen Modells, was man allerdings nicht auf Anhieb erkennt, weil das Drehgestell in dem Modell fixiert ist. Das Zuckerrohr wurde dabei zwischen den drehenden Zylindern wie in einer Mangel durchgepresst.

Der größte Fischteich, **Grand Bassin**, liegt recht zentral mitten im Park. Hier gerät der Besucher zwischen idyllische Wasserpflanzen, wuchernde Bananenstauden, Papyrus, Mandelbäume und ein paar beieindruckende Exemplare der Ravenala, wie der „Baum der Reisenden" hier heißt. Die Inseln des Grand Bassin sind unser Tipp für Vogelfreunde. Im Schutz der unzugänglichen Inseln halten sich Mangrovenreiher, Rohrsänger und Teichhühner auf. In der näheren Umgebung sind Glanzkrähen und verschiedene Tauben unterwegs. Wer sich lieber größere Tiere ansieht, wird in den Gehegen fündig. Bei den Hirschen sind sogar einige Exemplare mit kapitalem Geweih vertreten. Nebenan sind Riesenlandschildkröten untergebracht.

Ein perfekter Tagesausflug könnte so aussehen: Vormittags durch den Botanischen Garten flanieren, einen Lunch auf der Restaurantterrasse von Aventure du Sucre einnehmen (siehe rechts). Danach frisch gestärkt den Rundgang durchs Museum genießen und zur Erinnerung eine Flasche edlen Rum oder ein buntes Zuckersortiment erstehen...

Eine der ältesten Kirchen von Mauritius, die katholische **St. Francois d'Assisi Kirche**, liegt dem prächtigen Haupteingangstor des Gartens gegenüber. Sie soll Mitte des 18. Jh. im Auftrag von Gouverneur La Bourdonnais errichtet worden sein. Neben dem schlichten Kirchenbau gibt es noch einen historischen Friedhof mit einigen denkmalgeschützten Gräbern (siehe Bild S. 19).

Aventure du Sucre

Für dieses privat geführte, hochmoderne Museum zur Landesgeschichte und der Zuckerherstellung sollten Sie sich mindestens zwei Stunden Zeit nehmen. Die Ausstellung ist kurzweilig gestaltet und äußerst informativ. Sie beginnt mit einer umfassenden Darstellung der mauritischen Geschichte, von den Einwanderern über die Sklavenbefreiung zur schrittweisen Technisierung der Zuckerherstellung. Danach werden in einer riesigen Halle die Maschinen zur Zuckergewinnung gezeigt. Die Kessel sind teilweise zur besseren Anschaulichkeit aufgeschnitten, einige sogar begehbar. Es gibt ferner Modelle, die per Knopfdruck gestartet werden können. Selbst der harten Arbeit der Schauerleute im Hafen wurde Respekt gezollt. Die Originalgeräte zur Bestimmung des PH-Gehalts, der Restfeuchtigkeit und des Zuckergehalts sind ebenso erhalten, wie weitere Diagnosegeräte. Verwundert stellt der Besucher fest, dass man in dieser Zuckermühle zwölf Sorten Zucker kennt.

Im angegliederten, dekorativ gestalteten Verkaufsbereich kann man edle Geschenkartikel guter Qualität erwerben, Rum probieren und die zwölf verschiedenen Zuckervarianten testen.

Zum Abschluss empfiehlt sich eine Einkehr im Le Fangourin Restaurant. Man sitzt dort recht angenehm auf der Terrasse und genießt lokale Köstlichkeiten, wie Smoked Marlin auf Pasta Salad.

Adresse: Beau Plan, Pamplemousses, Tel. 2430660, Fax 2439699, www.aventuredusucre.com. Öffnungszeiten (Museum und Restaurant): 9-17 Uhr. Eintritt: Erwachsene 350 Rs, Kinder 175 Rs. Führungen (90 min; ohne Zuschlag; in Englisch und Französisch) täglich um 11 Uhr und 14:30 Uhr.

Rechts: Motive aus dem Restaurant, Museum und Shop

Bilder oben: Bergdorf Ruisseau Rose; zarte Blüten; Nicolière-Stausee

Bilder rechts: Schnappschüsse auf der Fahrt durch die Nicolière-Berge

Panoramarundfahrt durch die Nicolière-Berge

Dieser Halbtagesausflug führt durch die abwechslungsreichsten Naturräume des Nordens und bietet mehrfach grandiose Ausblicke. Wählen Sie hierfür einen Tag mit klarem Wetter. Von **Terre Rouge** nördlich von Port Louis führt der Bogen über die Nicolière Mountains nach Pamplemousses zurück, die Strecke ist insgesamt rund 38 km lang.

Terre Rouge verlassen wir entlang der „Long Mountain Road" B19 und fahren auf die Berge zu bis in die Ortschaft **Valton**. Die Straßen werden nun schmäler, der Verkehr lässt spürbar nach. Voraus liegt der markante Berg Pieter Both. Der Felsbrocken auf seiner Spitze sieht aus, als würde er jeden Augenblick hinunter stürzen. Die Straße ins Bergdorf **Crève-Coeur** führt immer genau auf den Berg zu. Leider endet der fahrbare Weg in den Feldern und Einzelhöfen dieses netten Bauerndorfes. Hier geht es nur noch zu Fuß weiter über den Pass nach Malenga. Deshalb müssen wir wenden und die 4 km nach Valton zurück fahren. Der herrliche weite Blick über Mauritius bis hin zur Insel Coin de Mire entschädigt spielend für den kleinen Abstecher.

Am Dorfplatz von Valton halten wir uns rechts und fahren über die Zuckerrohrfelder und die Weiler „Les Mariannes" und „Ruisseau Rose" wieder in die Berge, der Beschilderung nach Nouvelle Découverte folgend. Es geht durch Ananasfelder und Obstplantagen, in denen fleißige Bäuerinnen jäten. An den Berghängen sind dichte Ravenal-Pflanzungen. Die Luft kühlt erfrischend ab und die Aussicht wird immer besser, je weiter sich die Straße in die Höhe zieht. Im Hochland angelangt erreichen wir eine Straßengabelung. Wer hier rechts abbiegt, gelangt über Ripailles nach Moka und zum Château Eurêka (S. 96).

Wir halten uns aber links und fahren in östliche Richtung nach **Salazie** (knapp 2 km), wo eine Straße abzweigt. Sie führt durch die aufgeforsteten **Nicolière Mountains** in weiten Kurven wieder hinab in die Küstentiefebene. Unterwegs gibt der dichte Wald da und dort den Blick frei auf die tief unter uns liegenden grünen Felder und kleinen Ortschaften bis hin zum endlosen Ozean. Vor uns liegt der **See Nicolière**, ein riesiges Wasserreservoir, das mehr als 5 Mio. Kubikliter Süßwasser fasst. Seine Ufer sind beliebt zum Angeln und Picknicken. Die Fahrbahn führt direkt über die Staumauer und trifft danach auf die Straße zwischen Bon Accueil und Pamplemousses (A2). Wir folgen der wunderschönen Allee bis **Grande Rosalie**. Soweit man auch schaut sind Zuckerrohrfelder. Etwas abseits und den neugierigen Blicken verborgen liegen die Anwesen der Plantagenbesitzer in den Feldern. Man kann sich hier gut in die feudale Zeit der Zuckerbarone versetzen; wie es ausgesehen haben mag, als es statt Autos nur Kutschen und Ochsengespanne gab. Ein herrschaftliches Anwesen jener Tage steht heute noch in Grande Rosalie: Das **Château de Villebague**, auch Villa Rosalie genannt, wurde einst von Gouverneur La Bourdonnais errichtet. Das elegante Herrenhaus der ältesten Zuckerfabrik der Insel befindet sich aber in Privatbesitz und ist unzugänglich. Nach Pamplemousses sind jetzt nur noch 6 km zu fahren.

Abstecher: Château de Labourdonnais

Ende 2010 ist dagegen das 1859 erbaute koloniale Anwesen des Zuckerbarons Christian Wiehe zum Touristenmagneten ausgebaut worden, in dem sich heute ein Edelrestaurant und eine Baumschule befinden sowie „Früchte-Touren" durch die weitläufige Plantage führen. Das Château liegt nördlich von Mapou an der Straße nach Poudre d'or Hamlet (beschildert, Tel. 2669533). Öffnungszeiten: Mo-So 9-17 Uhr. Eintritt: Erwachsene 350 Rs, Kinder 175 Rs.

Hot-Spots im Osten

Kashinath Mandir Tempel
Besuch von Mahébourg
Ile aux Cerfs
Domaine de L'Etoile
Le Vallée du Ferney

Info Der ständige Südostpassat sorgt an der Ostküste für ein mildes Klima mit steter Brise

Tipp Sehenswert ist in Centre de Flacq das koloniale Gerichtsgebäude „District Court", ein majestätischer Bau aus der Mitte des 19. Jh.

Info Die kurvenreiche Küstenstraße verläuft zumeist ohne Aussicht zwischen den hohen Mauern der Privatgrundstücke und Kasuarinenwäldern. Schöner ist die Fahrt durch den Bras d'Eau Nationalpark

Entlang der Ostküste

Fahrt nach Trou d'Eau Douce

Zwischen Poste Lafayette und Trou d'Eau Douce finden Sonnenanbeter kilometerlange Traumstrände und eine luxuriöse Hotellerie in ruhiger Umgebung. Im Süden erhebt sich eine malerische Bergkulisse. Hier zeigt sich der Osten ursprünglich, authentisch und vom Tourismus wenig beeindruckt.

Die Strecke führt uns durch den Bezirk Flacq, dessen Name auf die Niederländer zurück geht und die endlose Ebene passend als „flach" beschreibt. Bedeckten damals noch dichte Ebenholzwälder die Böden, muss sich der heutige Besucher mit eintönigen Zuckerrohrfeldern zufrieden geben. Der natürliche Bewuchs ist schon vor Jahrhunderten den landschaftlichen Nutzflächen gewichen. Die FUEL (Flacq United Estates Ltd.), eine der größten Zuckerrohrfabriken des Landes, ist hier ansässig. Eine auffällige Besonderheit sind die vielen schwarzen Steinhaufen in den Feldern. Diese Lavahügel bezeugen den vulkanischen Ursprung der Insel. Das Gestein wird auf Mauritius gerne als Straßenbaumaterial und für Grundstücksmauern verwendet. Kontrastierend zum eher langweiligen Inselinneren im Bezirk Flacq wartet seine Meeresküste mit ausgezeichneten und kilometerlangen Sandstränden auf.

Wirtschaftliches Zentrum ist die quirlige Bezirkshauptstadt **Centre de Flacq**. Man findet hier Banken, mehrere Tankstellen, eine Vielzahl kleiner Läden und Marktstände, aber auch zwei moderne Einkaufszentren, das „Fortune Way Shopping Centre" und die größere „Flacq Shopping Mall".

Wir beginnen unsere Küstenfahrt in **Rivière du Rempart**. Zwschen diesem Städtchen und Roches Noires entsteht seit einigen Jahren das „Azuri Oceanfront Village", eine moderne Residenzienanlage mit Hotel (S. 134). Von Roches Noires verläuft die alte Küstenstraße zwischen Fischerhäusern, kleinen Hotelanlagen, Villen und Wochenendhäusern bis nach **Poste Lafayette**. Alternativ kann man auf frisch geteerter Straße durchs Landesinnere nach Poste de Flacq fahren. Dabei durchquert man den **Bras d'Eau Nationalpark**, in dem Wanderpfade mit Picknickplätzen durch die hohen alten Wälder führen (Mückenschutzmittel nicht vergessen!). Beim Parkplatz sind die Ruinen einer alten Zuckermühle und ein Visitor Centre, das erst im Dezember 2013 eröffnet wurde.

Bras d' Eau
Nationalpark
Jalsa Beach
Prince Maurice
St. Geran
Belle Mare Plage
Long Beach
Solana
Petite Julie
Amaury
Ville Bague
L'Aventure
Lac Nicolière
Poste de Flacq
Kashinat Mandir Tempel
Pont Blanc
A2
Bon Accueil
Constance
Waterpark
Centre de Flacq
Emeraude Beach
R. Françoise
Mare La Chaux
The Residence
LUX Belle Mare
Palmar
Ambre
Belle Mare
Orchid Villas
Palmeraire
Crystals
Camp Thorel
St-Julien
Union Flacq
A7
Bramsthan
Quatre Cocos
Surcouf
Camp Bonnemére
Camp Ithier
St-Julien d'Hotman
R. Poste de Flacq
Queen Victoria
R. Colignard
Palmar
Bougainville
Friday
L'Unite
Ecroignard
Silver Beach
Camp de Masque
Trou d'Eau Douce
Tropical
Petit Bois
Mont Ida
Médine
Camp de Masque Pavé
Bel Air
Le Touessrok
Ile de l'Est
River Sèche
Montagne Blanche
Mt Blanche 532m
Clemencia
Melrose
Pellegrin
Beau Champ
Ile aux Cerfs
Pont Lardir
Anahita Resort
Deep River
Four Seasons Anahita
Montagne Blanche
La Nourrice
Sébastopol
Lesur
Grande Rivière Sud-Est
Laguna Beach
Quatre Soeurs
Domaine de l' Etoile
Belle Rive
Grande Rivière Sud-Est
Mt. Bambou 626m
Grand Sable
Pic Grand Fond 521m
Montagne Bambouse
Petit Sable
Pointe du Diable
Domaine de Anse Jonchée
Bambous Virieux
River Champagne
Anse Jonchée
Le Val
Ste-Madeleine
Valley de Ferney
Mt. Lion 480m
Cluny
R. des Créoles
Vieux Grand Port
Ste-Hilaire
Museum Vieux Grand Port
Riche en Eau
Mt des Creoles 309m
Rivière des Créoles
Astroea
R. la Chaux
Rose Belle
Mahébourg
Mont Fertile
Bel Air
La Rosa
Preskil
Ile aux Aigrettes
A10
N
A12
Beau Vallon
M1
International Airport Sir Seewoosagur Ramgoolam
Gros Bois
Blue Lagoon
1
5 km

Hotels rund um Poste Lafayette

Centara Grand Azuri Resort & Spa: Tel. 4023700, Fax 2441001, email: cgam@chr.co.th, www.centarahotelsresorts.com. Das neue, moderne 5-Sterne-Resort der thailändischen Hotelgruppe eröffnete 2014 mit 86 Zimmern direkt im Residenzienpark (siehe S. 132). Preise: HP ab 100 €/DZpP und 170 €/EZ.

Centara Poste Lafayette Resort & Spa: Tel. 4026200, Fax 4105326, email: crm@chr.co.th, www.centarahotelsresorts.com. Modernes, etwas beengtes 4-Sterne-Hotel mit Pool und schmalem Strand neben der Küstenstraße. Preise: HP ab 55 €/DZpP und 90 €/EZ.

Le La Maison D'Été: Tel. 4105039, Fax 4105354, email: info@lamaisondete.com, www.lamaisondete.com. Bungalowanlage direkt am Strand mit Studios zur Selbstversorgung, zwei Pools und kleinem Restaurant. Ein familiäres, inhabergeführtes Gästehaus für ruhesuchende Individualisten. Preise: ÜF ab 68 /DZpP und 135 €/EZ.

Jalsa Beach Hotel & Spa: Tel. 4105282, Fax 4105015, email: info@jalsabeach.com, http://jalsabeach.com. 4-Sterne-Anlage mit 66 Zimmern; schön, aber isoliert gelegen mit Blick auf die Lagune. Gemütlich und ruhig. Preise: HP ab 73 €/DZpP und 115 €/EZ.

Prince Maurice Hotel: Tel. 4023636, Fax 4139129, email: resa@princemaurice.com, www.princemaurice.com. Das elegante Constance-Resort zählt zu den edelsten Bade- und Honeymooner-Hotels der Welt. Das Haus für höchste Ansprüche bietet 88 Suiten, einen Spa-Bereich mit Sauna und Dampfbad, viele Sportangebote und edle Gastronomie. Siehe „Neues und Bewährtes“: S. 214. Preise: HP ab 340 €/DZpP und 560 €/EZ.

Sehr sehenswert:

Der „Schwimmende Tempel“

Auf der Weiterfahrt erreichen wir nach wenigen Kilometern die Straßenkreuzung nach Centre de Flacq mit der winzigen Ortschaft **Poste de Flacq**. Hier lohnt sich ein Abstecher zum „Schwimmenden Tempel“ **Kashinath Mandir**. Folgt man im Dorf der unbeschilderten kleinen Straße nach Osten, endet diese direkt beim Hindutempel.

Bei hohem Flutlevel wird die Straße etwas überspült und das Gotteshaus auf der winzigen Insel Ile aux Goyaviers vom Festland abgeschnitten. Die außergewöhnlich reizvolle Lage, umgeben vom Meer in einer mangrovengesäumten Lagune, lässt diesen Tempel aus der Fülle hinduistischer Gotteshäuser herausragen. Zudem handelt es sich um ein wunderbar filigranes Kunstwerk in Weiß. In überdachten Schreinen entdeckt man viele bunte Figuren und Statuen aus der komplizierten Götterwelt des Hinduismus. Shivas Reittier Nandi genießt einen Ehrenplatz, vor dem meistens einige Opfergaben liegen. Das stierähnliche Tier gilt als Wächter eines Shiva-Tempels. Auch Shivas Gattin, die vierarmige Glücksgöttin Lakshmi, wird hier verehrt. In **Kashinath Mandir** wird gebetet, glimmen Räucherstäbchen und Frauen in wunderschönen Saris verteilen schweigend ihre Opfergaben. Als Tourist sollte man zurückhaltend sein und die Schuhe vor dem Tempelinneren ausziehen.

Auf der Weiterfahrt nach Belle Mare weicht die Küstenstraße zunächst vom Meer zurück. Nach knapp 4 km, etwa auf halber Strecke nach Belle Mare, erreichen wir die Stichstraße zum Le Saint Géran Resort. Entlang dieser Zufahrtsstraße liegen das Belle Mare Plage Resort, ein Golf-Mekka mit drei verschiedenen Spielfeldern, und eine Filiale der MBC-Bank mit ATM-Schalter und Außenautomat zum Bargeldwechseln.

Zwischen dem Le Saint Géran Resort und Trou d'Eau Douce breiten sich schier endlos lange, wunderschöne Sandstrände und ein gutes Dutzend Hotels aus. Neben den Traumstränden und einigen ausgezeichneten Luxushotels sind hier vor allem die **Golfplätze** das ganz große Highlight der Region. Zum Belle Mare Plage Hotel gehören gleich zwei perfekte 18-Loch-Golfplätze, im Saint Géran Hotel liegt ein 9-Loch-Platz und die Ile aux Cerfs besitzt einen legendären 18-Loch-Platz, der zu den besten der Welt zählt. Golfer schätzen die ständige Brise aus Südost, die für angenehme Tagestemperaturen sorgt. Auch Surfer kommen hier durch die konstanten Winde gut auf ihre Kosten.

Außerhalb der Ferienresorts gibt es jedoch praktisch keine (touristische) Infrastruktur. Es verkehren ein paar Busse, aber ohne Mietwagen oder Taxi sind die Urlauber eher aufgeschmissen. Man kann hier wirklich herrliche Strandwanderungen unternehmen, jedoch kaum attraktive Spaziergänge auf dem Festland. Wer gerne durch Ortschaften schlendert und „Window Shopping" liebt, wird im näheren Umfeld nicht so leicht fündig. Daher sind auch die Gastronomie-Alternativen gering, man kann fast nur auf andere Hotels ausweichen. Wir empfehlen diese Urlaubsregion deshalb vor allem Ruhesuchenden, Strandromantikern, aktiven Wassersportlern und Freunden des Golfsports.

Entlang der Küstenstraße nach Belle Mare kommt man nun am Long Beach Resort und dem Symon's Restaurant vorbei. Die Fa. Aquaventure bietet hier Underseawalks (Unterwasserspaziergänge, siehe Beschreibung S. 111) für ca. 35 Euro an. Wenig später geht es rechts zum **Wasserspaßbad** Le Waterpark. Dann folgen die öffentlichen Strände in Kasuarinenhainen und das Emaraude Beach Hotel, ehe die Straße unvermittelt in die Ortschaft Belle Mare mündet.

Le Waterpark

Das Spaßbad wird von zahlreichen Reiseführern als touristische Sehenswürdigkeit erachtet, wir möchten uns dem aber nicht uneingeschränkt anschließen. Die Anlage deckt vornehmlich den einheimischen Bedarf und lockt Kinder mit Wasserbecken, Riesenrutschen, Trubel und lauter Musik. Viele Badehotels bieten ihren Gästen ähnliche Vergnügungen mit weniger Menschenauflauf. Öffnungszeiten: täglich von 10-15:30 Uhr. Eintritt: Erwachsene 450 Rs, Kinder 250 Rs.

Hotels nördlich von Belle Mare

Le Saint Géran Hotel: Tel: 4151825, Fax 4151539, email: stgeran@intnet.mu, www.oneandonlyresorts.com. Legendäres Luxushotel an einem palmengesäumten Traumstrand. Alle 162 Suiten mit Butler-Service, riesiger Spa, 9-Loch-Golfplatz und vieles mehr. Preise: HP ab 310 €/DZpP und 620 €/EZ.

Hotel Belle Mare Plage: Tel. 4022600, Fax 4022626, email: resa@bellemareplagehotel.com, www.bellemareplagehotel.com. Berühmtes Golfhotel mit langen Sandstränden, mehreren Pools, zwei 18-Loch-Meisterschaftsgolfplätzen, Wassersportzentrum und ausgefeilter Gastronomie. 5-Sterne-Kategorie, 235 Zimmern, 21 Villen. Preise: HP ab 190 €/DZpP und 260 €/EZ.

Long Beach: Tel. 4011919, Fax 4011999, email: info@longbeach.mu, www.longbeachmauritius.com. Modisches Lifestyle-Hotel (5 Sterne) mit 255 hellen Zimmern, zwei Pools (zum Teil beheizt), erlesene Küche, Gym und Spa. Preise: HP ab 85 €/DZpP und 125 €/EZ.

Solana Beach: Tel: 4027200, Fax 4151040, email: info@solanabeach.mu, www.solanabeach.mu. Ältere Hotelanlage, nach Renovierung 2014 als 4-Sterne-Hotel mit schönem Sandstrand neu eröffnet. Preise: HP ab 90 €/DZpP und 120 €/EZ.

Emeraude Beach Hotel: Attitude Resorts, Tel. 4011400, Fax 4151109, email: info@emeraudebeach-hotel.com, www.emeraudebeachhotel.com. Mittelklassehotel mit 61 Zimmern und Pool, jenseits der Küstenstraße (nicht direkt am Strand) gelegen. Preise: AI ab 70 €/DZpP und 100 € /EZ.

Belle Mare

Belle Mare ist das Touristenzentrum des Ostens und die beste Versorgungsstation an der Küste. Dennoch beschränkt sich das Angebot auf zwei kleinere Supermärkte mit guter Getränkeauswahl, diverse Factory-Shops, in denen vor allem Kleidung angeboten wird, und eine Wechselstube. Touristen halten sich meist nur kurz in diesem ruhigen Ort auf.

Die herrlichen Strände beiderseits von Belle Mare sind keinesfalls für die Touristen reserviert. Zwischen den schönen Ferienresorts liegen vielmehr immer wieder „Public Beaches" für die Einheimischen. Diese öffentlichen Strandabschnitte bieten die gleiche **Strandqualität** wie die Luxusanlagen. Schatten spenden hier aber meistens Kasuarinen anstelle von Kokospalmen, die von den Hotelgärtnern mühevoll eingepflanzt und gehegt werden müssen, um den Touristen das perfekte tropische Klischee zu bieten. Die dünn besiedelte, beschauliche Ostküste wird am Wochenende an den Public Beaches zum Tummelplatz. In Autos, Pick-ups und Bussen reisen die einheimischen Großfamilien mit Kind und Kegel an. Sie breiten ihre Decken aus, haben manchmal auch Plastikstühle im Gepäck und bereiten gesellige Picknicks oder Barbecues. Frauen sitzen im Schatten beieinander, Männer musizieren und die Kinder baden und bauen Sandburgen. An den vielen Touristen in den prächtigen Hotelanlagen scheinen sie sich nicht zu stören, ein großer Teil der einheimischen Badegäste arbeitet wahrscheinlich sogar selbst im Hotelgewerbe.

Den öffentlichen Strand von Belle Mare begrenzt das stilvolle **Strandrestaurant The Plantation**, das bereits zum anschließenden Residence Hotel gehört. In gediegener Atmosphäre werden hier Entrees um 15-18 Euro, Pizza von 18-20 Euro und Hauptgerichte bis 35 Euro serviert.

Entlang der Küstenstraße folgen nun nebeneinander die Hotels Residence, Beau Rivage und Palmar Beach. Hinter einem kurzen öffentlichen Strandabschnitt mit Kasuarinenhain liegen die beiden Ferienanlagen Ambre und Palmeraie.

Nach Süden folgen auf den nächsten Kilometern lange Public Beaches am unbebauten Strand. Einsam liegt das ältere Surcouf Hotel dazwischen. Erst nahe dem Fischerdorf Trou d'Eau Douce mehren sich wieder die Touristenanlagen. Längere Strandwanderungen sind hier gut möglich, die Küstenstraße hinter den Hotels bietet dagegen keinerlei Anreize für Spaziergänge.

Tipp Die MBC-Bank vor dem Belle Mare Plage Hotel bietet bessere Wechselkurse als die Wechselstube im Ort Belle Mare und verlangt auch keine Kommission

Schon gewusst?
In den Korallenriffen von Mauritius leben zwei endemische Fischarten: ein Anemonenfisch und ein Segelflossen-Doktorfisch

Oben: Zarte Blüten am Wegesrand; Wachmann im Luxusresort.
Bilder links von oben: Sonntags am Public Beach; Hölzerner Ornamentfries im kreolischen Stil; Belle Mare Plage Hotel; Handtuchrollen mit Blütenschmuck

Hotels südlich von Belle Mare

The Residence Hotel: Tel. 4018888, Fax 4155888, email: info-mauritius@theresidence.com, www.theresidence.com. 5-Sterne-Plus-Resort mit kolonialem Ambiente und 171 Zimmern. Stilvoll wirkt die indisch-elegante Einrichtung mit alten Fotografien und dunklen Holzverzierungen. Die palmengesäumte Gartenanlage bietet eine großzügige Poollandschaft und mehrere Strandbuchten. Großer Kids-Club und Strandrestaurant „The Plantation“. Preise: HP ab 230 €/DZpP und 340 €/EZ.

LUX* Belle Mare: Tel. 4022000, Fax 4152020, email: reservation@luxislandresorts.com, www.luxresorts.com. Elegant und edel, und dabei ganz ohne Steifheit zieht dieses 5-Sterne-Resort Sportbegeisterte und anspruchsvolle jüngere Leute an. Mit einem Spa-Bereich, dessen Sauna, Dampfbad und Pool allen Gästen zugänglich ist, zahlreichen Yoga-Stunden im Garten und breitem Wassersportangebot. Neu sind kleine Extras, wie eine Gratis-Telefonzelle. AI möglich. Preise: ÜF ab 170 /DZpP und 330 €/EZ.

Palmar Beach: Tel. 4023500, Fax 4151043, email: palmar@veranda-resorts.com, www.veranda-resorts.com. Eine schmale, etwas beengte Anlage mit windgeschütztem Poolbereich im Kokospalmgarten der Kategorie 3-Sterne-Plus. 77 Zimmer mit kleinen Veranden; schmaler, schöner Sandstrand mit Musikbeschallung. Preise: AI ab 120 €/DZpP, 165 €/EZ.

Ambre Hotel: Tel. 4018000, Fax 4151594, email: info@sunresorts.mu, www.ambremauritius.com. Eine traditionsreiche Hotelanlage mit 297 Zimmern, 2013 von Sun Resorts nach gründlicher Renovierung als 4-Sterne-AI-Resort wieder eröffnet. Modischer 70er-Jahre-Retrostil, schicker Poolbereich, weitläufiger Sandstrand. Besonderheit: Es handelt sich um ein Erwachsenen-AI-Resort, das erst ab 16 Jahren zugänglich ist. Siehe „Neues und Bewährtes“: S. 208. Preise: AI ab 112 /DZpP und 165 €/EZ.

La Palmeraie: Tel. 4018500, Fax 4151804, email: resa@palmeraie-hotel.com, www.palmeraie-hotel.com. Klein aber fein! Schnuckeliges 4-Sterne-Boutique-Hotel an einer Landzunge mit kleinem Strand voller Lavasteine. Durch die Enge wenig Privatsphäre, am kleinen Pool zudem Musikbeschallung. Sehr ansprechend sind dafür die vielen kunstvollen Details und die farbliche Abstimmung im andalusischen Stil innerhalb des sympathischen 60-Zimmer-Hotels. AI möglich. Preise: HP ab 90 /DZpP und 130 €/EZ.

Crystals Beach Resort & Spa: Tel. 2128875, email: info@crystalsbeach.com, www.crystalsbeach.com. Neues 4-Sterne-Plus-Resort mit 181 großzügigen Zimmern; aber alles wirkt derzeit noch etwas steril. Preise: HP ab 115 €/DZpP und 165 €/EZ.

Le Surcouf: Tel. 4191800, Fax 2121361, email: surcouf@intnet.mu, http://lesurcouf.mu. Älteres, aber renoviertes Mittelklassehotel mit 52 Zimmern. Der Strand ist weitläufig, der Poolbereich etwas beengt. Preise: HP ab 35 €/DZpP und 50 €/EZ.

Friday Hotel: Tel. 4802206, Fax 4802432, email: info@friday-hotel-mauritius.com, http://friday-hotel-mauritius.com. Kleines, 2014 frisch renoviertes 3-Sterne-AI-Hotel von Attitude Resorts mit 51 klimatisierten Zimmern, Spa, Pool und schmalem Sandstrand. Die Zimmer verteilen sich in zweistöckigen Gebäuden im Palmengarten. Preise: AI ab 75 €/DZpP und 100 €/EZ.

Silver Beach Hotel: Tel. 4192600, Fax 4802604, email: silverbeach@intnet.mu, www.silverbeach.mu. Einfache, ältere Anlage mit 65 klimatisierten Zimmern, Bungalows, einem schönen Garten und schmalen Strand. Preise: AI ab 50 €/DZpP und 90 €/EZ.

Tropical Hotel: Tel. 4801300, Fax 6982302, email: info@letropicalhotel.com, www.letropicalhotel.com. Das ältere 3-Sterne-Mittelklassehotel steht unter dem Management von Attitude Resorts und bietet 60 Zimmer in zweistöckigen Gebäuden. Die Erdgeschosszimmer haben direkten Zugang zur Palmenwiese und zum Strand. Das Hotel liegt bereits im Einzugsgebiet von Trou d'Eau Douce, wo zahlreiche Boote zur Ile aux Cerfs starten. Mehrmals täglich fahren auch eigene Boote zur Insel. Eigene Tauchbasis vorhanden. Preise: AI ab 70 €/DZpP und 100 €/EZ.

Le Touessrok Hotel: Tel. 4027400, Fax 4027500, email: info@letouessrok.mu, www.sunresortshotels.com, www.letouessrokresort.com. Das Spitzenhotel gehört zu den bekanntes der Insel. 200 Zimmer und Luxussuiten mit Butlerservice verteilen sich auf einer Landspitze und einer Insel, wodurch mehrere Strandabschnitte und kleine Buchten für die illustre Klientel entstanden. Außerdem gehört die idyllische Nachbarinsel von Ile aux Cerfs, Ilot aux Mangenies, zum Resort, und nur den Hotelgästen wird hier Zutritt gewährt. Auf Ile aux Cerfs konzipierte das Hotel einen international anerkannten Golfplatz. Ein tropischer Traum für anspruchsvolle Golfer! Siehe „Neues und Bewährtes": S. 212. Preise: ÜF ab 130 €/DZpP und 190 €/EZ.

Bild oben: Ticketschalter für den Bootstransfer zur Insel Ile aux Cerfs; Unten: im Glasbodenboot

Trou d'Eau Douce

Das verschlafene Fischerdorf lässt wochentags kaum erahnen, dass es am Wochenende zum Besuchermagneten wird. Etwas unübersichtlich und ohne erkennbarem Zentrum liegt die nette Ortschaft umringt von endlosen Zuckerrohrfeldern in der ruhigen, breiten Bucht. Die Fischer haben allerdings schon lange ein lukratives Zubrot zur beschwerlichen Arbeit des traditionellen Fischfangs und der Austernzucht entdeckt: Sie stellen einen Taxibootservice zur Ile aux Cerfs. Zahlreiche Schilder im Dorf weisen die Transferboote zur beliebten Badeinsel aus. Am nördlichen Ortseingang befinden sich ein Touristen-Informationsbüro, eine Tankstelle und Wechselstuben, allerdings keine Bank. Die **Gastronomie** hat sich ein wenig entwickelt. Wer gerne mit Aussicht über die Bucht speisen möchte, dem seien die Terrassenrestaurants „Les Terasses du Lagoon", „Chez Tino" und Restaurant „Gilda" empfohlen. Beliebt ist auch der Asiate „Green Island Beach Resort". Das „Café des Arts" in der alten Zuckerfabrik Old Sugar Mill fungiert zugleich als Kunstgalerie und öffnet mittwochs zu Mittag und ansonsten nur abends und verlangt strikte Vorreservierung (Tel. 4800220). Das Lebensmittelangebot beschränkt sich auf kleine Supermärkte. Trou d'Eau Douce liegt an den Buslinien zwischen Mahébourg und Centre de Flacq. Ihren eigenwilligen Namen verdankt die Ortschaft übrigens einer Süßwasserquelle, die einen Teich voller Seerosen speist, der sich nahe dem Ticketschalter für die Ile aux Cerfs-Bootsfahrten am südlichen Ortsrand befindet. Es gibt hier auch einen Parkplatz.

Südlich von Trou d'Eau Douce zweigt eine neue, tropisch bepflanzte Teerstraße zum Ozean ab. Es handelt sich um die Zufahrt zum Resort Le Touessrok.

Info Bootstouren rund um Ile aux Cerfs und in der Tamarin Bay im Westen der Insel organisiert Easterlies Ltd. in Trou d'Eau Douce, Tel. 4802727, 4802767

Info Ausflug zur Domaine de l'Etoile in den Bambous-Bergen: siehe S. 145

Info Der Bootstransfer vom Festland erfolgt ab den Anlegestellen rund um Trou d'Eau Douce und dem Hotel Touessrok. Die Preise sind Verhandlungssache; in der Regel werden 15-22 Euro pP für die Hin- und Rückfahrt verlangt. Nur wenige Hotels wie Touessrok und Tropical setzen ihre Gäste gratis mit eigenen Booten über. Viele Gäste, deren Hotels vielleicht keine so schönen Badestrände bieten, kommen gleich in Badekleidung, mit Picknicktaschen und sogar mit aufgeblasenen Luftmatratzen an Bord!

Bilder dieser Doppelseite: Impressionen eines Ausflugs zur Ile aux Cerfs

Ile aux Cerfs

Es war einmal... Einst schien die unbewohnte, flache Insel vor der Ostküste von Mauritius das Abbild eines tropischen Idylls zu sein: unberührte, weiße Sandstrände vor einer türkisfarbenen, sanften Lagune mit Blick auf die mauritischen Berge. Die „Hirschinsel“, Ile aux Cerfs, tappte aber in die Falle der „Geheimtipps“, die plötzlich von allen Seiten vermarktet werden. Traumhaft schön ist es hier immer noch, aber längst nicht mehr idyllisch, sondern reichlich überlaufen. Verabschieden Sie sich also von den klischeehaften Träumereien vom Tropenidyll und stellen Sie sich auf einen kurzweiligen, turbulenten Badespaß mit Souvenirständen, Ausflugsprogramm und Strandlokalen ein! Am Wochenende mischen sich viele Einheimische unter die Touristen, denn sie lieben die kinder- und nichtschwimmersichere Bucht. Wir sind der Ansicht, Insel Ile aux Cerfs sollte man sich nicht entgehen lassen, auch wenn man sie mit vielen anderen teilen muss, und der Kommerz heute das tropische Eiland regiert.

Die Fahrt dauert je nach Wasserstand 10-15 Minuten. In Inselnähe dürfen die Taxiboote zum Schutz der Mangroven nur max. 5 Knoten fahren und müssen wegen der Untiefen einem abgesteckten Kanal folgen. Deshalb schlängeln die Boote scheinbar ziellos zur Insel. Das Wasser ist sehr klar, und man kann schon während des Transfers bunte Fische und Meeresgetier am Boden bestaunen.

Am **Landungssteg** von Ile aux Cerfs angekommen, führt hinter den sauberen Toiletten ein kurzer Fußweg nach links zum lebhaften Teil der Insel. Zuerst kommt man an den überdachten Souvenirständen vorbei, wo man praktisch alles einkaufen kann, was man anderswo noch versäumt hat. Die Händler lassen die Inselbesucher völlig zufrieden, wenn sie kein Interesse an den Andenken zeigen.

Beim Badebereich ist viel Platz, um sich unter den Kasuarinen oder den aufgestellten Schattendächern auszubreiten. Hier genießt man auch den schönsten Ausblick über die Lagune zum Festland mit seinem Bergpanorama. Das warme, türkisfarbene, flache Wasser eignet sich für Kinder perfekt zum Plantschen. Die Größeren lassen sich begeistert mit der Strömung zwischen den beiden Inseln treiben. Das rustikale Stelzen-Lokal „La Chamiére Masala“ und das Restaurant „Paul & Virginie“ unter Leitung des Touessrok-Managements sorgen für das leibliche Wohl. Die Spezialität sind Meeresfrüchte (Vorspeisen ab 10 €, Fisch ab 16 €). Im Hintergrund befinden sich Duschen und Toiletten. Zahlreiche Mülleimer helfen, die Insel trotz des Besucheransturms, der vor allem an den Wochenenden hereinbricht, wohltuend sauber zu halten.

Es gibt viele Möglichkeiten, sich hier aktiv zu betätigen. Lokale Anbieter organisieren Bootsausflüge zum Wasserfall des Grande Rivière Sud-Est (S. 142, 120 € pro Boot), Speedboat-Fahrten, Banana Boat (12 €), Parasailing (36-48 €), Schnorcheln (24 €) und Bootstrips mit dem Piratenschiff Neptun (48 € inkl. BBQ, siehe Foto S. 135). Neu ist der Adventure Park für 24 €, Kinder 12 €. Man zahlt direkt am Strand in jeder erdenklichen Währung oder per Kreditkarte. Abgeschirmt von diesem belebten Bereich bedeckt die Insel ein von Bernhard Langer persönlich konzipierter Golfplatz.

Von Trou d'Eau Douce nach Mahébourg

Südlich von Trou d'Eau Douce enden die Sandstrände, denn die bewaldete Bergkette der über 600 m hohen Bambous Mountains ragt nun bis an die Küste heran. Sie beschert der Gegend sehr steinige Küsten voller Lava, zahlreiche kleine Wildbäche und eine abwechslungsreiche Uferszenerie.

Von Trou d'Eau Douce führt die Strecke erst einmal quer durch die Zuckerrohrfelder nach **Bel Air**, einem Reihendorf, und erreicht bei Beau Champ wieder die Meeresküste. Dieser Küstenabschnitt wird derzeit durch immer luxuriösere Immobilienanlagen erschlossen, wie z. B. das Anahita World Class Sanctuary mit dem Four Seasons Resort.

Grande Rivière Sud-Est

Das Fischerdorf an der Mündung des Grande Rivière Sud-Est in die geschützte Bucht Anse Cunat zählt zu den ältesten Siedlungen der Insel und stammt noch aus der niederländischen Epoche. Lange Zeit war der Hafen ein bedeutsamer Umschlag für Ebenholz. Im 19. Jh. wurde er sogar durch die Eisenbahn mit Port Louis verbunden. Seit der Bahnhof 1954 geschlossen und der Hafen bedeutungslos wurde, verblasst der Ort. Er ist jedoch als Ausgangspunkt zum **Wasserfall** des Grande Rivière Sud-Est, der die Bambous-Berge entwässert, auf den Ausflugsplänen der Reiseanbieter zu finden. Der größte Fluss der Insel stürzt in mehreren Kaskaden von den Vulkanbergen hinab und bildet bis zu 10 m tiefe Fälle. Im Ort bieten Fischer Bootstransfer zu diesem kleinen Wasserfall an (etwa 10 Minuten Fahrt). Die Szenerie ist durch die bewaldeten Ufer recht nett, aber nicht wirklich spektakulär zu nennen. Bei der Dorfjugend hat es sich herumgesprochen, dass Touristen Trinkgeld geben, wenn die Jungs waghalsige Sprünge von den Felsen in den Fluss wagen.

Ab jetzt schlängelt sich die Küstenstraße kurvenreich durch kleine Fischerdörfer am Meer entlang. Bis Grand Sable sind Straßenschäden zu beachten, danach erlaubt die gute Fahrtstraße wieder, sich den vielfältigen Ausblicken zu widmen. Die Strecke zählt zu den besonders malerischen Routen auf Mauritius. Die kleinen Ortschaften und armseligen Dörfer tragen niedliche Namen und sind vom Tourismus völlig unbeleckt.

Info Vorsicht: Hier gibt es zahlreiche Schlaglöcher, Bodenwellen und Straßenschäden

Am **Pointe du Diable** windet sich die Straße um eine schmale, steilkantige Landzunge. An der Kehre erinnern Ruinen und eine auf den Ozean gerichtete Kanone an eine französische Verteidigungsanlage aus dem 18. Jh. Vom diesem Parkplatz

Bild rechte Seite: Ein Fischer watet entlang der mangrovengesäumten Ostküste von Beau Champ

aus genießt man auch den Blick bis zu den kleinen Inseln außerhalb der Lagune. Anschließend umfahren wir die geschützte Bucht Anse Bambou. Hier liegt direkt an der Straße zwischen den Mangroven das Restaurant „La Casa du Pecheur" (mit Zimmervermietung).

Im nächsten Dorf, **Anse Jonchée**, lohnte sich früher ein Abstecher in die Berge zur Domaine d'Anse Jonchée. Dort gab es nette Bungalows, ein Panoramarestaurant und Wandermöglichkeiten. Doch dies wurde inzwischen geschlossen. Einzig die Ylang Ylang-Plantage auf halbem Wege, wo durch Destillation ein essenzielles Öl gewonnen wird, ist noch erhalten. Seit 1995 pflanzt die Plantage für die Parfümherstellung betörend duftende Ylang Ylang-Bäume, die zwischen November und Februar blühen.

Es kursieren inzwischen unterschiedliche Namen über dieses Naturschutzgebiet. Bekannt wurde das hochgelegene Naturreservat als **„Domaine du Chasseur"** („Jagdgebiet"), dem die an der Zufahrt gelegene **„Domaine de Ylang Ylang"** angeschlossen wurde. Durch einen Besitzerwechsel erhielt das 1500 ha große Areal zwischen den Bambous-Bergen und dem Lion Mountain den Namen **„Domaine des Grande Bois"**, das „Schutzgebiet der großen Wälder", weil sich hier noch alte Ebenholzbestände finden lassen. Später nannte man es **Domaine d'Anse Jonchée**, danach fungierte es unter dem Namen **Kestrel Valley** wieder als Jagdgebiet, derzeit ist es wegen Renovierung geschlossen.

Hotels in dieser Region

Four Seasons Resort at Anahita: Beau Champ, Tel. 4023100, Fax 4023120, email: reservations.mas@fourseasons.com, www.fourseasons.com/de/mauritius/. Eine luxuriöse Wohnresidenz mit 123 Villen, mehreren Stränden, Golfplatz, modernem Spa und großartigem Gastronomieangebot. Alle Villen besitzen private Pools. Erlesen, kultiviert und viel Privatsphäre und Ruhe gewährend. Preise: HP ab 210 €/DZpP, 430 €/EZ.

Anahita The Resort: Tel. 4022200, Fax 4022220, email: info@anahita.mu, www.anahita.mu. Trendiges Lifestyle-Resort mit 70 Luxuswohnsuiten und Villen direkt am Meer und dem Golfplatz. Sehr elegant. Preise: HP ab 240 €/DZpP, 470 €/EZ.

Laguna Beach: Tel. 4175888, Fax 4175889, www.lagunabeachhotel.mu. Das Best Western Resort am Ende einer Landzunge hinter dem Dorf Grande Riviere Sugar Estate bietet ruhiges 3-Sterne-Niveau. 64 Zimmer, schöner Pool. Preise: HP ab 85 €/DZpP und 150 €/EZ.

Otentic Eco Tented Lodge: Tel. 59414888, email: info@otentic.mu, www.otentic.mu. Das spartanische Ökocamp liegt mit zwölf Safarizelten und zwei Holzchaltes beim Dorf Deux Freres zwischen der Straße und dem Ufer des Grande Rivière Sud-Est. Es bietet mal etwas ganz anderes: Rustikal im Zelt schlafen, Kanufahren und Mountain Biken statt Faulenzen, Baden im kleinen Pool statt im Meer. Preise: ÜF 60 €/DZpP, 120 €/EZ.

La Casa du Pecheur (früher Le Barachios): Tel. 6345643, Fax 6345708. Die romantisch-rustikale, etwas stickige Anlage schmiegt sich mit 16 klimatisierten Stelzenbungalows aus Holz und Fußwegen aus Korallenbruch zwischen Mangroven in die schlickige, von steilen Bergen eingerahmte Bucht. Die Zimmer liegen eng nebeneinander und haben Mini-Holfplattformen im Mangrovensaum (ÜF 30 €/DZpP und 60 €/EZ). Die Besitzer halten Meerestiere in Zuchtbecken, setzen sich für den Schutz der ursprünglichen Küstenvegetation ein und haben einen „Mangrove Nature Trail" angelegt. Anstelle eines Badestrandes gibt es einen kleinen Pool. Das Restaurant ist für Fisch und Meeresfrüchte bekannt mit Menüs ab 24 €.

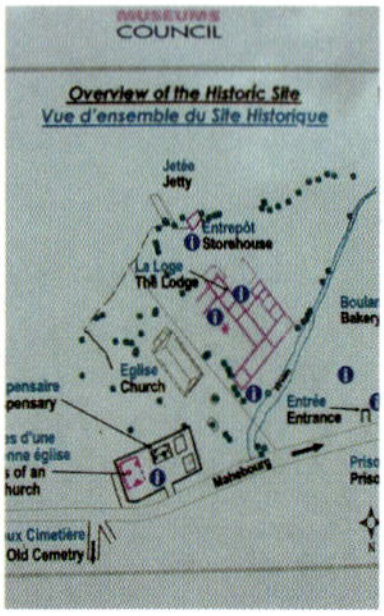

Bilder oben: Das besuchenswerte Museum „Fort Frederik Hendrik"

Tipp Oberhalb von Vieux Grand Port liegen am Hang die vier Chalets von „**La Hacienda**". Selbstversorger können hier stille Urlaubstage mit viel Aussicht und Pool verbringen (ab 60 Euro pro Nacht). Tel. 2630914, email: lahacienda@orange.mu, www.lahaciendamauritius.com. Siehe „Neues und Bewährtes": S. 221.

Weiterfahrt entlang der Küste nach Mahébourg

Die nächste größere Ortschaft, die wir erreichen, heißt **Vieux Grand Port** und liegt direkt unterhalb des 480 m hohen Löwenbergs „Lion Mountain". Es ist ein besonders geschichtsträchtiger Ort, denn das alte Warwijck Bay gilt als Keimzelle der niederländischen Besiedlungsversuche. Die Franzosen nannten den kleinen Hafen später Port Bourbon, und erst mit der Gründung von Mahébourg im frühen 19. Jh. erhielt Vieux Grand Port seinen endgültigen Namen. Allerorten bietet diese Gegend noch Relikte und Zeugnisse der Vergangenheit, z. B. alte Gräber, stillgelegte Kamine und Fabrikreste von Zuckerfabriken aus frühkolonialer Zeit. Die Bucht war auch Schauplatz der dramatischen Seeschlacht zwischen Frankreich und Großbritannien im August 1810. Beide Kriegsgegner erlitten schwere Verluste und kämpften verbissen mit allen verfügbaren Tricks und Täuschungsmanövern. Damals siegten die Franzosen, weil sie die Bojen für die sichere Einfahrt in die Bucht versetzten, und daraufhin mehrere britische Schiffe auf dem Riff aufliefen und havarierten. Doch ihre Freude hielt nicht lange an, denn vier Monate später annektierten die Briten die Insel trotzdem.

Direkt an der Straße liegt das sehenswerte **Museum „Fort Frederik Hendrik"**. Es zeigt im Innern eine Ausstellung alter Gemälde zur Seeschlacht und Relikte jener Epoche. Die Außenanlage ist sehr weiträumig. Hier wandelt man durch die betagten Mauerreste und Ruinen. Ein Lageplan hilft, sich zu orientieren. Öffnungszeiten: Mo, Di, Do, Fr, Sa von 9-16 Uhr, So 9-12 Uhr, mittwochs geschlossen. Der Eintritt ist frei.

Gleich außerhalb von Vieux Grand Port, nur 6 km vor Mahébourg, gelangen wir zur kurzen Stichstraße in das **Ferney-Tal**. Der Abzweig ist deutlich ausgeschildert und endet nach 500 m am Parkplatz beim Informationsgebäude. Neben lehrreichen Schautafeln findet der Naturinteressierte hier auch Literatur zur Ökologie des Landes.

Domaine de l'Etoile & La Vallée de Ferney

In den geschützten, einsamen Bergen der Montagne Bambouse haben sich bis heute die ursprüngliche Vegetation und eine fragile Tierwelt erhalten können. Ein beachtlicher Teil des Berglands befindet sich in Besitz der privaten Organisation Ciel & Nature. Hier entstanden zwei touristische Attraktionen, deren Konzepte sich allerdings deutlich voneinander unterscheiden. Seit 2012 werden sie auch getrennt geführt.

An den nördlichen Berghängen der Bambouse Mountains erstreckt sich das eher vergnügungsorientierte Naturreservat **Domaine de l'Etoile**, dessen Zugang an der Straße zwischen Bel Air und Montagne Blanche/Quartier Militaire liegt. Dieser Bereich zählte zu den ersten ökotouristischen Projekten von Mauritius. Hier stehen Quad Bikes, Buggy-Jepps und Reitpferde zur Verfügung. Das gemütliche Terrassenrestaurant unter Leitung von Anahita (S. 143) bietet mittags kreolische Buffets für 16 € und Wildgerichte à la Carte mit freiem Blick in die herrliche tropische Natur (Speisen nur von 12-16 Uhr). Das nette Lokal liegt nahe dem Parkplatz und ist für jedermann zugänglich. Wer einmal eine Auszeit von Sonne, Sand und Beach möchte, bekommt hier sattes Grün, hohe Bäume und sogar ein paar Sambarhirsche am Waldrand zu sehen. Preise für Aktivitäten (tgl. 9-17 Uhr): Quad Bikes 70 €, Jeeps 83 €, Reiten 47 € pP, Trekking mit Guide 43 € pP, ohne Guide 12 € pP. Info & Kontact: Terrocean, Tel. 7291050, www.terrocean.mu.

Vallée de Ferney heißt dagegen der ökologische und stille Teil des Schutzgebietes, der 2006 auf dem Gelände von Ferney, einer der ältesten Zuckerfabriken der Insel (seit 1745) eröffnet wurde. Bildungsarbeit und strenger Naturschutz sind die Eckpfeiler dieses Projekts, das in Partnerschaft mit dem WWF tätig ist. Auf dem Gelände gibt es viele endemische Pflanzen, deren Schutz und Erhalt gegenüber den schnell wachsenden und sich rasch ausbreitenden eingeführten Arten das Ziel ist. Besucher wandern in den lichten Wäldern, erklimmen Berggipfel und folgen Pfaden entlang naturbelassener Bäche. Der Zugang erfolgt von der Küstenstraße bei Vieux Grand Port. Man parkt beim Visitor Centre, das eine Ausstellung zur Flora und Fauna bereithält und wo die angebotenen Aktivitäten starten: Zweimal täglich, um 10 und 14 Uhr, finden rund 3 km lange, geführte Wanderungen statt (17 € pP, inklusive Lunch 26 €). Darüber hinaus gibt es von 9-15 Uhr alle 30 Minuten einen Transfer ins Tal, wo man eigenständige Wanderungen unternehmen darf (12 € pP, inklusive Lunch 21 €) sowie einstündige Jeepsafaris für 30 € pP, inklusive Lunch 42 €. Für Kinder gilt ein Nachlass von 50%. Keinesfalls sollten Sie auf Sonnenschutz, Kopfbedeckung und lange Hosen wegen des Gestrüpps verzichten. Wanderschuhe bzw. feste Halb- oder Turnschuhe sind ebenfalls anzuraten. Weitere Infos: Ciel & Nature, Tel. 7291050 und 4712017, email: resa.cieletnature@drbc-group.com, www.cieletnature.com. Das Gebiet ist täglich von 8-20 Uhr zugänglich.

Mahébourg und die Blue Bay

Die Cavendish Bridge, eine prächtige koloniale Steinbrücke, überspannt den Rivière La Chaux am nördlichen Zugang zur charmanten, aber auch leicht morbiden Hafenstadt Mahébourg (sprich: „maybuhr"). Ein nettes Fotomotiv sind die Ufer des Flusses mit ihren eng aneinander gebauten, alten Häusern. Die Royal Road führt nun direkt durch das Zentrum der 20 000-Einwohner-Stadt, die so viel authentischer wirkt als andere mauritische urbane Zentren. Obwohl das Tor zur Welt, der Internationale Flughafen, nur 10 Autominuten entfernt liegt, hat sich gerade hier das ursprüngliche, untouristische und unkommerzielle Flair erhalten. Zahlreiche wackelig anmutende Häuschen aus dem 19. Jh. und eine Vielzahl kleiner, indischer Läden geben Mahébourg ein liebenswertes Gesicht.

200 Jahre ist sie kürzlich alt geworden, die Hafenstadt, die der letzte französische Gouverneur Decaen noch gründete, weil er Port Bourbon (Vieux Grand Port) bei einem etwaigen britischen Angriff für gefährdet hielt. Wenige Jahre später besetzten die Briten die Insel und bescherten Mahébourg – deren Name an Gouverneur Mahé de La Bourdonnais erinnert – mit der Bahnlinie nach Port Louis eine wirtschaftliche Blüte. Die Bahnschienen sind längst wieder abgebaut worden, und auch der Hafen hat seine Bedeutung eingebüßt. Fischfang bildet heute die Basis der Provinzstadt.

Neben dem marinegeschichtlichen **Museum** (S. 148) und der neugotischen, 1849 erbauten katholischen **Kirche Notre Dame d' Anges**, einer Oase der Ruhe und sanften Schlichtheit mit beachtenswerter hölzerner Dachkonstruktion, sind vor allem die pittoresken baufälligen Kolonialhäuser sehenswert. Besuchen sollte man unbedingt auch den **Zentralmarkt** mit seinen üppigen Obst- und Gemüseständen. Gleich nebenan befindet sich der Busbahnhof mit Verbindungen in die Ballungszentren Curepipe und Port Louis, zur Blue Bay und zum Flughafen. Flaniermeile der Kleinstadt ist die ansprechend gestaltete **Uferpromenade** am Hafen mit ein paar Lokalen und hübscher Aussicht bis zu den kleinen Inseln außerhalb des Riffs. Die winzige Insel, auf der das einzelne Haus mit rotem Dach steht, heißt übrigens **Ile Mouchoir Rouge** (Foto S. 148). Darin soll einst der Medikus von Mahébourg residiert haben. Der Mann kam nur aufs Festland, wenn ihm die Siedler Zeichen gaben, dass er gebraucht wurde. Am Hafen steht ein Denkmal zur Erinnerung an die Seeschlacht von 1810. Hier pflegen die Einheimischen den Müßiggang und genießen den Ausblick von den Parkbänken.

Restaurants

Le Jardin de Beau Vallon: Tel. 6312805 (siehe rechts). Mittags leger und rustikal im Garten, abends romantisch dinieren in einer alten Kolonialvilla! Reservierung sehr zu empfehlen.

Les Copains d'Abord: Tel. 6319728. An der Promenade gelegen stehen hier Seafood und Wildgerichte nach Saison auf der Speisekarte.

Chez Patrick: Tel. 6319298. Einfaches Resto im Zentrum mit preiswerter kreolischer Küche.

Einkaufen

Mahébourgs größtes Einkaufszentrum „London Way" mit Bank/ATM, Metzger etc. liegt an der Straße zur Blue Bay, noch vor dem Hotel Preskil (tgl. bis 19 Uhr, So nur vormittags). Im Stadtzentrum befinden sich kleine Supermärkte und Bankfilialen. In Beau Vallon gibt es einen „King Saver" Supermarkt.

Hotels in Mahébourg

Coco Villa: Tel. 6312346, Fax 6312192, email: cocovilla20@hotmail.com, www.mahecocovilla.net. Behagliche, familiäre Pension am südlichen Ortsrand. Tolle Lage für Unternehmungslustige, aber kein Strandzugang. 16 Zimmer, tw. mit Kochnische. Preise: ÜF 20 €/DZ, 25 €/EZ, Studio 45 €/N.

Preskil Beach Hotel: Tel. 6041000, Fax 6319603, email: hotel@lepreskil.mu, www.lepreskil.com. Gutes Mittelklasseresort in exponierter Lage nahe der Stadt. Ein Surfparadies durch den ständigen Südostpassat. Mittelmäßiger Strand, aber grandioser Ausblick auf Stadt und Berge. 200 Zimmer, Spa. Preise: HP ab 95 €/DZpP und 125 €/EZ.

Le Jardin de Beau Vallon: Tel. 6312805, www.beau-vallon.net. Feudale Kolonialvilla mit großem Garten vor den Toren der Stadt in Beau Vallon (Richtung Flughafen) mit vier Holzbungalows, Mittagslokal und Pool im Garten und edlem Abendrestaurant in der Villa. Siehe „Neues und Bewährtes": S. 220. Preise: HP ab 38 €/DZpP und 55 €/EZ.

Tyvabro Guesthouse: Tel. 6319674, www.tyvabro.com. Einfache Stadtpension mit Gratis -WLAN und Zimmern ab 14 € pP.

Sehr sehenswert: Museo de Naval

Das etwas antiquiert wirkende Museum passt hervorragend in diese Stadt. Es liegt in der Royal Road, stadtauswärts in Richtung Flughafen, in einem kleinen, ruhigen Park. Der koloniale Prachtbau aus dem Jahr 1775 besitzt eine geschwungene Doppel-Freitreppe. Während der Seeschlacht vom August 1810 hatte der Hafenkommandant das Haus bewohnt und die beiden verwundeten Befehlshaber der französischen und britischen Flotten bei sich aufgenommen, um sie pflegen zu lassen – der Überlieferung nach lagen die beiden damals gemeinsam in einem Zimmer!

Auf beiden Stockwerken zeigt das Museum die Geschichte der niederländischen, französischen und britischen Besiedlungszeit anhand von alten Seekarten, sehenswerten Stichen und Ölgemälden, filigranen Schiffsmodellen und historischen Navigationsgeräten. Es ist eine leicht angestaubte, teilweise sogar kuriose Sammlung. So befinden sich hier die geborgene Schiffglocke der havarierten Saint Géran, ein Eisenbahnwaggon aus dem 19. Jh., der hölzerne, thronähnliche Stuhl des Botanikers und Zuckerbarons Charles Telfair und sogar ein paar Knochen des ausgerotteten Dodo. Ein Besuch ist unbedingt zu empfehlen! Öffnungszeiten: Mo-Sa von 9-16 Uhr, So und Feiertage von 9-12 Uhr. Der Eintritt ist frei.

Ile aux Aigrettes (Silberreiher-Insel)

Nur 850 m vor dem Festland ragt eine 25 ha große Insel aus der Lagune. Sie ist durch ihren niedrigen, buschigen Bewuchs von eher spröder Wirkung, genießt aber die höchste Aufmerksamkeit der Mauritius Wildlife Foundation (MWF). Für botanisch Interessierte birgt die unscheinbare Insel zahlreiche endemische Schätze.

Ursprünglich von Ebenholzwäldern bedeckt, die schon den niederländischen Hackbeilen zum Opfer fielen, geriet die Insel lange Zeit in Vergessenheit. Im 2. Weltkrieg errichteten die Briten eine Militärbasis und stationierten über 1000 Soldaten in Festungsanlagen, deren Reste heute noch zu sehen sind. Später diente das Eiland als Weideplatz für Schafe und Rinder. Zur Fütterung wurde schnell wachsendes, anspruchsloses Akaziengestrüpp gepflanzt, das bald die ganze Insel überwucherte und die Überbleibsel endemischer Küstenvegetation schwer in Mitleidenschaft zog.

1965 erklärte der Staat Ile aux Aigrettes zum Naturreservat, unternahm aber dennoch nichts gegen den praktizierten Holzeinschlag. 21 Jahre später kam die MWF ins Spiel, übernahm die Kontrolle und stellte die Insel unter strengen Schutz. Seither sind beachtliche Erfolge beim Kampf um den Erhalt der natürlichen Küstenflora und –fauna zu verzeichnen. Vehement wurden alle eingeführten Nager, wie Ratten und Spitzmäuse, ausgerottet, die sich an jungen Pflanzenkeimen und Vogelnestern schadlos gehalten hatten. So retteten die Naturschützer die letzten Reste der alten Küstenvegetation und Ebenhölzer. Erfolgreich setzten sie endemische Tierarten, wie Riesenlandschildkröten und den Telfair Skink (*Leiolopisma telfairii*), aus, von dem hier sogar 700 Exemplare zu Forschungszwecken gechipt wurden. Die Rosafarbene Taube liefert eine weitere **Erfolgsgeschichte**, denn die stark gefährdete Art konnte sich auf der Insel bestens vermehren. Die ausgesetzten Mauritius-Falken sind allerdings allesamt gleich wieder abgewandert; sie mochten wohl doch lieber in den Bergen leben...

Erst seit wenigen Jahren propagiert die MWF die Öffnung der Insel für den **Ökotourismus**. Seither besteht die Möglichkeit, einen etwa zweistündigen Rundgang auf Ile aux Aigrettes zu unternehmen. Nach Ankunft des Transferbootes am Pier beginnt die Tour im Visitor Centre, das mit Schautafeln einführende Informationen über ausgestorbene Tierarten bereithält. Hier gibt es auch kalte Getränke und einen Souvenirshop. Dann folgt der **Nature Trail**. Er führt an den Taubenschlägen und einer Aussichtsplattform vorbei zu botanischen Besonderheiten, wie den Ebenholzbäumen, und endemischen Raritäten, wie z. B. Drachen- und Flaschenpalmen, Ratten- und Ochsenbäumen. Rund 30 bedrohte Pflanzenarten sind bis heute auf der Insel wieder heimisch geworden. In einigen Höhlen leben außerdem Flughunde.

Anreise: Etwa 100 m südlich der Einfahrt zum Hotel Preskil markiert ein Schild an der Straße den Parkplatz und die Anlegestelle der Transferboote zur Ile aux Aigrettes (Abfahrt Mo-Fr: 9:30 Uhr, 10:00 Uhr, 10:30 Uhr, 13:30 Uhr, 14:00 Uhr, Sa: 9:30 Uhr, 10:30 Uhr, 13:30 Uhr, 14:00 Uhr, So: 9:30 Uhr und 10:00 Uhr. Im Informationsgebäude auf der anderen Straßenseite oder telefonisch unter Tel. 6312396 kann man (vor)reservieren. Sonnen- und Mückenschutz nicht vergessen! Der Eintritt beträgt 800 Rs, für Kinder die Hälfte. Weitere Infos: www.mauritian-wildlife.org und www.ile-aux-aigrettes.com.

Bilder links: Blick vom Hafen auf Ile Mouchoir Rouge; Museo de Naval, Denkmal Pointe des Régates, Flaschenpalme. Rechts: Telfair Skink auf Ile aux Aigrettes

Info Die Fahrstraße endet kurz nach dem Blue Bay Hotel am öffentlichen Strand der Blue Bay. Von hier aus geht es mit Fahrzeugen nicht weiter bis zum Südende der Bucht. Um dorthin bzw. zum Shandrani Hotel zu fahren, muss man weit ausholen und den Flughafen umfahren. Eine neue Straße verbindet Blue Bay mit dem Highway nach Port Louis. Seither kann man vom Flughafen zur Blue Bay fahren, ohne Mahébourg zu durchqueren

Fahrt zur Blue Bay

Von Mahébourg zur bezaubernden Blue Bay reihen sich entlang der Meeresküste schmucke Wochenendhäuser und nostalgische, kreolische Villen. Die dicht bebaute Küstenstraße führt über **Pointe d'Esny**, einem einstigen Erholungsort der gehobenen mauritischen Mittelschicht. Hier hat der Tourismus schon lange Fuß gefasst, denn die Mauritier liebten es, in Pointe d'Esny entspannte Ferien zu verbringen. Heutzutage ist die Bebauung derart dicht, dass der Vorbeifahrende kaum noch einen freien Blick zum Ozean erhascht. Ähnlich wie in Péreybère und Cap Malheureux fährt man hier zwischen schwarzen Grundstücksmauern und hohen Hecken. Strandwanderungen sind auch eingeschränkt, weil die einzelnen Grundstücke in der Regel bis ans Ufer eingezäunt sind. An der türkisfarbenen Blue Bay breitet sich der beliebte Public Beach aus, mit Picknickbänken, Glasbodenbooten (ab 5 € pP) und Ausflugsfahrten zur Ile de deux Cocos.

Ausflug ins Landesinnere: Le Val

Schwerpunkt dieses Landausflugs sind die reizvolle Landschaft mit ihrem ländlichen Flair und ein paar pittoresken Dörfern. Denn das eigentliche Ziel, **Le Val Nature Reserve**, ist seit der Verstaatlichung vor einigen Jahren in einen enttäuschend desolaten Zustand verfallen. Heute deckt das Naturschutzgebiet maximal noch den lokalen Erholungsbedarf; als touristischen Anziehungspunkt möchten wir den Park nicht mehr bezeichnen.

Dabei konnte man hier einst zwischen Wildtiergehegen die gepflegte Natur genießen. Heute findet man von all dem nur noch Fischteiche und ein paar Tretboote. Anstelle von Affen, Hirschen und Pfauen leben nur noch einige Hühner auf dem Gelände. Die Bar öffnet wochentags auch nicht mehr. Der Eintritt beträgt 50 Rs.

Mehr Freude als der Besuch von Le Val macht allerdings die **Rundfahrt**. Die Landstraße nach Cluny zweigt zwischen Rose Belle und Nouvelle France vom Insel-Highway ab. Im Dorf **Cluny** führt eine Straße nach Norden in Richtung Bananes. Nach ca. 1 km weist rechts ein verblichenes Schild zum Naturpark. Nach einem weiteren KM sieht man auch noch den alten, verfallenen Eintrittsposten. Die stark geflickte Teerstraße führt nun durch eine liebreizende, bergige Gegend direkt nach Le Val hinab. Wir empfehlen, für diesen Ausflug eine gute Straßenkarte dabei zu haben.

Die Rückfahrt von Le Val nach Mahébourg führt über **Riche en Eau**, dem Sitz der Zuckerfabrik Rose Belle Sugar Estate. Auf dem abgeriegelten Firmengelände befindet sich ein prachtvolles Kolonialherrenhaus, das leider nicht besichtigt werden darf, in dem aber schon für zahlreiche Filmproduktionen gedreht worden ist. Die Strecke löst nostalgisch-romantische Emotionen aus: Alte Alleen führen durch nette Dörfer mit verheißungsvollen Namen, wie „Grand Bel Air", „Riche en Eau"...

Unterkünfte an der Blue Bay

Villa Chantemer: Tel. 6319688, Fax 4643964, email: chantemer@intnet.mu, www.chantemer.mu. Familiäres, kreolisches Gästehaus direkt am Strand von Pointe d'Esny, in dem fünf Zimmer vermietet werden. Sehr persönlich geführt, gute Küche, origineller Charme. Zimmerpreis mit ÜF 50-95 €.

Paradise Beach: Tel. 4521010, email: reservations@paradisebeach.mu, www.paradisebeach.mu. Hochmoderne Luxusapartments mit je drei Schlafzimmern. Preise: Übernachtung ab 350 €/Nacht.

Astroea Beach Hotel: Tel. 6314282, Fax 6314248, email: info@astroeabeach.com, www.astroeabeach.com. Das kleine Boutique-Hotel mit nur 11 Zimmern und 5 Bungalows ist ein Schwesterhotel des Preskil Hotels (S. 147). Schöner Strandabschnitt, mit Restaurant und Spa. Nur für Erwachsene ab 16 J. Preise: HP ab 75 €/DZpP und 100 €/EZ.

Villa Chante au Vent: Tel. 6319614, email: res@chantauvent.com, www.chantauvent.com. Zimmer im kreolischen Haupthaus direkt am Strand und Apartments hinter der Küstenstraße. Preise: Zimmer ab 40 €/Nacht.

Blue Beryl Guest House: Tel. 6319862, email: contact@blueberyl.com, www.blueberyl.com. Vier Selbstversorgerstudios und zwei Zimmer neben dem Blue Lagoon Hotel, kein eigener Strandzugang. Preise für zwei Personen mit ÜF: Zimmer ab 50 €/Nacht, Studios ab 65 €/Nacht.

Blue Lagoon Beach Resort: Tel. 6319046, Fax 6319045, email: blbhotel@intnet.mu, www.bluelagoonbeachhotel.com. Lebhaftes 3-Sterne-Hotel mit 72 klimatisierten Zimmern direkt am nördlichen Rand der Blue Bay. Der eigene Strand liegt zwischen Lavafelsen. Preise: AI ab 75 €/DZpP, 100 €/EZ.

Shandrani Resort & Spa: Tel. 6034343, Fax 6374313, email: shandrani@bchot.com, www.shandrani-hotel.com. Traditionsreich: Hier eröffnete die Beachcomber-Hotelgruppe einst das erste Hotel auf Mauritius. Das moderne 5-Sterne-Luxus-Resort mit 335 Zimmern erinnert daran nicht mehr. Es liegt auf einer Landzunge am südlichen Ende der Blue Bay mit mehreren Stränden und ist ein Wassersportmekka mit Segelklub, Tauchzentrum und Kitesurfingschule. AI möglich. Preise: ÜF ab 85 €/DZpP und 125 €/EZ.

Pingouin Villas: Tel./Fax 6373051, email: pingouinvillas@intnet.mu, www.pingouinvillas.com. Apartmentanlage im Wohngebiet (ca. 1 km zum Public Beach) mit Ferienwohnungen und Studios. Preise: Zimmer ab 40 €/Nacht.

Info: Kleine private Ferien- und Gästehäuser stellt „Authentic Hotels & Guest Houses" vor: http://authentic-hotels-mauritius.com.

Restaurants

Blue Bamboo: Tel. 6315801. Beliebtes Restaurant an der Küstenstraße nach Blue Bay, in dem es auch Tische im Garten gibt.

Restaurant Bougainville: Tel. 6318299. An der Straße gegenüber dem Blue Bay Hotel.

Blue Bay Marine Park

Das 353 ha große Marine-Schutzgebiet in der Blauen Lagune bis zur kleinen Insel „Ile des deux Cocos" beherbergt mit einer durchschnittlichen Tiefe von 5,50 m die **ältesten und buntesten Korallen** von Mauritius. Über 50 verschiedene Korallenarten wurden in der Blue Bay entdeckt, von denen mehr als 80% leben. Die Bucht weist auch reiche Bestände an Mangroven, Algen und Seegrasflächen auf, weshalb sich hier 72 Fischarten und die stark gefährdete Suppenschildkröte *(Chelonia Mydas)* angesiedelt haben. Dieses Unterwasserparadies zu erhalten ist Aufgabe des 1997 ins Leben gerufenen Meeresparks. Denn den Korallen drohte die vollständige Vernichtung durch die ungehemmten Baumaßnahmen in der Blauen Lagune und den ausufernden Tourismus. Das ruhige Flachwasser in der Bucht ist ein idealer Übungsplatz für unerfahrene Taucher und Schnorchler. Obwohl offiziell nur noch limitierte Ausflüge mit lizenzierten Führern im Marinepark unternommen werden dürfen, gefährden diese Aktionen weiterhin das fragile Ökosystem unter Wasser. Naturschützern gehen die Maßnahmen im Marinepark deshalb noch lange nicht weit genug.

Hot-Spots
im Sueden

Black River Gorges Nationalpark

Grand Bassin

La Vánille Crocodile Park

Chamarel Falls

Typisches Straßenschild im Südosten der Insel

Von Mahébourg nach Bel Ombre

Im Süden zeigt sich Mauritius von seiner ungestümen Seite. Wind und Wellen peitschen mitunter heftig an die tropische Küste, Wolkentürme jagen über die steilen Berghänge, geruhsame Fischerdörfer lassen den modernen Tourismus auf Mauritius fast vergessen. Ein Augenschmaus sind die leuchtend grünen, flachen Zuckerrohrfelder vor jäh aufragenden, bewaldeten Bergketten. Für **Panoramarundfahrten** ist der abwechslungsreiche Süden ideal.

Um von Mahébourg an die Südküste zu gelangen, fahren wir zunächst 8 km auf der Fernstraße nach Port Louis bis zur Abzweigung zum Flughafen und nach Plaine Magnien. Die Landstraße B8 verlässt die Wohnstadt in ihrem Zentrum und führt über die Ortschaft Trois Boutiques nach L'Escalier. Entlang dieser Strecke tauchen schon die ersten Zuckerfabriken auf, und hie und da sieht man auch einen viereckigen

Schornstein aus vergangenen Tagen inmitten der Zuckerrohrfelder stehen. Das Städtchen L'Escalier ist erkennbar muslimisch geprägt. Die meisten Frauen zeigen sich hier verschleiert in der Öffentlichkeit. Nach der Ortsdurchfahrt überqueren wir nach einer scharfen Kurve den Rivière du Paste und betreten an seinem Westufer den Verwaltungsdistrikt Savanne. Kurz danach fährt man wie durch einen Tunnel unter den Zweigen eines riesigen Banyanbaums durch. Auf der Weiterfahrt folgen einige Flüsse mit tropisch üppigem Uferbewuchs.

In **Rivière des Anguilles**, einem lebhaften Marktflecken mit illustren alten Holzhäuschen, mündet unsere Straße in die A9, eine Nord-Süd-Verbindung zwischen der Südküste und dem Inselinneren (z. B. zur Teefabrik Bois Chéri). In diesem Ort lohnt sich ein Abstecher zum La Vànille Reservat, landläufig bekannt als „La Vànille Crocodile Park".

Lohnende Abstecher

Der prächtige, riesige **Hindu-Tempel** Amma Tookay Kovil, nördlich von Camp Diable inmitten von Zuckerrohrfeldern gelegen, ist das Ziel zahlreicher Pilger. Es gibt hier sogar eine eigene Bushaltestelle. Die farbenprächtige Anlage wird von zwei mächtigen schwarzen Steinlöwen-Statuen bewacht.

In Rivière des Anguilles/Tyack liegt direkt an der Hauptstraße nach Norden das unauffällige winzige Wohnhaus des Politikers und Ministers Sookdeo Bissondoyal (1908-1977), heute ein **Museum** (Eintritt frei).

Info Der Eintrittspreis inkludiert eine etwa einstündige Führung (auf Englisch und Französisch). Mit der Übersichtskarte, die man ausgehändigt bekommt, kann man aber auch bestens allein das Gelände erkunden.
Für den Rundgang sollten Sie rund 1,5 Std. ansetzen (ohne Restaurantbesuch).
Mittwochs um 11:30 Uhr findet eine Krokodilfütterung statt.
Wer sich zum Abschluss mit Lederwaren aus Krokodilhaut ausstatten möchte, findet eine reiche Auswahl im Souvenirladen.

Bilder dieser Doppelseite: Im La Vànille Crocodile Park gibt es eine wunderbare Pflanzenvielfalt und viele Riesenschildkröten zu Bestaunen

La Vànille Réserve des Mascareignes (La Vànille Crocodile Park)

1994 gründete ein australisch-mauritisches Pärchen auf dem Gelände einer ehemaligen Vanilleplantage (daher der Name) eine Krokodilzucht mit madagassischen Panzerechsen. Im Laufe der Jahre erweiterten die Besitzer das Parkgelände zu einer erfolgreichen Kombination aus Museum, Streichel- und Freiluftzoo. Mittlerweile ist das Reservat sogar zur weltgrößten Zuchtstätte für Aldabra-Riesenlandschildkröten angewachsen.

Den Schwerpunkt eines Besuchs bilden daher – neben den Krokodilbecken mit Exemplaren aller Altersstufen – ganz klar die **Riesenlandschildkröten**, die man hier sogar streicheln und mit Blättern füttern darf. Stattliche 114 erwachsene Riesenlandschildkröten und geschätzte 700 Jungtiere haben wir im La Vànille Reserve angetroffen. Während die Kleinsten kaum handtellergroß sind, bringen die behäbigen Senioren bis zu 275 kg auf die Waage. Zahlreiche Schautafeln informieren die Gäste über die faszinierenden Tiere, die einst zu Hunderttausenden Mauritius bevölkert hatten, seit ihrer Ausrottung auf den Maskarenen aber nur noch auf dem Seychellenatoll Aldabra überleben konnten. Diese schweren, gepanzerten Gesellen einmal zu berühren, ist nicht nur für Kinder ein großartiges Erlebnis.

Außergewöhnlich vielfältig präsentiert sich mit mehr als 23 000 aufgespickten Exemplaren die Insektensammlung des Reservats. Das klimatisierte **Insektarium** ist zwar sicherlich nicht jedermanns Geschmack, gilt aber als eines der umfangreichsten der Welt. Keinesfalls versäumen sollten Sie den kurzen **Nature Walk** durch den ursprünglichen, feuchttropischen Urwald. In der kleinen Talsenke hat sich mit Riesenbäumen, Lianen, Farnen und Palmen die originale Küstenvegetation erhalten, wie sie ansonsten kaum noch auf Mauritius zu finden ist. Der Fußpfad hat einen feuchtheißen, schweißtreibenden Dschungel-Charakter. Erfrischungen bietet danach das Restaurant „Le Crocodile Affamé" („Das hungrige Krokodil"). Es liegt am Rande des Dschungelwaldes und offeriert seinen Gästen neben kleinen Snacks tatsächlich einige Gerichte mit Krokodilfleisch.

Der Rundweg führt schließlich an mehreren Tiergehegen und Terrarien vorbei, in denen Chamäleons, Mangusten, Wildschweine und dicke Ochsenfrösche gehalten werden. Außerdem haben Sie hier Gelegenheit, die scheuen **Makaken**

einmal zu sehen. Die Backentaschenaffen sind zwar über ganz Mauritius verbreitet, in freier Wildbahn aber nur sehr schwer zu erspähen.

Anreise: Das Reservat liegt rund 2 km südlich von Rivière des Anguilles im Vorort Senneville und ist deutlich ausgeschildert. Kontakt: La Vànille Réserve des Mascareignes, Tel. 6262503, Fax 6261442, email: crocpark@intnet.mu, www.lavanille-reserve.com. Öffnungszeiten: täglich von 9.30-17 Uhr, Restaurant 12-16:15 Uhr. Preise: Mo-Fr Erwachsene 350 Rs, Kinder 200 Rs, Sa/So Erwachsene 200 Rs, Kinder 90 Rs.

Feudales Ambiente, Rumprobe und Vanille in St. Aubin

Die alte Zuckerrohrplantage **St. Aubin** gehört heute zum Union Bois Chéri Tea Estate (siehe S. 177). Wo einst Zuckerrohr angebaut wurde, wachsen jetzt Vanilleschoten und Zuchtblumen, seit einigen Jahren wird auch sehr erfolgreich Rum gebrannt. Rechts der Zufahrt liegt das wunderschöne, fast 200 Jahre alte Herrenhaus im kreolischen Kolonialstil. Beim Parkplatz befindet sich der Ticketschalter im Souvenirverkaufsladen. Hier beginnt die Besichtigungstour mit einer Filmvorführung, danach führt der Rundgang zur Anthurienzucht und durch die Vanille-Plantagen und Trockenlager bis zur Rumdestille (mit Rumprobe) beim stilvollen Restaurant im Herrenhaus. Dort kann man den Besuch wunderbar bei einem Mittagessen ausklingen lassen. Die Speisenfolge orientiert sich an typisch mauritischen Genüssen: Ein Salat aus Palmherzen oder Smoked Marlin als Starter, „Vànilla Chicken“ oder „Chicken creole“ als Hauptgericht, und für den süßen Abschluss wahlweise Fruchtsorbet oder vielleicht ein „Banana Flambé“. Unser Tipp: Frischer kann man keine Vanilleschoten kaufen (pro Stange ca. 1 €), auch der Rum ist hier günstiger als in vielen Läden.

Kontakt: Saint Aubin, Tel. 6261513, Fax 6262558, email: lesaintaubin@intnet.mu, www.saintaubin.mu. Öffnungszeiten: Mo-Sa 8:30-17 Uhr, Mittagessen 11-16 Uhr (So geschlossen). Preise: Die Führung kostet 4500 Rs, Tour mit Mittagsmenü 1300 Rs, Kinder stets die Hälfte. Es gibt auch ein Kombiticket mit dem Tea Estate Bois Chéri (S. 177) für 750 Rs (für beide Führungen) bzw. 1700 Rs (inklusive Lunch). Darüberhinaus wird ein Kombiticket angeboten, das außerdem noch den Besuch der Domaine des Aubineaux (S. 204) einschließt und 1050 Rs (nur die drei Führungen) bzw. 2000 Rs (inklusive Lunch) beinhaltet. Man kann im Restaurant sehr gut A-la-Carte essen, die Preise liegen bei 170-220 Rs für Snacks und 430-630 Rs für Hauptgerichte. Das Restaurant öffnet auch abends bis 21 Uhr. Mi/Do ist wegen der Reisegruppen eine Reservierung erforderlich, sonst nicht. Übernachtung: siehe rechts.

Zurück in Rivière des Anguilles biegen wir in südlicher Richtung in die A9 und durchqueren das gleichnamige, tief eingeschnittene und tropisch bewachsene Flussbett, ein schönes Fotomotiv. Schon nach kurzer Fahrt erreichen wir in **St. Aubin** eine interessante Sehenswürdigkeit, die traditionsreiche Zuckerrohrplantage mit touristischen Führungen, Shop und Restaurant.

Unter dem Eindruck der Zuckerfabriken und feudalen ehemaligen Herrenhäuser nähern wir uns bald einem Städtchen, das mit seinen vielen historischen Bauwerken und nostalgischem Ambiente fast **musealen Charakter** hat und zu einem gemütlichen Ortsbesuch einlädt.

Souillac

Das verschlafene Provinzstädtchen ist eine Gründung von Gouverneur Souillac, der 1779-1787 auf Mauritius regierte. Um die mühselige Landpassage der Güter und Ernteprodukte aus dem Süden nach Port Louis zu vereinfachen, ließ Souillac an der Mündung des Rivière Savanne einen Hafen errichten.

Im ausklingenden 18. und frühen 19. Jh. schufteten hier Sklaven – und später billige indische Arbeitsknechte – für die Zuckerbarone, beluden die Handelsschiffe mit den begehrten Waren von den Plantagen an der Südküste, allen voran Zuckerrohr, exotische Gewürze, Tee und Kaffee. Steht man heute an der **historischen Hafenmole**, ist von der einstigen Geschäftigkeit nichts mehr zu spüren. Nur ein paar Boote dümpeln im Wasser, und ein Denkmal erinnert an den Gouverneur (Foto). Im steinernen Lagerhaus, wo einst der Zucker eingelagert worden ist, bietet heute das **Restaurant La Batelage** schattige, idyllische Einkehr mit chinesisch-europäischer Küche (Tel. 6256083, Foto rechts).

Unterkunft für Individualisten

Auf dem weitläufigen Gelände des Union Sugar Estates befinden sich idyllische Unterkünfte.

Andréa Lodges: Tel. 4710555, Fax 6262541, email: resa@relaisdeslodges.com, www.relaisdeslodges.com und .www.andrealodge.com. Die 3 km lange Zufahrt liegt rund 1 km westlich von St. Aubin. Nahe eines alten Herrenhauses wurden zehn elegante Ferienhäuser mit Pool und Restaurant errichtet. Mindestaufenthalt 2 Nächte. Preise: ab 58 €/DZpP und 70 €/EZ.

Auberge de Saint Aubin: Tel. 6261819, Fax 6262558, www.saintaubin.mu. Innerhalb des Estates von St. Aubin (siehe links) kann man sich stilvoll in einem von drei Zimmern in einem alten, gediegenen Kolonialhaus mit Pool einmieten. Diverse Aktivitäten und der Besuch der Plantage sind für Hausgäste inklusive. Preise: ÜF ab 50 €/DZpP.

Ein kleines Museum hat Souillac auch zu bieten: „La Nef“, das kleine, einem Hexenhäuschen ähnliche Wohnhaus aus Korallensteinen, beherbergt zur Erinnerung an den mauritischen Poeten das **Robert Edward Hart Museum**. International ist der Verfasser Französisch- und Englisch-sprachiger Gedichte kaum bekannt, in seiner Heimat aber sehr verehrt. Die Ausstellung im Inneren ist klein und weniger interessant als das Gebäude selbst, in dem Edward Hart (1891-1954) viele seiner Werke verfasste. Öffnungszeiten: Mo-Fr 9-16 Uhr, Sa 9-12 Uhr, So/Di und feiertags geschlossen. Eintritt frei.

400 m westlich des Museums liegen die berühmten **Telfair Gardens**, eine kleine, nach dem britischen Zuckerbaron und Naturfreund Charles Telfair benannte Parkanlage, wo die Einheimischen gerne unter den Luftwurzeln der hohen Banyanbäume flanieren. Man blickt von dort bis zum alten Friedhof, der einsam auf dem gegenüber liegenden Felsvorsprung Wind und Wetter ausgesetzt ist.

Fährt man vom Edward Hart Museum nach Osten, gelangt man nach 1,3 km an die kleine Bucht von **Gris Gris** am südlichsten Punkt der Insel. Vom Parkplatz aus blickt man geradewegs auf die schmale Bucht, ihren wunderschönen Sandstrand und die zumeist aufgewühlte See. Denn hier fehlt ein schützendes Korallenriff, und so brechen die Wellen mit voller Kraft ans Ufer. Baden ist verboten; zahlreiche Schilder warnen vor der starken Strömung. Viele Besucher sind trotzdem fasziniert von dieser natürlichen Wildheit, steigen in die Bucht hinab und genießen den strammen Wind.

Beim Parkplatz wetteifern mehrere Lokale um die Gunst der Besucher. Für preiswerte, gute Meeresfrüchte hat sich „Chez Rosy" einen Namen gemacht (Tel. 6254179). Von Gris Gris kann man noch 600 m weiter nach Osten fahren und gelangt an einen Parkplatz unter Kasuarinen. Von hier führen Fußpfade zum Meer hinab und eine Piste bis zu einem schwarzen Felsvorsprung, den windumtosten Felsen „**La Roche qui pleure**" („der weinende Fels"). Das Meer wirkt hier noch aufgewühlter und abweisender; die Szenerie erinnert viel mehr an den Nordatlantik als an tropische Gewässer.

Bilder links: Schnappschüsse in Gris Gris und Souillac

Rochester Falls

Der Rivière Savanne stürzt inmitten der monotonen Zuckerrohrfelder knapp 2 km vor seiner Mündung die felsigen Rochester Falls hinab. Nach rund 10 m freiem Fall füllt der Fluss einen steinigen, klaren Pool, der einlädt, sich darin zu erfrischen. Am Wochenende springen einheimische Kinder manchmal von der Fallkante in den Felsenpool, um den Touristen zu imponieren und ein paar Münzen zur Belohnung zu ergattern. Der Wasserfall ist von beiden Uferseiten zugänglich.

Zufahrt von Surinam (Westufer): Fahren Sie zunächst 800 m in Richtung St. Felix, und biegen Sie vor der Total-Tankstelle rechts ab. Nach 300 m kommt eine starke Linkskurve, in der eine kleinere Straße geradeaus weiter führt. Sie fahren nun 600 m entlang dieser Nebenstraße und anschließend noch 500 m auf dem kleinen Feldweg durch die Zuckerrohrfelder. Der Weg endet direkt an der Fallkante; von hier aus können Sie zum Pool hinabsteigen.

Zufahrt von Souillac (Ostufer): Diese Zufahrt ist deutlich ausgeschildert, wenngleich man hier viel länger auf steiniger Erdstraße fährt. Zwischen der alten Kirche und dem Rochester Restaurant beginnt die Zufahrt. Nach kurzer Fahrt wird sie zur ruppigen Piste und führt für 1,5 km durch Zuckerrohrfelder. Am Ende muss man noch 5 Minuten zu Fuß gehen, erreicht die Fälle dann am Badepool und genießt einen schönen Blick auf die Rochester Falls.

Auf beiden Seiten warten meistens einige Männer, um kühle Getränke oder gegen ein kleines Trinkgeld „Führungen" anzubieten. Vorsicht: Sie sind teilweise recht aufdringlich und mitunter sogar aggressiv gegen Besucher. Man sollte daher besser mit Guide unterwegs sein.

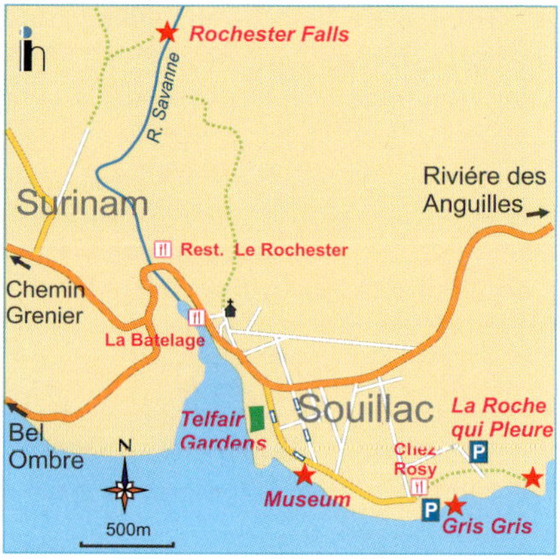

La Vallée des Couleurs

Im Tal der 23 Farben

In Chamouny, an den Berghängen nördlich von Chenin Grenier, liegt ein Naturphänomen ähnlich der berühmten farbigen Erde von Chamarel (S. 169). Das vegetationslose, vulkanische Gestein mit unterschiedlichen **Farbschattierungen** ist weniger attraktiv und kleiner als in Chamarel; dafür will man hier gegenüber den dortigen sieben sogar 23 verschiedene Farbtöne auseinanderhalten können! Man nimmt an, die Erdfarbtöne seien durch unterschiedliche Mineralansammlungen im vulkanischen Gestein entstanden. Obwohl der unebene Rundweg über Vulkangesteinschotter leicht in 45 Minuten zu bewältigen ist, reichen die kurzen schattenlosen Anstiege, um heftig ins Schwitzen zu kommen. Er führt an drei Wasserfällen vorbei, in denen man baden kann, und gewährt eine schöne Aussicht bis zum Ozean. Ein kleines Restaurant bietet Sandwiches und Curries; wer möchte, kann die Tour auch im Quad Bike abfahren, außerdem wird eine Zipline angeboten (Flying Fox).

Öffnungszeiten: täglich von 9-17 Uhr, Eintritt: 250 Rs, Kinder die Hälfte. Tel. 2518666, www.lavalleedescouleurs.com

Für die Weiterfahrt von Souillac nach Bel Ombre wählen wir in Surinam die Küstenstraße B9, nicht die weiter im Hinterland liegende Straße B10 über St. Felix und Chemin Grenier. Denn die Küstenstraße wendet sich sogleich dem Ozean zu und folgt nun direkt am Meeresufer dem überwiegend einsamen Küstenlauf. Öffentliche Badestrände, Kasuarinenwälder, die den ständigen strammen Winden trotzen, und ein paar Ferienhäuser wechseln sich ab. In der Baie du Jacotet liegt das Inselchen Sancho. Bei Ebbe kann man hinüber waten und einen alten Schiffsanker im Schlick entdecken. Alle Strände dieser einsamen Küstengegend sind leider strömungsreich und daher für Badende nicht ganz gefahrlos.

An diesem Küstenabschnitt liegt ein Wellness-Tempel, der selbst auf der verwöhnten Insel Mauritius Aufsehen erregt:

Luxusresort bei Pointe aux Roches

Shanti Maurice: A Nira Resort, Chemin Grenier, Tel. 6037200, Fax 6037250, email: info@shantimaurice.com, www.shantimaurice.com. Das Villenhotel mit Luxus-Spa auf einem 14 ha großen Gelände bei Pointe aux Roches war bis 2010 als Meditations- und Ayurveda-Therapiezentrum ausgerichtet. Inzwischen mauserte es sich zum modernen Lifestyle-Boutique-Resort mit sehr geräumigen, eleganten Suiten und Villas, niveauvoller Küche und einem ausgewogenen Angebot für anspruchsvolle Genießer. Durch den grandiosen Spa-Bereich mit niveauvollen Yoga-Angeboten ist dies ein tropischer Gesundheitstempel vom Feinsten.
Preise: HP ab 170 /DZpP und 315 €/EZ.

Bel Ombre

Die Ortschaft Bel Ombre („Schöner Schatten") liegt beim gleichnamigen riesigen Sugar Estate, dem über Generationen wichtigsten Arbeitgeber der Region. Wie der europäische Adel im Mittelalter genossen die Plantagenbesitzer von Bel Ombre uneingeschränkte Macht. Der berühmte Philanthrop und Naturfreund Charles Telfair, einer der wenigen Briten, die sich nach der Besitznahme von Mauritius auf der Insel dauerhaft niederließen, hatte das bergige Anwesen einst geprägt und erfolgreich modernisiert.

Erst vor wenigen Jahren wurde ein Küstenbereich der Großplantage parzelliert und für die touristische Entwicklung ausgewiesen. Zuckerrohrfelder wurden planiert und ein Golfplatz nebst vier großen Hotelanlagen im vier bis fünf Sterne-Bereich errichtet. Ohne jegliche andere touristische Infrastruktur wirkte das neue Touristenzentrum anfangs wie eine Retortenanlage. Vieles hat sich seither verändert, doch nach wie vor richten sich die Hotels primär an Ruhesuchende, Golfer und Reisende mit einem Mietwagen.

Chazal Eco Tourism

Action in der Domaine von St. Felix

In den steilen Bergen oberhalb von Chemin Grenier/Chamouny wird unternehmungslustigen Tagesbesuchern ein Adrenalinschock der besonderen Art geboten: Sechs „Zip Lines" durchziehen das bewaldete Gelände und überqueren den Rivière des Galets. Entlang dieser Stahlseile, in die Sie sicher eingehakt werden, gleiten Sie wie ein Vogel über die Baumwipfel hinweg. Abkühlung bietet danach ein Bad unter einem Wasserfall im Wald. Alternativ werden auch Trekking und Rivertrek angeboten. Die Touren finden vor- und nachmittags statt und stets ist ein landestypisches 3-Gänge-Mittagessen inkludiert.
Preise: Zipline 55 €, Rivertrek 45 €, Trekking 33 €. Lunch ohne Activity: 14 €.
Zufahrt: Am Ortsrand von Chemin Grenier 1,2 km Piste und nochmal 1,5 km auf Teer durch Zuckerrohrfelder (beschildert). Vorreservierung ist erforderlich.
Kontakt: Tel. 6227234 / 4223117, email: sales@incentivepartnersltd.com, www.chazalecotourismmauritius.com

Einzige Restaurants außerhalb der Resorts sind das edle „Le Château", das Gartenlokal „Golf du Château" beim Golfplatz und das „Bistro Anves" im Dorf St. Martin. Ein paar Boutiquen bietet das neue „Place du Moulin" in einer renovierten Zuckerrohrfabrik gegenüber dem Telfair Hotel. Die schmalen Strände von Bel Ombre werden durch ein vorgelagertes Korallenriff geschützt. Der Südostpassat sorgt für eine nicht zu unterschätzende Meeresströmung. In den kühlen Wintermonaten hält die stete Brise manchen Hotelgast vom Baden ab. Die Luftfeuchtigkeit ist höher als an anderen Küsten der Insel.

Beim Kreisverkehr von Bel Ombre zweigt die Stichstraße zu den direkt nebeneinander liegenden Hotels ab. In der Gegenrichtung führt sie zum Château von Bel Ombre und dem Golfplatz.

Le Château de Bel Ombre: Tel. 6235620, Fax 6235621, www.domainedebelombre.mu. Das Herrschaftshaus des schillernden und erfolgreichen Zuckerbarons Charles Telfair entstand in den Jahren zwischen 1816 und 1833 und thront in herrlicher Lage zwischen den weiten, hügeligen Feldern oberhalb des Golf Clubs. Trotz des kreolischen Baustils strömt das Anwesen vornehme Strenge aus. Für ein besonderes Essen stellt das Restaurant im Château den richtigen Rahmen und bietet exzellenten Service. Öffnungszeiten: Mo-Sa 12-15 Uhr und 19-22 Uhr. Reservierung nötig.

Die Hotels von Bel Ombre (West nach Ost)

Le Telfair Golf & Spa Resort: Tel. 6015500, Fax 6015555, email: info@letelfair.com, www.letelfair.com. Ein sehr romantisches 5-Sterne-Resort im gediegenen, kreolischen Kolonialstil mit 148 Zimmern und 10 Suiten, großzügigem Spa-Bereich und eigenem Golfplatz. Sehr stimmungsvoll.
Siehe „Neues und Bewährtes": S. 218.
Preise: HP ab 240 €/DZpP und 330 €/EZ.

Heritage Awali Golf & Spa Resort: Tel. 6011500, Fax 6011515, email: heritage@heritage-resort.com, www.heritage-resort.com. Das 5-Sterne-Schwester-Resort neben dem Le Telfair wirkt durch afrikanische Dekorelemente und warme Farben, ist viel lebhafter (AI-Hotel mit Abendunterhaltung), und hat sehr viele britische Gäste. Die Gäste beider Hotels können alle Restaurants und den Golfplatz nutzen. 172 Zimmer, Spa. Preise: AI ab 240 €/DZpP und 330 €/EZ.

Tamassa Hotel: Tel. 6037300, Fax 6225880, email: info@tamassaresort.com, http://www.tamassaresort.com. Tamassa bedeutet Party, und dies hat sich das 4-Sterne-Boutique-Hotel auf die Fahne geschrieben. Zielgruppe sind junge Leute und spaßorientierte Familien. Internetzugang gibt es hier gratis, einen 12-Meter-Pool und Sauna im Spa, moderne Sportgeräte im Fitnessraum und abends lockt die hauseigene Disko. Preise: AI ab 165 €/DZpP und 250 €/EZ.

Outrigger Resort & Spa: Tel. 6235000, Fax 6235001, email: resa.mauritius@outrigger-mu.com, www.outrigger.com. Das ehemalige Mövenpick Hotel wurde von Outrigger 2014 als 5-Sterne-Resort wiedereröffnet. Es bietet 181 Zimmer im weitläufigen Garten, drei Pools, Spa, Club Zone und drei Restaurants. Preise: HP ab 200 €/DZpP und 350 €/EZ.

Sofitel So Mauritius: Tel. 6055800, Fax 6151049, email : h6707@sofitel.com, www.sofitel.com. Das zweite Sofitel der Insel eröffnete 2010 mit einem modischen und ungewöhnlichen Konzept nach Stardesigner Kenzo Takada. Hier wird mit Formen und Farben gespielt. Butlerservice in allen 86 Suiten, herausragende Gastronomie; eleganter Spa und etwas eigenwilliger Pool. Preise: HP ab 190 €/DZpP und 380 €/EZ.

Domaine de Bel Ombre

Unter dem Dachbegriff Domaine de Bel Ombre fassen die Betreiber alle touristischen Angebote auf dem Gelände des Bel Ombre Sugar Estates zusammen: die beiden Luxushotels Le Telfair und Heritage Awali, das Château de Bel Ombre, einen modernen 18-Loch-Golfplatz mit dem guten Restaurant „Golf du Château" und den umgebenden, reizvoll bergigen Naturpark namens **„Frédérica Nature Reserve"**, in dem sich auch eine luxuriöse Villenresidenz befindet. Kontakt: Tel. 6235615, Fax 6235616, www.domainedebelombre.mu.

Im Naturpark, der sich bis auf 400 m Höhe entlang der Berge erstreckt und der die Heimat von rund 3500 Sambarhirschen sowie zahlreichen Hasen und Meerkatzen ist, werden geführte Ausflugstouren im überdachten offenen Geländewagen, auf Quadbikes (Doppelsitzer), mit Mountain Bikes oder auch zu Fuß angeboten. So starten um 9:30 und 13:30 Uhr dreistündige Pirschfahrten und geführte Quadbike-Touren; aktivere Gäste können mehrmals wöchentlich vormittags an geführten Mountain Bike oder Trekking Touren teilnehmen. Auf allen Ausflügen sind Fotostopps an besonders schönen Aussichtspunkten vorgesehen, teilweise kann man auch baden. Vogelfreunde sollten nach Fliegenschnäppern, Tropikvögeln, Papageien und dem sehr seltenen Mauritius-Turmfalken Ausschau halten. Mittwochs findet eine Nachtsafari von 17:30-20 Uhr statt. Alle Ausflüge sollten vorreserviert werden. Wir empfehlen die Vormittagstouren wegen der zumeist günstigeren Licht- und Wetterbedingungen. Da es in den Bergen häufig zu Niederschlägen kommt, sollte man feste Schuhe und eine Regenjacke dabei haben. Treffpunkt ist hinter dem Château beim Welcoming Centre.
Preise: Safaris und Quadbike-Touren im Doppelsitzer ab 70 € pP (für Einzelfahrer teurer), Trekking und Mountainbike ab 25 € pP. Es besteht auch die Möglichkeit, Quadbike-Touren und Trekking zu kombinieren. PS: Früher hieß das Gebiet „Valriches Nature Reserve".

Von Bel Ombre zum Le Morne Brabant

Info Diese Strecke erhielt das Prädikat „Scenic Route“

Auf der Weiterfahrt in Richtung Le Morne Brabant durchqueren wir nach 1 km das Dorf St. Martin. Auf dem Friedhof erinnert ein Gedenkstein an die Rettung der Schiffbrüchigen nach der Havarie der Trevessa im Jahr 1923. Nach einer 2000 km langen Odyssee und fast einem ganzen Monat auf hoher See trieb ihr Rettungsboot schließlich hier an Land.

Die Küstenstraße führt weiter durch kleine Fischerdörfer mit einem auffällig hohen Anteil dunkelhäutiger Kreolen, wogegen kaum Indo-Mauritier oder Franko-Mauritier zu entdecken sind. In Baie du Cap zweigt eine steile, kurvenreiche Straße mit grandiosen Aussichten in die Berge nach Chamarel, zur Coloured Earth und den Chamarel Falls ab (S. 168ff).

Am Strand von **Baie du Cap** mahnt ein weiteres Denkmal vor den Gefahren des Ozeans: Der britische Kapitän Matthew Flinders geriet zu Beginn des 19.Jh. auf der Fahrt von Australien nach Europa in Seenot, erlitt vor Mauritius Schiffbruch und rettete sich hier an Land. Unglücklicherweise befand sich die Insel zu diesem Zeitpunkt im Krieg mit Großbritannien, weshalb der Schiffbrüchige kurzerhand inhaftiert wurde und erst Jahre später wieder die Freiheit erlangte.

Unten: Blick vom Aussichtsfelsen auf die berühmte Haarnadelkurve; Mangroven gedeihen bestens im Gezeitenbereich der Küste

Die Küstenstraße nimmt kurz nach Baie du Cap einen dramatischen Verlauf. Sie steuert einen als Maconde bezeichneten einsamen Felsvorsprung an und dreht direkt vor der Felsspitze in einer engen **Haarnadelkurve** zurück. Ein paar Stufen führen die Felsspitze hinauf. Von oben lässt sich die Spitzkehre spektakulär fotografieren. Leider gibt es nur wenige Parkbuchten, deshalb ist es mitunter schwierig, in der Kehre zu halten.

Wie ein Fjord ragt die Bucht Baie du Cap tief in das Inselinnere. Die Küstenstraße folgt dem Einschnitt bis zum Mündungsgebiet des gleichnamigen Flusses. Mangroven säumen hier den brackigen Schlick. Seit 2009 verkürzt eine neue Dammstraße die Fahrt durch diese tief eingeschnittene, flache Bucht.

Kurvenreich geht es auf schmaler Küstenstraße weiter, mit reizvollen Ausblicken zum Ozean und auf saftig grüne Berge. Es ist eine beschauliche, aber auch rückständige, arme Gegend, die vom betriebsamen Alltag der Städter und vom Tourismus kaum berührt wird. Die Dorfbewohner finden ihr karges Auskommen als Fischer oder bei der Feldarbeit auf den Sugar Estates, vielleicht arbeitet der eine oder andere sogar in einem der Hotels von Bel Ombre.

Bald kommt die Halbinsel mit dem markanten Tafelberg Le Morne Brabant in Sicht. Die Küstenstraße umfährt diese Halbinsel nicht, sondern knickt vor dem Tafelberg nach Norden ab. Gut 13 km nach Bel Ombre erreichen wir die Abzweigung nach Pointe Marron, der Nordspitze der Halbinsel Le Morne Brabant. An dieser Stelle stoßen wir auch wieder auf eine touristische Infrastruktur mit kleinen Supermärkten und Modeboutiquen. Hier befindet sich eine wichtige Bushaltestelle mit Verbindungen nach Quatre Bornes und Port Louis bzw. Baie du Cap und Souillac. Die Straße führt nördlich weiter über Tamarin und Bambous nach Port Louis. Wir biegen jedoch links zu den Hotels und Badestränden von Le Morne Brabant ab.

Oben: Kreolinnen schützen sich gerne mit Hüten gegen Wind und Sonne; Ein hungriger Hirtenmaina auf dem Restaurantstuhl
Unten: Vorsicht Clubcar!

Die Halbinsel Le Morne

Es fällt nicht schwer, beim Gedanken an die kleine Halbinsel im Südwesten von Mauritius ins Schwärmen zu geraten. Hier passt einfach alles: Der Ozean ist wunderbar klar und sanft, die weißen Sandstrände scheinbar endlos, und über der idyllischen Tropenszenerie thront dieser magische, steile Felsbrocken mit seiner besonderen Ausstrahlung. Keine Frage – Le Morne Brabant, der 555 m hohe Tafelberg ist ein faszinierendes Wahrzeichen von Mauritius.

Früher war er eine Fluchtburg entlaufener Sklaven, die sich auf dem einsamen Bergplateau vor der Verfolgung durch die Behörden und Sklavenhändler sicher wähnten. Es heißt, eine Tragödie spielte sich ab, als die Briten 1834 einige Polizisten auf den Berg schickten, um den Flüchtlingen das Ende der Sklaverei zu verkünden. Etliche Sklaven sollen sich damals in Panik vom Berg gestürzt haben, weil sie fürchteten, von der Polizei verhaftet und zu ihren „Besitzern" zurückgebracht zu werden. Die Unesco setzte Le Morne Brabant im Sommer 2008 auf die Liste der **Welterbe** und begründet dies auch mit der historischen Bedeutung aufgrund dieser historischen Vorkommnisse. Außerdem beherbergt der Granitfels zahlreiche endemische Pflanzen und gewährt in seinen überhängenden Höhlen gefährdeten Vogelarten, wie dem Mauritius-Turmfalken, Schutz.

Schon gewusst?

Die Unesco hat bisher 1007 Welterbestätten in 161 Ländern ernannt. Zwei davon liegen auch in Mauritius: Le Morne Brabant und Aapravasi Ghat in Port Louis (S. 26 und 90)

Seine steilen Flanken sind nur unter großen Anstrengungen zu erklimmen (ca. 2 Std. für Geübte; Trittsicherheit und Schwindelfreiheit sind notwendig, kein Pfad vorhanden).

Tipp Wer diesen magischen, anspruchsvollen Gesteinskoloss besteigen möchte, sollte sich an den erfahrenen Wander- und Kletterführer Yan wenden: Tel. 7856177, www.yanature.com. Von einer Bergtour ohne einen Bergführer raten wir aus Sicherheitsgründen dringend ab!

Ein breites Riff umschließt die Halbinsel fast vollständig. In der Lagune ist das Meer sehr ruhig und bietet beste Voraussetzungen für Kinder, Nichtschwimmer und zahlreiche Wassersportarten. Die Strände im Westen, wo die Hotels liegen, sind durch den Tafelberg vom Wind geschützt. **Kitesurfer** finden beste Bedingungen, sobald sie im Süden der Halbinsel aus dem Windschatten des Tafelbergs geraten und den Südostpassat nützen können. In den tiefen Gewässern vor der Halbinsel sind in der Vergangenheit die weltweit mächtigsten und größten Tiefseefische, unter anderem ein 715 kg schwerer Blauer Marlin, gefischt worden.

Hotels in Le Morne

Le Paradis Hotel & Golf Club: Tel. 4015050, Fax 4505140, email: paradis@bchot.com, www.paradis-hotel.com. 5-Sterne-Plus-Resort von Beachcomber. Das Luxushotel mit dem Schwerpunkt Sport hat unserer Ansicht nach die beste Lage der ganzen Halbinsel und bietet mehrere Traumstrände. Die 257 Zimmer unterschiedlicher Kategorien verteilen sich auf dem riesigen Gelände, im Hintergrund schließt sich der hoteleigene 18-Loch-Golfplatz an. Mit breitem Sportprogramm, zahlreichen Wassersportarten, modernem Fitnessbereich, Mountainbike-Touren und kleinem Spa. Ein Hotel der Luxusklasse speziell für Aktive und Junggebliebene. Alle Einrichtungen des Schwesterhotels Dinarobin dürfen ebenfalls genutzt werden, inklusive der Restaurants. Zwischen beiden Hotels besteht ein individueller Transferdienst.
Preise: ÜF ab 125 €/DZpP und 190 €/EZ.

Dinarobin Hotel Golf & Spa: Tel. 4014900, Fax 4014901, email: dinarobin@bchot.com, www.dinarobin-hotel.com. Gediegenes Beachcomber-Premiumhotel mit 5-Sterne-Plus bzw. 6 Sternen, je nach Kategorisierung. Mit 172 eleganten und sehr geräumigen Suiten bietet es noch einen persönlicheren und intimeren Rahmen als sein lebhaftes Schwesterhotel (siehe oben) und hat sich dem Thema Wellness verschrieben. Riesige Angebotsvielfalt im Spa, erstklassige Gastronomie, gepflegte Unterhaltung, dezenter Service. Ein Hotel zum Süchtigwerden...
Preise: ÜF ab 160 €/DZpP und 240 €/EZ.

LUX* Le Morne: Tel. 4014000, Fax 4505248, email: reservation@luxislandresorts.com, www.luxresorts.com. Das bekannte 5-Sterne-Hotel der LUX Resorts bietet 149 ansprechende Zimmer, mehrere Restaurants und Pools, Spa-Bereich, einen großartigen Palmengarten und einen herrlichen Strand – ein tropischer Traum für Honeymooner und Verliebte. Viele Stammgäste. AI möglich.
Preise: ÜF ab 200 €/DZpP und 370 €/EZ.

St. Regis Mauritius Resort: Tel. 4039000, Fax 4039001, email: stregismauritius@stregis.com, www.stregis.com/mauritius. 2012 eröffnete das erste St. Regis auf Mauritius. Die 172 luxuriösen Zimmer, der gigantische Luxus-Spa und das Kolonialstil-Ambiente im Hauptgebäude sind spektakulär. Mit Butler-Service und einem Kite Surf Club der Luxusklasse.
Preise: HP ab 280 €/DZpP und 550 €/EZ.

Riu Le Morne, Riu Creole und Riu Coral: Die spanische Gruppe RIU Hotels & Resorts eröffnet Anfang 2015 einen Komplex aus drei Vier-Sterne-Hotels auf dem Gelände des ehemaligen The Indian Resorts. Hotel Riu Le Morne wird mit 219 Zimmern ein elegantes und stylishes Adults-Only-AI-Resort mit vier Restaurants und fünf Bars. Die beiden anderen Hotels, Riu Creole mit 167 Zimmern und Riu Coral mit 144 Zimmern, wollen Familien und Sportbegeisterte ansprechen. Ihre Lage am stürmischeren Südstrand der Halbinsel eigent sich besonders gut zum Kiten und Surfen. Weitere Infos: www.riu.com.

Bilder rechts: Blick über die Halbinsel Le Morne vom Aussichtspunkt an der Auffahrt nach Chamarel; Wasserski-Anlegestelle im Le Paradis Hotel.

Praktische Infos

Die bescheidene Infrastruktur der Halbinsel ist vorrangig touristisch ausgerichtet. Das „Commercial Centre" beim Eingang zum Le Paradis Hotel, in dessen Hintergrund elegante Villen und Ferienhäuser an den Berghang gebaut wurden, beschränkt sich auf eine Bankfiliale mit ATM-Schalter und mehrere Modeboutiquen. Selbstversorger und Shopping-Freunde werden eher im neuen Shopping Centre in La Gaulette und im „Ruisseau Créole Shopping Centre" bei Grand Rivière Noire fündig (18 km nördlich, S. 180). Öffentliche Verkehrsmittel verkehren etwa stündlich entlang der Küstenstraße zwischen Baie du Cap und Tamarin, eine Bushaltestelle befindet sich an der Abzweigung auf die Halbinsel. Die 4 km lange Zufahrtsstrecke zu den Hotels wird nicht öffentlich bedient.

Ausflug zur Insel Ile aux Bénetiers

Zahlreiche Ausflugsboote steuern die langgezogene, flache Insel in der Lagune an. Hier wollte sich einmal die Fkk-Szene etablieren, doch die Muslime und Hindus protestierten vehement, und so setzte die Regierung den Freizügigkeiten rasch ein Ende. Heute befindet sich die Ile aux Bénetiers in Privatbesitz, aber wie alle Strände auf Mauritius sind auch die der kleinen Inseln jedermann zugänglich. Benannt wurde die Insel übrigens nach der Riesenmuschel Bénetiers, der man lange nachsagte, eine menschenverschlingende Mördermuschel zu sein. Viele Ausflugsfahrten zur Delfinbeobachtung, zum „Schwimmen mit Delfinen", Insel-Barbecues und zum Schnorcheln im Korallenriff führen zu dieser auch „Coconut Island" genannten Insel.

Tipp Zu den schönsten Panoramastrecken von Mauritius zählt die kurvenreiche Fahrt von Grande Case Noyale über Chamarel in den Black River Gorges Nationalpark. Die Rundfahrt durch das beliebte Ausflugsgebiet zum hinduistischen Pilgerzentrum Grand Bassin und über die Teeplantagen zur Küste zurück beinhaltet neben der malerischen Strecke auch einige der großartigsten Sehenswürdigkeiten der Insel. Ohne Wanderungen lässt sich der Ausflug an einem Tag prima bewältigen, wenn man früh aufbricht

Info Bennant wurde Chamarel nach einem französischen Offizier, der sich hier 1791 niederließ und in das lukrative Holzgeschäft einstieg.

Rundfahrt durch die Berge

Über die Stationen Chamarel, Black River Gorges Nationalpark, Grand Bassin und Bois Chéri

In Grande Case Noyale, 9 km von den Hotels am Le Morne Brabant entfernt, beginnt die steile Bergauffahrt. 3,5 km windet sich die Teerstraße die küstennahen Berge hinauf und gibt dabei wunderbare Ausblicke auf die sanfte Lagune und die Insel Bénetiers frei. Unterwegs huschen manchmal Makaken von der Straße ins Gebüsch. Noch vor dem Bergdorf Chamarel liegt exponiert am steilen Abhang das Ausflugslokal „Le Chamarel". Direkt nach dem Restaurant zweigt die unauffällige Zufahrt zur Lodge „Lakaz Chamarel" ab.

Über **Chamarel** schreiben ältere Bücher, das beschauliche, kreolische Dorf, in dessen Peripherie der einzige Kaffee der Insel gedeiht, sei noch unberührt vom Tourismus. Das hat sich stark verändert. Die Nähe zum Besuchermagneten „Coloured Earth & Chamarel Falls" und dem Nationalpark hat hier mehrere Ausflugslokale, eine Öko-Lodge und ein paar kleine Gästehäuser wie Pilze aus dem Boden schießen lassen. Zu den neueren Errungenschaften gehört die Rumfabrik „**Rhumerie de Chamarel**" mit angeschlossenem Restaurant und Shop am Ortsausgang in Richtung Nationalpark, wo von Juni bis Dezember dreierlei Rumsorten produziert werden (Eintritt 350 Rs, Kinder 175 Rs). Sehenswert ist in dem kleinen Dorf auch das katholische Wallfahrtskirchlein Sainte Anne. Bei den Tagesrestaurants herrscht kreolische Küche vor, z. B. im „Chez Ruben", „Les Palmiers ", „La Citronelle" und „Domaine du Cachet". Die beste Aussichtsterrasse bietet das Mittagsrestaurant „Le Chamarel" (Tel. 4836421).

Unterkünfte in Chamarel

Coteau Fleurie: Tel. 4834757, Fax 483506, email: reservation@coteaufleurie.com, www.coteaufleurie.com. „Boutique Bed & Breakfast" nennt sich die schöne Kolonialvilla mit fünf gemütlichen Zimmern, die gegenüber dem Zugang zur Coloured Earth liegt. Preise: ÜF ab 40 €/DZpP.

La Vieille Cheminée: Tel. 4835249, Fax 4835250, email: caroline@lavieillecheminee.com, www.lavieillecheminee.com. Ruhige Reiterferien und die mauritische Form eines „Urlaubs auf dem Bauernhof" ermöglicht die 300 m nach dem Zugang zur Coloured Earth liegende Reitfarm La Vieille Cheminée. Sie bietet 4 kreolische Landhäuser für je bis zu 6 Personen, einen Pool, Mountainbikes, Reitgelegenheit (2 Std. 60 €), Wanderführer und Zimmerservice. Mahlzeiten sind erhältlich. Preise: ab 44 €/DZpP und 66 €/EZ pro Nacht.

Lakaz Chamarel: Tel. 4835240, email: lakazchamarel@intnet.mu, www.lakazchamarel.com. Diese idyllische 4-Sterne-Plus-Lodge in einem von dichtem Wald umgebenen Taleinschnitt halten wir für den schönsten Platz für Naturfreunde auf Mauritius. Alle Chalets und Suiten sind individuell gestaltet, viele haben Privatpools, ein kleiner Spa mit Sauna bietet günstige Massagen und Yoga. Tolles Wandergebiet, viele Vögel. Siehe „Neues und Bewährtes": S. 216. Preise: HP ab 100 €/DZpP und 145 €/EZ.

Coloured Earth & Chamarel Falls

2 km südlich von Chamarel in Richtung Baie du Cap liegt beim Dorf Cachette direkt an der Straße der Zugang zu diesem viel besuchten Naturschauspiel. An der Schranke ist der Eintritt zu bezahlen, danach fährt man noch 1,5 km zum großen Parkplatz unterhalb des Wasserfalls. Ein kurzer Anstieg mit Treppen führt zum Aussichtspunkt. Rund um den fast 100 m senkrecht hinab stürzenden **Wasserfall**, der sich aus den Flüssen St. Denis und Viande Salée speist, hat sich im Sprühnebel eine tolle Vegetation gebildet. Am schönsten sind die Chamarel Falls zwischen Januar und April. Fotofreaks empfehlen wir den Besuch am späten Nachmittag, weil die Sonne dann ihr sanftes Licht direkt auf den Wasserfall strahlt.

Nach weiteren 1,5 km Fahrt durch Zuckerrohrfelder gelangt man zum Parkplatz an der „**Farbigen Erde**". Nach einem kurzen Fußweg öffnet sich die Vegetation und gibt den Blick frei auf eine völlig kahle, vegetationslose Lavaformation. Das leicht wellige Gestein leuchtet tatsächlich in unterschiedlichen Farbtönen, wie Anthrazit, Purpur, Rostrot, Rot, Ocker, Lila und Braun. Das eigenwillige Naturphänomen wird mit hochkonzentrierten Ansammlungen von Eisen und Aluminium im Gestein erklärt, wogegen die ursprünglich vorhandenen Basalte und Kieselsäuren vollkommen ausgewaschen seien. Früher durften die Besucher auf der „Farbigen Erde" frei herum laufen. Inzwischen wurde der Bereich aber abgesperrt und ein Weg angelegt. Das kahle Lavagestein inmitten der dichten Wälder sieht reichlich kurios aus. Bei trübem Wetter oder im gleißenden Mittagslicht dürfte die Wirkung allerdings enttäuschend ausfallen. Das beste Licht zum Fotografieren bieten die Morgenstunden oder der späte Nachmittag. Ein Restaurant gibt es auch und wirbt damit,

TIPP Für Vogelfreunde: In den Zuckerrohrfeldern am Wegesrand halten sich viele Rebhühner auf, und beim Wasserfall kreisen Schwalben

Oben: Die Wasserfälle in den unterschiedlichen Jahreszeiten

Unten: Die ungewöhnliche Farbige Erde von Chamarel

Curious Corner of Chamarel

Seit Februar 2014 gibt es in Chamarel eine neue Sehenswürdigkeit: Im Museum „Curious Corner" dreht sich alles um optische Täuschungen, Illusionen und Überraschungen. Jede Besuchergruppe bekommt ihre eigene fröhliche Führung und erlebt die Welt der magischen Täuschung aktiv mit. Der Besuch ist ein Familienspaß und dauert je nach persönlicher Neigung ein bis zwei Stunden. Kontakt: Curious Corner of Chamarel, www.curiouscornerofchamarel.com, Tel. 230483420. Öffnungszeiten: täglich von 9:30-17 Uhr. Preise: Erwachsene 7 €, Kinder von 5-12 Jahren 4 €.

die Eintrittsgebühren zu erstatten, wenn man hier zum Essen einkehrt. Beim Kinderspielplatz befindet sich ein Becken mit Riesenlandschildkröten; auch Toiletten sind vorhanden.

Für den Besuch beider Sehenswürdigkeiten braucht man insgesamt eine bis zwei Stunden Zeit. Öffnungszeiten: tgl. von 7-18 Uhr. Eintritt: Erwachsene 125 Rs, Kinder bis 12 Jahre 75 Rs.

Weiterfahrt von Chamarel nach Le Pétrin zum Black River Gorges Nationalpark

Die Strecke führt uns kurvenreich in die Berge entlang der „Route Plaine Champagne". Nach knapp 4 km, noch vor dem Black River Gorges Nationalpark, erreichen wir eines der berühmtesten Ausflugsrestaurants von Mauritius. Das 500 m hoch gelegene Lokal bietet von seiner Terrasse spektakuläre Ausblicke über die tropischen Berghänge bis zum Ozean.

Varangue sur Morne: Tel. 4835710, Fax 4835410. Gemütlich und edel mit Holzgarnituren bestuhltes Lokal mit grandiosem Fernblick (siehe Foto unten). Aber auch die Preise zählen hier zur Spitzenklasse: Vorspeisen kosten ca. 16 €, Hauptgerichte ab 26 €, Zwei-Gänge-Menüs 35-40 €. Unsere Empfehlung: Cocktails gibt es schon ab 5 €; man könnte also auch auf einen Drink einkehren und die Aussicht genießen. Öffnungszeiten: täglich von 11:30-15:30 Uhr, abends nur mit Reservierung.

Unterhalb des Restaurants liegt neben dem Parkplatz das Holzmuseum „**Museum Touche du Bois**“, in dem die vielfältigen Nutzungsmöglichkeiten von Holz vorgestellt werden. Ein kleiner Souvenirladen mit hölzernen Kunstwaren ist daran angeschlossen. Kontakt: Touch Wood, Tel. 4836610. Eintritt: Erwachsene 150 Rs, Kinder sind frei.

Auf der Weiterfahrt weist bald ein Schild den Beginn des Black River Gorges Nationalparks aus. Die Asphaltstraße bleibt weiterhin gut befahrbar. 2012 wurden an den Aussichtspunkten Eingangshäuschen errichtet, um Eintritt zu kassieren. Nach Protesten wurde dies aber wieder aufgegeben, der Park ist weiterhin frei zugänglich.

Übernachtung in den Bergen

Les Chalets en Champagne: Tel. 9887418, Fax 4543800, email: lcc@jadegroup.mu, www.leschaletsenchampagne.mu.
Nur rund 500 m nach dem Restaurant „Varangue sur Morne“ befindet sich die Zufahrt zu den abgeschirmten und streng gesicherten Ferienhäusern „Les Chalets en Champagne“. Die geräumigen, rustikalen Holzchalets verfügen über mehrere Zimmer für bis zu vier Personen und kleine Küchenabteile. Die Gäste genießen viel Ruhe und Privatsphäre, für Wanderungen stehen Führer zur Verfügung. Ein Refugium in kühler Bergluft mit schöner Aussicht und einem Helikopter-Landeplatz!
Preise: Übernachtung ab 50 €/DZpP.

Black River Gorges National Park

Seit 1994 besitzt Mauritius mit diesem 6500 ha großen Schutzgebiet seinen ersten Nationalpark. Das Gebiet ist eine Schatztruhe der letzten endemischen Pflanzen und Tiere, denn es integriert auf 3,5 % der Inselfläche annähernd 90 % der verbliebenen heimischen Urwälder. Deren Erhalt ist für die Rettung gefährdeter Vogelarten überlebensnotwendig. Die streng geschützten Mauritius-Falken finden hier ihr ideales Jagd- und Brutgebiet. Erfolgreich wurden in den Bergen des Nationalparks Mauritius-Tauben ausgesetzt; ferner gibt es hier inzwischen halbwegs gesicherte Bestände an Mauritius-Sittichen. Doch der Park ist nicht nur ein wertvolles Refugium für seltene Vögel. Er bietet auch die spektakulärsten, ursprünglichsten Landschaften der Insel, mit den höchsten Gebirgszügen, tiefen Taleinschnitten, versteckten Wasserfällen, einsamen Kraterseen und erloschenen

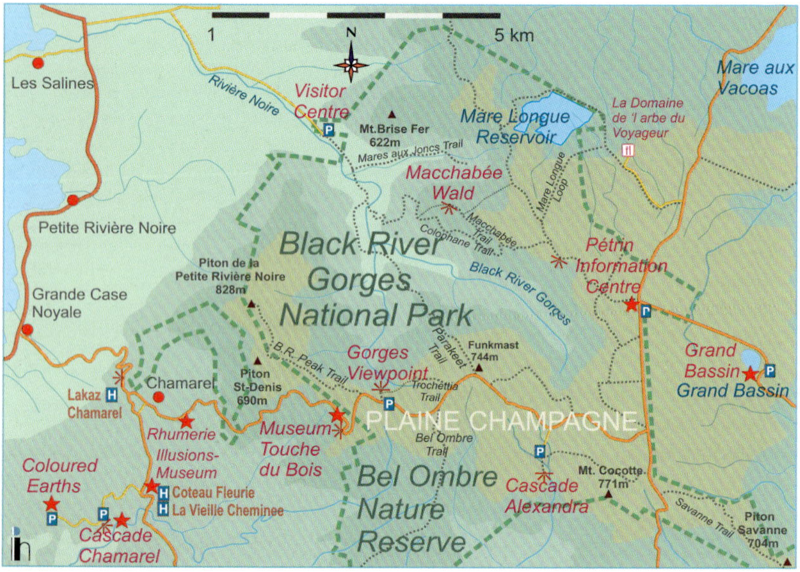

Oben: Wegmarkierung für den Beginn eines Wanderpfads im Park

Vulkanspitzen, die seit Jahrtausenden überwuchert sind. Im Westen reicht das Schutzgebiet bis an den Piton de la Petite Rivière Noire heran, den höchsten Berg der Insel (828 m); im Osten integriert er die Gipfel der Montagnes Savanne. Das Parkzentrum bildet die **Hochebene Plaine Chamgagne** auf rund 700-740 m Höhe. Da sie ständig dem Südostpassat ausgesetzt ist, herrscht dort nur ein niedriger Bewuchs vor. Dichte Urwälder bedecken dagegen die vielen Täler und Schluchten, in denen zahlreiche Wildbäche zum Meer hinabstürzen. Der Park ist eine Augenweide mit jährlich einer Viertelmillion Besuchern, von denen die meisten aber nur die Aussichtspunkte ansteuern und auf Wanderungen verzichten. Dabei bietet das Gelände ein Wegenetz mit 60 km **Wanderwegen** unterschiedlicher Länge und den Schwierigkeitsgraden von leicht bis anspruchsvoll. In den beiden **Besucherzentren** sind kleine Wanderkarten erhältlich, mit denen sich die sportlicheren Ausflügler auf den Weg machen können. Auf Schusters Rappen lassen sich einige der mehr als **3000 Blütenpflanzen** am besten entdecken, die der Nationalpark beherbergt (die schönste Blütezeit ist zwischen Januar und März). Allerdings sollte man die schnellen Wetterwechsel im Hochland von Mauritius bedenken. Hier prasselt viel Regen nieder; vormittags ist es dabei in der Regel beständiger als am Nachmittag.

Die Aussichtspunkte liegen direkt an der Straße von Chamarel nach Le Pétrin. Zuerst erreichen wir den berühmten **Gorges View Point**. Vom Parkplatz (mit Toilette) und den Souvenirständen sind es nur ein paar Schritte bis zum Aussichtspunkt an der Schlucht des „Schwarzen Flusses". Rechterhand stürzt der Black River Wasserfall in die Tiefe. Früh morgens und bei Sonnenuntergang wirkt die Szenerie am schönsten.

400 m vor dem Parkplatz beginnt der etwa zweistündige **Aufstieg** zum Piton de la Petite Rivière Noire hinauf, dem mit 828 m höchsten Gipfel des Landes. Der 5 km lange Wanderpfad folgt einem Bergrücken mit einem kurzen Schlussanstieg. Als Lohn winkt die Aussicht über den ganzen Südwesten der Insel. Die einsame Wanderung sollte besser nur mit einem versierten Führer unternommen werden.

Auf der weiteren Strecke führt wenig später ein 14 km langer Wanderpfad zur Südküste nach Bel Ombre hinab. Kurz danach, am Funkmast, beginnt der anspruchsvolle, 8 km lange „Parakeet Trail". Er führt durch die Black River Schlucht zum Besucherzentrum bei Grande Rivière Noire. Auch diese beiden Bergtouren sollte man lieber nur mit einem Guide wandern.

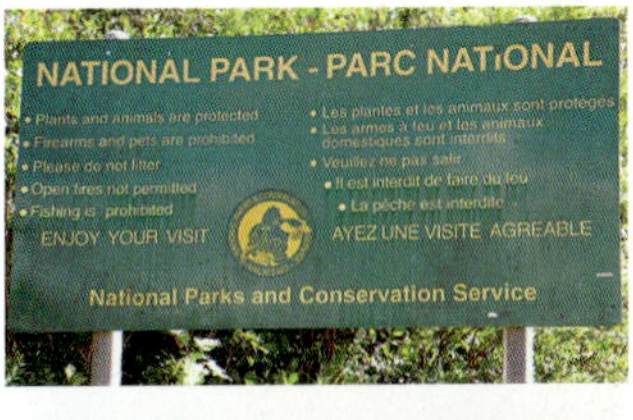

Der **Alexandra Falls View Point** ist deutlich ausgeschildert. Nach kurzer Alleezufahrt erreicht man den riesigen Parkplatz (mit Toiletten). Zur hölzernen Stelzenplattform beim Aussichtspunkt läuft man ein paar Minuten. Man kann zwei Wasserfälle sehen, bemerkenswert ist auch die veränderte Vegetation an dieser etwa 700 m hohen, den Passatwinden ausgesetzten Stelle. Fremdartige Sträucher mit wilden Beeren trotzen hier den ständigen Feuchtwinden. Die Bergluft ist kühl, und bei freier Sicht reicht der Blick weit über die Südküste.

Die „**Route Plaine Champagne**" stößt nach weiteren 2 km auf eine Querstraße. Nach links führt sie nach Le Pétrin (S. 174). Rechts erreicht man nach etwa 1 km den Beginn einer leichten Wanderroute zum 2 km entfernten Berggipfel Piton Savanne (704 m).

Die **Wildhüterstation Le Pétrin** wirkt neben den ausladenden Parkflächen richtig unscheinbar. Das kleine Informationszentrum bietet leider im Inneren auch nur einige ältere, verblichene Fotos und ein Modell des Nationalparks (Tel. 2580058/507128; Öffnungszeiten: täglich von 6-18 Uhr). Das Häuschen liegt inmitten eines kleinen Botanischen Gartens, dessen Bäume, Büsche und Blütenpflanzen mit Namensschildern markiert wurden. Hier beginnt der beliebte Wanderweg zum „**Macchabee Wald**". Die 5 km lange, einfache Wanderung mit diversen Aussichtspunkten führt bis an die Reste originaler Berg-Urwälder mit Ebenholzbeständen im Macchabee Wald (ca. 2 Std.). Wir empfehlen den direkten Weg dorthin, da der an der Tafel ausgewiesene Rundweg sich als Trampelpfad erweist. Wer auf halber Strecke in den „Colophane Trail" abzweigt, gelangt über einen steilen, unwegsamen Pfad bis zum Black River Visitor Centre im Talboden hinab (10 km Strecke, ca. 4 Std.).

Tipp Nahe dem See Mare Longe bietet die **„Le Domaine de L'arbe du Voyageur"** ein kleines, günstiges Restaurant, das auf Wildgerichte spezialisiert ist, und fünf Holzbungalows (HP ab 40 €/DZpP). Die 1,6 km lange Zufahrtspiste zweigt ca. 3 km nördlich von Le Petrin ab.
Tel. 2912946, email: pompommarlong@gmail.com

Das **Black River Visitor Centre** liegt am Westrand des Parks, am Ende der 5,3 km langen beschilderten Stichstraße von Grand Rivière Noire (Tel. 2580057, Öffnungszeiten: Mo-Fr 6-18 Uhr, Sa/So 9-17 Uhr). Dort befindet sich auch die nicht öffentlich zugängliche Vogelbrutstation der Mauritian Wildlife Foundation. Der schattige Parkplatz ist ein beliebter Wochenend-Picknickausflug für die Einheimischen. Von hier führt ein unebener, flacher Waldweg 1,5 km am Bach entlang in die enger werdende Schlucht und zu einem Unterstand. Erst danach, wenn man den Bach überquert hat, steigt die Forststraße in Serpentinen steil den Berg hinauf. Bereits nach etwa 500 m wird man mit einem weiten Ausblick bis ans Meer belohnt. Diese Aussicht und die mächtigen Bäume mit ihrem mächtigen Wurzelwerk lassen die einfache Kurzwanderung zu einem empfehlenswerten Ausflug werden. Spätnachmittags sieht man hier auch die endemischen Flughunde. Der steinige Weg eignet sich jedoch nicht für Flipflops oder Schuhe mit Absätzen.

Kontakt: National Parks and Conservation Service, Tel: 4644053, Fax 4660453, www.gov.mu/portal/site/npcs/.

Bilder von oben: Farne in der Hochebene; Wanderausflug am Bach Black River; Waldbäume mit Luftwurzeln im Lavageröll

Grand Bassin

Nur eine kurze Fahrt von gut 2 km trennt das beschauliche Wildhütercamp Le Pétrin von einer der bedeutendsten und **größten hinduistischen Pilgerstätten** außerhalb Indiens. Die kerzengerade Zufahrt zum Kratersee Grand Bassin wird von riesigen Parkplätzen flankiert; und schon von weitem kündigt eine überdimensionierte, 33 m hohe Statue des mächtigen Hauptgottes Shiva das Heiligtum an. Bereits diese Zufahrtsstrecke macht deutlich, welche Menschenmassen hier bei religiösen Feierlichkeiten zusammentreffen.

Der Bergsee ruht auf 702 m Höhe in einem erloschenen Vulkankrater. Der Überlieferung nach soll Shiva einst das Heilige Wasser des Ganges transportiert und versehentlich ein paar Tropfen davon verschüttet haben, die vom Himmel auf eine kleine Insel im Indischen Ozean fielen. Diese Tropfen füllten den Kratersee Grand Bassin und seither verehren die Hindi das Gewässer als **Ganga Talao** („See des Ganges"). Er ist ihnen ebenso heilig, wie der breite Strom Ganges in Indien. Ganzjährig ein Ziel der Pilger und Betenden, sammeln sich hier alljährlich im Februar/März mehrere Hunderttausend Gläubige zum mehrtägigen Fest Maha Shivarati. Diese Feierlichkeiten gelten als die größte hinduistische Veranstaltung außerhalb Indiens.

Rund um den Kratersee befinden sich die weitläufigen Tempelanlagen mit zahlreichen Einzeltempeln, geschmückten Opferschreinen und farbenprächtigen oder goldenen Götterstatuen, die oft phantasievolle Figuren zwischen Mensch und Tier darstellen. Die wichtigste Gottheit ist **Shiva**, der Gott der Zerstörung und der Schöpfung. Am Elefantenkopf erkennt man seinen **Sohn Ganesh**, den Gott der Weisheit und des Glücks. Shiva hatte ihm einst versehentlich den Kopf abgeschlagen und dann durch das Haupt eines Elefanten ersetzt. **Brahma**, der Schöpfer, wird stets mit vier Köpfen dargestellt, die in alle Himmelsrichtungen schauen. Mitten im See thront die Götterfigur von **Mutter Ganga**. Den Haupttempel am Ufer bewacht der Affengott **Hanuman**. Vor dem Betreten des Tempels schwingen die Pilger einmal die schwere Glocke am Eingang, danach umrunden sie gemeinsam die bemalten Statuen und Figuren. Ihre kleinen **Opfergaben**, die sich zumeist aus Früchten, wie Kokosnuss, Banane und Ananas zusammensetzen, setzen sie vor den Götterstatuen ab. Andere platzieren die Gaben auf Palmblätter, die sie dann anzünden und mit ihren Gebeten auf dem See auf die Reise schicken. An vielen Stellen brennen Öllampen und glimmen Räucherstäbchen. Die Handlungsabfolgen der Gläubigen und Priester sind für Fremde schwer verständlich. Man kann hier Stunden verbringen, weil das ständige, faszinierende Kommen und Gehen der Pilger die Zeit vergessen lässt.

Info Der großen Toleranz der Hindus gegenüber Andersgläubigen ist es zu verdanken, dass die Tempel von Grand Bassin zu den bedeutendesten Sehenswürdigkeiten von Mauritius zählen (dürfen). Denn für Europäer sind die Tempelanlagen, das Opferzeremoniell und die Pilger in langen Gewändern und leuchtenden Saris ein äußerst interessantes, exotisches Spektakel. Die Fremden dürfen sich völlig frei in den Anlagen am See bewegen, auch das Tempelinnere betreten und fotografieren. Mit erstaunlichem Gleichmut sehen die Betenden und Opfernden über die Anwesenheit zahlreicher Fototouristen hinweg. Auch die neugierigsten Besucher erfahren in der Regel keinerlei Ablehnung oder Empörung von den Pilgern. Um so mehr bitten wir um ein Mindestmaß an Respekt und Zurückhaltung gegenüber den Gläubigen. Bitte berühren Sie nichts, fotografieren Sie Betende nicht direkt und wahllos, verhalten Sie sich dezent und leise, tragen Sie passende Kleidung (keine Miniröcke/Shorts und unbedeckten Oberkörper) und ziehen Sie die Schuhe vor dem Betreten eines Tempelinneren aus.

Teeplantage Bois Chéri

Kurz danach erneut ein Szenenwechsel: Wir geraten wieder in Kulturlandschaft. Leuchtend grüne Teeplantagen auf niedrigeren Hängen führen uns bis zum Bois Chéri Tea Estate von St. Albin. In der Fabrik werden Führungen mit Teeprobe angeboten, die zum festen Programmpunkt vieler Ausflugsfahrten zählen. Der Rundgang beginnt in einer Art Museum zur Teegeschichte und führt dann in die Fabrik, wo die frisch gepflückten Teeblätter getrocknet werden und der Fermentierungsprozess stattfindet. Nach einem strengen Ausleseverfahren für die unterschiedlichen Qualitäten gehen die Teeblätter schließlich in die Verpackung. Der etwa einstündigen Führung folgt zum Abschluss eine Teeprobe auf der Aussichtsveranda des Restaurants, das über einem See und den endlosen Teefeldern auf einer Anhöhe liegt. Erwarten Sie aber keine britische Teezeremonie – probiert wird mit Teebeuteln! Der größte Teil der Produktion von Bois Chéri dient dem Eigenbedarf von Mauritius; ein kleinerer Anteil wird nach Europa und Südafrika exportiert. Von den zehn Teesorten, die hier produziert werden, ist der aromatisierte „**Vanilla Tea**" besonders erfolgreich und wird auch in den Hotels aufgebrüht. Öffnungszeiten: Mo-Sa von 9-17 Uhr. Preise: Fabrikbesuch, Museum und Teeprobe 500 Rs (nur vormittags); Museum und Teeprobe 350 Rs (ganztags), Kinder jeweils die Hälfte. Kombiticket mit St. Aubin (S. 156): 1700 Rs inklusive Mittagessen.

Von Bois Chéri gelangt man zügig zur A9 und nach Süden zur Küste hinab. Diese Strecke wird als „**Route du Thé**" (Straße des Tees) vermarktet und führt nach St. Aubin (S. 156ff).

Tipp Teefreunde können sich natürlich gleich in der Fabrik mit frischen Vorräten eindecken.

Außerdem bietet das Restaurant eine gepflegte Einkehrmöglichkeit mit Traumblick zu moderaten Preisen

Bitte beachten: In den Wintermonaten wird in der Fabrik nur eingeschränkt Tee produziert

Wenn Sie ein Kombiticket nutzen möchten, sollten Sie vormittags die Teefabrik besichtigen und anschließend zum Lunch nach St. Aubin fahren.

Wie das beliebteste Heißgetränk der Welt entsteht

Das immergrüne Strauchgewächs wird in Reihen mit 1–2 m Abstand gepflanzt und regelmäßig auf etwa 1-1,50 m Höhe gestutzt, damit die Blätter leichter geerntet werden können. Die Pflanze würde sonst bis zu 15 m hoch wachsen. Tee treibt das ganze Jahr und wird daher in der Regel auch ganzjährig geerntet. Dabei werden die neuen Triebe von Hand gepflückt und aussortiert, sodann getrocknet und anschließend zerrissen und aufgerollt. So reißen die Zellwände ein und der Zellsaft tritt aus. Seine Gerbstoffe oxydieren und färben die Blätter braun. Diesen Prozess, der dem Tee sein feines Aroma gibt, nennt man „Fermentieren".

Qualität und Charakter eines Tees werden neben der Herkunft immer auch an der Blattgröße gemessen. Als Faustregel gilt: Je größer die Blätter des Tees, um so feiner und beständiger ist sein Aroma. Die edelsten Sorten sind die Blatt-Tees, dann folgt der „Broken", der aus gebrochenen Blättern besteht. Krümeliger Tee wird in Europa überwiegend für Teebeutel verwendet und heißt „Fanning". Die Fannings schmecken sehr intensiv, da sich das Aroma schnell entfalten kann, verlieren jedoch auch rasch an Aroma.

Hot-Spots im Westen

Casela Bird Park

Trou aux Cerfs

Martello Tower

La Route du Sel

Tipp In den kühlen Monaten ist ein Aufenthalt an der geschützten Westküste sehr angenehm

Info Nur an der trockenen Westküste ist die Salzgewinnung durch Verdunstung möglich

Fahrt von Le Morne nach Port Louis

Zwischen Le Morne und Port Louis liegt ein windgeschützter Küstenstreifen mit kilometerlangen Sandstränden und guter touristischer Infrastruktur. Hinter der flachen Küste steigt steil das bergige Hochland zu den Ballungszentren im Inselinneren hin an, wo sich das Alltagsleben der Mauritier abspielt. Die Vorteile der Westküste sind die Nähe zu vielen Sehenswürdigkeiten und das mildere, trockenere Klima besonders in den kühleren Monaten. Hier müssen die landwirtschaftlichen Felder bewässert werden, weil so wenige Regenwolken den Küstenstreifen erreichen. In Flic en Flac, Wolmar und Tamarin hat der Tourismus die ursprünglich rückständige, arme Region wirtschaftlich gestärkt. In den teilweise luxuriösen Resorts genießen die Gäste die ruhige, vom Korallenriff geschützte Lagune und grandiose Ausblicke auf die hohen Berge im Hinterland.

Auf unserer Fahrt von der Halbinsel Le Morne entlang der Küstenstraße nach Norden passieren wir anfangs noch armselige Fischerdörfer mit Wellblechhütten. Weil die Strände wenig einladend sind, kann diese Region von der modernen Entwicklung und dem Tourismus kaum profitieren. Allein die Ortschaft **La Gaulette**, in der einige europäische Zuwanderer leben, prosperiert; hier liegt das neue „Village Walk Shopping Centre". Die meisten Touristen rauschen allerdings durch bis **Grande Case Noyale** zur Panoramaauffahrt nach Chamarel und zum Black River Gorges Nationalpark (S. 168ff).

Unten: Ausblick auf Le Morne Brabant

Unterkunft in La Gaulette

La Reine Creole: Tel: 4515558, email: info@mauritius-lrc.com, www.mauritius-lrc.com. Einfache Frühstückspension in Coteau Raffin unter deutschem Management. Vier geräumige Studios an der Straße im Ort (nicht am Strand gelegen). Preise: ÜF ab 21 €/DZpP und 30 €/EZ.

Die Küstenstraße berührt jetzt mehrmals fast das Meer und führt ganz nah an die Mangroven im Gezeitenbereich heran. Ausladende, riesige Banyan-Bäume kündigen beschauliche Fischersiedlungen an. Beim Dorf **Petite Rivière Noire** an der gleichnamigen Bucht sehen wir die ersten **Salinenbecken** aus Lavagestein. Auf der weiteren Strecke bis Tamarin liegen zahlreiche rechteckig gemauerte Verdunstungsbecken für die Salzgewinnung. Schon seit der französischen Epoche entlocken die Insulaner dem Ozean das begehrte Meeressalz in solchen Flachbecken. Möglich ist das nur an diesem trockenen Küstenstreifen, wo die Niederschlagsmengen so gering sind, dass das Meerwasser rasch verdunstet. Das

1
5 km
N
Pointe aux Sables
Port Louis
Richelieu
Petite Riviere
Pailles
Coromandel
Domaine Les Pailles
Camp Créoles
A1
M1
Albion
Canot
Eureka
Moka
Club Med Albion
Beau Bassin
Bagatelle Mall of Mauritius
Jüdischer Friedhof
A3
Cyber City
Rose Hill
Quatre Bornes
Shoprite Hyper
A8
Medine
Bambous
Klondike
Villas Caroline
Cascavelle Shopping Village
Beaux Songes
Palma
Manisa
Flic en Flac
Phoenix
Wolmar
Pearle Beach
La Pirogue
Sugar Beach
Hilton
Sofitel
Maradiva
Sands
Casela Bird Park
Mt du Rempart 545m
Vacoas
A3
Tamarin
Tamarin
La Route du Sel
Camp Coches
Henriette
Tamarin Falls Viewpoint
Marlin Creek
The Bay
Martello Tower
Les Lataniers Bleu
La Mariposa
Vanilla House
La Preneuse
Tourelle du Tamarin 548m
Ruisseau Creole Shopping C.
Grand Rivière Noire
Riverview Commercial C.
Simonette 632m
Tamarin Falls
Tamarin Falls Reservoir
Les Salines
Mare Longue Reservoir
Mare aux Vacoas
Black River Gorges National Park
Grand Bassin
Grande Case Noyale
Ile aux Benitiers
Lakaz Chamarel
Chamarel
La Gaulette
Village Walk Shop
Rhumerie
Coloured Earths
Illusions-Museum
Gorges View Point
Le Paradis
Coteau Raffin
Cascade Chamarel
Dinarobin
Lux
Le Morne
St.Regis
Riu Le Morne
Le Morne Brabant 556m
Baie du Cap R.
Bel Ombre Nature Reserve
L'Embrasure

so gewonnene Salz deckt den Eigenbedarf von Mauritius voll ab. Eine weitere Auffälligkeit ist der Korallenkies, der hier anstelle von Kiesgestein vielfache Verwendung findet.

Nach kurzer Fahrt ohne Ausblick zum Meer gelangen wir an die **Baie de la Grande Rivière Noire**. Diese trichterförmige Bucht und ihr Hafen sind vor Zyklonen gut geschützt, und bei entsprechender Sturmwarnung suchen Hunderte Schiffe und Boote in dieser Bucht Schutz. Der Meeresboden fällt vor der Küste rasch in extreme Tiefen ab, weshalb die Bucht außergewöhnlich fischreich ist. Sie zieht daher auch seit vielen Jahren Taucher und Sportfischer magisch an.

Links: Eine Obsthändlerin aus Grande Rivière Noire

Unterkunft in Black River / La Preneuse

Marlin Creek Residence: Tel: 4837628, Fax 4835535, email: speleca@yahoo.fr, www.ilemauricelocation.fr. Kleine gepflegte, moderne Apartmentanlage in La Preneuse, nicht unmittelbar am Strand gelegen, aber dafür mit schönem Garten und Pool. Preise: ÜF ab 35 €/DZpP und 70 €/EZ.

The Bay: Tel: 4836525, Fax: 4836332, email: thebayhotel@intnet.mu, www.the-bay-hotel-mauritius.com. Sehr legeres Backpackerhotel mit nur 16 Zimmern, das Individualisten mögen, die keine Animation wünschen. Es gibt einen kleinen Pool und ein Restaurant, außerdem liegt das Hotel direkt am Strand. Preise: HP ab 95 €/DZpP und 95 €/EZ.

Les Lataniers Bleus: Tel. 4836541, Fax 4836903, email: latableu@intnet.mu, www.leslataniersbleus.com. Familiäre Anlage bei La Preneuse mit liebevoll eingerichteten Villen zur Selbstversorgung. Mit Klimaanlage, schönem Strand, Zimmerservice; auch das Abendessen ist auf Wunsch erhältlich. Preise: ÜF ab 65 €/DZpP. und 130 €/EZ.

Vanilla House: Tel. 4836778, http://mauritius-guest-house.com. Nette Apartmentanlage zur Selbstversorgung mit Pool, Restaurant, Fahrradverleih. (Minimum 2 Nächte). Preise: ÜF 43 €/DZpP und 75 €/EZ.

La Mariposa Bed & Breakfast: Tel./Fax 4835048, email: sales@lamariposa.mu, www.la-mariposa-mauritius.com. An der südlichen Zufahrt zum Martello Tower liegt die kleine Anlage mit 14 klimatisierten Apartments zur Selbstversorgung direkt am schönen Strand. Mit Pool im Garten, viel Ruhe, keinerlei Animationsprogramm. Siehe „Neues und Bewährtes“: S. 222. Preise: ÜF ab 35 €/DZpP und 67 €/EZ.

Einkaufen

An der Abzweigung zum Black River Gorges Nationalpark liegt das **Riverview Commercial Centre**. Das größte Einkaufszentrum der Region ist das **Ruisseau Créole Shopping Centre** nördlich von Black River in La Mivoie: Mo-Sa von 9:30-18:30 Uhr, sonntags steht es den Geschäften frei, ob und wann sie öffnen. Tel. 4838000, www.ruisseaucreole.com. Die Boutiquen offerieren Kleidung, Schmuck und Souvenirartikel, außerdem findet man hier eine Bankfiliale, ein Steak House und das Asia-Restaurant Niu. Für Selbstversorger: Eine kleine Food Lovers-Filiale und ein „Way Supermarket“ nebenan an der Hauptstraße.

Grande Rivière Noire (Black River)

Die Ortschaft Grande Rivière Noire entwickelte sich früh zum florierenden Zentrum der Hochseefischerei. Weil vor der Küste Delphine leben, werden in der Ortschaft Delphin-Bootstouren angeboten. Den Tieren zuliebe sollte man auf diese Ausflüge jedoch verzichten, denn die vielen Boote jagen oft direkt hinter den Delphinen her und setzen die empfindsamen Tiere starkem Stress aus. Es fehlen strenge Richtlinien für die Anbieter.

Info Im gängigen Sprachgebrauch wird für den Ort meistens der englische Name „Black River“ verwendet

Black River hat sich auch bei Ornithologen und Naturschützern einen Namen gemacht, zweigt hier doch die Zufahrtsstraße zum Besucherzentrum des Black River Gorges NP ab (S. 174). Die Strecke entlang des Bergflusses Grande Rivière Noire führt direkt auf die gleichnamige Schlucht zu, die dem Nationalpark ihren Namen gab. Beim Wildhüterposten und dem Wanderparkplatz befindet sich auch das Captive Breeding Center, ein **Vogelaufzuchtprogramm** der Mauritius Wildlife Foundation, es ist jedoch nicht öffentlich zugänglich. Das Engagement der Vogelschützer brachte ganz beachtliche Erfolge und rettete einige endemische Spezies vor dem Aussterben (siehe S. 68f).

Oben: Beschilderung zum Nationalpark

Eine Stichstraße führt die Bucht entlang zu den Salinenbecken von Les Salines und dem Martello Tower de l'Harmonie. Ein weiterer, viel interessanterer Martello Tower (so heißen die Verteidigungstürme aus dem 19.Jh.) wurde direkt in La Preneuse zum Museum ausgebaut (S. 182).

La Preneuse

Fast unbemerkt gehen die nächsten Küstenorte La Preneuse, La Mivoie und Tamarin ineinander über, seit der Bauboom die Dörfer etwas planlos vergrößert. Dieser Küstenstreifen ist wegen des Martello Tower Museums bekannt, beherbergt aber auch einige empfehlenswerte Unterkünfte für Individualisten, die dem Trubel in den Touristenzentren entkommen wollen. Bemerkenswert ist hier auch das koloniale Postamt an der südlichen Zufahrt zum Martello Tower.

Unten: Das kolonial anmutende Postgebäude von La Preneuse

Sehr sehenswert: Martello Tower Museum

Der Martello Tower von La Preneuse, ein Verteidigungsturm aus dem 19.Jh., ist ein interessanter Abstecher nicht nur für Freunde der Militärgeschichte. Das Turminnere wurde restauriert und zum informativen Museum erweitert. Neben den Originalgewehren und einer schwenkbaren Originalkanone ist die bauliche Konstruktion des massiven Rundbaus sehenswert.

Der Turm ist nur knapp 12 m hoch, seine runden Mauern aber bis 3,5 m dick. Zwanzig Soldaten und ein Offizier fanden darin Platz nebst fünf Kubikmeter Schießpulver, fast 20 000 Liter Wasser und ausreichend Verpflegung. Der einzige Zugang von außen führte über eine Leiter in den höhergelegten Aufenthaltsraum der Männer, in dem auch gekocht und geschlafen wurde. Von hier aus reichte eine Leiter in das Erdgeschoss hinab, wo die Lebensmittel und das Schießpulver lagerten. Auf dem Dach des Turms war die Kanone so angebracht, dass sie in alle Richtungen drehbar war.

Ein Blick in die Geschichte: Im Jahr 1794 musste Frankreich seine Besitztümer auf Korsika gegen Angriffe der britischen Flotte verteidigen. Am Cap Mortella, im Norden Korsikas, hielten 38 Mann mit nur zwei Kanonen in einem runden Wehrturm zwei Tage lang die britische Seeflotte in Schach, ehe sie sich den deutlich überlegenen Angreifern ergeben mussten. Großbritannien zeigte größten Respekt vor dieser Leistung. Die Offiziere ließen sich den wehrhaften, dickwandigen Turm am Cap Mortella genau zeigen und kopierten das Modell für eigene Verteidigungsanlagen. Wenige Jahre später errichteten sie entlang der britischen Ostküste über 100 solcher „Martello-Türme“ (den Namen Mortella hatten sie inzwischen verballhornt), um sich gegen mögliche Angriffe Napoleons zu schützen. Bis Mitte des 19. Jh. tauchten im ganzen Britischen Empire, von Südafrika bis Australien, 118 Martello Towers auf, und fünf dieser Verteidigungstürme wurden zwischen 1831 und 1834 auch an der Westküste von Mauritius erbaut. Es war eine politisch angespannte Zeit: Die Briten setzten gerade gegen heftigen Wiederstand der frankophonen Kolonisten die Abschaffung der Sklaverei durch. Die Inselverwaltung fürchtete daher eine Rebellion und einen möglichen Angriff französischer Kriegsschiffe. Den sollten die Martello-Türme gegebenenfalls abwehren.

Die fünf mauritischen Martello-Türme haben nie ein Kriegsgeschehen erlebt, denn die Insel war seit ihrer Errichtung nur in den Zweiten Weltkrieg involviert; und selbst in diesem Krieg wurde Mauritius nicht zum Schauplatz von Kriegshandlungen.

Zufahrt: Der Martello Tower liegt direkt zwischen den Kasuarinen beim kleinen Public Beach an der La Preneuse Road. Er ist von der Küstenstraße sowohl von Süden (etwa 1 km, am alten Post Office vorbei) als auch von Norden (1,5 km Einbahnstraße, etwas unauffällig beschildert) erreichbar. Kontakt: Tel. 5830178, Fax 5839027. Öffnungszeiten: Di-Sa von 9:30-17 Uhr, So 9:30-13:30 Uhr, Mo geschlossen. Eintritt: Wochentags Erwachsene 70 Rs, Kinder 40 Rs, Sa/So Erw. 50 Rs, Kinder 20 Rs (inklusive Führung in Englisch/Französisch).

Tamarin an der Baie du Tamarin

In diesem florierenden Küstenort ziehen sich elegante, gepflegte Villen den Hang der Tamarin-Berge hinauf. Auch der Strand ist so dicht bebaut, dass Vorbeifahrende kaum einen Blick auf die Bucht erhaschen können. In den mauritischen Surferkreisen ist diese Bucht ein Begriff, wie z. B. Tarifa in Spanien. Starke, hohe Wellen rollen vom Indischen Ozean in diese nur an den Seiten von Korallenriffen geschützte Bucht, so dass die Meeresbewegungen ungebremst auf die Küste treffen. Vor allem die Monate Juni und Juli bieten hervorragende Bedingungen für Wellenreiter und Surfer. Auch Delfine werden hier regelmäßig gesichtet. In der nördlichen Bucht, in „La Barachois", spülen die Flüsse grauen Sand von den Bergen an den Strand. Diese Stelle gilt als Geburtsort des Surfens in Mauritius.

Mitten im Ortszentrum liegen Salinenbecken für die Salzgewinnung, die unter dem Namen **„La Route du Sel"** vermarktet werden. Mo-Sa von 08:30-17 Uhr kann man sich durch die Anlage führen lassen (200 Rs, Kinder 100 Rs),

Am nördlichen Ortsrand von Tamarin enden die Salzbecken und die Straße überquert den Tamarin River. Der Ausblick ist spektakulär: Vor uns ragen die Trois Mamselles in den Himmel. Die markanteste Erscheinung ist Rempart Mountain; das mauritische Matterhorn. Seine 545 m hohe Spitze zu erklimmen gilt als bergsteigerische Herausforderung.

Wir fahren weiter entlang der Küstenstraße, die sich nun landeinwärts richtet und einen Kreisverkehr erreicht. Geradeaus sind jetzt nur noch 2 km durch Zuckerrohrfelder bis zur nächsten Sehenswürdigkeit zu fahren.

Info La Preneuse geht ungefähr auf Höhe des Restaurants „Le Bonne Chute" in den Nachbarort Tamarin über

Tipp Besuchen Sie die Salinen frühmorgens! An regenfreien Tagen kann man die Arbeiter bis etwa 9:30 Uhr in den Salzbecken beobachten

Oben: Das „Matterhorn von Mauritius"

Einkaufen

Auf der linken Straßenseite liegt ein kleines Einkaufszentrum mit einem gut sortierten Shoprite Supermarkt und einer Bäckerei.

Restaurant

Le Dix-Neuf: Tel. 4013019. Stilvolles, Tageslokal im Tamarina Golf Clubhaus mit großartiger Aussicht. Eine grüne Oase!

Unterkunft in Tamarin

Tamarin Hotel: Tel. 4836927, Fax 4836581, email: resa.tamarin@intnet.mu, www.hoteltamarin.com. Das Mittelklasse-hotel mit 71 Zimmern und zwei Restaurants strahlt mit buntem Farb- und Dekorstil ein 70er-Jahre-Flair aus. Es liegt in der Bucht an einem ungeschützten Strand ohne Riff, ist daher ein Tipp für Surfer und Wellenreiter. Preise: HP ab 60 €/DZpP und 90 €/EZ.

Tamarina by Mauritius Boutique Hotel: Tel: 4040150, Fax:4151804, email: resa@tamarinahotel.com, www.tamarinagolf.mu. Edle Residenz mit 18-Loch-Golfplatz, Spa und drei Restaurants an der Bucht von Tamarin. Preise: HP ab 145 €/DZpP und 190 €/EZ.

The River House: Tel. 4830266, email: info@riverhouse.mu, www.riverhouse.mu. Wohnen am Fluss: Die Frühstückspension bietet 3 Zimmer mit Veranden zum Fluss. Preise: ÜF ab 35 €/DZpP und 70 €/EZ.

Casela Nature & Leisure Park

(Casela Bird Park & Yemen Nature Escapade)

Herzstück dieses weitläufigen Naturgeländes mit schönem, alten Baumbestand ist der Vogelpark, seit vielen Jahren unter dem Namen „Casela Bird Park“ bekannt. Er zählt zu den beliebtesten Ausflugszielen von Mauritius und macht Kindern und Erwachsenen gleichermaßen Spaß. In zahlreichen Volieren leben rund 150 verschiedene Spezies aus aller Welt. Die meisten dieser exotischen, bunten Vögel dürften auch Hobbyornithologen kaum jemals gesehen haben. Auch seltene endemische Arten von Mauritius haben hier ein sicheres Zuhause gefunden, wie z. B. die Rosafarbene Taube. Insgesamt wird der Bestand auf 2500 bis 3000 Vögel geschätzt, von denen die meisten in Käfigen, manche aber auch frei in den Bäumen des Parks leben. Zum Fotografieren eignen sich die doppelt mit Draht umzäunten Käfige weniger. Außer den gefiederten Exoten ist der Park auch vielen anderen Tieren zur Heimat geworden. Besonders beeindruckend sind die imposanten **Riesenlandschildkröten**, die sich sogar am Kopf streicheln lassen. Ihr Gehege liegt gleich hinter dem Eingang etwas erhöht und wird von vielen Besuchern übersehen. Die heimischen Flughunde haben einen Schutzkäfig zwischen den Vögeln.

In exponierter Lage mit prächtiger Aussicht über die Tamarin Bay liegt das Gartenrestaurant „Le Mirador“. Es bietet lokale Spezialitäten und Snacks zu fairen Preisen. In der Senke unterhalb des Lokals befinden sich die Tilapia-Fischteiche und die Becken der Wasservögel. Reiher und Flamingos stehen hier Modell für die Fotografen. Ein paar Schritte weiter folgt das Hirschgehege mit Aufzuchtstation und einem Streichelzoo, für den sich alle Kinder begeistern. Die Rehe und Hirsche sind zahm und lassen sich bereitwillig streicheln und füttern. Nebenan suhlen sich ein paar träge Wild- und Hausschweine zwischen Straußen. In der Aufzuchtstation werden pflegebedürftige Vogelkinder und ein kleiner Flughund umsorgt. Ein bis zwei Stunden verbringt man spielend im Casela Bird Park, mit Kindern und einem Restaurantbesuch lässt sich der Besuch leicht auf einen halben Tag ausdehnen.

Im nahegelegenen 45 km^2 großen **Yemen Reserve**, etwa 7 km südlich des Vogelparks, leben zahlreiche Wildtiere Afrikas und Asiens in riesigen Gehegen, darunter ca. 9000 Sambarhirsche, Makaken, Mangusten, Wildschweine, Zebras, Antilopen sowie Löwen und Geparden. In diesem bergigen

Gelände finden Fotosafaris im offenen Allradfahrzeug statt und geführte Ausflüge in lärmenden Quadbikes. Eine aus Zimbabwe eingewanderte Familie, die dort früher den „Lion Park" von Masvingo leitete, hat sich hier niedergelassen und ein besonderes Spektakel für Mauritius erkoren: „Walk with the Lions", Spaziergänge mit Löwen, als spannende Alternative zum faulen Strandleben!

Öffnungszeiten und Preise

Alle Aktivitäten werden von der Rezeption beim großen Parkplatz und dem Souvenirladen organisiert. Hier liegt der Zugang zum Bird Park, außerdem starten hier die Fotosafaris und Quadbike-Ausflüge.

Casela Bird Park ist täglich geöffnet (Oktober-April 9-18 Uhr, Mai-September 9-17 Uhr). Der Eintritt beträgt 450 Rs für Erwachsene und 250 Rs für Kinder. Das Gartenlokal „Le Mirador" öffnet täglich von 10-16 Uhr.

Aktivitäten: 1 Std. „Zip-Line"-Fahrt an Stahlseilen kostet 1000 Rs, Segway 1260 Rs. Für einen halben Tag Klettern fallen 1800 Rs an, die Halbtagestour Kayaking kostet 2320 Rs. Quadbike-Ausflüge in die Berge sind für 6080 Rs für Einzelfahrer und 3900 Rs pP im Doppelsitzer im Angebot.

Kontakt: Casela Yemen Nature Escapade, Tel. 4522828, Fax 4520694, email: casela@intnet.mu, www.caselayemen.mu.

„Safari Adventures" organisiert die Löwen- und Gepardenbesuche. Der Wildkatzenbereich ist täglich von 9-16 Uhr zugänglich. Ein Besuch kostet 100 Rs, "Interaction" (man darf dabei die Tiere streicheln) 700 Rs, und der „Walk with the Lions" 3500 Rs, jeweils zzgl. Parkeintritt.
Kontakt: Tel. 4525546, Fax 4525574, email: safari-adventures@intnet.mu, www.safari-adventures-mauritius.com.

Rechts: Le Mirador-Terrassenlokal; Streichelgehege für die Kleinen und Großen; Eingangsschild.
Links: Zahmer Papagei in der Aufzuchtstation; Haustaube, Spatz und Webervogel sind auch vertreten, obwohl sie nicht zu den geschützten Arten zählen

Bilder: Typische Boutique in den Touristenorten; Leuchtturm von Albion; Vogeltränke

Insel der Düfte

Mauritius duftet wie kaum eine andere Insel. Der Geruchssinn der Urlauber wird auf Mauritius beständig betört und sanft umschmeichelt. Viele Aromen liegen in der Luft, wenn Vanille, Koriander, Ylang Ylang und Zimt blühen. In vielen Hotels wird dezent nachgeholfen mit Duftschalen und Räucherstäbchen

Weiterfahrt nach Port Louis

Kurz nach dem Casela Bird Park zweigt linkerhand zur Küste die Stichstraße in die Badeorte Flic en Flac und Wolmar ab (S. 190), und wenig später in entgegengesetzter Richtung die Straße ins Hochland. Sie führt über das Dorf Palma, in dem noch einige koloniale Häuschen und eine kleine katholische Kirche stehen, nach Quatre Bornes (S. 198).

Wir ignorieren jedoch beide Abfahrten und fahren geradeaus nach Norden, vorbei am neuen Cascavelle Shopping Village, und direkt durch die Kleinstadt **Bambous**. An das beliebte Domizil während der französischen Kolonialzeit erinnert heute kaum noch etwas. Die Briten errichteten 1841 eine mächtige Kirche am nördlichen Ortsrand, wo sich auch ein weitflächiger Friedhof befindet; die größte Bedeutung für heutige Besucher hat aber vermutlich der gut bestückte „Winners"-Supermarkt im Ortszentrum.

Vor dem Dorf **Canot**, das wir anschließend durchqueren, zweigt eine weitere Straße ins Hochland ab, die nach Beau Bassin führt. Entlang dieser Straße liegt nach ein paar Hundert Metern bei der unauffälligen **Kirche St. Martin** eine historische Besonderheit: ein gemeinsamer Friedhof für Angehörige katholischen und jüdischen Glaubens. Im jüdischen Friedhofsbereich erinnern 127 gepflegte Grabsteine an verstorbene Internierte aus dem nahegelegenen Gefängnis von Beau Bassin (siehe Exkurs S. 188).

Mit zunehmendem Verkehr führt die Straße nun durch Petite Rivière und eine ausufernde Reihensiedlung in die Inselhauptstadt. Port Louis beginnt an der Brücke über den Grande Rivière Nord-Ouest, an dessen Hochufer noch die französischen Befestigungsanlagen zu sehen sind.

Albion

Vor ein paar Jahren richteten Tourismusplaner und Immobilienhaie ihr Augenmerk auf das verträumte Fischerdorf Albion, das bis dato einsam zwischen endlosen Zuckerrohrfeldern vor sich hin dämmerte. Seither werden auch hier die langen Sandstrände erschlossen, chicke Wohnhäuser für die gehobene Mittelklasse errichtet, und in Albion soll künftig sogar ein Touristenzentrum mit Golfplatz entstehen. Den Anfang machte 2008 das Resort von Club Med.

Unterkunft in Albion

Club Mediterranée d'Albion: Tel. 2060700, Fax 2060750, email: info@clubmed.de, www.clubmed.de. Luxuriöse All-Inclusive-Clubanlage im gelungenen Kolonialstil mit 266 Zimmern und Suiten, intensiver Kinderbetreuung, Animation und Unterhaltung, breitem Sportangebot einschließlich Golf, Spa und einem angenehm ruhigen ZEN-Bereich für Ruhesuchende. Dies ist einer der besten Club Meds weltweit und entspricht einem 5-Sterne-Resort; insofern ist in Mauritius nur das Shandrani Resort an der Blue Bay hiermit vergleichbar. Eine gute Empfehlung für Alleinreisende, sportliche junge Leute und für Familien.
Preise: All-Inclusive ab 230 €/DZpP.

Folgt man der Küste von Albion nordwärts, gelangt man nach Pointe aux Caves, wo ein einsamer Leuchtturm am Strand steht. Das Gebiet ist noch unentdeckt vom internationalen Tourismus und entsprechend ruhig. Ähnlich sieht es in Petit Verger und am Strand von Pointe aux Sables aus. Anstelle großer Ferienhotels befinden sich hier in Hauptstadtnähe einfache Pensionen, dunkle Nachtclubs und Etablissements aus dem Rotlichtmilieu.

Jüdische Häftlinge in Mauritius während des 2. Weltkriegs

Der einmalige Fall von Abschiebung jüdischer Flüchtlinge aus Palästina führte 1580 Juden zur Internierung nach Mauritius (1940-1945).

Das zweite Kriegsjahr 1940. Unter erbärmlichsten Bedingungen irrten rund 1800 jüdische Flüchtlinge auf dem Seelenverkäufer „Atlantic" von Wien über die Donau zum Schwarzen Meer und durch das östliche Mittelmeer. Sie versuchten seit Monaten, der tödlichen Verfolgung durch die Nazis zu entrinnen und in das „Gelobte Land" Palästina zu gelangen. Doch ihre gefährliche Odyssee war Großbritannien, der Kolonialmacht Palästinas, nicht entgangen. Die Briten vergaben, trotz der akuten Gefahren für Leib und Leben der Juden unter den Nazis, nur sehr begrenzt Einreisebewilligungen nach Palästina. Und wie viele andere zuvor, besaßen auch die halb verhungerten Juden auf der Atlantic keine offizielle Einreisegenehmigungen und galten für die Londoner Regierung somit als illegale Einwanderer.

Die jüdischen Flüchtlingsströme aus Mitteleuropa, die heimlich nach Palästina gelangten, hatten sich seit Kriegsbeginn drastisch erhöht. Großbritannien wollte dies keinesfalls dulden und zur Abschreckung einen Präzedenzfall schaffen. Und dazu wurden die verzweifelten Menschen auf der Atlantic auserkoren.

Nach Ansicht der Briten rechtfertigte auch Hitlers Vernichtungsmaschinerie nicht, dass Juden nach Palästina flüchteten. Man behandelte sie daher wie überführte Verbrecher. Dabei wollte ein großer Teil der kampffähigen Flüchtlinge sogar auf Seiten der Alliierten gegen Hitler in den Krieg ziehen. Nie zuvor und niemals wieder danach erfuhren Juden, die knapp dem Tode entkommen waren, eine solche rigide Behandlung, wie die Atlantic-Passagiere: Nach wenigen Tagen in einem Sammellager bei Haifa verfrachtete Großbritannien die Verzweifelten auf die beschlagnahmten niederländischen Passagierdampfer „Johann de Witt" und „Nieuw Zeeland" und deportierte sie kurzerhand **ans Ende des Britischen Empire** nach Mauritius. Fortan galten sie nicht mehr als Flüchtlinge, sondern als Häftlinge, die eine abschreckende Strafe für ihr Vergehen – vor Hitlers Schergen zu flüchten und dabei unerlaubt britisches Territorium zu betreten – verbüßen sollten.

Am 28. Dezember 1940 landeten die beiden Schiffe mit 1580 völlig entkräfteten, vielfach kranken und psychisch angeschlagenen, mittellosen Juden im Hafen von Port Louis. Es befanden sich 849 Männer, 635 Frauen und 96 Kinder an Bord. Ein bunt gewürfelter Haufen: 640 Österreicher, 294 Tschechen, 172 Polen, 151 Bürger der Freien Stadt Danzig, 84 Deutsche und einige Russen, Rumänen, Ungarn, Letten und Türken. Sie wurden sofort in **das Gefängnis von Beau Bassin** gebracht und dort in zwei vorbereiteten Baracken – Männer und Frauen mit Kindern streng getrennt – verwahrt. Der Frauentrakt war anfangs noch eine Baustelle. Die Enttäuschung über die Hartherzigkeit Großbritanniens, den Freiheitsentzug und die Familientrennung lasteten schlimm auf den entkräfteten Menschen. Viele wussten zunächst nicht einmal, ob ihre Familienangehörigen auch auf Mauritius interniert waren. Sie litten ferner unter den **fürchterlichen hygienischen Bedingungen** und dem feuchttropischen Klima. Malaria und Typhus brachen aus.

Erst nach 18 Monaten im Gefängnis begannen die Behörden, „das Familienleben zu organisieren". Darunter verstand man allerdings nicht, Familien zusammen wohnen zu lassen. Die Frauen erhielten lediglich Passierscheine, mit denen sie zu bestimmten Zeiten ihre Ehemänner besuchen durften. Allmählich lockerten sich die strengen Haftbedingungen aber merklich. Das Misstrauen gegenüber den überwiegend deutschsprachigen Juden und der Bestrafungsaspekt gerieten in den Hintergrund, die Bewachung ließ nach, und **erste Freigänge** wurden erlaubt. Schließlich fanden sogar einwöchige Ferienlager für je 60 Internierte am Strand von Palmar statt. Leider nahmen alle diese „Privilegien" ein jähes Ende im August 1943, als die Stimmung der Inselbevölkerung wegen der Nahrungsmittelknappheit und anti-jüdischer Propaganda umschlug. Plötzlich wurden die Juden der Sabotage ausgerechnet für die Nazis verdächtigt, vor denen sie in größter Not geflohen waren! Deshalb folgte nun eine strikte Ausgangssperre und die Wachen wurden verstärkt. Die mauritischen Juden waren also erneut zum **Spielball der Kriegspropaganda** geworden – erst den Nazi-Todeslagern entflohen, von den Briten als Verbrecher in Haft genommen, deportiert, jahrelang ohne Anklage inhaftiert, und schließlich wegen ihrer deutschsprachigen Herkunft der Sympathie mit dem Feind verdächtigt. Die Rückkehr zu den strengen Haftbedingen führte fast zum Lagerkoller der Flüchtlinge, die nun schon seit Jahren in Unfreiheit lebten. Im Juni 1944 kam es zum Aufstand, der von den Frauen ausging, gewaltfrei blieb und letztlich zum Umdenken bei der britischen Verwaltung führte. Endlich gerieten die Dinge zugunsten der Häftlinge in Bewegung. In London setzten sich moderate Stimmen durch, die **dieses dunkle Kapitel britischer Flüchtlingspolitik** so rasch wie möglich beenden wollten. Im Februar 1945 fiel die Entscheidung, den mauritischen Internierten die Rückkehr und Einreise nach Palästina zu gewähren. Bis ein geeignetes Transportschiff bereit stand, vergingen allerdings noch einige Monate. Am 11. August 1945 fand der historische Präzedenzfall mit der Einschiffung aller Juden auf dem Truppentransporter „Franconia" ein Ende. Sie erreichten Palästina am 26. August 1945 als die erste Gruppe jüdischer Einwanderer nach Kriegsende – fünf Jahre nachdem die meisten von ihnen in höchster Not die Heimat verlassen hatten.

Allen, die mehr über die schicksalhafte Flucht der Juden und ihre Jahre auf Mauritius erfahren möchten, sei die Lektüre folgender Bücher empfohlen:

- Geneviève Pitot: Der Mauritius-Schekel. Hentrich & Hentrich Verlag, Berlin, 2008.
- Alfred Heller: Dr. Seligmanns Auswanderung – Der schwierige Weg nach Israel. Verlag C. H. Beck, München, 1990.
- Erwin Lichtenstein: Bericht an meine Familie. Luchterhand Verlag, 1985.

Flic en Flac & Wolmar

Tipp Wer im Urlaub den Trubel sucht, gerne flaniert und Einheimische kennenlernt, der liegt hier genau richtig. Flic en Flac bietet all dies, und zudem eine gute öffentliche Verkehrsanbindung, Möglichkeiten zur Selbstversorgung und einen wunderschönen Strand – für Rucksackreisende und preisbewusste Individualisten ein prima Standort

Das Küstendorf Flic en Flac hat sich über die Jahre zu einem sehr lebhaften Ferienort gemausert und geht inzwischen fast nahtlos in den kleineren Ableger Wolmar über. Das sympathische Touristenzentrum gilt heute als die Nummer Zwei auf der touristischen Landkarte, nach Grand Baie und gefolgt von Belle Mare im Osten. Weil es abseits der Durchgangsstraßen liegt, blieben ihm die Verkehrsprobleme der nördlichen Zentren, wie Grand Baie und Peréybère, erspart.

Die Ortschaft Flic en Flac präsentiert sich als Summe zahlloser zwei- bis dreistöckiger Neubauten ohne gewachsenem Kern. Viele Neuzuwanderer haben sich hier niedergelassen oder Zweitwohnsitze gebaut. So entstanden zahlreiche private Apartments, Wochenendhäuser und Privatpensionen. Die Hotels von Flic en Flac gehören zur einfachen bis guten Mittelklasse, Luxustempel reihen sich erst in Wolmar aneinander. Viele Urlauber und Stammgäste bevorzugen ein Privatquartier oder eine kleine Ferienwohnung.

Der 8 km lange feine Sandstrand teilt sich gleichermaßen in Hotelbereiche und öffentliche Strandabschnitte, daher findet in Flic en Flac und Wolmar ein besonders reges Freizeitleben der Mauritier statt. Die Public Beaches füllen sich an den Wochenenden mit fröhlichen Städtern aus dem Hochland. Dann wird dort campiert, musiziert, gebadet und gegrillt. Bunte Eiswagen haben Hochbetrieb, und ihre typische Spieluhrenmusik untermalt die fröhliche Stimmung.

Oben: Sonnenuntergang über der sanften Bucht von Flic en Flac

Rechts: Gepflegte Gastronomie: Rindercarpaccio und Indische Chapatis

Einkaufen & Tourist Info

Das größte Einkaufszentrum ist das neue „Cascavelle Shopping Village" an der Zufahrt nach Flic en Flac (täglich geöffnet).

In der Ortsmitte befindet sich der Einkaufskomplex „Pasadena Village". Dort bietet SPAR eine vernünftige Lebensmittelversorgung. Im Untergeschoss findet man ein Internetcafé.

Im gleichen Gebäudekomplex liegt ein kleines Büro der Tourist Info, das hauptsächlich Prospekte verteilt (Mo-Sa 9-17 Uhr). Wer touristische Informationen benötigt, kann sich auch an die private Flic en Flac Tourist Agency wenden (Tel. 4539389, email: ffagency @intnet.mu, www.fftourist.com.

Im näheren Umfeld des Pasadena Village haben sich mehrere Restaurants, Boutiquen und Andenkenläden niedergelassen. In Richtung Wolmar, wo die teuren Hotels liegen, verändern sich mit der Kaufkraft der Gäste auch die Auslagen in den Läden. Hier finden Sie elegante Herrenausstatter, Boutiquen namhafter Designer und Schmuckläden.

Tauchen

Das Angebot an Tauchgängen und -kursen ist in Flic en Flac sehr breit und günstig. Tauchgänge zu den vielen grandiosen Spots an der Westküste werden ab 30 € angeboten.

Sea Urchin Diving Centre: Tel. 7525307, info@sea-urchin-diving.com, www.sea-urchin-diving.com. Dieses erfahrene Tauchunternehmen stellt auch deutschsprachige Tauchguides zur Verfügung.

Exploration Sous-Marine: Tel. 4538450 Fax 4538807, email: szalay@intnet.mu, www.pierre-szalay.com. Im Hotel Villas Caroline gelegen.

Restaurants & Abendgestaltung

Sunset Garden: Tel. 4538614. Gemütliches asiatisches Gartenrestaurant zwischen Villas Caroline und Hotel Klondike. Chinesisch-mauritische Küche, graits WIFI. Di geschlossen.

Leslies Restaurant: Tel. 4538172. Chinesisches Lokal gegenüber dem Sunset Garden Restaurant.

Sea Breezes: Tel. 4539241. China-Restaurant in der Ortsmitte gegenüber dem Pasadena Village.

Hippocampe: Tel. 4538227. Angesagtes Seafood-Restaurant und Cocktailbar hinter dem SPAR.

Moti Mahal: Tel. 4538411. Das indische Restaurant im Hotel Villas Caroline gilt als hervorragend. Reservierung empfohlen.

Domaine Anna: Tel. 4539650, Medine. An der Zufahrt nach Flic en Flac ausgeschildert, liegt einsam in den Zuckerrohrfeldern das bei den Einheimischen beliebte Edelrestaurant Domaine Anna (1,2 km Zufahrt). Abseits allen Trubels speist man hier gepflegt unter alten Bäumen und neben Fischteichen. Chinesisch-mauritische Küche, viel Fisch. Mo geschlossen.

Black Steer: Auf ein letztes Bier trifft man sich im Black Steer beim SPAR-Komplex.

Arena Private Club: Tel. 4539000, www.arena-club.com. Wer gar nicht ins Bett findet, kommt zu später Stunde noch im Nachtclub unter. Spielernaturen zieht es ins **Kasino** im Pasadena Village (Spielautomaten ab vormittags geöffnet; Tischspiele, wie Roulette und Black Jack, nur abends an Sonn- und Feiertagen).

Straßenverkauf: Preiswert und schmackhaft: Kleine Garküchen und der Verkauf von Snacks aus dem Fahrzeug heraus sind in Flic en Flac häufig. Typische Gerichte sind Roti (indische Pfannkuchen) und Biryanis (geschmorte Reiseintöpfe).

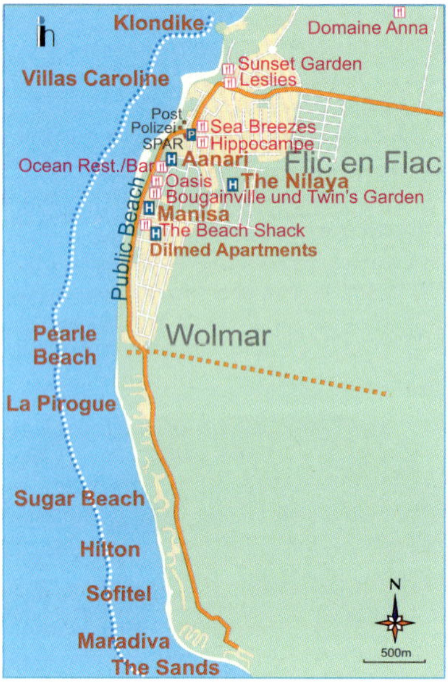

Schon gewusst?

Es gibt rund 2700 Moskitoarten auf der Welt. Sie fliegen nicht schneller als 2,5 km/h und paaren sich innerhalb von einigen Sekunden im Flug.
Nur weibliche Moskitos trinken Blut, weil sie Proteine zur Eierproduktion benötigen. Männliche Moskitos sind reine Vegetarier und ernähren sich von Blütennektar

Verkehrsmittel

Busse: Etwa im 20-Minuten-Takt verkehren die Busse ganztags zwischen Flic en Flac/ Wolmar und Port Louis. Ein sehr dichtes Busnetz existiert außerdem entlang der A3 nach Port Louis und in die Hochlandstädte, wie Quatre Bornes und Curepipe.

Taxi: Es besteht auch hier ein deutliches Preisgefälle zwischen Taxifahrten, die man an den Hotels organisiert, und solchen, die man im Ort frei aushandelt. Der Fahrtpreis nach Port Louis liegt bei 18-25 € (einfache Fahrt). Ganztägige Inselrundfahrten, z. B. nach Pamplemousses und an die Ostküste, kosten mit etwas Verhandlungsgeschick 50-65 €, für einen Flughafentransfer bezahlt man rund 42 €. Innerhalb von Flic en Flac und Wolmar berechnen die Taxis 5-6 € pro Strecke. Vielfach ist es günstiger, ein Taxi für die Hin- und Rückfahrt zu bestellen und den Fahrer am Zielort warten zu lassen, als für beide Strecken eine Einzelfahrt auszuhandeln.

Mietwagen: Die Hotels in Flic en Flac und Wolmar vermitteln auf Wunsch Mietwagen. Alternativ wendet man sich an die Flic en Flac Tourist Agency, Tel. 4539389. Fax 4538416, email: ffagency@intnet.mu, www.fftourist.com. Die Reiseagentur organisiert außerdem Tagesrundfahrten, betreibt die Apartmentanlage Escale Vacances und vermietet **Fahrräder** (ca. 7 € pro Tag) und **Motorroller** (13-18 € pro Tag).

Unterkunft in Flic en Flac

Klondike Village Vacances: Tel. 4538333, Fax 4538337, email: klondike@intnet.mu. Das unscheinbare Mittelklassehotel liegt abseits am nördlichen, felsigen Strand von Flic en Flac. 31 Zimmer und Bungalows im weißen Kolonialstil, AI möglich. Preise: ÜF ab 45 €/DZpP und 75 €/EZ.

Villas Caroline: Tel. 4538411, Fax 4538144, email: caroline@intnet.mu, www.caroline group.com. Das 3-Sterne-Plus-Hotel besitzt den schönsten und breitesten Strand am Platz. Preise: AI ab 95 €/DZpP und 140 €/EZ.

Escale Vacances: Tel. 4539389. Fax 4538416, email: ffagency@intnet.mu, www.fftourist.com. Die Apartmentanlage mit 18 Studios, Pool und Restaurant wird durch die Küstenstraße nach Wolmar vom langen Sandstrand von Flic en Flac getrennt. Studiopreis ab 95 €/Nacht.

Aanari Hotel & Spa: Tel. 4539000, Fax 4535696, email: marketing@aanari.com, www.aanari.com. Das Hotel liegt mitten im Ortszentrum neben dem Spar im Pasadena Village (nicht am Strand). Es bietet 50 modische Zimmer, einen kleinen Pool, Fitnessraum, Spa-Bereich mit Sauna, Restaurant und eine gemütliche Bar. Preise: ÜF ab 40 €/DZpP und 90 €/EZ.

The Nilaya: Tel. 4539037, email: info@ Nilaya-Mauritius.com, www.nilaya-mauritius.com. Im Ort gelegene Studioanlage zur Selbstversorgung unter deutschsprachiger Leitung. Herzliche Betreuung, rund 600 m zum Strand. Preise: ÜF ab 50 €/Nacht.

West Coast Views Residence: Tel. 4539539, Fax 4538321, email: infos@westcoastview-mauritius.com, www.westcoastview-mauritius.com. Eine spröde, zweckmäßige Apartmentanlage im Wohngebiet von Flic en Flac mit 18 Studios und Pool. Min. 5 Nächte. Übernachtungspreis ab 30 €/DZpP.

Villa Le Tamarinier: Tel. 4535932, Fax 4535386. 44 moderne, großzügige Apartments zur Selbstversorgung mit Pool, im Wohngebiet gelegen, nicht direkt am Strand. Übernachtungspreis ab 75 € pro Nacht.

Manisa Hotel: Tel. 4538558, Fax 4538562, email: info@manisahotel.com, www.manisahotel.com. Das Mittelklassehotel liegt ganz zentral an der Küstenstraße zwischen Flic en Flac und Wolmar, nicht direkt am Strand. 53 Zimmer verteilen sich in zweistöckigen Gebäuden, mit Garten, Pool und einer nahen, lebhaften Bar. Das Hotel spricht überwiegend junges Publikum an. Preise: HP 50 €/DZpP und 80 €/EZ. AI möglich.

La Residence Dilmed: Tel./Fax 4539943, http://residencedilmed.dils.biz/. Apartments zur Selbstversorgung, nicht direkt am Strand gelegen, sondern im südlichen Wohngebiet von Flic en Flac. Mit Pool und Garten, kein Restaurant. Übernachtungspreis ab 63 €/Nacht.

Pallagino: Tel. 4955448, http://feastofmauritius.com. Als „Charming Beachside Villa" bezeichnet sich dieses kleine Gästehaus mit 5 Zimmern. Wir würden es eine Backpacker-Unterkunft mit Familienanschluss nennen. Nicht am Strand gelegen, bietet aber einen Pool. Preise: HP (inklusive Getränke) ab 60 €/DZpP und 80 €/EZ.

Privatunterkünfte und -pensionen: Flic en Flac bietet eine breite Auswahl an privaten Frühstückspensionen, Zimmer- und Apartmentvermietung. Wir empfehlen, sich diese kleinen Häuser persönlich anzusehen und vor Ort auszuwählen, zumal die meisten nicht direkt am Strand liegen und einige im Ort unter hoher nächtlicher Geräuschkulisse leiden. Behilflich sind mehrere deutschsprachige Reiseanbieter mit guten Ortskenntnissen, die im Internet bereits eine stattliche Auswahl vorstellen (Adressen siehe S. 278f).

Oben: Ein prächtiger Strauß Flamingoblumen - typisch Mauritius!

Wolmar

Der Ortsteil Wolmar beginnt in etwa auf Höhe des Manisa Hotels. In seiner näheren Umgebung befinden sich die Lokale „Oasis", „Bougainville", „Twin Gardens" und „The Beach Shack", der Gemischtwarenhändler Wolmar Store, der auch Lebensmittel und Getränke verkauft, und ein paar Boutiquen für Mode und Schmuck. In Wolmar erstreckt sich die Flaniermeile auf kaum mehr als 250 Meter. Nach Süden folgen von hier aus die großen Luxushotels, die nur gelegentlich durch einen kleinen Streifen öffentlichen Badestrands voneinander getrennt werden. Der schöne, lange Sandstrand vom La Pirogue Hotel bis zum The Sands Resort erlaubt ausgedehnte Strandspaziergänge, z. B. bei Sonnenuntergang. Beim The Sands Hotel endet der touristische Teil in der Bucht von Tamarin. Obwohl in den meisten Landkarten verzeichnet, gibt es hier keine direkte Straße zwischen Wolmar und Tamarin.

Hotels in Wolmar (Nord nach Süd)

Pearle Beach Resort & Spa: Tel. 4016300, Fax 4538405, www.pearle-beach.com. Jugendliches, familiäres Mittelklassehotel mit 74 Zimmern, direkt am Strand zwischen Flic en Flac und Wolmar gelegen. Nur die Zimmer im Hauptgebäude haben Meerblick. Mit Pool und Restaurant. AI möglich. Preise: HP ab 50 €/DZpP und 80 €/EZ.

Gold Beach Resort: Tel. 4538235, Fax 4538420, email: resa@goldgroup.mu, www.goldgrouphotels.com. Das einfache, kleine und familiäre Mittelklasse-Strandhotel mit nur 31 Zimmern liegt direkt neben dem Pearle Beach Hotel. Mit Pool, Gym und Spa. Preise: HP ab 39 €/DZpP und 50 €/EZ.

La Pirogue Hotel: Tel. 4538441, Fax 4538449, email: info@lapirogue.mu, www.lapirogue.com. Dieses traditionsreiche Ferienhotel ist besonders beliebt bei Hochzeitsreisenden. Die im Halbrund angelegten Steinbungalows sind schon ein wenig in die Jahre gekommen, werden aber nach und nach renoviert. Um so mehr begeistert der Vogelreichtum im tropischen Kokospalmengarten, der so weitläufig ist, dass trotz 248 Zimmern jeder Gast Ruhe und Platz finden kann. Zentralbereich und Pool

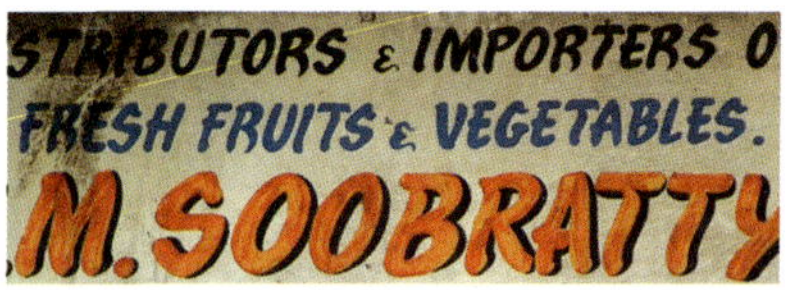

mit Poolrestaurant sind neu konzipiert und sehr ansprechend gestaltet worden. Eine kinderfreundliche, legere Anlage mit viel Flair! AI möglich. Preise: ÜF ab 70 €/DZpP und 105 €/EZ.

Sugar Beach Resort: Tel. 4539090, Fax 4539100, email: info@sugarbeachresort.mu, reservation.info@sunresorts.mu, www.sugarbeachresort.com. Das Schwesterhotel des La Pirogue wurde 2008 zum eleganten 5-Sterne-Luxushotel aufgewertet und bietet 238 Zimmer und 66 Suiten im Stil eines kolonialen Sugar Estates. Das Resort im Plantagenstil bot als erstes Hotel der Insel einen Kohlendioxidausgleich. Preise: ÜF ab 70 €/DZpP und 110 €/EZ.

Hilton Mauritius Resort & Spa: Tel. 4031000, Fax 4031111, email: info-mauritius@hilton.com, www.mauritius.hilton.com. Das 5 Sterne-Resort der amerikanischen Hotelkette bietet eine betont lockere, aber dennoch professionelle Atmosphäre mit sehr

breitem Wassersportangebot, modernem Fitnessraum und einem angenehmen Spa (Sauna und Dampfbad sind inklusive). Drei Spezialitätenrestaurants, legere Poollandschaft, 193 Zimmern und zahlreiche Suiten mit Butlerservice.
Preise: HP ab 180 €/DZpP und 320 €/EZ.

Sofitel Imperial Resort & Spa: Tel. 4538700, Fax 4538320, email: H1144@accor.com, sofitel@bow.intnet.mu, www.sofitel.com. Gleich neben dem Hilton Resort schließt sich die großzügige Anlage mit einem Hauptgebäude im Pagodenstil an. Auf der Liegewiese verteilen sich locker die Strandliegen und Baldachine. Hier ist alles ausladend und großzügig gebaut, auch die Zimmer sind geräumig. Das 5-Sterne-Hotel bietet 191 Zimmer und 42 Suiten.
Preise: HP ab 180 €/DZpP und 330 €/EZ.

Maradiva Villas Resort & Spa: Tel. 4031500, Fax 4535555, email: exotica.mauritius@tajhotels.com, http://maradiva.com. Diese edle 6-Sterne-Anlage bietet Urlaub vom Feinsten: Die 65 Villen, alle mit privatem Pool und Küche ausgestattet, bieten absolute Privatsphäre. Im modern-eleganten Zentralkomplex befinden sich Feinschmeckerrestaurants und ein weiterer großer Pool; der Strand ist ausgesprochen weitläufig angelegt. Ein familienfreundliches Resort für höchste Ansprüche an Komfort und Service.
Preise: HP ab 330 €/DZpP und 670 €/EZ.

The Sands Resort & Spa: Tel. 4031200, Fax 4035300, email: infosands@intnet.mu, www.sands.mu. Das 4 Sterne-Plus-Hotel wartet mit einem der breitesten Strände auf und bietet einen traumhaften Blick in die von Bergen umschlossene Bucht von Tamarin (statt auf das offene Meer). Das ruhig gelegene Resort mit dreistöckigen Wohnkomplexen und einem Pool im Zentrum hat viel Atmosphäre ohne Schnickschnack. 91 Zimmer. AI möglich.
Preise: HP ab 125 €/DZpP und 190 €/EZ.

Bilder von oben: Ein dümpelndes Glasbodenboot; Eine freche Taube auf dem Frühstücksteller; Häuserzeile und ein alter Käfer in Flic en Flac

Luxus für Zwei á la Mauritius

„Partnermassage" in einem Spa

Wer auf Mauritius seinen Urlaub verbringt, wird über kurz oder lang mit verführerischen Massage- und Spa-Angeboten konfrontiert werden. Kaum ein Hotel, das nicht selbst einen duftgeschwängerten Spa-Bereich mit breitem **Wohlfühlprogramm** sein Eigen nennt. Doch die Schwellenangst, diese eleganten Räumlichkeiten aufzusuchen, mag manch einen unerfahrenen Besucher abschrecken, selbst wenn er einer Massage oder einem Saunagang zugeneigt wäre. Deshalb möchten wir Ihnen das Prozedere in einem mauritischen Spa hier vorstellen. Und der Frage nachgehen: Was verbirgt sich eigentlich hinter der vielfach angebotenen „Partnermassage"?

Im Spa-Tempel auf dem Hotelgelände werden wir zuerst von zierlichen, eleganten jungen Damen an der Rezeption begrüßt und nehmen an einem schweren Massivholztisch Platz. Der hohe Raum, geschmackvoll in warmen Tönen dekoriert, versetzt uns dezent in Erwartungshaltung. **Zarter Vanilleduft und andere exotische Aromen umschmeicheln die Nase.** Eine der dunkeläugigen Schönheiten informiert uns über die Vielfalt ihres Angebots und vereinbart schließlich anhand des schon gut gefüllten Terminkalenders einen Zeitpunkt für unsere Partnermassage.

Am nächsten Morgen ist es soweit. Wir tragen Badekleidung und darüber die Hausbademäntel, die in allen Gästezimmern bereitliegen. In der Empfangshalle des Spas drücken uns die fein gekleideten Damen zuerst einen Fragebogen in die Hände. Wir sollen ankreuzen, ob körperliche Einschränkungen oder Beschwerden bei der Massage zu beachten wären. Wir können auch angeben, ob wir einen herzhaften Druck bevorzugen oder lieber eine sanfte Massagetechnik. Dann werden wir in einen abgeschirmten Bereich im kleinen Palmengarten geleitet. Hinter einem Zaun befindet sich eine lichte Bambus- und Palmholzkonstruktion, durchlässig für ein wenig Tageslicht, eine sanfte Brise und das Palmblätterrauschen. Das Innere besteht aus zwei kleinen Räumen und je einer Toilette und Dusche. Der eine Raum wird fast vollständig von einem sprudelnden Jacuzzi ausgefüllt. Für die nächsten 30 Minuten soll dieses heiße Süßwasserbecken uns gehören. Das warme Wasser wird die Muskeln lockern, und das wunderschöne Ambiente mit vielen liebevoll dekorierten frischen Blüten und Duftaromen uns in eine entspannte Stimmung versetzen. **Wichtig zu wissen**: In Mauritius betritt man ein Jacuzzi, Dampfbad oder eine Sauna stets mit Badekleidung (niemals nackt)!

Nach einer halben Stunde erscheinen die beiden Masseure, die in den meisten Fällen Damen sind. Jetzt ist es Zeit, den idyllischen Minipool zu verlassen und sich kurz abzuduschen. Frische Handtücher zum Abtrocknen liegen zur Genüge bereit. Außerdem kleine Wegwerfhöschen, die man sich anstelle der nassen Badekleidung überziehen soll, und die ein wenig an die europäische OP-Vorbereitung für einen chirurgischen Eingriff erinnern!

Im halbdunklen Nebenraum stehen zwei Massagebetten nebeneinander. Jedes ist mit einer frischen Frangipani-Blüte und mehreren Handtuchschichten bedeckt, in die wir sorgfältig eingewickelt werden. Das bewegliche Kopfgestell mit einer Aussparung für das Gesicht ermöglicht eine sehr bequeme Bauchlage. Direkt darunter stellen die Masseurinnen Duftschalen mit schwimmenden Blüten. Im Hintergrund laufen jetzt instrumentale, entspannende Klänge. Die beiden Masseurinnen arbeiten von nun an parallel. Es wird immer nur der Körperteil, den sie gerade massieren, freigelegt; der übrige Körper bleibt mit warmen Handtüchern bedeckt. **Auf Diskretion und Stille wird stets geachtet.** Die Partnermassage ist eine einstündige, sehr ölige Aroma-Entspannungsmassage für den ganzen Körper. Sie beginnt am Rücken, der mit allen Griffen und Kniffen asiatischer Massagekunst durchgeknetet wird. Dann folgen die Rückseiten der Beine und die Fußsohlen. Als wir uns danach umdrehen, fühlen wir uns bereits vollkommen entspannt und locker. Mit sanftem Druck und Dehnungen bearbeiten die Damen erneut unsere Beine, Füße und schließlich die Arme. Spätestens bei der gekonnten Nacken- und Oberbauchmassage wünscht man sich, sie mögen die ganze Aktion noch einmal von vorne beginnen. Aber dann kommt noch eine Überraschung: Mit geschickten, cremigen Fingern zaubern sie eine phantastische Gesichts- und Kopfhautmassage. Das fühlt sich so überraschend gut an, dass uns völlig egal ist, wie ölig unsere Haare danach sein mögen.

Nach der Massage werden Kräutertees („Infusion") oder kaltes Wasser gereicht und wir dürfen dieses kompakte Wohlfühlprogramm für Körper und Seele im Ruheraum ausklingen lassen. Zum Baden oder in die Sonne sollte man nach einer Massage sowieso nicht sofort gehen, sondern erst die Öle einziehen lassen.

Tour ins Hochland: Die Städte im Inselinneren

Die Plaines Wilhems, bis Ende des 19. Jh. von Wäldern bedeckt und unbewohnt, sind heute der dichtest besiedelte Distrikt der Insel. Der Exodus der Städter aus Port Louis nach den verheerenden Cholera- und Malariaepidemien führte zur Gründung mehrerer Städte im Hochland. Damit die Leute trotzdem ihre tägliche Arbeit an der Küste erfüllen konnten, wurde damals eine Bahnlinie zur Hauptstadt gebaut. Die gute Verkehrsanbindung beschleunigte wiederum den Zustrom in die neuen Hochlandsiedlungen. Inzwischen leben rund 350 000 Menschen in den Städten des Hochlands, die allmählich ihre Ortsgrenzen verlieren und ineinander wachsen. Die Urbanisierungsrate im modernen Mauritius liegt bei 42%; die bedeutendste und interessanteste Stadt ist Curepipe.

Die Bahnverbindungen wurden schon vor Jahrzehnten eingestellt und so wickelt sich der tägliche Verkehr zwischen den Städten und nach Port Louis allein über das hoffnungslos überlastete Straßennetz ab. Chaotische Zustände und lange Staus sind während der Stoßzeiten die Regel; und für europäische Besucher, wenn sie eine solche abgasgeschwängerte „Rush Our" miterleben, ein lehrreiches Schauspiel in Sachen Gleichmut und Geduld.

Info Die Tour in die Hochlandstädte ist ein abwechslungsreicher Ausflug z. B. für einen trüben Tag oder um einmal die Lebenswelt der Gastgeber kennenzulernen. Vor allem rund um Curepipe liegen ein paar lohnenswerte Sehenswürdigkeiten. Der vielen Werbung für Shoppingparadiese in den Hochlandstädten sollte man dabei nicht allzu viel Glauben schenken, denn die Einkaufstempel und -meilen entpuppen sich oftmals als mittelmäßig. Unser Ansicht nach reicht es, durch die „Mall of Mauritus" in Bagatelle zu schlendern. Da gibt's auch gleich eine zünftige Privatbrauerei.

Tipp Meiden Sie unbedingt die Stoßzeiten morgens und nachmittags, oder legen Sie den Ausflug auf das Wochenende

Beau Bassin & Rose Hill

Die beiden der Hauptstadt am nächsten gelegenen Wohnstädte bilden zusammen eine Gemeinde mit mehr als 100 000 Einwohnern und sind bereits untrennbar zusammengewachsen. Gemeinhin werden beide Stadtteile heute als Rose Hill bezeichnet. Hier lebt die indo-mauritisch geprägte Mittelklasse. Viele Einwohner fahren täglich weite Strecken an die Küste oder nach Port Louis zur Arbeit. Als Kulturzentrum beherbergt die Doppelstadt eine Konzerthalle, den British Council und ein Theater im viktorianischen Rathausbau. Viele günstige, kleine Läden decken den täglichen Bedarf der Stadtbewohner. Am Rand von Rose Hill liegen allerdings auch die ehrgeizigsten Bauprojekte der Insel: **Cyber City** und **Bagatelle City**. Dafür wird eine neue Stadt mit Wohnsiedlungen, Gewerbegebiet, Shopping Malls und Freizeitattraktionen aus dem ländlichen Boden gestampft.

Oben: Flying Dodo Brewing Company in Bagatelle. Hier wird Bier nach deutschen Maßstäben gebraut. Wir empfehlen das kräftige Märzenbier!

Quatre Bornes

Quatre Bornes ist die Dritte im Bunde des nördlichen Städtekonglomerats. Hier kreuzt sich die bedeutendste Ost-West-Verbindung mit der Nord-Süd-Traverse, deshalb ist die großflächige Wohnsiedlung praktisch ständig verstopft. Der

Verkehr quält sich über die St. Jean Road quer durch Quatre Bornes. Entlang dieser Straße liegen unzählige kleine Läden und zentral im Ortskern das markante mehrstöckige Orchard Tower Centre.

Einkaufen und Einkehren

„Bagatelle - The Mall of Mauritius“ – hier liegen die modernsten Läden der Insel und hier verbringt der Mauritier neuerdings am liebsten seine Freizeit. 130 Läden, ein Food Court mit Lokalen und Restaurants und ein Kino locken die Insulaner in Massen in den neuen Konsumtempel. Eine Autobahnausfahrt und ein Hotel wurden eigens gebaut; und die Mall ist täglich von 09.30 bis teilweise spät abends geöffnet. Der „Food Lover's Market“ ist eine Freude für Selbstversorger. Unser besonderer Tipp gilt der **Privatbrauerei „Flying Dodo“**: Hier gibt es neben gutem Essen unterschiedliche Fassbiere aus der eigenen Brauerei. Tel. 4688810, www.flyingdodo.com.

Ein weiteres Einkaufszentrum liegt am Autobahnkreisverkehr zwischen Port Louis und Curepipe. Das **„Shoprite Hyper Centre“** bietet einen Supermarkt, das Warenhaus „Game“, Apotheke, Optiker, Frisör, Buch- und Fotoladen, Pâttiserie und viele Parkplätze.

Jeden Do/So findet in Quatre Bornes ein viel besuchter offener **Kleidermarkt** statt.

Unterkunft

Hennessy Park Hotel: Tel. 4037200, Fax 4037201, email: info@hennessyhotel.com, www.hennessyhotel.com. Direkt im Cyber City Komplex auf Ebene 65 liegt dieses moderne Business Hotel der gehobenen Mittelklasse mit 108 Zimmern/Suiten. Preise: ÜF ab 58 €/DZpP und 100 €/EZ.

Info Die Städte unterschieden sich immer noch ein wenig nach sozialer und ethnischer Herkunft

Phoenix

Phoenix ist die Heimat der gleichnamigen Brauerei und somit allen Biertrinkern auf Mauritius ein Begriff. Die Autobahn von Port Louis teilt sich am Ortsbeginn von Phoenix beim großen Kreisverkehr in zwei Strecken nach Süden: Die alte Royal Road führt mitten durch Phoenix und Curepipe, während die neue Umgehungsstraße beide Städte umfährt. An diesem Kreisverkehr liegt der Verkaufsladen **Max Mara Fashion** für italienische Modewaren. Gleich daneben bietet sich ein Besuch der **Glass Gallery** an. Hier werden nicht nur schöne Jugendstillampen und Glasbilder produziert, sondern auch originelle Souvenirs aus recyceltem Glas gefertigt. Neben dem Ladengeschäft besteht die Möglichkeit einer Führung durch die Produktion (Tel. 6963360, von 8-17 Uhr, geringer Eintritt). An die Glasfabrik schließt sich die **Brauerei Phoenix** an, die jedoch Besuchern nicht offen steht.

Vacaos

Bei den britischen Kolonialherren galt Vacaos einst als gemütliche Residenz in luftiger Höhe. Heute hat sie den Ruf einer klassischen Arbeiterwohnsiedlung für das eher sozial schwache Milieu. Vermutlich finden gerade deshalb hier viele Demonstrationen und Zusammenkünfte der Arbeiterpartei statt. Touristen kommen meistens nur auf dem Weg zu den Tamarin Falls (siehe rechts) durch Vacaos.

Bilder dieser Seite: Der Verkehr wälzt sich durch die Hochlandstädte; kleiner Tempel in Henriette

Rechts: Tamarin Falls und Adamas Shopping Centre

Floreal

Hier wohnen die Bessergestellten, die „Expats" (ausländische Fachleute und Kurzzeit-Experten), Diplomaten und Reiche. Viele schöne Anwesen in prächtigen Gärten und Luxusgrundstücke hinter hohen, blickdichten Zäunen reihen sich an die Berghänge von Floreal und geben dem Vorort von Curepipe ein angenehmes Flair. Als Sitz der Strickwarenfabrik „Floreal Knitwear Company" wird Floreal auch stets mit der Textilindustrie in Verbindung gebracht. Hier befinden sich relativ nah beieinander zwei bekannte Einkaufszentren, die Taxifahrer mit ihrer einkaufsfreudigen Kundschaft gerne ansteuern.

Tamarin Falls View Point

Der Wasserfall des Tamarin River stürzt in mehreren Kaskaden stufenweise von den Bergen in eine völlig einsame, tropisch bewachsene Schlucht. Während die Fälle selbst die meiste Zeit im Jahr nur als dünnes Rinnsal hinabstürzen, wird der Aussichtspunkt wegen des weiten Ausblicks über die dichte Vegetation der markanten Berglandschaften bis weit in den Indischen Ozean zum lohnenden Ziel.

Zufahrt: Durchqueren Sie Vacaos entlang der Hauptstraße und fahren Sie über Glen Park in das Dorf Henrietta. Bleiben Sie auf der Straße bis zum Buspark- und Wendeplatz am Ende des Dorfes. Dort biegen Sie direkt vor dem Busparkplatz rechts in den kleinen Weg und folgen dieser einspurigen Straße etwa 100 Meter bis zum Aussichtspunkt (bei einem Hindutempel).

Wichtige Info: Die Straße von Tamarin über Yemen zu den Tamarin Falls ist in Privatbesitz und für die Öffentlichkeit gesperrt. Es besteht daher nur die beschriebene Zufahrt von Henrietta zu den Wasserfällen.

Einkaufen

Im kleineren **Floreal Square** Shopping Centre gibt es hauptsächlich Strickwaren, wie Pullover und Jacken, zu kaufen. Im Obergeschoss des größten Ladens arbeiten die Textilarbeiterinnen an diversen Näh- und Schneidemaschinen, und Touristen werden bereitwillig durch diese als „Textilmuseum" bezeichneten Produktionsschauräume geführt. Außerdem findet man in dem kleinen Einkaufszentrum ein Café und einen Frisör.

Das Shopping Centre **Adamas** ist größer und vielseitiger. Hier gibt es eine Wechselstube, einen Fabrikverkauf von Ralph Lauren und mehrere Boutiquen, Schmuck- und Uhrenläden. Die Geschäfte bieten Ausländern zollfreien Einkauf an (siehe S. 272 bzgl. der Vorgehensweise).

Wer einmal zwischen Geschäftsleuten in gepflegtem Rahmen dinieren möchte, wird das kleine, kuschelige Restaurant **La Clef des Champs** in der Queen Mary Avenue mögen (Tel. 6863458, Mo-Fr von 12-14:30 Uhr und 19-21:30 Uhr, es offeriert französische Küche zu gehobenen Preisen).

Curepipe

Der regenreichste Ort von Mauritius bietet die interessantesten Sehenswürdigkeiten der Ballungszentren im Hochland. Es ist durchaus typisch, dass es hier regnet, während die Badegäste in den Strandhotels zeitgleich in der Sonne braten. Packen Sie also einen Regenschirm ein und besuchen Sie den noch ein wenig kolonial geprägten Stadtkern von Curepipe und den Kratersee Trou aux Cerfs!

Nach der Malariaepidemie von 1866 folgte die planmäßige Gründung von Curepipe auf 550 m Höhe – sie ist die höchstgelegene Stadt der Insel – um den Wohlhabenden aus Port Louis ein klimatisch verträglicheres Domizil zu schaffen. Weil in erster Linie Europäer nach Curepipe zogen, prägten sie das Stadtbild am stärksten. Inzwischen ist sie mit mehr als 80 000 Einwohner jenseits des kolonialen Stadtzentrums zu einer ausufernden, eher gesichtslosen Großstadt angewachsen.

Stadtbesichtigung

Der historische Kern von Curepipe liegt in dem Karree zwischen Royal Road, Victoria Avenue, Sir John Pope Hennessy Street und Ste. Thérèse Street. In der pulsierenden Hauptschlagader der Stadt, der **Royal Road**, reihen sich zahllose kleine, indische Läden, moderne Bankfilialen und sehenswerte Kolonialgebäude aneinander. Hier lohnt es sich entlang zu schlendern. Über die Royal Road gelangen Sie direkt zur **Kirche Ste. Thérèse**. Der mächtige gotische Bau aus dem Jahr 1872 dominiert den großzügigen Platz (gute Parkmöglichkeit). Gegenüber der Kirche liegt das koloniale Ensemble mit altem und neuem Rathaus, Bücherei und kleinem Stadtpark. 1902 wurde das alte **Rathaus** (Hotel de Ville / Town Hall) mit einer Freitreppe, vier Ecktürmen und schnörkeligem, schmiedeeisernen Zierwerk auf den Dächern errichtet. Das Gebäude im klassischen kolonial-kreolischen Baustil strahlt Selbstbewusstsein und Stärke aus. Zwischen altem und neuem Rathaus fällt ein prächtiger neoklassizistischer Steinbau ins Auge. Das attraktive Gebäude ist die ehrwürdige Heimstatt der **Carnegie Library** mit ihren vielen Bücherreihen. Gleich gegenüber laden Parkbänke zur Rast in den beschaulichen **Townhall Gardens**. Der kleine Stadtpark ist wegen seiner romantischen **Statue von Paul & Virginie** berühmt geworden (Foto S. 122): Paul trägt seine Geliebte eng umschlungen über einen kleinen Bach...

Bild ganz oben: Basilica of St. Helene
Unten: Im Zentrum von Curepipe

Foto rechts: Das alte Rathaus der Stadt

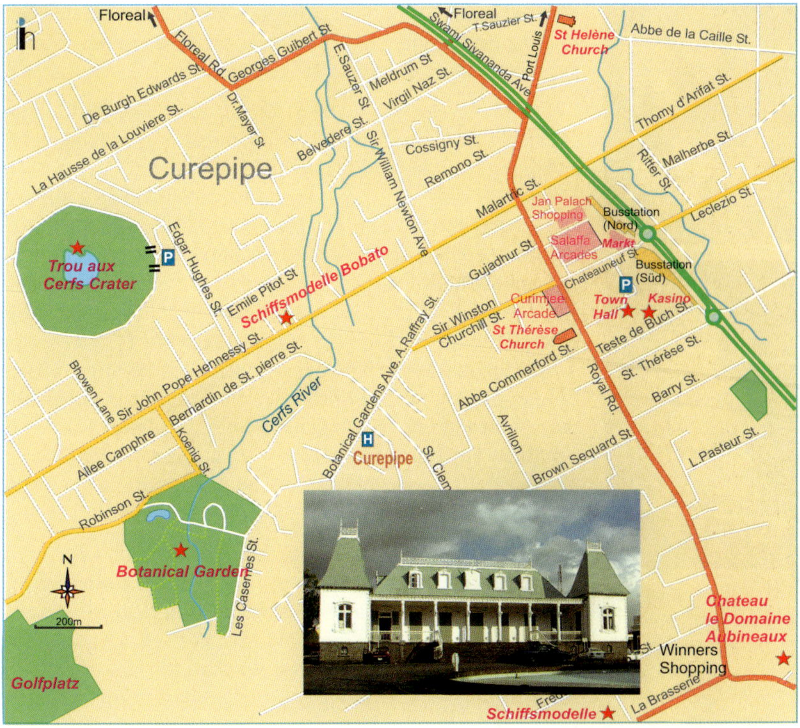

Auf der anderen Seite des Parks befindet sich in einem unattraktiven Gebäude der **Zentralmarkt**. Lassen Sie sich nicht vom äußeren Eindruck abschrecken; im Innern ist das quirlige Markttreiben durchaus sehenswert. Der Markt ist täglich geöffnet. Ein anderes unauffälliges Gebäude liegt in der Teste de Buch Street hinter dem Rathaus. Von außen kaum zu erkennen, entpuppt es sich als das **Kasino** von Curepipe. Die „Einarmigen Banditen" sind schon ab 10 Uhr morgens zugänglich und gegen Nachmittag füllt sich das Kasino mit einheimischen Spielern. Roulette und Black Jack gibt es aber erst abends nach 20 Uhr.

Ein paar Hundert Meter nördlich entlang der Royal Road gelangt man zur katholischen **Basilica of St. Helene**, deren Architekten der Überlieferung nach durch die Kathedrale in Florenz inspiriert wurden.

Die Sir John Pope Hennessy Street führt uns zu zwei peripheren Sehenswürdigkeiten von Curepipe, dem **Botanischen Garten** und dem **Kratersee Trou aux Cerfs.** Beide liegen rund 1 km vom Zentrum entfernt. Der Botanische Garten ist viel kleiner als Pamplemousses Gardens, frei zugänglich und eher ein öffentlicher Stadtpark zum Flanieren. Man kann sogar mit dem Auto hineinfahren. Trotzdem ist der 1870 angelegte Garten eine richtige Ruheoase mit schönen Palmen und uralten Bäumen. Die Einheimischen verbringen hier gerne ihre

Unten: Trou aux Cerfs, wo das Coverbild dieses Reiseführers entstand; Rechts: Le Domaine des Aubineaux

Mittagspause, und Touristen genießen den Spaziergang entlang der Teiche, zwischen Ravenal und Bananenstauden, knorrigen Bäumen und schlanken Palmen.

Zum **Kratersee** führt etwa 300 m nach dem auffälligen Laden Babato Ltee für Segelschiffmodelle eine kleine Abzweigung nach rechts (beschildert). Sie zieht direkt den Berg hinauf, auf dem sich der erloschene Vulkankrater befindet. Die Ringstraße um den Kraterrand ist inzwischen für Autos gesperrt. Ein Spaziergang rund um den Krater bietet zahlreiche spektakuläre Aussichtspunkte. Der fast runde, dunkle See ruht tief im dicht bewaldeten Vulkankrater. Noch beeindruckender sind allerdings bei klarem Wetter die weiten Ausblicke, die sich von dieser erhöhten Position in alle Richtungen bieten. Am schönsten ist die Aussicht in südwestlicher Richtung über die Inselberge bis zur Küste. Aber auch der Blick aus der Vogelperspektive auf die riesigen Stadtflächen im Hochland ist sehr reizvoll. Nach Norden kann man von hier bis zum markanten Gipfel des Pieter Both sehen.

Liebhaber der kreolisch-kolonialen Architektur sollten sich einen Besuch des 1872 erbauten Gutshauses **Domaine des Aubineaux** an der alten Hauptstraße nach Nouvelle France nicht entgehen lassen. Damals wurde hier Tee angebaut. Das schmucke Anwesen, ein weißer Holzbau mit türkisfarbenen Tür- und Fensterläden inmitten eines gepflegten französischen

Gartens, dient heute als Museum. Leider trübt der starke Straßenverkehr ein wenig die ansonsten erhabene Atmosphäre. In kleinen Nebengebäuden gibt es eine Boutique, in der Öl-Essenzen verkauft werden, und ein Tagescafé.

Öffnungszeiten: täglich von 9-17 Uhr. Eintritt: Erwachsene 400 Rs, Kinder die Hälfte. Für 2000 Rs wird ein Kombiticket angeboten, das den Besuch im Vanillezentrum St. Aubin (S. 156) und in der Teeplantage Bois Chéri (S. 177) mit einschließt („Route du Thé"). Kontakt: Tel. 6763089, www.saintaubin.mu.

Stadthotels in Curepipe

Curepipe Hotel: Route du Jardin, Tel. 6707427, email: contact@curepipehotel.net, www.curepipehotel.net. Business-Hotel mit Pool und Restaurant. Preise: ÜF ab 55 €/DZpP.

Hotel La Vigie: 58 Rue Commerson, Tel. 6763023, email: hotellavigie@orange.mu, http://hotel-la-vigie.com. Einfaches Hotel mit 20 Zimmern ca. 1,5 km östlich vom Zentrum. Preise: ÜF ab 22 €/DZpP und 29 €/EZ.

Auberge de la Madelon: Tel. 6709258, http://aubergemadelon.com. Kleine Pension mit Pool in der Sir John Pope Hennessy Street. Preise: ÜF ab 15 €/DZpP und 22 €/EZ.

Einkaufen

Selbstversorger finden die beste Auswahl im großen Supermarkt direkt im Stadtzentrum an der Victoria Avenue. Wer nach Kleidung und Souvenirs sucht, findet zahlreiche Einzelgeschäfte in der Innenstadt entlang der Royal Road. Hier herrscht auch eine große Bankendichte. Die Aufschrift „**Shopping Arcades**" suggeriert mancherorts moderne Konsumtempel, dabei können sie dieses Versprechen oft nicht halten und entpuppen sich als malerische Ansammlung kleiner Ramschläden und indischer Gemischtwarenhandlungen. Die **Currimjee Arcades** im Zentrum an der Royal Road/Ecke Sir Winston Churchill Street und die gegenüberliegenden **Salaffa Arcades** haben ihr reichhaltiges Sortiment vorrangig nach dem lokalen Bedarf ausgerichtet, man findet hier aber auch Parfümeriewaren, Antiquitäten, handwerkliches aus China, Möbel und Holzspielzeug.

Schiffsmodellfabriken: Am südlichen Ende der Stadt, im Stadtteil Forest Side, liegt in der La Brasserie Road der Laden Comajora (Zufahrt beschildert, mit Produktionsstätte; Tel. 6700301, Mo geschlossen). Es ist die älteste Schiffsmodellfabrik der Insel. Ein weiteres Geschäft für Segelschiffmodelle heißt Babato Ltee Ltd. und befindet sich an der Sir John Pope Hennessy Street kurz vor der Auffahrt zum Kratersee.

Restaurant

La Potinière: Tel. 6702648, Sir Winston Churchill Street. Das gemütliche Lokal gilt als das Beste in Curepipe und bekocht seine Gäste im französisch-mauritischen Stil. Di-Sa 10-15 Uhr und 18:30-22 Uhr.

Öffentliche Verkehrsmittel

Wie in Port Louis gibt es auch in Curepipe zwei Busbahnhöfe, die hier aber nur etwa 200 m voneinander entfernt liegen. Sie befinden sich im Zentrum am östlichen Ende der Chateauneuf Street. Vom Nordterminal starten die Busse nach Port Louis und in die anderen Hochlandstädte. Vom Südterminal gelangt man dagegen nach Mahébourg und Souillac.

Rund um den Busbahnhof herrscht mitunter eine totale Verkehrsverstopfung.

Einkaufstipps

Das Geschäft mit **Designerkleidung** ist schwer durchschaubar. Es gibt in den Läden von Mauritius durchaus edle Waren aus Designerkollektionen, die lediglich ohne dem berühmten Label angeboten werden, weil manche Firmen neben den Aufträgen für die Edelmarke auch für den lokalen Markt produzieren dürfen. Manchmal handelt es sich auch um ganz offizielle Überschüsse der vorigen Saison. Aber es gibt auch eine Menge Plagiate. Weil der Kunde im Grunde keine Herkunftsgarantie erhält, sollte man sich nicht von Namen oder Aufklebern an den Auslagen blenden lassen und nur das kaufen, was wirklich gefällt und qualitativ überzeugt.

Wo kann man am besten einkaufen? Eine breite Auswahl hochwertiger Produkte und Souvenirs in einem angenehmen Umfeld finden Sie in der Caudan Waterfront in Port Louis. Schnäppchen im Textilbereich bieten zahlreiche „Outlet Centre", „Fashion Factories" und Boutiquen, wie z.B. bei Adamas, Floreal Square, im Zentrum von Curepipe und am Sunset Boulevard in Grand Baie. Die „Mall of Mauritius" in Bagatelle konzentriert sich mehrheitlich auf die einheimische Zielgruppe. Typische Souvenirartikel und Gewürze werden im Zentralmarkt von Port Louis und im Bazar von Grand Baie feilgeboten. Gewürze kauft man aber deutlich günstiger in Supermärkten. Schöne Stoffe handelt man direkt am Strand mit den Fliegenden Händlern aus. Edle Souvenirs mit mauritischem Bezug finden Sie z. B. bei Aventure du Sucre. Die Läden in den feinen Hotels haben neben teuren Standardartikeln auch manches besondere Stück zu bieten. Eine letzte Gelegenheit zum Geldausgeben bieten schließlich noch Duty Free Shops am Flughafen.

Es gilt wie auf der ganzen Welt: Je touristischer ein Ort, je teurer die Hotels in der Umgebung des Ladens, umso höher sind auch die Verkaufspreise. Dieselbe Ware gibt es manchmal im kleinen Laden irgendwo im Landesinneren für einen Bruchteil dessen!

Infos zur **Rückerstattung** der **Mehrwertsteuer**: siehe S. 274!

Typische Souvenir- und Einkaufsartikel in Mauritius

- **Kleidung und Schuhe:** Namhafte Designer lassen ihre Waren auf Mauritius fertigen. Strickwaren, Kaschmirpullis, Stoffe, T-Shirts und Handtücher gibt es hier in allen Qualitätsstufen.
- **Diamanten und teure Uhren:** Weil diese zollfrei importiert und auf der Insel mit billigen Arbeitskräften veredelt und geschliffen werden, sind sie hier vielfach günstiger als in Europa.
- **Außergewöhnlich:** Der zarte Duft von Mauritius in einem Fläschchen Blütenextrakt oder ein frischer Blumenstrauß. Frisch geschnittene Anthurien halten zwei bis drei Wochen lang.
- **Modellsegelschiffe** sind kunsthandwerkliche Arbeiten und ein originelles Erinnerungsstück oder Geschenk. Kauft man am besten direkt in den Fabriken bei Historic Marine in Goodlands oder Comajora in Curepipe.
- **Rum, Tee und Gewürze:** Beliebte Erinnerungen und günstige Mitbringsel von hoher Qualität sind einheimischer Rum und Zucker, aromatischer Curry und Chutneys, erntefrische Vanilleschoten, Zimtstangen, eingelegte Chilis, Vanilletee und mauritischer Kaffee.
- Bunte **Palmstrohtaschen**, in denen sich die neuen Einkäufe gleich wunderbar verstauen lassen.

Modelabels und Markennamen auf Mauritius

- **Café Coton:** Französischer Herrenausstatter, der hochqualitative ägyptische Baumwolle verwendet und auf Mauritius fertigen lässt.
- **Karl Kaiser:** Lokaler Name für Waren von Hugo Boss, die hierzulande gefertigt werden. Mehrere Filialen verteilen sich über die Insel; man kann sich hier auch maßgeschneiderte Anzüge nähen lassen.
- **Poncini:** Traditionsreiches Duty-Free-Unternehmen für Schmuck (Diamanten, Edelsteine, Perlen) mit mehreren Filialen.

Aktuelle Empfehlungen

Neu vorgestellt:

Ambre ... S. 208

Ungezwungenes, jugendliches Erwachsenenresort

Bewährtes mit frischem Esprit:

Veranda Paul & Virginie ... S. 210

Unbeschwerte Urlaubsfreude für Paare

Die besondere Adresse:

Le Touessrok ... S. 212

Sportlich-spritzig mit Stil und Herzlichkeit

Le Prince Maurice ... S. 214

Vornehmes Wellnessresort für Verwöhnte

Lakaz Chamarel... S. 216

Tropisches Refugium in den Bergen

Le Telfair ... S. 218

Zauberhaft romantisch mit viel kolonialem Flair

Unterkunft-Tipps für Individualisten:

Im Südosten

Le Jardin de Beau Vallon ... S. 220

La Hacienda Villas ... S. 221

Im Westen

La Mariposa Bed & Breakfast ... S. 222

In Rodrigues

La Domaine de la Paix ...S. 223

Das traditionsreiche Ambre Hotel hat seit seiner Wiedereröffnung ein neues Konzept: All-Inclusive der gehobenen Mittelklasse mit kreolischem Charme und fröhlicher Leichtigkeit nur für Erwachsene.

Lässiges Inselleben mit Abendshows und Livemusik an der gut bestückten, geselligen Beach Bar, vielfältige Themenrestaurants, Spa, Gym und ein Nachtclub sind hier selbstverständlich. Das Ambre Hotel ist ein **Eldorado für aufgeschlossene Partygänger.**

Richtig überzeugend ist hier wieder einmal das fleißige mauritische Serviceteam. Bei so viel aufmerksamer und entspannter Herzlichkeit fühlt sich der Aufenthalt wie ein „Urlaub bei Freunden" an.

Unsere Meinung: Das sympathische Strandresort ist ideal für Singles, junggebliebene Paare und Freundinnen, die gemeinsam verreisen. Und bestens geeignet, um nette Leute kennenzulernen.

Ambre Mauritius

Sun Resorts Ltd.

Coastal Road, Palmar
Tel. +230-4018188
Fax +230-4018199
email: info@sunresorts.mu
www.ambremauritius.com

Veranda Paul & Virginie
Grand Gaube
Tel. +230-2880215
email: pauletvirginie@
veranda-resorts.com
www.veranda-resorts.com

Auch dieses beschauliche **Romantikhotel** ist seit Ende 2014 ein reines Erwachsenenhotel. Hier geht es allerdings viel stärker um Ruhe und Zweisamkeit.

Alle 81 Zimmer haben Blick auf das Meer und die sanft dümpelnden Fischerboote; und ihre Ausstattung spiegelt die inseltypische Beschwingtheit wider. Im gepflegten Garten befinden sich zwei Pools mit Sonnenliegen, es gibt auch einen kleinen Spa-Bereich. Der perfekte Ort für **lauschige Sonnenuntergänge** ist aufgrund seiner famosen Lage beim Strand das St. Géran Restaurant. Hier genießt man stil- und sehr geschmackvoll die Spezialitäten der Insel, z. B. Smoked Marlin Carpaccio oder Banana Flambé.

Das gemütliche Hotel liegt direkt im Fischerdorf Grand Gaube, und unternehmungslustige Urlauber finden gleich neben dem Hoteleingang eine Bushaltestelle.

Unsere Meinung: In diesem freundlichen Drei-Sterne-Resort können auch Normalverdiener die Seele baumeln lassen. Wahlweise wird auch ein All-Inclusive-Paket angeboten.

Le Touessrok Mauritius

Sun Resorts Ltd.
Trou d'Eau Douce
Tel. +230-2041888
email : info@letourssrok.mu
www.letouessrokresort.com

Dieses berühmte schicke Domizil ist der Inbegriff mauritischer Gastlichkeit auf höchstem Niveau. Hier wird dem Gast ein traditionsreiches Luxusresort ersten Ranges geboten, darüber hinaus ein hoteleigener **Golfplatz** auf der Ausflugsinsel Ile aux Cerfs, ein riesiger Garten, der einem idyllischen Naturpark gleicht, ein imposanter **Wellnesstempel** von Givenchy und fünf Edelrestaurants, die kulinarische Glücksmomente versprechen. Das Ganze wird von der Traumkulisse der bergigen Ostküste von Mauritius umrahmt.

Das Hotel setzt dem noch eines drauf: Wer das ganz Besondere und die perfekte Urlaubsentspannung sucht, lässt sich mit dem Bootsshuttle zur hoteleigenen **Insel Ilot Mangenie** übersetzen und verbringt den Tag dort unter den Palmen am Strand.

Le Touessrok verführt seine Gäste auf außergewöhnlich vielfältige und charmante Art zum Genießen, Regenerieren und Ausspannen.

Unsere Meinung: Was uns hier auffällt, ist die familiäre, legere Beziehung zwischen den unbeschwerten Gästen und dem herzlichen Personal. Schon deshalb hat das Resort eine hohe Wiederholungsrate und zahlreiche begeisterte Stammgäste – übrigens auch viele Familien mit Kindern.

Constance Le Prince Maurice
Choisy Road, Poste de Flacq
Tel: +230-4023636
Fax +230-4139130
email: resa@princemaurice.com

Vornehme Eleganz durchströmt das aparte Resort mit den ungewöhnlichen Stelzensuiten im Mangrovensaum. Es schmiegt sich sowohl an eine sanfte Meeresbucht mit Traumstränden als auch an die Mangroven einer Lagune im Gezeitenbereich.

Diskreter Luxus und Privatsphäre werden im Le Prince Maurice hoch geschätzt, ob in den gediegenen Suiten und Villen oder im modernen Fitness- und noblen Spa-Bereich, einer Oase der Ruhe mit Sauna und Dampfbad.

Abends entfaltet sich das kunstvoll illuminierte Edelresort zu voller Blüte. Den sieben versierten Sommeliers steht ein riesiger Weinkeller zur Verfügung, aus dem sie die perfekte Weinbegleitung zu den geschmackvoll präsentierten Gourmet-Genüssen auswählen. Pianomusik im Hintergrund und eine laue Brise vom Ozean runden die abendliche Gastronomie-Liaison formvollendet ab. Stilvoller kann ein Rückzug vom Alltag kaum gefeiert werden.

Unsere Meinung: Die elegante Wohnresidenz kombiniert verführerische Gastronomie mit dezentem, stimulierendem Ambiente. Wir empfehlen sie Gourmets, Freunden erlesener Weine und anspruchsvollen Gästen, die ein elitäres Refugium schätzen.

Lakaz Chamarel
Piton Canot, Chamarel
Tel. +230-4835240
email: lakazchamarel@intnet.mu
www.lakazchamarel.com

Über diesen Platz geraten wir unversehens ins Schwärmen. Unsere persönliche Empfehlung für Individualisten, Naturfreunde, Wanderer und alle Hobby-Ornithologen lautet deshalb: Kombinieren Sie Ihren Strandurlaub mit ein paar Tagen in den mauritischen Bergen! Seit seiner Erweiterung bietet diese stimmungsreiche Anlage mit uneinsichtigen Privatpools in den Suiten annähernd Fünfsterne-Luxus, verzichtet dabei aber zugunsten des heimischen Vogelgezwitschers auf Fernseher und Radio. Und die Nebenkosten inklusive Sauna, Yogastunden und kleinem Spa bleiben moderat.

Unsere Meinung:
Lakaz Chamarel hat das Zeug zum Lieblingsresort!

Was für ein **tropisch-romantisches Paradies**! Le Telfair ist eine Hymne an die „gute alte Zeit" der Plantagenbesitzer. Wer ein Faible für **nostalgischen Kolonialstil-Charme** besitzt, dezenten Service und eine herausragende Küche schätzt, sollte sich dieses Hotel unbedingt merken.

Inspirieren ließen sich die Architekten vom Philanthropen und Naturfreund Charles Telfair, der hier im 19. Jahrhundert residierte. Sehr gekonnt erweckten sie in diesem weitläufigen Resort, das sich charmant an die Mündung des kleinen, beschaulichen Flusses Citronniers schmiegt, die mauritische Kolonialarchitektur wieder zum Leben.

Im **blühenden Garten** verteilen sich die lichtdurchfluteten Zimmer und Suiten mit filigranen Balkonen, verspielten Säulen und französischen Klappfensterläden. Nahe dem gepflegten Poolbereich liegen die erlesene Piano-Bar Cavendish und das stilvolle Annabella's Pavillon-Restaurant. Hier begeistert die **offene Küche mit ihrem stilvollen Kupferdekor**.

Le Telfair Golf & Spa Resort
Heritage Resort, Bel Ombre
Tel. +230-6015500
Fax +230-6015555
email: info@letelfair.com
www.letelfair.com

Unsere Meinung:
Ein Traum für Romantiker und Nostalgiefreunde!

Le Jardin de Beau Vallon
Beau Vallon, Mahébourg
Tel. +230-6312850
email: beauvallon.fvl@intnet.mu
www.beau-vallon.net

Unsere Meinung:
Ideal für die An- oder Abreise, denn näher am Airport geht's fast nicht.

Le Jardin de Beau Vallon ist unser zweifacher Tipp, als Restaurant und als Gästehaus. Die große Gartenanlage mit der feudalen Kolonialvilla liegt verkehrsgünstig an der Straße zwischen Mahébourg und dem Flughafen und bietet sich bei späten Ankünften auf Mauritius oder für die letzte Nacht vor einem Tagflug nach Hause geradezu an.
Im Garten liegen vier klimatisierte Holzbungalows, ein Pavillon, ein Mittagslokal mit rustikalen Holzbänken und ein Pool für die Gäste. Abends öffnet das romantische Restaurant in der Kolonialvilla.

La Hacienda ist eine stille Bungalowanlage für Selbstversorger, die den Indischen Ozean auch dann genießen, wenn er nicht direkt vor ihrem Füßen Wellen schlägt. Die vier gemütlichen Chalets mit Küchenausstattung liegen am Berghang über der Ortschaft Old Grand Port und bieten einen großartigen Ausblick über die Küste bis nach Mahébourg. Es gibt einen Pool mit Sonnenliegen, aber kein Restaurant. Ein Mietwagen ist empfehlenswert, ansonsten fahren zahlreiche Busse entlang der Küstenstraße.

La Hacienda
Old Grand Port
Tel: +230-2630914
email: lahacienda@orange.mu
www.lahaciendamauritius.com

Unsere Meinung:
Großartig gelegen. Für Selbstversorger, die Ruhe suchen und Ausblick mögen, ein echter Geheimtipp!

La Mariposa Bed & Breakfast
Coastal Road, La Preneuse,
Black River
Tel. +230-4835048
email: sales@lamariposa.mu
www.la-mariposa-mauritius.com

Unsere Meinung:
Richtig gut für aktive Leute, die Strandurlaub mit Unternehmungen kombinieren wollen.

Die milde Westküste hat eine ganze Reihe von Apartmentanlagen und Gästehäusern zu bieten, unserer Ansicht nach ragt allerdings La Mariposa in La Preneuse aufgrund seiner reizvollen Lage am schönen Meeresstrand und der familiären, entspannten Atmosphäre heraus. Hier findet der Urlauber beschauliche Ruhe, einen blühenden Garten mit Pool und herrliche Sonnenuntergänge über dem Ozean. Das alles in Fußnähe zu Läden und Restaurants, und die kleine Küchenzeile im Apartment ermöglicht auch eine Selbstversorgung.

Die Domaine de la Paix ist ein inhabergeführtes und sehr behagliches Gästehaus im Norden der beschaulichen Insel Rodrigues. In den vier Studios wohnen anspruchsvolle Individualisten, die Ruhe und Zweisamkeit suchen. Das erlesene Frühstück wird am Pool serviert, auf Wunsch gibt es auch ein Abendessen. Das Gästehaus liegt recht einsam und mit viel Ausblick auf einem Hügel oberhalb von Anse aux Anglais im Landesinneren; man sollte deshalb möglichst motorisiert sein.

Domaine de la Paix
Terre Rouge, Rodrigues
Tel. +230-5-9337770
www.vacances-rodrigues.com

Unsere Meinung:
Eine komfortable und gepflegte Unterkunft für Individualisten. Statt Meeresstrand lockt hier ein Magnesium-Pool im blühenden Garten.

Rodrigues Island

Hot-Spots auf Rodrigues

Inselrundfahrt

François Leguat Tortoise & Cave Reserve

Tropfsteinhöhle Caverne Patate

Ein Besuch der Insel Rodrigues entführt den Reisenden in eine völlig andere, idyllisch ruhige und einsame Welt. Wenngleich manche Quellen schreiben, Rodrigues sei so, wie Mauritus vor 30 Jahren, wird dies der Insel kaum gerecht. Denn sie ist in jeder Hinsicht so verschieden von ihrer großen, dominanten Schwester, dass ein solcher Vergleich unwillkürlich hinken muss.

Das alte Mauritius wird man hier nicht finden, sondern etwas gänzlich Eigenständiges. Die Schätze von Rodrigues sind still und verborgen. Sie liegen nicht im Trubel der Unterhaltungs- und Shoppingangebote. Im Gegenteil: Die in sich ruhende, von der Welt kaum berührte Inselmentalität ist das Faszinierende an Rodrigues. Als moderner, schnell reisender Tourist sollte man also erst einmal **einen Gang runterschalten**.

Wie lange sollte man auf Rodrigues bleiben? Die Sehenswürdigkeiten der kleinen Insel sind auf einer zweitägigen Rundfahrt prima zu bewältigen. Man sollte sich aber einige Tage gönnen, um die Atmosphäre der Insel, die Stille und Abgeschiedenheit, auf sich wirken zu lassen. Die meisten Besucher wählen daher eine Aufenthaltsdauer zwischen drei und fünf Tagen.

Die Geschichte von Rodrigues

Mehr als 560 km östlich von Mauritius liegt die fischförmige, nur 108 km² kleine Insel einsam im Indischen Ozean – von den Landmassen Australien und Indien durch Tausende Kilometer leeren Ozean getrennt. Arabische Seefahrer hatten sie zuerst entdeckt und „Dina a Robi" getauft. Die Europäer erlangten 1528 durch Don Diego Rodrigues Kenntnis von dieser abgelegenen Insel, und seither trägt sie deshalb den Namen des Portugiesen. Später kamen auch die Niederländer vorbei, doch die Welt interessierte sich weiterhin wenig für diesen einsamen Flecken Erde.

Die ersten Siedler, französische Hugenotten, verschlug es dann auch eher zufällig auf die Insel. Frankreich hatte 1683 das Edikt von Nantes widerrufen, das den Protestanten freie Religionsausübung zugesichert hatte, woraufhin schwere Ausschreitungen und Verfolgung die Hugenotten in die Flucht trieben. Unter der Führung von François Leguat (1637-1735) verließ eine Gruppe Hugenotten Europa auf einem

Schiff mit dem Ziel, auf La Reunion die protestantische Republik Eden zu gründen. Sie unterlagen dem Irrglauben, die Insel sei von Frankreich aufgegeben und verlassen worden. Als sie La Reunion fest in den katholischen Händen Frankreichs verankert erkannten, steuerten sie 1691 die unbewohnte, ferne Insel Rodrigues an. Durch zahlreiche Scharmützel war ihre Zahl auf nur noch acht Männer geschrumpft. Zunächst wähnten sie sich im Garten Eden und genossen die Vielfalt tropischer Früchte und die Schätze des Meeres. Sie trotzten den Stürmen und der immer stärker nagenden Einsamkeit und Öde zwei Jahre lang. Am Ende soll die Sehnsucht nach weiblicher Gesellschaft den Ausschlag für die Abkehr vom freien Leben auf Rodrigues gegeben haben. Die Männer bauten ein einfaches Schiff und trieben mit den Passatwinden nach Mauritius. Dort wurden sie von den Holländern inhaftiert und nach Südostasien deportiert, von wo die Hugenotten später nach Europa zurückkehren konnten. Leguat veröffentlichte 1708 seine abenteuerliche Reisebeschreibung einschließlich detaillierter naturkundlicher Beobachtungen über heute ausgestorbene Tierarten, wie den Vogel Solitair und Riesenlandschildkröten.

Oben: Karge Böden, Rinder und die türkisblaue Lagune im Indischen Ozean: Rodrigues ist bizarr und reizvoll

Bilder links: Am Hafen von Port Mathurin erinnert ein Denkmal an den ausgestorbenen Vogel Solitaire; an der Südküste werden manche Straßenabschnitte regelmäßig überflutet

Dramatischer Raubbau an der Natur: Nach wenigen Jahrzehnten waren die Riesenlandschildkröten ausgerottet

Im 18. Jh. setzten die Franzosen mehrfach an, Rodrigues zu besiedeln. Wegen des stürmischen Klimas, der Einsamkeit und fehlender Bodenschätze, die wirtschaftlichen Gewinn versprachen, ließen sich aber nur wenige Siedler überzeugen, hier ihr Glück mit Ackerbau, Fischfang oder Handel zu versuchen. Rasch entdeckten sie dafür ein lukratives Geschäft, indem sie die wehrlosen Riesenlandschildkröten einfingen, in Pferchen zusammentrieben und vorbeikommenden Frachtschiffen als Lebendproviant verhökerten. Bis zu 4000 Tiere sollen die Schiffe damals im Schiffsbauch verladen haben, die nach und nach als Mannschaftskost verspeist wurden. Nach wenigen Jahrzehnten hatten die Leute die einst zu Hunderttausenden auf Rodrigues lebenden Riesenlandschildkröten völlig ausgerottet.

Oben: Moschee in Port Mathurin

Rodrigues stand immer im Schatten seiner strahlenden Schwesterinsel Mauritius

1807-1809 sollte Rodrigues eine Nebenrolle in der Weltpolitik spielen: Großbritannien schickte sich an, die Insel Mauritius zu erobern und annektierte dafür kurzerhand Rodrigues. Die Insel war nicht von Interesse, wohl aber ihre strategische Lage, um den Seeweg nach Mauritius zu blockieren. In einer ersten Seeschlacht vor der Südostküste von Mauritius erlitten die Briten eine schwere Niederlage und zogen daraufhin ihre gesamten Seekräfte aus dem indischen Raum vor Rodrigues zusammen: 70 Kriegsschiffe mit rund 10 000 Soldaten. 1810 gelang ihnen so der finale Schlag gegen die französische Kolonie auf Mauritius.

Auch unter britischer Verwaltung blieb die Inselpopulation gering und das Leben auf Rodrigues beschaulich. Wirtschaftlich stand die Insel stets im Schatten der großen Schwester, galt sogar als ein lästiges Anhängsel. Die kleinbäuerlichen Strukturen ohne Zuckerrohrplantagen zogen kaum Europäer an. Zur kreolischen Bevölkerungsmehrheit aus befreiten Sklaven gesellten sich zum Ende des 19. Jh. Chinesen, die

Bilder unten: Eingemachte Chilis und bunte Strohtaschen sind beliebte Erinnerungen an die stille Insel Rodrigues

ihre Chancen im Handel und Kleingewerbe erkannten. So stieg die Bevölkerung auf rund 1700 Bewohner. Von den beiden Weltkriegen blieb Rodrigues weitgehend verschont und dämmerte verschlafen der gemeinsamen Unabhängigkeit mit der Hauptinsel Mauritius entgegen.

Erst die 1970er Jahre brachten spürbare Neuerungen nach Rodrigues, als die Insel elektrifiziert und an das reguläre Flugnetz angeschlossen wurde. Das machte die Menschen mobiler und viele junge Leute wanderten aus, um an interessanteren Plätzen der Welt ihr Glück zu suchen. Die Zurückbleibenden stellten stärkere Forderungen an die Regierung und erreichten 1976 die Einrichtung eines eigenen Ministeriums für ihre Angelegenheiten, das ihnen seither mehr Mitsprache ermöglicht. Rodrigues genießt heute den Status einer mauritischen Dependance mit Teilautonomie und wird von zwei politischen Parteien, der OPR und der RPR, vertreten.

Oben: Viele Fischer verkaufen ihre Produkte wie Tintenfische, Krabben, Honig und Pfefferkörner direkt von Zuhause an Vorbeikommende

Allgemeine Infos zu Rodrigues

Die Bevölkerung besteht zu 85% aus Nachfahren afrikanischer Sklaven, die als Bauern und Viehzüchter nach traditionellen Methoden das Landesinnere bewirtschaften. Mehr als 95% der Landfläche befindet sich in Staatsbesitz und wird den Bauern verpachtet. Rund 12 000 Küstenbewohner halten sich mit Fischerei über Wasser und haben sich in Kooperativen zusammengeschlossen. Die meisten fischen nur innerhalb der Lagune, deren Bestände deshalb bereits stark zurückgegangen sind. Nur mühsam kann die Regierung die Fischer dazu bewegen, außerhalb des Riffs in den tiefen Gewässern zu fischen. Der Fang dient hauptsächlich der Eigenversorgung, nach Mauritius werden gepökelter Fisch, getrockneter Tintenfisch und Garnelen exportiert. Die Tradition der Frauen, bei Ebbe in der flachen Lagune **Kraken** zu **speeren**, hat Rodrigues weithin berühmt gemacht. Die chinesische und chinesisch-kreolische Minderheit bildet die Wirtschaftselite und hat den Handel, die Gastronomie und das Hotelgewerbe fest im Griff. Die Christianisierungsrate der rund 47 000 Insulaner ist mit annähernd 98 % Katholiken ausgesprochen hoch.

Wer das Speeren der achtarmigen Kraken erleben möchte, sollte wissen, dass die Frauen traditionell nur frühmorgens auf die Jagd gehen. Durch die Gezeiten entsteht daher ein etwa 15-tägiger Rhythmus für das Speeren von Tintenfischen. Die Octopus-Trockengestelle (Foto unten) sind daher nur während der Jagdzeiten bestückt und besonders an der Südküste zu entdecken.

Das Leben der Insulaner ist bescheiden, dem Fortschritt nicht unbedingt zugewandt, dafür traditionell verhaftet und streng katholischen, konservativen Wertevorstellungen unterworfen. Die Jugend, eher gelangweilt, träumt von der Emigration nach Europa. Die bäuerlichen, warmherzigen Menschen fühlen sich von den Mauritiern geringgeschätzt und

Info Auf Rodrigues befindet sich in Eau Claire die seltenste Pflanze der Welt: Nur noch ein einziges Exemplar der exotischen Kaffeespezies Café Marron ist bekannt. Als bedrohte endemische Spezies leben hier außerdem die beiden Vogelarten Rodrigues-Warbler (*Acrophalus rederricanus*) und Rodrigues-Fody (*Foudia flavicans*) sowie die zierlichen Rodrigues-Flughunde (*Pteropus rodricensis*)

Info Merkwürdig verschluckt und verkürzt klingt die Aussprache der Einheimischen. Das hiesige Kreol unterscheidet sich stark vom mauritischen. Port Mathurin spricht man hier als „Port Matschrijn" aus; Rodrigues heißt „Rodrig"

reagieren mit einer gewissen Abgrenzung gegenüber der dominanten Hauptinsel, betonen gerne ihre Eigenständigkeit und Andersartigkeit.

Rodrigues unterhält ein kostenfreies Gesundheitssystem, das unter Umständen auch einen Flug nach Mauritius einschließt, falls es die Behandlung erfordert, z. B. für Operationen. In den letzten Jahren haben sich die Lebensbedingungen für einen großen Bevölkerungsteil verbessert, dessen Wohnstätten jetzt über Strom- und Wasseranschlüsse verfügen. Wer es sich leisten kann, investiert in einen Pickup, die Armen beschränken sich weiterhin auf lange Fußmärsche, Mopeds und öffentliche Busse.

Der Tourismusgedanke erwachte erst sehr spät auf Rodrigues und grenzt sich noch deutlich vom mauritischen Luxustourismus ab. Die wenigen Hotels erhalten Konkurrenz durch kleine Familienpensionen und private Zimmervermietung. Ruhesuchende Individualreisende sollen sich vom „**Urlaub auf dem Bauernhof**"-Modell und dem Ökotourismus-Touch angezogen fühlen. Rodrigues vermarktet, was es auszeichnet: die ländliche, rückständige und augenscheinlich noch heile Welt.

Die ersten Eindrücke

Trägheit und Beschaulichkeit prägen den geruhsamen Lebensrhythmus der freundlichen Insulaner. Man bewegt sich langsam, und bereits zwischen drei und vier Uhr nachmittags beginnt der Feierabend und die Läden schließen. Allerorten wird man auch als Fremder gegrüßt. Solidarität wird groß geschrieben. Die Menschen helfen zusammen und bestellen die Felder auf dem Land gemeinsam. Der Einfluss der chinesischen Minderheit ist enorm. Supermärkte, Restaurants und Herbergen scheinen mehrheitlich in chinesischer bzw. sino-mauritischer Hand zu sein. Wer Acht gibt, wird viele Kreolen mit chinesisch anmutenden Gesichtszügen entdecken. Die Kreolen afrikanischer Herkunft bilden die arme, bäuerliche Landbevölkerung, die wortkargen Fischer und fleißigen Feldarbeiter. Sie tragen sehr gerne breite Strohhüte zum Schutz gegen Sonne und Wind.

Knatternde Mopeds und laute Busse gehören heute zum Klang der Insel und bestimmen das Straßenbild. Nachts wird es aber so ruhig, dass selbst die Hunde nicht mehr bellen. Schulkinder tragen Uniformen, die sich von Schule zu Schule unterscheiden. In Uniform dürfen sie gratis mit dem Bus zur Schule fahren, nicht jedoch auf anderen Strecken.

Die Fluganreise nach Rodrigues

Rodrigues ist abhängig von den täglichen Flügen der Air Mauritius, neben denen sonst nur noch die gelegentliche und langsame Schiffsverbindung mit der „Mauritius Pride" existiert. Der erst 1972 fertiggestellte und 1994 erweiterte Flughafen erlaubt mit seiner bescheidenen Startbahn allerdings nur kleinen Fluggeräten mit max. 66 Sitzplätzen die Landung. Trotz mehrerer Verbindungen pro Tag beschränkt dieser Umstand die Besucherzahlen beträchtlich. In Saisonzeiten, zu Ferienbeginn und -ende sowie an den Wochenenden sind die Kapazitäten rasch erschöpft. Der Hin- und Rückflug ab Mauritius wird bei Air Mauritius für ca. 200 Euro angeboten.

Weil nur kleine Propellermaschinen die Insel anfliegen können, besteht eine sehr strikte **Gewichtsbegrenzung** auf maximal 15 kg Gepäck pro Passagier. Unglücklicherweise existiert auf dem Flughafen von Mauritius keine Gepäckaufbewahrung, so dass Reisende, die einen Abstecher nach Rodrigues planen, frühzeitig die Gepäckfrage klären sollten (evtl. kann man einen Teil des Gepäcks in einem Hotel auf Mauritius unterstellen). Wer mehr als die erlaubten 15 kg Frachtgepäck und 5 kg Handgepäck bei einem Flug nach Rodrigues aufgeben möchte, muss offiziell eine Übergepäckgebühr von 100 Rs pro Kilo bezahlen. Diese wird Überseetouristen manchmal großzügig erlassen. Wenn das Flugzeug zu schwer beladen ist, kann die Mitnahme von Übergepäck allerdings auch verweigert werden. Der Rückflug von Rodrigues nach Mauritius ist weniger sensibel, hat die Maschine doch bereits das Flugbenzin des Hinflugs verbraucht und somit deutlich mehr Gewichtsspielraum. Größere oder sperrige Handgepäcksstücke müssen vor dem Zustieg abgegeben und extra verstaut werden, weil sie nicht in die Gepäckfächer der kleinen Fluggeräte passen.

Eine weitere Besonderheit von Rodrigues-Flügen ist die Tatsache, dass Pass-, Sicherheits- und strenge Zollkontrollen anfallen wie bei einem internationalen Flug, obwohl es sich faktisch um einen Inlandsflug handelt. Halten Sie also sowohl beim Abflug in Mauritius als auch bei der Ankunft in Rodrigues entsprechende Ausweisdokumente bereit.

Auf dem eineinhalbstündigen Flug werden ein Sandwich und Wasser oder Orangensaft serviert. Beim Landeanflug offenbart sich sogleich, wie außergewöhnlich breit die Lagune ist, die Rodrigues umgibt. Passagiere der linken Sitzreihen genießen außerdem einen guten Ausblick auf die geschützte Insel Ile aux Cocos. Was zudem gleich ins Auge sticht: Rodrigues wirkt reichlich kahl und gar nicht tropisch – dafür sind bestellte Felder, ein paar Kühe und Bauernhäuschen zu sehen.

Mehrmals täglich bringt die Landung von Air Mauritius die beschauliche Ruhe auf Rodrigues durcheinander. Die Ankunftshalle misst nur rund 200 m², wimmelt aber von Einreise- und Zollbeamten. Es gibt einen ATM-Bankschalter, und noch vor der Zollkontrolle einen Duty Free Shop. Vorsicht: Wer hier Alkohol wie z. B. eine Flasche Wein kauft, muss diese anschließend verzollen!

Vor dem Flughafengebäude stehen Pickups in Reih' und Glied, um die Transfers der Fluggäste abzuwickeln. Alternativ nimmt der private Supercopter Bus Service Ankommende vom Flughafen auf und setzt diese in Port Mathurin ab (ca. 5 Euro pro Strecke, Tel. 8311859). Flughafen-Website: www.airportofrodrigues.com.

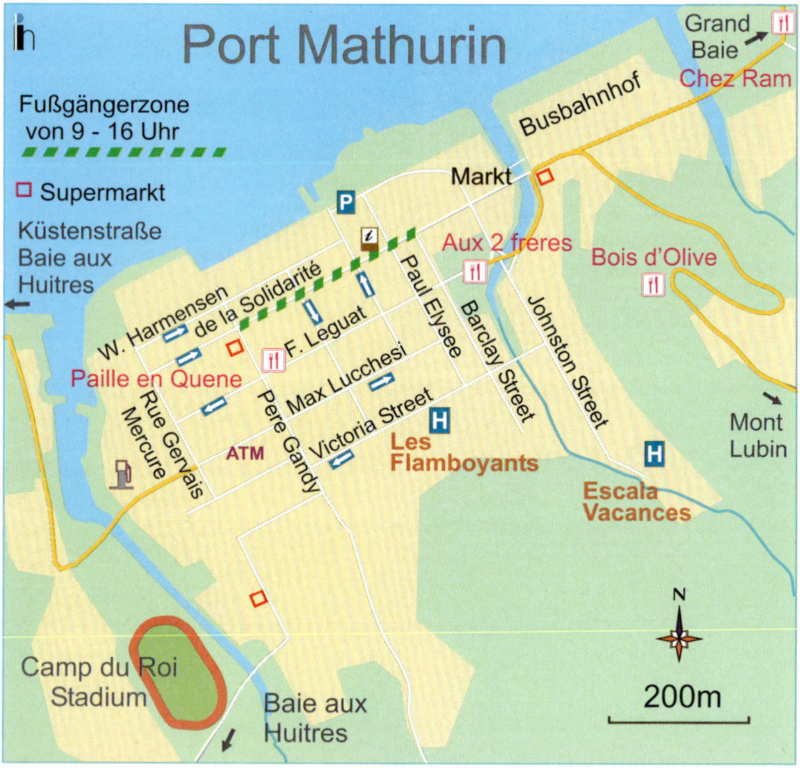

Eine Inselrundfahrt

Wir beginnen unsere Inseltour in der kleinen und einzigen Stadt auf Rodrigues, **Port Mathurin** (sprich: „Matschrijn"). Die Inselhauptstadt präsentiert sich gemütlich und übersichtlich mit schmalen Einbahnstraßen, bunten kleinen Geschäften und gemächlichem Treiben. Am Hafen dümpeln Fischerboote im Meer und steht ein Denkmal für den ausgestorbenen Vogel Solitaire. In den kleinen Straßen dahinter kann man sich gut in die Epoche der britischen Kolonialzeit versetzen, als diese den Ort mit Lineal und Zirkel anlegen ließen. An moderne Pickups hat damals noch niemand gedacht, die Straßenzüge sind daher schmal und zumeist Einbahnstraßen. Auch heute noch sind die meisten Menschen zu Fuß in der Stadt unterwegs.

Das freundliche Tourist Office ist gegenüber dem hübsch renovierten Gebäudekomplex **La Residence** aus dem Jahr 1873 untergebracht. Der Reisende erhält hier ein paar Prospekte, eine praktische Inselkarte und Tipps, falls man noch eine Unterkunft sucht. Am besten schlendert man ein wenig in Port Mathurin herum, kommt vielleicht an einer der beiden Moscheen oder an der kleinen Kirche vorbei, und besucht die Andenkenläden mit ihren Rodrigues-Hüten und dem heimischen Chili-Chutney und Honig. An der Rue de la Solidarité/Ecke Johnston Street liegt der kleine Verkaufsladen von Coco-Zone, einem sozialen Projekt für behinderte und benachteiligte Menschen, die dort unter fachlicher Anleitung Schmuck und Kunsthandwerk aus lokalen Naturprodukten wie Kokosnuss-Schalen herstellen. Besucher sind willkommen, auch die Produktionswerkstatt in Camp du Roi nahe dem Stadium zu besuchen (Mo-Fr von 8-16 Uhr). Ansonsten gibt es in Port Mathurin nicht allzu viel zu entdecken; es geht mehr darum, die **gemütliche Atmosphäre** dieser selbstvergessenen „Hauptstadt" mitten im einsamen Indischen Ozean aufzunehmen.

Fahren wir dann weiter gegen den Uhrzeigersinn auf der gut ausgebauten Teerstraße der Nordküste, zunächst nach **Baie aux Huîtres**, wo die Vegetation immer spärlicher wird und die ersten Rinder und Ziegen auftauchen, die von verhüllten und mit breiten Sonnenhüten geschützten Bäuerinnen gehütet werden.

Es mutet bald eher an wie an schottischen Küsten als im Indischen Ozean, mit Grashängen anstelle von tropischen Blüten und Palmen. Immer wieder werben Schilder für den Direktverkauf von Fisch und Meeresfrüchten, die meisten der verteilt liegenden Häuschen bewohnen Fischer. Schon in der nächsten großen Bucht, **Baie Malgache**, entsteht ein neuer Eindruck; jetzt tauchen Mangroven auf, die die Bucht säumen. Ein merkwürdiges Zusammenspiel: Mangroven und Kühe! Es scheint noch karger zu werden, kaum noch Bäume sind zu sehen. An der **Baie du Nord** reichen die Berge mit steilen Hängen nah an die Bucht heran. Dann wendet sich die Teerstraße von der Küste ab und knickt südlich ins Landesinnere. Nach kurzem, steilen Anstieg erreichen wir das kommerzielle Zentrum La Ferme, in dem es immerhin einen Supermarkt

François Leguat Tortoise & Cave Reserve

Im Südwesten der Insel haben Höhlenforscher 26 Kalksteinhöhlen entdeckt, von denen die größte, **Grande Caverne**, auch Touristen offen steht. Von größerer Bedeutung sind allerdings die mehr als **600 Riesenlandschildkröten** aller Alterstufen, die hier erfolgreich wieder angesiedelt wurden. Einst bevölkerten Hunderttausende Riesenlandschildkröten Rodrigues, ehe sie von den Europäern im 18. Jh. vollkommen ausgerottet wurden. Benannt wurde das Schutzgebiet daher auch nach dem französischen Hugenottenführer, der hier einst drei Schildkrötenarten entdeckte. Besucher haben die Möglichkeit, an Führungen teilzunehmen, die täglich um 09:30 Uhr, 10:30 Uhr, 13:30 Uhr und 14:30 Uhr beginnen, etwa zwei Stunden dauern und 295 Rs kostet (Kinder 155 Rs). Dabei erwandert man die etwa 500 m lange, **illuminierte Tropfsteinhöhle** und erlebt eine Schildkrötenfütterung. Im Hauptgelände befinden sich interessante Museums- bzw. Ausstellungsräume und ein Restaurant mit einem etwas langsamen Service, aber guten Tintenfisch-Gerichten zum fairen Preis. Besonders zu empfehlen sind der Octopus Salat und das Octopus Curry. Vom Restaurant aus hat man einen freien Blick auf die Landebahn des kleinen Flughafens. Wir raten, die Tour nicht unbedingt mittags zu unternehmen, da man über sonniges Gelände laufen muss. Öffnungszeiten: täglich von 9-17:00 Uhr. Kontakt: Tel. 8328141, email: info@torti.intnet.mu, http://tortoisescavereserve-rodrigues.com/. Die Zufahrt ist geteert,nur die letzten 500 m sind Piste.

und eine Bank gibt. Hier nehmen wir die geteerte Abkürzung nach **Grand La Fouche Corail**, um dort hinab zur Südküste in Richtung Petite Butte zu fahren. Unser Ziel sind das Schildkrötenreservat und die Tropfsteinhöhlen Caverne Patate, die beide von der Straße nach **Petite Butte** zu erreichen sind. Das Naturreservat ist nicht ausgeschildert, man nimmt einfach die erste Teerstraße nach rechts. Die Tropfsteinhöhle ist dagegen deutlich ausgeschildert.

Nach der Besichtigung beider Sehenswürdigkeiten und einer Einkehr im Restaurant des Schildkrötenreservats oder auf dem Balkon des „Resto la Caverne" 300 m vor der Tropfsteinhöhle setzen wir unsere Inselrundfahrt fort. Es geht nach Petite Butte, in dessen Nähe

Tropfsteinhöhle Caverne Patate

Sie gilt als die größte Sehenswürdigkeit der Insel und liegt nur wenige Kilometer vom Schildkrötenreservat entfernt. Die gut einstündigen Führungen finden täglich um 9, 11, 13 und 15 Uhr statt und kosten 100 Rs Eintritt (Kinder 75 Rs). Von der 1057 m langen Höhle sind etwa 600 m begehbar. Der Mangel an dramatischen Stalagmiten und Stalaktiten wird hier durch spielerische Fantasie ausgeglichen. So gleicht die Höhlenwanderung einem Ratespiel, wenn die Führerin allerlei bizarre Gesteinsformationen anleuchtet und das Publikum fragt, was das denn sei... auf diese Weise tauchen vor dem überraschten Besucher Hexen, Katzen, eine schwarze Madonna, ein kleiner Fisch, eine Eule, Buddha, Winston Churchill, der Buckingham Palace und – auch das darf nicht fehlen – das tragische Liebespaar Paul & Virginie auf. Das Publikum, vor allem wenn Kinder dabei sind, dankt es. Pro Paar erhält man eine Lampe ausgehändigt. Eindringlich schön wird es, wenn nach Aufforderung der Führerin alle ihre Lampen löschen und schließlich schweigend in der vollkommenen Dunkelheit stehen. Die Tour ist körperlich nicht anstrengend. Wir empfehlen Turn- oder Wanderschuhe zu tragen, besonders wenn es geregnet hat und der Boden ziemlich glitschig ist. Zufahrt: Die letzten 300 m sind eine ruppige Piste.

ein Korallensteinbruch betrieben wird, und weiter nach Osten, immer ganz nah am Wasser entlang. Häufig weisen Schilder vor kleinen Betonfurten auf Flutgefahr hin. Ab jetzt sollte man Ausschau halten nach den Trockengestellen für die **gespeerten Tintenfische**, für die die Fischerinnen von Rodrigues berühmt sind. Die ältere Straße ist vielfach geflickt worden und sehr rumpelig zu befahren. Doch die etwas tropischere Vegetation der Inselsüdhälfte mit zahlreichen **Schraubenpalmen** gleicht diese Unbequemlichkeit aus. Hier leben die Fischer in einfachen Verhältnissen, hie und da steht ein Blechcontainer-Kiosk mit Getränken und Süßigkeiten, ansonsten scheinen die Menschen ein karges, bescheidenes Leben zu führen. An zahlreichen Ständen verkaufen Frauen Gläser mit Honig, Piment, Chutneys.

Bilder: Schraubenpalmen an der Südküste

In **Port Sud Est** erreichen wir eine wichtige Gabelung. Geradeaus führt eine immer schmaler werdende Stichstraße zum Hotel Mourouk am ersten Sandstrand, den wir zu sehen bekommen. Sie führt durch Mangroven und endet beim Hotel. Zur Weiterfahrt ist man daher gezwungen, wieder umzukehren und die steile Auffahrt auf das Hochland zu nehmen. Die malerische Strecke gewährt viele schöne Ausblicke (von oben nach unten zu fahren wäre wohl noch reizvoller).

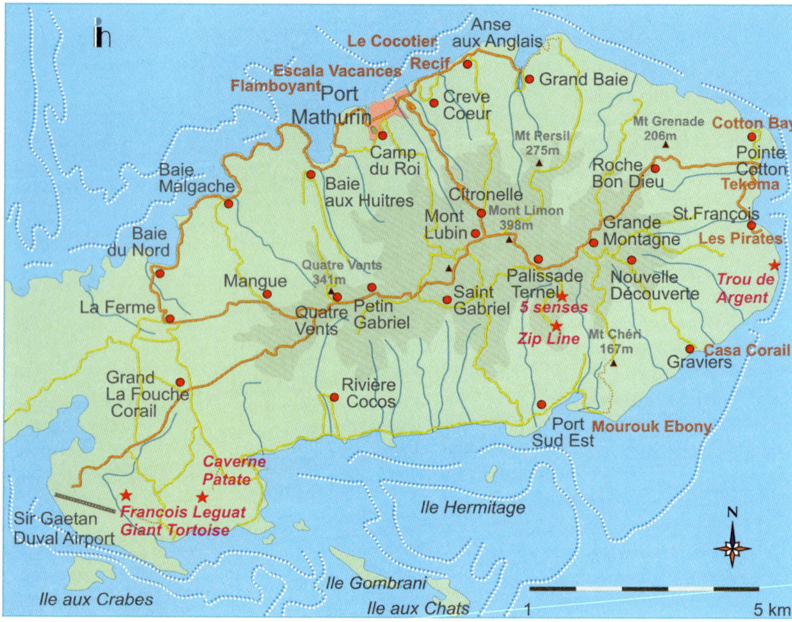

Bilder dieser Seite: Kirche St. Gabriel. Der katholischen Kirche gehören 98 % der Insulaner an

Im bergigen Landesinneren lohnt es sich, die **Kirche St. Gabriel** aus den 1930er Jahren und ihren geschmückten Friedhof zu besuchen. Der für die Örtlichkeit beachtlich mächtige Bau vermag bis zu 2000 Menschen aufzunehmen und liegt geschützt in einer üppig tropischen Umgebung.

Naturfreunde sollten spätnachmittags unbedingt eine Fahrt zwischen Mont Lubin und Port Mathurin einplanen, denn entlang dieser steilen, gewundenen Abfahrt durchquert man den **Solitude-Wald**, in dem die endemischen „**Golden Fruit Bats**" („Rodrigues-Flughunde") tagsüber ruhen. Kurz vor Sonnenuntergang schwärmen die Vegetarier zur nächtlichen Futtersuche aus und sind dann prima am Himmel zu sehen.

Für den zweiten Tag bieten sich Abstecher zur wilderen, meist w**indumtosten Ostküste** an wie zur Cotton Bay, nach Graviers und zur malerischen Bucht von St. François.

Eine andere Stichstraße führt von Palissade Ternel im hoch gelegenen Inselzentrum zu den schluchtartigen Berghängen der Südküste. Entlang dieser Strecke, die teilweise durch regelrechte **Schraubenpalmendickichte** führt, liegen zwei weitere Sehenswürdigkeiten: Die Tyordrig Zipline (siehe rechts) und der private Botanische Garten **„Jardin des 5 Sens"**, der einstündige Führungen „mit allen fünf Sinnen" in die Welt der Flora verspricht (sie finden täglich um 10, 11, 13, 14 und 15 Uhr statt; der Eintritt beträgt 250 Rs, für Kinder 150 Rs).

Weitere Ausflüge

Touristisch erschlossen ist am stärksten die kleine Region zwischen Port Mathurin und Grand Baie im Nordosten von Rodrigues. In **Anse aux Anglais** liegen ein paar Hotels und Privatunterkünfte, einige Bars und Kneipen.

Wandern

Das bergige Landesinnere mit Erhebungen bis fast 400 m und tief eingeschnittenen Tälern bietet abwechslungsreiche Wandermöglichkeiten, allerdings fehlen vielerorts Wege und Beschilderungen. Eine kurze Wanderung führt auf den höchsten Berg der Insel, **Mont Limon** mit 398 m. Am östlichen Ortsrand von Mont Lubin, kurz nach der Abzweigung nach Orange/Baladire, markieren Steintreppen gegenüber dem „Resto Montagne Limon" den Beginn des Gipfelpfads durch den Wald. Nach ca. 10 Minuten Auftsieg genießt man einen Rundblick über die ganze Insel.

Badestrände

Reizvolle Buchten und einladende **Badestrände** bietet Rodrigues nur im Osten und Südosten, zwischen der Cotton Bay / Pointe Coton und dem Hotel Mourouk. Um die schönsten Strände zu besuchen, bietet sich folgender Ausflug an: Von Grande Montagne im Landesinneren geht es über Roche Bon Dieu in weiten Kurven gleich steil abwärts. Unterwegs sind wieder mehrere Stände mit Strohhüten, Honig und Chutneygläsern am Straßenrand aufgestellt. Die gut ausgebaute Straße endet direkt beim Cotton Bay Hotel, das eine herrliche Lage an der gleichnamigen einsamen Bucht genießt. Wer nicht bis zum Hotel fahren möchte, kann etwa 1 km zuvor auf die kleinere Teerstraße nach Süden abzweigen und gelangt so zu ein paar der besten Strände von Rodrigues. Ein Kasuarinenwald säumt den breiten Sandstrand der ersten Bucht Anse Ally, hier befindet sich das Luxushotel Tekoma. Etwas weiter südlich liegt Saint François. Die attraktive Bucht voller Kokospalmen wird von steilen Bergen umschlossen. Hinter den schönen Badestrand reihen sich kleinere Gästehäuser. Am südlichen Ende, an der Baie de l'Est, endet die Straße. Von hier aus kann man in etwa 20 Minuten zu Fuß den berühmten Strand Trou d'Argent erreichen und noch bis Graviers weiter wandern. Die wildromantische Bucht Trou d'Argent ist ein begehrtes Fotomotiv.

Ile aux Cocos

Die im Westen innerhalb der geschützten Lagune gelegene flache Insel beherbergt ein Vogelschutzgebiet für nistende Seevögel, wie z. B. Fregattvögel, Strandläufer und Feenseeschwalben. Ein organisierter Bootsausflug zur Kokosinsel mit Picknick und Badegelegenheit gilt als Höhepunkt eines Rodrigues-Besuchs. Reiseagenturen bieten einen Tagesausflug an, den Privatpersonen aus Naturschutzgründen nicht allein unternehmen dürfen (ab 25 Euro).

Wassersport & Kitesurfen

Rodrigues ist von Korallenriffen umringt, die der Insel breite Lagunen bescheren und sich bestens für Wasser- und Tauchsportarten eignen. Als bester Monat zum Tauchen gilt der November. Zum Kitesurfen wird die Südküste von Mai bis September empfohlen. Versierte Ansprechpartner für alles rund um Surfen und Kitesurfen ist die Fa. Osmosis beim Hotel Mourouk Ebony (www.osmosis-rodrigues.com und www.rodrigueskite.com).

Zipline

2 km südlich von Palissade Ternel bietet die Fa. Tyrodrig für 1000 Rs pro Person die Möglichkeit, mit einer Zipline eine tiefe Bergschlucht zu meistern (ab dem Straßenende an der Wendeschleife 200 m Fußweg). Kontakt: Tyrodrig, Montagne Malgache, Tel. 8320937, email: worldcanopy@yahoo.fr.

Nachtleben

Wer die Nacht zum Tag machen möchte, für den wird Rodrigues wohl zur Herausforderung. Immerhin – in der Jennifer Street in Port Mathurin hat das Kasino „P'tit Monaco" eröffnet, wo Roulette und Poker gespielt werden und Spielautomaten das Spielerglück herausfordern. Ansonsten findet auf Rodrigues wenig Abendunterhaltung statt. Zwar wird die hiesige Sega als besonders authentisch und mitreißend gerühmt, doch dürfte es sich um ein schwer planbares Glück handeln, als Besucher einer solchen Tanzveranstaltung beizuwohnen.

Wo quartiert man sich am besten ein?

Die meisten Unterkünfte auf der Insel sind älteren Datums und die wenigen Hotels für den gebotenen Standard etwas überteuert. Viele Gäste und Rodrigues-Kenner wählen daher die inseltypische Variante der Familienpensionen, die hier **Auberge, Gîte** und **Chambre d' Hôtes** heißen. Ihr großer Vorteil sind die authentische Gastlichkeit und die Nähe zum Alltagsleben der Insulaner. Dafür muss man allerdings auf Komfort verzichten können und ein paar Einschränkungen in Kauf nehmen. Die Unterkünfte organisieren bei Bedarf auch die Flughafentransfers (ca. 10-20 Euro pro Strecke). Unser Tipp: Private Gästehäuser sind sehr schlecht beschildert; wer sich nicht vom Flughafen abholen lässt, sondern eingenständig zur gebuchten Unterkunft fährt, sollte sich unbedingt vorab eine genaue Wegbeschreibung geben lassen!

Hotels auf Rodrigues

Tekoma Boutik Hotel: Anse Ally, Tel. 8318810, Fax 8318805, email: info@tekoma-hotel.com, http://tekoma-hotel.com. Das neue Hotel an der Ostküste offeriert die edelste Variante, auf Rodrigues zu logieren: 15 Luxussuiten mit Restaurant, Spa und modernem Poolbereich. Ein modisches Resort zum Ausspannen auf Luxusniveau (Foto S. 237), von Mai bis September starken Winden ausgesetzt. Preise: HP ab 170 €/DZpP und 340 €/EZ.

Cotton Bay Hotel: Pointe Coton, Tel. 8318001, Fax 8318030, email: reservation@cottonbay.intnet.mu, www.cottonbayhotel.com. Das Beste ist seine tolle Lage in einer langen breiten Sandbucht im Inselosten. Das frisch renovierte Hotel ist sehr ruhig gelegen, mit großem Pool unter Palmen, Strand mit Kasuarinen, Tauchschule und geräumigen Zimmern. Für ruhige Tage am Strand gut geeignet, für Inselaktivitäten ein wenig abgelegen. Preise: HP ab 115 €/DZpP und 165 €/EZ.

Hotel Mourouk Ebony: Ebony Tours, Anse Mourouk, Tel. 8323351, Fax 8323355, email: ebony@intnet.mu, www.mouroukebonyhotel.com. Eine ältere Mittelklasse-Bungalowanlage an der Südküste mit dem Charme vergangener Tage (Foto oben). Der breite Strand ist einsam und weitläufig; wer zum Tauchen, Kitesurfen und Segeln auf die Insel kommt, könnte hier glücklich werden (gute Windverhältnisse). Daher trifft man hier besonders viele sportlich aktive Gäste. Die Zimmer und der Poolbereich wurden renoviert, am Strand befindet sich ein sehr legeres Beach Restaurant mit guter Küche. Ein Mittelklassehotel mit Flair. Preise: HP ab 95 €/DZpP und 130 €/EZ.

Hotel Les Cocotiers: Anse aux Anglais, Tel. 8311058, Fax 8320101, resa@otentik.intnet.mu, www.mauritours.net. Ein einfaches Strandhotel der bescheidenen Mittelklasse mit 42 Balkonzimmern, Restaurant, Gartenpool und chinesischem Management. Preise: HP ab 70 €/DZpP und 106 €/EZ.

Le Recif Guest House: Anse aux Anglais, Tel. 8311804, Fax 8310760, email: ebony@intnet.mu, www.lerecifhotel.com. Kleines Boutique-Hotel mit sechs Zimmern und zwei Apartments neben dem Hotel Les Cocotiers, allerdings an der felsigen Steilküste gelegen. Es steht unter dem gleichen Management wie das Mourouk Hotel. Preise: HP ab 65 €/DZpP und 95 €/EZ.

Hotel Escala Vacances: Fond la Digue, Port Mathurin, Tel. 7729303, Fax 8312075, email: escal.vac@intnet.mu, www.maurinet.com/escale.html. Dieses Hotel liegt stadtnah in einer ruhigen Sackgasse. Von hier aus kann man Port Mathurin zu Fuß erkunden und ebenso im Hinterland spazieren gehen. Die Anlage ist optisch ansprechend und herrlich eingewachsen; da sie in einem Taleinschnitt liegt, bieten sich aber keine Ausblicke. Der tropische Garten wird Pflanzenliebhaber erfreuen. Die 23 Zimmer sind klimatisiert, es gibt ein Restaurant und im Garten einen Pool. Preise: HP ab 75 €/DZpP und 90 €/EZ.

Hotel Le Flamboyant: Victoria Street, Tel. 8312784, Fax 8312785, email: resa@hotelflamboyant.com, www.hotelflamboyant.com. Das einfache Hotel liegt in der letzten Querstraße von Port Mathurin, daher muss mit Verkehrsgeräuschen gerechnet werden. Gute Ausgangslage für Stadtspaziergänge. Preise: HP ab 38 €/DZpP und 44 €/EZ.

Zur Info: Während die Hotels in der Regel günstiger von europäischen Reiseveranstaltern vermarktet werden als direkt vor Ort, ist die Situation bei den Familienpensionen genau gegenteilig. Dort sind die Preise meistens günstiger, wenn man sich direkt an den Anbieter wendet, als bei den Vermittlern in der EU bzw. im Internet.

Private Unterkünfte auf Rodrigues

Auberge les Filaos : Anse aux Anglais, Tel. 8311644, Fax 8312026, email: filaos@intnet.mu. Die kleine Anlage mit Pool, Garten und Restaurant liegt nicht weit vom Strand von Anse aux Anglais mitten im touristischen Teil des Insel. Zimmer zum Teil klimatisiert. Preise: HP ab 28 €/DZpP.

Auberge aus Anglais: Rodrigues Vacance, Tel. 8312179, Fax 8320537, email: aubergehung@intnet.mu, www.rodrigues-vacances.com. In der gleichen Seitenstraße von Anse aux Anglais wie die Auberge les Filaos liegt diese kleine Anlage. Sie bietet einen Garten mit Pool, Restaurant und saubere Zimmer. Preise: HP 29 €/DZpP und 36 €/EZ.

Ti Pavillon: Anse aux Anglais, Tel. 8750707 und 8321567, email: tipavillon@orange.mu, www.tipavillon-rodrigues.com. In einer Sackgasse am Ende von Anse aux Anglais (nicht am Strand) liegt die Privatunterkunft etwas beengt. Mindestaufenthalt: 3 Nächte. Preise: ÜF ab 22 €/DZpP und 36 €/EZ, klimatisierte Zimmer zur Selbstversorgung kosten 42 €/Nacht.

Domaine de la Paix: Terre Rouge, Tel. 9337770, www.vacances-rodrigues.com. Das neue Gästehaus mit nur vier modernen Studios liegt mit viel Aussicht erhöht über Anse aux Anglais in einem idyllischen Garten mit Magnesium-Pool. Kein Restaurant, aber abends wird ein Menü angeboten.
Sehr ruhig und einsam. Siehe „Neues und Bewährtes": S. 223. Preise: ÜF ab 43 €/DZpP.

Gästehaus Le Ravenal: Margaret Begue, Jeantac, Tel.8310644, Fax 8312288, email: ravenal@intnet.mu, www.ile-rodrigues-hebergement.com. Zwei klimatisierte Bungalows im Hinterland von Jeantac, an der Nordküste zwischen Anse aux Anglais und Grand Bay. Preise: HP 40 €/DZpP und 47 €/EZ.

Coco Villa: Caverne Provert, Tel. 8310449, email: jolimock@intnet.mu, www.rodrigues-cocovilla.com. Östlich von Anse aux Anglais schließen sich in Caverne Provert ein paar einfache, kleinere Gästehäuser an. Die vier Apartments der Coco Villa befinden sich relativ strandnah an der Küstenstraße. Sie bieten geräumige, saubere Zimmer, eigene kleine Küchen für Selbstversorger und großen Veranden. Der Besitzer, Johny, bietet auch einen Taxiservice an. Preise: HP ab 35 €/DZpP.

Residence Les Varangues: Grand Baie, Tel. 8320022, Fax 2105035, email: lesvarangues @intnet.mu, www.lesvarangues.com. Eine ruhige Anlage mit klimatisierten Studios zur Selbstversorgung, Pool und Garten, aber etwas abseits an der wenig reizvollen Grand Baie gelegen. Man sollte motorisiert sein. Preise: Studios ab 35 €/Nacht, Apartments ab 60 €/Nacht, HP-Zuschlag pro Person 15 €.

Le Tropical Chez Jeannette: Jeannette Baudoin, Mt Bois Noir, Tel./Fax 8315860, email: letropicalchezjeannette@yahoo.com, www.gite-letropical.com. Dieses nette Haus liegt beim „Jardin des 5 Sens" ruhig und ländlich abseits einer Sackgassenstraße mit schönem Blick in die Berge und auf den fernen Ozean. Hier sollten man allerdings unbedingt motorisiert sein. Das Gästehaus ist eine Empfehlung, wenn man eine ruhige und ländliche Unterkunft in den Bergen abseits der Strände sucht. Es bietet auch ein Tagesrestaurant mit fairen Preisen. Preise: HP kostet hier 30 €/DZpP.

Domaine Les Rosiers: Tel. 8314703, email: 2000trs@intnet.mu, www.aubergeslesrosiers.com. Das nette Gästehaus liegt auf knapp 300 m Höhe bei Nouvelle Decouverte im Inselzentrum. Im Innenhof befindet sich ein Pool, im ersten Stock ein großes Restaurant. Preise: HP 30 €/DZpP und 40 €/EZ.

Les Pirates Lodge: Tel. 8318775, Fax 8318776, email: info@piratelodge.com, www.piratelodge.com. In einem Palmenhain in der Bucht von St. François, umrahmt von steilen Bergen, ruht eine kleine, aber sehr gepflegte Anlage mit Pool und vier doppelstöckigen Ferienhäusern zur Selbstversorgung. Preise: Die Vierbettferienhäuser kosten je 160 €/Nacht.

Kafé Marron: Tel. 57060195, email: kafemarron @gmail.com, www.kafemarron.com. An der Cotton Bay, hinter dem gleichnamigen Hotel, liegt dieses inseltypische Kolonialhaus mit vier gemütlichen Zimmern. Es bietet keinen Pool, liegt aber nahe dem Public Beach. Preise: ÜF ab 25 €/DZpP, HP-Zuschlag 15 €.

Case Corail: Graviers, Tel. 8324351, email: casecorail@hotmail.com, www.casecorail.com. Gästehaus in einem kleinen Fischerdorf im Südosten der Insel, in dem drei Zimmer vermietet werden. Nicht weit zum Strand, sehr ruhig gelegen, zum Teil mit Balkon. Preise: ÜF 25 €/DZpP und 40 €/EZ.

Bild unten: Die Bucht vor dem Morouk Hotel ist Teil des neuen SEMPA-Marineschutzgebiets

Kulinarische Tipps für Rodrigues

Rodrigues bietet nicht wirklich eine Feinschmeckerküche und leidet durch seine isolierte Lage unter einer Knappheit bei Importnahrungsmitteln, wie Fleisch, Wurst und fast allen Milchprodukten. Auch die Gemüsevielfalt orientiert sich stark am saisonalen Angebot. In Mont Lubin wird an der Kreuzung nach Port Mathurin jeden Tag fangfrischer Fisch verkauft. Ansonsten beschränkt sich das Angebot für Selbstversorger auf die kleinen Supermärkte und den Gemüsemarkt von Port Mathurin.

Bis vor einer Generation wurde Reis nur an ganz besonderen Feiertagen verzehrt. Die Alltagsmahlzeiten bestanden aus Süßkartoffeln, Mais und Maniok. Heute bildet Reis die unbestrittene Nr. 1 auf der Beliebtheitsskala, obwohl sich der Preis in kurzer Zeit verdoppelt hat. Dazu wird gereicht, was die Fischer dem Ozean entlockt haben, Muscheln, Tintenfische, Fische, Krebse und Garnelen. Beim Gemüse kennen die Köche von Rodrigues eine Spezialität, die man ansonsten in Südostasien findet: Sie verarbeiten die unreifen, jungen grünen **Papayas** zu Salat (geraspelt), Gemüse (in gedünsteter Form) oder zum süßen Dessert und Brotaufstrich (geraspelt und mit Kokosraspeln vermischt). Bohnen und Linsen bilden eine weitere Stütze ihrer gastronomischen Vielfalt. Fisch oder Huhn kommt entweder als Curry oder mit einer süßsauren Marinade gebraten auf den Tisch – ein Merkmal des starken chinesischen Einflusses auf der Insel. Kleine Bananen-Blinis, ausgebackene Bananenpfannkuchen, sind eine schmackhafte Nachspeise. Eine Spezialität in Port Mathurin sind Schweinswürste, die nach Schlachtungen überall zum Lufttrocknen aufgehängt werden (siehe Foto oben).

Restaurantempfehlungen

Info: Auf Rodrigues öffnen viele Restaurants nur tagsüber. Insbesondere außerhalb der Touristensaison sollte man bei kleineren Restaurants stets vorreservieren, wenn man sie abends besuchen möchte. Die Hotelrestaurants, das „Le Marlin Bleu" und das Restaurant „Aux Deux Freres" öffnen auch am Abend, dort ist keine Reservierung nötig.

John's Resto: Tel. 8316303. Das Fischrestaurant liegt im Hochland nahe der Ortschaft Mangue in einem inseltypischen Gebäude direkt an der Straße. Hier speist man ohne viel Dekor und Schnickschnack zu zivilen Preisen. Die Auswahl an Fisch und Meeresfrüchten ist groß und wird durch ein kleines Angebot aus Huhn bereichert. Da die Portionen nicht allzu üppig ausfallen, empfiehlt sich die Zusammenstellung eines Menüs z. B. aus Octopus-Salat, Garnelen in Cashewnüssen oder Calamaris mit Salat. Die Seafood-Platte gibt es hier deutlich günstiger als auf Mauritius. Täglich geöffnet von 9-15:30 Uhr.

Le Marlin Bleu: Tel. 8320701. Lässiges Lokal an der Küstenstraße von Anse aux Anglais, in dem es neben guter Stimmung feine Fisch- und Fleischgerichte gibt. Das kleine Lokal ist immer gut besucht. Dienstags Ruhetag.

Aux Deux Frères: Tel. 8310541. In diesem Lokal am Ortseingang von Port Mathurin in der Rue François Leguat gibt es richtig gute Küche, außerdem sitzt man hier sehr nett auf der Veranda im ersten Stock und kann bei guter Hintergrundmusik in aller Ruhe das Treiben von Port Mathurin beobachten. Hauptgerichte ab 7 Euro, Cocktails ab 4 Euro. Viel Fisch, Pizza und Burger. Sehr gemütlich!

Mazavaroo: Tel. 8318816. Das Strandlokal in St. François an der Ostküste ist spezialisiert auf Meeresfrüchte.

Das Restaurant beim Eingang zum neuen **François Leguat Tortoise Reserve** bietet gute Kost zu fairen Preisen und ein ruhiges Ambiente auf der Terrasse, wenngleich auch der Service etwas Geduld abverlangt (S. 232).

Mal was Anderes: Bei **Le Tropical Chez Jeanette** (S. 237) in den Bergen ein Mittagsmahl auf der Veranda einnehmen! Hier muss man allerdings vorreservieren, Tel. 8315860.

Weitere Infos

Mietwagen

Rodrigues ist eine Insel der Pickups; Pkws sind kaum vertreten. Erst vor wenigen Jahren wurden die Hauptstraßen asphaltiert und ausgebaut, kleine Neben-strecken sind auch heute noch häufig nur grobe Erdstraßen. Es fährt sich unkompliziert auf Rodrigues: Der Verkehr ist gemütlich, die Polizisten lassen Fremde gewähren, und die meisten Straßen sind in einem guten Zustand. Um ungezwungen die einsamen Buchten und Strände anzusteuern oder Aussichtsfahrten im bergigen Landesinnern zu unternehmen, bietet sich daher die Anmietung eines Mietwagens an. Sportlichere Naturen wählen möglicherweise lieber die günstigeren Motorroller für 16-20 Euro pro Tag. Es gibt zwei Tankstellen auf der Insel; die neue Rodoil Station in Mount Limon und eine ältere beim Hafen von Port Mathurin. Diesel kostet etwa 1,10 Euro/L, Benzin 1,25 Euro/L.

Avis Rent A Car ist auf Rodrigues vertreten: am Flughafen unter Tel. 8328100, in Port Mathurin unter Tel. 2086031 und im Cotton Bay Hotel unter Tel. 8318001. Im Angebot sind ausschließlich Pickups, der Tagessatz liegt bei 35- 45 Euro, für einen Allrad-Pickup bei 55 Euro. www.avismauritius.com.

Fahrzeuge mit und ohne Chauffeur sowie Motorroller vermieten auch die Agenturen 2000 Tours, JP Excursion und Rotourco (siehe S. 241). Wer in einer Familienpension unterkommt, hat dort manchmal die Gelegenheit, Pickups zu günstigeren Bedingungen zu mieten.

Bild unten: Schafe an der Cotton Bay; Bilder S. 242: Kreolische Architektur, Bauernhof in den Bergen

Öffentliche Busse

Linienbusse sind sehr preiswert und werktags von ca. 6:00-17:30 Uhr auf der ganzen Insel in 30-45-minütigen Abständen unterwegs. Nach Schulschluss in der Mittagszeit bilden sich an manchen Haltestellen große Warteschlangen, denn Busse sind das wichtigste Verkehrsmittel von Rodrigues. Jedoch: Sonntags ist der Busverkehr stark eingeschränkt.

Taxis

In Port Mathurin bestellt man ein Taxi unter den Rufnummern 8752215/8752240/8752387. Am Flughafen: Tel. 8754511, im Hochland bei Quatre Vents unter Tel. 8756680. Wer ein Taxi für den ganzen Tag mieten möchte, sollte mit rund 40 Euro Kosten rechnen.

Klima

Die Luftfeuchtigkeit liegt meistens um 80 %, die Temperaturen im Winterhalbjahr zwischen 16 und 27°C, im Sommerhalbjahr zwischen 28 und 35°C. Es regnet hier praktisch in jedem Monat, dennoch ist die Insel heißer und trockener als Mauritius. Rodrigues ist außerdem stärker von Zyklonen und Dürrephasen betroffen. Im bergigen Landesinneren kühlt es abends merklich ab. Die Ostküste ist zwischen Mai und September oft sehr stürmisch.

Tourist Info

Die Touristeninformation liegt in der Rue de la Solidarité in Port Mathurin, Tel. 8320866, Fax 8320174, www.tourism-rodrigues.mu. Die netten Mitarbeiter verteilen Prospekte (auch in Deutsch) und stehen von Mo-Fr 8-16 Uhr, Sa 8-12 Uhr und So 8-10 Uhr mit Rat und Tat zur Verfügung.

Telefon

Die internationale Vorwahl lautet +230, von Mauritius aus wählt man 095 vor der Teilnehmernummer. Polizei Tel. 8311536, Notruf 999, Ambulanz Tel. 8321500

Air Mauritius

Air Mauritius unterhält ein Büro in Port Mathurin in der Rue Max Lucchesi, Tel. 8311558, und eine Zweigstelle am Flughafen, Tel. 8327700, die nur zu Ankunfts- und Abflugszeiten der Flüge öffnet.

Tour Operator

Folgende örtlichen Reiseanbieter organisieren Ausflüge und Tagestouren:

JP Excursion: Barclays Street, Port Mathurin, Tel. 8321162, Fax 8321309, email: jpexcursion @intnet.mu, www.jpexcursion-rodrigues.com. Ausflüge, Mietwagen und Hotelvermittlung.

Rodrigues 2000 Tours: Coromandel, Tel. 8314703, email: resa@rodrigues-2000tours .com, www.rodrigues-2000tours.com. Reiseagentur und Mietwagenverleih.

Rotourco: Port Mathurin, Place François Leguat, Tel. 8310747, Fax 8320747, email: contact@rotourco.com, www.rotourco.com. Mietwagen, Transfers und Flugvermittlung.

Rodtours: Eine Dependance von Mauritours, in Camp du Roi, Tel. 8312249, Fax 8312267, email: rodtours@intnet.mu, www.mauritours. net/destination_rodrigues.htm.

Ecoballade: Port Mathurin, Tel. 57876096, email: eco.ballade@gmail.com, www.rodrigues-ecoballade.com.

Geldwechsel

Auf Rodrigues gilt die mauritische Landeswährung. In Port Mathurin, La Ferme und Mont Lubin bieten mehrere Banken Geldwechsel und ATM-Schalter für VISA an. Der Euro ist vor allem bei den Privatunterkünften ein beliebtes Zahlungsmittel und wird gerne angenommen.

Geschäftszeiten

Von Montag bis Freitag sind die gängigen Geschäftszeiten von 7-16 Uhr, samstags von 8-15 Uhr, der Sonntag gilt als Tag des Herrn. Banken öffnen wochentags von 10-12 Uhr und 14-16:30 Uhr, samstags jedoch nur von 10-11:30 Uhr.

Schiffanreise

Die Mauritius Shipping Corporation befährt die Strecke Mauritius-Rodrigues-Mauritius in einem etwa zehntägigen Rhythmus mit ihren beiden Motorschiffen „MS Mauritius Pride“ und „MS Mauritius Trochetia“, die Passagiere in verschiedenen Klassen vom Sessel bis zur Luxuskabine aufnehmen. Die Hinfahrt dauert fahrplanmäßig 36 Stunden, die Rückfahrt 26 Stunden. Da die Passage von Rodrigues nach Mauritius mit den Passatwinden ruhiger und viel zügiger verläuft, bietet sich an, die Hinreise per Flug und die Rückfahrt nach Mauritius mit dem Schiff zu organisieren. Die Schiffspassagen erfreuen sich bei den Einheimischen großer Beliebtheit, daher empfiehlt sich eine frühzeitige Reservierung. Sehr gute Detailinformationen bietet die Website der Mauritius Shipping Corporation: www.mauritiusshipping.intnet.mu.

Kontaktadresse in Rodrigues: Port Mathurin, Rue François Leguat, Tel. 8310640, Fax 8310641, email: msclod@intnet.mu. In Mauritius : Port Louis, St. James Court, St. Denis Street, Tel. 2085900, Fax 2105176, email: info@coraline.mu und info@mscl.mu.

Bild unten: Typisch Rodrigues – saftig grünes Hügelland und einzelne Milchkühe mitten im Indischen Ozean

Eine Reise nach Mauritius planen

Reisebeginn

Unterwegs in Mauritius: Mobil sein vor Ort

Praxistipps für Mauritius

Wichtige Informationen von A bis Z

Adressenverzeichnis

Oben: Gewitterstimmung

Klima und Reisezeit

Mauritius hat ein subtropisches Klima, das sich ganzjährig ausgeglichen mild und warm zeigt. Der Temperaturunterschied zwischen den wärmsten Monaten und kühlsten Monaten liegt bei nur 7 Grad. Das Hochland im Inselinnern bleibt dabei stets um etwa fünf Grad kühler als die Küsten. Die Wassertemperaturen des Indischen Ozeans liegen ganzjährig bei 23-27 Grad.

Der Südsommer, von Dezember bis März, gilt als Regenzeit und Zeit der Stürme. In diesen feuchtwarmen Monaten mit Tagesdurchschnittstemperaturen von 29-34°C fällt der meiste Regen, allerdings auch jetzt meistens nachts und häufig zeitlich und lokal begrenzt. In den anderen Monaten, wo die durchschnittlichen Tagestemperaturen bei 15-29°C liegen, fällt etwas weniger Niederschlag.

Es kann in Mauritius aber jederzeit zu einem (zumeist lokal begrenzten) tropischen Regenguss kommen. Langanhaltender Regen ist selten. Selbst nach einem heftigen Schauer bleibt es dabei warm und man kann meistens abends bereits wieder im Freien dinieren. Die trockensten Monate mit geringster Luftfeuchtigkeit sind September und Oktober.

Ein typischer Tag in Mauritius beginnt mit einem strahlend sonnigen Vormittag. Mittags bilden sich Wolken und im Landesinneren regnet es sich nachmittags gerne ab. Am späten Nachmittag ist es dann überall wieder schön. Naturausflüge sollte man deshalb schon vormittags unternehmen.

Das Klima auf **Rodrigues** ist dagegen etwas trockener und wärmer als auf der Insel Mauritius. Die kleine Schwesterinsel leidet gelegentlich unter längeren Trockenperioden und sie bekommt zwischen Mai und September starke Winde und Stürme ab.

Klima im Westen

Monat	Jan	Feb	Mar	Apr	Mai	Jun	Jul	Aug	Sep	Okt	Nov	Dez
Temperatur ~ max	30	30	30	29	28	26	26	26	27	28	29	30
Sonnenstd.	8	8	7	8	7	8	8	8	8	8	9	8
Temperatur ~ min	22	22	22	21	19	18	17	17	17	18	19	21
Regentage	8	10	6	6	3	2	1	1	1	1	2	5
Wassertemp.	27	27	27	27	26	25	24	23	23	24	25	26

Klima im Osten

Monat	Jan	Feb	Mar	Apr	Mai	Jun	Jul	Aug	Sep	Okt	Nov	Dez
Temperatur ~ max	29	29	29	28	26	25	24	24	24	25	27	28
Sonnenstd.	7	7	7	6	6	6	6	6	6	7	7	7
Temperatur ~ min	22	22	22	21	19	18	17	17	17	18	19	21
Regentage	20	22	18	19	16	13	14	12	8	7	8	14
Wassertemp.	27	27	27	27	26	25	23	23	23	24	25	26

Klima auf Rodrigues

Monat	Jan	Feb	Mar	Apr	Mai	Jun	Jul	Aug	Sep	Okt	Nov	Dez
Temperatur ~ max	29	29	29	28	27	26	25	25	25	26	27	28
Sonnenstd.	9	9	8	8	8	8	7	8	8	9	9	9
Temperatur ~ min	23	24	24	23	22	20	19	19	19	20	21	23
Regentage	13	13	13	13	11	12	15	15	10	8	8	9
Wassertemp.	27	27	27	27	27	26	24	24	23	24	25	27

Reisezeit

Mauritius ist ein ganzjähriges Reiseziel, die Hochsaison liegt zwischen Oktober und April. In den kühleren Monaten von Mai bis August ist es vielen Gästen an der stürmischeren Süd- und Ostküste etwas zu frisch zum Baden, und sie bevorzugen in dieser Zeit die mildere Westküste. Dafür sind die heißen Monate von November bis März im Süden und Osten klimatisch angenehmer, wo stets etwas Wind weht. Die „gefühlte Temperatur" ist dort ganzjährig etwas niedriger als im Westen und Nordwesten von Mauritius.

Für sportliche Aktivitäten, wie Golfen, empfehlen sich die kühleren Monate. Auch für Ausflüge ins Landesinnere und Bergwanderungen eignen sich diese Monate besonders.

Tipp Wer im Urlaub Ruhe sucht, sollte Weihnachten, Ostern und die klassischen Ferienzeiten – auch die französischen – meiden. Angenehm ruhig sind die Übergangszeiten im April/Mai und im September/Oktober

Zyklone, die gefürchteten Wirbelstürme

Zyklone sind tropische Wirbelstürme mit Windgeschwindigkeiten bis zu 250 km/h. Sie treten regelmäßig zwischen Ende November und Anfang April auf, mit einem Schwerpunkt von Januar bis März. Zyklone entstehen aus der Kombination von einem Tiefdruckgebiet und hohen Temperaturen. Mauritius liegt im Zyklonbereich und wird alle paar Jahre direkt von einem solchen Wirbelsturm heimgesucht.

Es gibt ein vierstufiges Warnsystem:

Stufe 1: Die kleinste Gefahrenstufe setzt die Behörden in Bereitschaft. Regierungsgebäude erhalten eine rote Beflaggung. Das Klima erscheint bei Stufe 1 nahezu normal; es ist nur etwas dämmriger als sonst.

Stufe 2: Die Schulen werden geschlossen, alle Schüler nach Hause geschickt. Die Bevölkerung wird aufgefordert, Vorräte anzulegen (Lebensmittel, Batterien, Taschenlampen, Kerzen, Zündhölzer, Trink- und Brauchwasser). An den Regierungsgebäuden werden jetzt zwei rote Flaggen gehisst, im Radio und Fernsehen Nachrichten zur Lage gesendet. Ansonsten herrscht weiterhin normales Arbeitsleben. Klima: Es wird heiß mit starken Winden, und es verdunkelt sich etwas.

Stufe 3: Jetzt müssen alle Menschen in ihren Häusern bleiben und diese möglichst sturmsicher machen, denn bei Stufe 3 rast der Zyklon direkt an der Insel vorbei bzw. berührt sie sogar. Unwetterschäden und Ernteverluste sind jetzt sehr wahrscheinlich. Drei rote Flaggen werden gehisst, und alle 30 Minuten Sturmnachrichten in Radio/TV verlesen. Es stürmt, regnet und Dunkleheit überzieht die Insel.

Stufe 4: Diese Stufe bedeutet, dass ein Zyklon direkt über Mauritius hinweg fegt. Sturmböen mit zu 120 km/h sind jetzt möglich, heftiger Niederschlag über Stunden, höchst wahrscheinlich kompletter Stromausfall, und kein fließendes Wasser mehr. Vier rote Flaggen wehen über den Regierungsgebäuden. Jetzt ist niemand mehr auf den Straßen, es herrscht Weltuntergangsstimmung. Nach Stunden peitschenden Sturms kehrt ganz plötzlich Ruhe ein. Stille für etwa eine Stunde, denn das „Auge" des Orkans überquert jetzt die Insel. Und ebenso heftig, wie es zuvor endete, bricht die Hölle aus Wind und Regen danach wieder los, diesmal allerdings in der Gegenrichtung. Nach einer solchen Attacke sind oft die kompletten Jahresernten verloren und die Bäume völlig entblättert, schwere Schäden an Häusern entstanden und viele Dächer abgehoben.

Mit (Klein-)Kindern nach Mauritius reisen

Mauritius ist in erster Linie ein romantisches Luxusziel für Paare, profiliert sich aber zunehmend auch als Familiendomizil, denn die Insel bietet **ideale Bedingungen**. Eine extrem kinderliebe und tolerante Bevölkerung, der hohe Sicherheitsstandard und das vorbildliche Gesundheitswesen (kaum Infektionsrisiken für die Kinder) sind schon ein dickes Plus für die Tropeninsel. Hinzu kommen das verträgliche Klima und das flache, durch ein Riff geschützte Meer mit ganzjährig warmem Wasser, in dem auch Nichtschwimmer ungefährdet plantschen können. Die meisten Hotelanlagen sind kindgerecht angelegt, auch die Swimmingpools der Insel in der Regel nicht tiefer als 1,20 m. Kinderanimation wird in Mauritius ernst genommen: Im Kids Club betreuen professionelle Nannies die Kleinen liebevoll und geduldig. Die Eltern haben Zeit für sich und wissen den Nachwuchs bestens umsorgt. Viele Hotels bieten spezielle Kindermahlzeiten und tolle Sportangebote für alle Altersklassen. Selbst ein Babysitterservice ist gegen Gebühr problemlos arrangierbar. Und verlässt die Familie den Hotelbereich, sind auch die meisten Ausflugsziele und Unternehmungen auf der Insel für Kinder spannend und interessant.

Kindgerechte Ausflüge: Domaine Les Pailles, Ile aux Cerfs, La Vànille Park, Casela Bird Park, Wasserpark in Belle Mare und die Farbige Erde von Chamarel.

Einreisebestimmungen

Für Deutsche, Österreicher und Schweizer gilt: Zur Einreise nach Mauritius wird ein Reisepass benötigt, der über das Reiseende hinaus noch mindestens sechs Monate gültig sein muss. Ferner wird der Besitz eines Rückflugtickets verlangt. Kinder ab sechs Jahren brauchen einen eigenen Kinderpass mit Foto. Wer sich länger als 30 Tage im Land aufhalten möchte, muss entweder bei der zuständigen Botschaft ein Visum beantragen oder vor Ort verlängern lassen beim Passport and Immigration Office (Sterling House, 11-19 Lislet Geoffroy Street, Port Louis, Tel. 2109312, Fax 2109322).

Wer aus einem Gelbfieber-Infektionsgebiet einreist, benötigt einen Impfnachweis für eine Gelbfieberschutzimpfung.

Einreise mit einer Yacht: Es ist eine Anmeldung beim Ministry of Health (Tel. 2011912) und der Mauritius Ports Authority (Tel. 2400416, Fax 2400856) erforderlich.

Einreise mit Tieren: siehe Zoll, S. 273

Info Es sind keine Impfungen vorgeschrieben. Nur bei Einreise aus einem Gelbfiebergebiet wird eine Gelbfieberimpfung verlangt

Tipps für umweltschonendes Reisen

Das Ökobewusstsein der Gesellschaft steigt, und die Diskussion um die Umweltschäden ist heute in aller Munde. Gerade Luxusurlaub und Fernreisen können die Umwelt stark belasten: die Anreise per Flug, ein verschwenderisch luxuriöses Hotel und womöglich noch ein Helikopterflug. Doch zahlreiche Anbieter und Hoteliers berücksichtigen heute bereits den Umweltgedanken und stellen sich entsprechend um. Alle Welt spricht jetzt von der Klimaneutralität – doch was bedeutet das eigentlich?

Klimaneutral ist eine Reise dann, wenn dieselbe Menge an Treibhausgasen (z. B. Kohlendioxid CO_2), die man verursacht hat, an anderer Stelle eingespart wird, wie durch die Anpflanzung von Bäumen. Ein Baum bindet bis zu 150 Kilo CO_2 pro Jahr.

Flugzeuge geben sehr viel CO_2 in großer Höhe ab, was dessen schädigende Wirkung verdreifacht. Eine Tonne CO_2 reicht bei Flugzeugreisenden für 3000 Kilometer, mit dem Auto 7000 km und mit der Bahn 17000 Kilometer! Jedoch: Allein die Verschmutzung durch die Computernutzung ist weltweit noch höher als durch den gesamten Luftverkehr.

Was jeder Gast beitragen kann

- Fernreisen mindestens für eine Dauer von zwei Wochen unternehmen, besser für drei Wochen planen, damit die Relation zwischen CO2-Emission und Reisezeit eher vertretbar wird
- Kleine Pensionen verursachen bis zu zehnmal weniger Umweltschäden als Luxusresorts
- Ausgleichszahlungen bei Atmosfair oder Myclimate leisten, wodurch die verursachten Schäden beim Flug klimaneutral ausgeglichen werden (siehe unten)
- Mit wenig Gepäck reisen (das reduziert den Kraftstoffverbrauch beim Flug)
- Vor Ort öffentliche Verkehrsmittel anstelle eines Mietwagens nutzen
- Wandern! Dies ist die ökologischste und zugleich gesündeste aller Freizeitbeschäftigungen
- Eigene Wasserflasche zum Nachfüllen mitnehmen, anstatt ständig Plastikflaschen zu kaufen
- Lebensmittel aus der Region bevorzugen, Importwaren möglichst meiden
- Handtücher im Hotel mehrmals benützen und nicht ständig austauschen und waschen lassen
- Klimaanlagen nicht unnötig laufen lassen
- Wasserverbrauch reduzieren, z. B. im Badezimmer
- Auf Öko-Sünden, wie Helikopter-Transfers, verzichten (zumal das Gepäck parallel zum Helikopter in einem Pkw zum Hotel transportiert werden muss)

Um nicht künftig auf alle Urlaubsreisen verzichten zu müssen oder vor schlechtem Gewissen die Freude daran zu verlieren, gibt es Möglichkeiten, durch bewusste Verhaltensänderungen und durch aktive Ausgleichszahlungen einen positiven Beitrag zu leisten.

Die Idee ist, dass Flugreisende die durch ihren Flug verursachten Klimaabgase ausgleichen durch eine Geldzahlung, die in Solar-, Wasserkraft-, Energiespar- oder Biomasseprojekte in Entwicklungsländern investiert wird. Der gespendete Betrag sollte dabei die gleiche positive Klimawirkung erreichen, wie sie der Flug negativ belastet. Im Internet können Sie unter www.atmosfair.de Ihren Start- und Zielflughafen eingeben, und erhalten dann eine Berechnung der Klimaabgase für diesen Flug. Solche Ausgleichszahlungen sind ein sinnvoller Beitrag zur Schadensbegrenzung und zur Sensibilisierung für umweltschonendes Verhalten – leider sind erst wenige Reisende bereit, einen entsprechenden Betrag zu spenden. Dabei ist dies recht einfach: Viele Fluggesellschaften und Reiseveranstalter bieten die Zahlung gleich bei Buchung mit an, auch im Internet. Alternativ kann man dies auf der Website von www.atmosfair.de veranlassen oder eine Banküberweisung ausführen. Für einen Hin- und Rückflug nach Mauritius wird eine CO2 Emission in Höhe von 106,00 Euro angesetzt. Die Spenden werden zu 100 % vom Finanzamt anerkannt. Kontakt: Atmosfair GmbH: Kaiserstr. 201, 53113 Bonn, email: info@atmosfair.de, www.atmosfair.de.

Die richtige Unterkunft wählen: Hotel, Pension oder Apartment mit Selbstversorgung?

Traditionell verschreibt sich Mauritius dem Tourismus der gehobenen Mittelklasse bis zur Luxusklasse. Das Angebot im preisgünstigeren Sektor ist deutlich kleiner, doch auch hier gibt es zahlreiche Varianten und Angebote.

Hotels: Mehr als 100 Hotels verteilen sich über die kleine Insel. Rucksackreisende mit kleinem Budget sind auf den Inseln im Indischen Ozean eine Minderheit, was sich durch die Exklusivität und das Preisniveau begründet. Aber auch mit einem schmalen Budget kann man in Zentren, wie Grand Baie und Flic en Flac, günstig unterkommen. Einfache Hotels befinden sich vor allem in städtischen Lagen und nicht direkt am Strand. Je besser der Hotelstandard, umso breiter wird das Angebot, was ganz im Sinne der Regierung ist. So dürfen heute nur noch Hotels gebaut werden, die mindestens eine 4-Sterne-Kategorie aufweisen (und sie dürfen nicht höher gebaut werden als die höchste Palme in der Umgebung).

Ab 4 Sternen ist die Lage eines Hotels in der Regel gut (direkte Strandlage, nicht hinter der Küstenstraße) und es werden viele Wassersportangebote gratis angeboten. Hierauf sollten Sportfreunde ihr Augenmerk richten, denn es macht vor Ort einen großen Unterschied, ob man seine Wasserskiausflüge oder die Sauna noch extra zahlen muss. Unterschiede gibt es auch in der Größe der Zimmer. Viele Hotels bieten verhältnismäßig große Zimmer, es gibt aber auch Ausnahmen. Um im Ranking nicht überholt zu werden, rüsten die Hotels regelmäßig nach. Die Konkurrenz ist groß, der Wettbewerb wird aber diskret ausgetragen.

Beim Service sind fast alle Hotelanlagen lobenswert, bei der Qualität und Auswahl der Verpflegung gibt es erkennbare Unterschiede. Aber: Luxus ist relativ. Was für den einen der perfekte Service und die teure Edelausstattung eines Domizils bedeutet, ist für den anderen möglicherweise eine Belastung, denn der wünscht sich vielleicht einen ruhigen „Barfuß-Urlaub" oder intime Privatsphäre mit der Familie. Immer das, was im eigenen Leben knapp ist, wird als Luxus empfunden, haben Tourismusexperten herausgefunden. Und deshalb lohnt sich der genaue Vergleich, um wirklich die Bleibe zu finden, die den eigenen Wünschen entspricht. Denn die Unterschiede sind enorm, zwischen elitären Golfresorts, Luxustempeln mit mehreren Sterne-Restaurants, gediegenen Ferienvillen mit einem Hoechstmaß an Diskretion und schicken Spaßhotels für Sportfreaks.

Dem Luxus werden nach oben keine Grenzen gesetzt. Neben der edlen Ausstattung und Traumlage am Tropenstrand punkten die mauritischen Resorts vor allem mit dem Service des Personals. Viele Hotels liegen isoliert, in Grand Baie, Belle Mare und Flic en Flac/Wolmar reihen sie sich dagegen oft aneinander. Zunehmend offerieren die Resorts auch All-Inclusive-Angebote, nicht zuletzt, weil die Nebenkosten in mauritischen Hotel oft relativ hoch sind. Im Luxussegment bieten das Shandrani Resort an der Blue Bay und der Club Med in Albion All-Inclusive auf höchstem Niveau.

Lodges im Landesinneren: Neu entstehen seit einigen Jahren im Landesinneren interessante Alternativen zu den Strandhotels: Kleine, beschauliche Lodges, passend zum Öko-Trend, zumeist persönlich geführt und in herrlicher Lage für Wanderungen. Naturfreunde, die auch einmal ein paar Tage auf den Ozean verzichten können, sollten eine solche Lodge unbedingt mit einbauen – es lohnt sich!

Ferienwohnung / Apartment: Ferienwohnungen werden insbesondere im Nordosten zwischen Trou aux Biches und Cap Malheureux sowie im Westen im Bereich Flic en Flac/Wolmar und an der Blue Bay im Südosten von Mauritius angeboten. Es gibt sowohl größere Apartmentanlagen zur Selbstversorgung als auch persönlich geführte, individuelle Bungalows. Sehr typisch ist das „Hausmädchen-Modell", bei dem eine Maid für die Wohnung zuständig ist. Sie kümmert sich um die Einkäufe, erledigt die anfallenden Küchenarbeiten und kocht auch für die Gäste (z. B. bei Kuxville S. 116). Manchmal stehen darüber hinaus ein Butler und ein Koch zur Verfügung.

Tipps für die Hotelauswahl:

Es sind zwar von jedem Hotel aus alle Sehenswürdigkeiten auf Mauritius erreichbar, manche Entfernungen aber nur mühselig zu bewältigen. Wer nicht nur Erholung und Sonnenbaden im Sinn hat, sondern die ganze Insel kennenlernen möchte, sollte darüber nachdenken, zwei oder drei Standorte miteinander zu verbinden und von dort aus jeweils die Ausflüge zu unternehmen. Zum Beispiel eine Woche an der West- oder Südwestküste verbringen und die zweite Woche im Norden/Osten. Auf diese Weise kann man alle Inselregionen besuchen und trotzdem die verstopften Straßen zwischen Port Louis und Curepipe meiden.

Für sportliche Naturen, die in Mauritius jeden Tag aktiv sein möchten, insbesondere mit Wassersportarten, wie Wasserski und Bootsausflügen, lohnt es sich, nach die Angeboten sportorientierter Luxushotels, wie z. B. Shandrani Resort, Le Victoria, LUX* Belle Mare und Le Paradis, Ausschau zu halten. Zwar sind die Hotels teurer als Mittelklassehotels, dafür sind außergewöhnlich viele Sportaktivitäten gratis inklusive – unterm Strich mitunter die bessere Entscheidung

Wie Sie Reisekataloge richtig lesen

Es ist fast wie beim Arbeitszeugnis: Auf den ersten Blick klingt alles nur positiv, aber die Wahrheit versteckt sich gerne zwischen den Zeilen. Manch freundliches Wort im Reiseprospekt kaschiert dabei mitunter Nachteile oder Einbußen. Ein paar Beispiele:

- „Ruhige Lage“: Hier gibt es kaum Geschäfte, Restaurants und evtl. auch keine öffentlichen Verkehrsmittel in der Umgebung
- „Verkehrsgünstige Lage“: Deutet auf Flughafennähe oder eine laute, viel befahrene Straße hin, an der das Hotel liegt
- „Lage direkt am Meer“: Bedeutet nicht unbedingt, dass das Hotel direkten Strandzugang hat
- „Aufstrebender Urlaubsort“: Möglicherweise viele Baustellen und Bauarbeiten
- „Direktflug“: Unwissende verstehen darunter gerne einen Nonstop-Flug, dabei bedeutet Direktflug eine Umsteigeverbindung
- „Zimmer zur Meerseite“: Vorsicht: Keine Garantie für einen Meerblick!
- „Zweckmäßig eingerichtet“: Zimmer zumeist ohne Komfort, einfach ausgestattet
- „Landestypischer Stil“: Ebenfalls ein Hinweis auf einfache Ausstattung ohne Komfort

Privatpension: Familienpensionen und „Urlaub auf dem Bauernhof“ sind die typische Einrichtung auf Rodrigues. Vereinzelt findet man diese persönlich geführten Gästehäuser auch auf Mauritius. Auf dem europäischen Markt werden solche Unterkünfte bisher kaum vermarktet.

Viele Apartmentanlagen und Familienpensionen haben lange Jahre nur Gäste aus La Reunion und Frankreich gehabt, weil Mauritius im deutschsprachigen Raum hauptsächlich über das Luxussegment angeboten wurde. Die meisten Gastgeber sprechen daher auch kaum Englisch.

Camping: Es gibt auf der Insel keine Campingplätze. Es wird aber gestattet, an einem Public Beach zu zelten.

Reisekosten

In den meisten Fällen ist es günstiger, ein Pauschalreiseangebot zu wählen, als Flug und Hotel einzeln zu buchen. Es gibt aber manchmal Ausnahmen, z. B. bei speziellen Flugangeboten. Eine interessante Reisekombination bieten auch die **Dreiecksflüge** über Südafrika, wodurch sich nach einer Afrikasafari relativ günstig eine Badeverlängerung in Mauritius einbauen lässt.

Die **Hotelpreise** sind variabel und stark von der jeweiligen Saison abhängig. Günstigste Reisezeit ist im Mai und im europäischen Sommer außerhalb der Schulferien. Die teuerste Saison ist zu Weihnachten/Silvester und zu Ostern. Deutsche Reiseveranstalter machen ihre Preise außerdem von den heimischen Schulferien abhängig. Neben Frühbucherrabatten locken manchmal auch „Last Minute“-Restplatzangebote mit Preisnachlässen. Die meisten Hotels bieten Preisnachlässe für Hochzeitspaare, Hochzeitsreisende und manchmal sogar für Hochzeitsjubilare, z. B. zur Silberhochzeit.

Ein Arrangement mit Halbpension ist völlig ausreichend, weil die Verpflegung meistens so reichhaltig ist, dass man kein Mittagessen benötigt. Allerdings sind Speisen und Getränke in vielen Hotels teuer. Wer im Urlaub gerne viel konsumiert, trinkt und lange feiert, wird mit einem **All-Inclusive-Angebot** (AI) vermutlich besser fahren. Auch Familien mit Kindern schätzen All-Inclusive-Angebote, weil so die Urlaubskosten gut kalkulierbar bleiben.

Man kann sich in Mauritius preiswert von der lokalen Küche ernähren. Wenn man europäische Ansprüche stellt, muss man aber auch mit einem europäischem Preisniveau rechnen, manchmal sogar noch höher.

Nachfolgend einige Preisbeispiele

Restaurants

Je nach Lokalität und Örtlichkeit sind die Preise weit gefächert. Eine Pizza bekommt man in Grand Baie z. B. für 5,00 €, im feinen Strandlokal von Belle Mare berappen die Gäste dafür schon mindestens 20,00 €. Lobster, das Edelgericht unter den mauritischen Genüssen, wird in den Restaurants ab 22,00 € angeboten, ein „Lobster-Buffet" im Luxushotel kostet rund 70,00 €. Etwas günstiger wird der Hummer auf Rodrigues angeboten.

Rechnen Sie bei einem touristischen Ausflugslokal mit 4,00-8,00 € für einen Starter oder eine Suppe; 7,00-13,00 für leichte Gerichte, wie Smoked Marlin oder Octopus-Salat, und für ein Hauptgericht zwischen 14,00 und 27,00 Euro (z. B. Rindersteak oder Garnelen). Palmherzen sind eine edle Delikatesse und kosten ab 15,00 €. Liegen die Restaurants weniger populär, reduzieren sich die Preise mitunter deutlich, ohne dass man dabei Abstriche an Qualität oder Service in Kauf nehmen müsste. „Flying Dodo" in der Mall of Mauritius, das auch viele Einheimische besuchen, bietet Snacks ab 3,00 € und leichte Hauptgerichte bereits für 6,00-8,00 €.

Nach oben ist die Skala offen. Mittagsmenüs bietet „La Casa du Pecheur" an der Ostküste zwischen 18,00 und 25,00 Euro an; das Restaurant „Domaine du Cachet" in Chamarel verlangt 30,00 €, und auch das berühmte Aussichtsrestaurant „Varangue sur Morne" offeriert ein Zweigängemenü für 30,00 €. Hotels der Spitzenklasse, wie das Royal Palm in Grand Baie, verwöhnen ihre Gäste tagsüber im Beach Restaurant mit feinsten Vorspeisen ab 16,00 €, Hauptgerichten ab 24,00 € und zahlreichen traumhaften Desserts ab 12,00 €.

Info: Nicht bei allen Speise- und Getränkekarten sind die 15 % VAT bereits inkludiert!

Öffentliche Verkehrsmittel

Die Buspreise sind sehr niedrig. Strecken bis 1,5 km kosten rund 0,20 €, für Kinder die Hälfte. Längere Strecken liegen bei 0,80 € bis 1,90 € (von Grand Baie nach Rose Hill).

Taxi

Die meisten Hotels veranschlagen feste Taxipreise, die deutlich höher liegen, als Einheimische für Taxifahrten bezahlen. Flughafentransfers nach Grand Baie kosten für Einheimische rund 33,00 €, der Touristenpreis liegt jedoch bei 45,00 bis 65,00 €. Hier lohnt es sich, hartnäckig zu handeln. Viele Touristen engagieren Taxis für ganztägige Ausflüge, die je nach Strecke für 30,00 bis 80,00 € angeboten werden. Aber auch hier sind bei etwas Verhandlungsgeschick beträchtliche Nachlässe möglich.

Weitere Preisbeispiele

Fahrradmiete:	4,50-8,00 €/Tag
Motorroller:	12,00-20,00 €/Tag
Tauchgang:	35,00 €
Underseawalk:	30,00 €
Internetcafé:	3,50 €/Std.
Ferngespräche im Hotel:	3,50-5,00 €/Min.
Benzin:	1,35 €/Liter

Mietwagen **Preisbeispiele (pro Tag in €)**	**Mietdauer** **1-6 Tage**	**Mietdauer** **ab 13 Tage**
Suzuki Celerio	ab 27-45 €	25-42 €
Kleinwagen, z. B. Nissan March	ab 24-52 €	23-44 €
Kompaktwagen, z. B. Renault Clio	ab 29-56 €	26-50 €
Toyota Yaris	ab 26-52 €	26-48 €
Toyota Corolla	ab 27-54 €	26-50 €
Toyota Fortuner	ab 117 €	ab 117 €
BMW X3	ab 160 €	ab 160 €
Mini Cabrio	ab 50 €	ab 50 €

Lebensmittelpreise im Supermarkt

Rinderfilet	1 kg	18,00 €
Huhn	1 Stk.	3,60 €
Frischfisch: Dorade	1 kg	7,50 €
Frischfisch: Capitaine	1 kg	6,70 €
Frischfisch: Tunfisch	1 kg	11,00 €
Frischfisch: Vielle Rouge	1 kg	12,00 €
Sea Food, gefroren: Calamari	1 kg	8,00 €
Sea Food, gefroren: Crevetten	1 kg	11,00 €
Smoked Marlin	150 gr	3,40 €
Käse: Gouda	1 kg	23,00 €
Reis	1 kg	1,90 €
Nudeln, italienische	0,5 kg	1,00 €
Tomaten	1 kg	5,50 €
Milch	0,5 l	1,00 €
Marmelade	1 Glas	2,00 €
Butter	250 gr	1,80 €
Joghurt	1 Stk.	0,65 €
Eier	6 Stk.	1,10 €
Baguette		0,10 €
Mineralwasser Crystal	1,5 l	0,60 €
Coca Cola	0,5 l	0,70 €
Phoenix-Bier	0,33	0,90 €
südafrikanischer Rotwein	0,75 l	10,00 €

Getränkepreise in den Hotels: Siehe S. 280

Die Reiseapotheke

Vorschläge zum Inhalt einer Notfallapotheke gemäß Bayerischem Gesundheitsamt

Beschwerden	Substanz (Medikament)
Fieber, Entzündung, Schmerzen	Paracetamol, Acetylsalicylsäure (Aspirin)
Insektenstiche	diverse Repellentien, Chlorphenoxamin-Creme
Kreislaufanregung	Etilefrin, Norfenefrin
Durchfall	Elektrolyt-Glukose-Präperate, Hefe-Präperate, Loperamid (Imodium)
Erbrechen & Übelkeit	Metoclopramid (Paspertin)
Bauchkrämpfe	Butylscopolamid
Augenentzündung	Tetrazyklin-Augentropfen
Harnwegsinfektionen	Antibiotika, Nieren-Blasentee
Ohrenentzündung	Acetylsalicylsäure (Aspirin), Phenazon

Außerdem: Kleine Schere, Sicherheitsnadeln, Rasierklinge, Fieberthermometer, Pinzette, Pflaster, Verbandszeug, Desinfektionsmittel, ggf. Allergie- und Magentabletten, ein Magnesiumpräparat, evtl. Einwegspritzen und alle Medikamente, die Sie regelmäßig einnehmen.

Gesundheitsvorsorge

Ein großes Plus von Reisen nach Mauritius sind der hohe Gesundheitsstandard und die geringen Krankheitsrisiken für Touristen. Es besteht nur ein **sehr geringes Malariarisiko**, Rodrigues ist sogar malariafrei. Deshalb raten die wenigsten Ärzte bei einer Reise nach Mauritius zu einer Malariaprophylaxe (Tabletten zur Vorbeugung). Trotzdem sollten Sie Ihren Arzt darauf aufmerksam machen, falls nach einer Mauritiusreise Fieber, Kopf- und Gliederschmerzen auftreten.

2006 grassierte das **Chikungunya-Fieber** im Indischen Ozean und befiel seither auch zahlreiche Touristen. Die schwere Viruserkrankung wird von Mücken übertragen und äußert sich mit Fieber, Gelenkschmerzen und starkem Krankheitsgefühl. Es gibt bisher keine medikamentöse Prophylaxe; der einzige Schutz sind vorbeugende Maßnahmen gegen Mückenstiche.

Gegen **Diphtherie**, **Polio** (Kinderlähmung) und **Tetanus** (Wundstarrkrampf) sollte jeder zeitlebens immunisiert sein. Diese gefährlichen Krankheiten kommen weltweit, auch in Mitteleuropa, vor. Eine anstehende Mauritiusreise könnte daher ein guter Anlass sein, beim Arzt den allgemeinen Impfschutz einmal wieder überprüfen zu lassen.

Aids: Geschlechtsverkehr mit Unbekannten birgt ein hohes Risiko, sich dabei u. a. auch mit der Immunschwächekrankheit zu infizieren. Eine Übertragung durch Mückenstiche ist nicht möglich, auch durch normale Sozialkontakte kann man sich nicht anstecken. Die Gefahr geht allein vom Austausch von Körperflüssigkeiten aus, durch Sex, Bluttransfusionen oder infizierte Nadeln und Spritzen.

Für **Aktivreisende**: Wer einen Tauchurlaub plant, sollte unbedingt vorab beim Arzt seine Tauchtauglichkeit testen lassen. Auch ambitionierte Bergwanderer sollten sich rechtzeitig ärztlich untersuchen lassen. Überprüfen Sie außerdem Ihren Versicherungsschutz hinsichtlich der geplanten Aktivitäten (Unfallversicherung, Auslandskrankenversicherung).

Wer starke Medikamente mit sich führen muss, sollte dafür ein ärztliches Rezept einpacken, das bei Bedarf den Behörden vorgelegt werden kann. In Mauritius sind nämlich verschiedene Pharmaprodukte **Einfuhrbeschränkungen** unterworfen. Nehmen Sie solche Medikamente in der Originalverpackung mit.

Empfehlung zur Reisevorsorge

- **Ärztliches Gespräch** suchen bzgl. individueller Gesundheitsrisiken und der aktuellen reisemedizinischen Empfehlungen. Reisemedizinische Informationen erhalten Sie auch im Internet: www.fit-for-travel.de, www.reisevorsorge.de, www.rki.de, www.meine-gesundheit.de, www.bctropen.de, www.gesundes-reisen.de, www.travelmed.de oder beim Centrum für Reisemedizin CRM: Tel. 0211-904290, Fax 9042999, www.crm.de.
- Zusammenstellen einer kleinen **Reiseapotheke** für unterwegs (siehe links).
- Abschluss einer **Auslandsreisekrankenversicherung** mit Rückholservice und uneingeschränkter Kostenübernahme. Sie wird von zahlreichen Versicherern angeboten, die Jahresgebühren sind mit rund 20 Euro sehr günstig. Vergleichen Sie vor Abschluss die Leistungen. Wichtig sind ein kostenloser Rückholservice (wenn ärztlich empfohlen) und die Erstattung hoher Bergungskosten.

Heiraten „im Paradies“

Mehr also 12000 Touristenpaare schließen jedes Jahr auf der Tropeninsel den Bund fürs Leben. Das sind mehr als 30 Hochzeiten täglich. Trend steigend. Manche Hotels veranstalten in der Saison mehrere Trauungen täglich... Die Begeisterung so vieler Hochzeitspaare für Mauritius erklärt sich aus dem exotischen Idyll, seinen charmanten Bewohnern, dem dienstbaren Personal und einer äußerst unbürokratischen Verwaltung, die es den Paaren erleichtert, hier ihre Traumhochzeit zu erleben.

Fast alle Hotels und Resorts auf Mauritius haben diesen Trend erkannt und bieten Heiratswilligen einen entsprechenden Service und viele kleine Extras und Überraschungen bei ihren „Honeymoon-Packages“. Auch europäische Reiseveranstalter schnüren zusammen mit ihrem Hotelprogramm in Mauritius Hochzeitspakete und übernehmen die komplette Organisation für den „schönsten Tag im Leben“ – vom Fotografen bis zur Hochzeitstorte. Die Hochzeitsbeauftragten in Mauritius arbeiten sehr erfahren und professionell – und wundern sich trotz aller Routine immer noch über den westlichen Trend, dieses Fest ohne der Großfamilie feiern zu wollen.

Heiratswillige sollten frühzeitig mit den Planungen beginnen, eine klare Vorstellung von den individuellen Wünschen entwickeln und genau vergleichen, was im jeweiligen Angebot enthalten ist. Sie können standesamtlich und kirchlich heiraten. Auch die Örtlichkeit können Sie in Mauritius frei wählen; so hat es hier z. B. schon Trauungen unter Wasser gegeben. Die meisten Gäste bevorzugen jedoch den Palmenstrand des Hotels oder einen Bootstrip in den Sonnenuntergang. Pompös oder dezent, nach europäischer oder hinduistischer Tradition, mit einem riesigen Publikum am Hotelstrand oder ganz intim - es ist alles möglich.

Notwendige Formalitäten für eine Eheschließung in Mauritius: Voraussetzung zur Heirat ist ein Nachweis, dass die Hochzeiter weder Staatsbürger von Mauritius sind noch ihren ständigen Wohnsitz auf der Insel haben. Diesen Nachweis, „Non Resident Certificate“ genannt, stellt in Mauritius das Standesamt aus: „Registrar of Births, Deaths and Marriages“, 7th level Emmanuel Anquetil Building, Sir S. Ramgoolam Street, Port Louis, Tel. 2012313/ 2011727, Fax 2112420, email: civstat@intnet.mu. Spätestens zehn Tage vor der Trauung müssen hier die erforderlichen Dokumente vorliegen. Die Kontaktadresse für kirchliche Trauungen lautet: Episcopate of Port Louis, Monseigneur Gonin Street, Tel. 2083068, Fax 2086607.

Für die Antragstellung benötigen Sie zweifache Fotokopien jeder Geburtsurkunde, Ehefähigkeitszeugnisse des deutschen Standesamts und zweifache Fotokopien der ersten drei Seiten eines jeden Reisepasses (mit noch mindestens sechs Monaten Gültigkeit). Alle Dokumente müssen in französischer oder englischer Übersetzung und amtlich beglaubigt vorliegen. Wenn es nicht um die erste Eheschließung handelt, werden auch die Scheidungs- oder Sterbeurkunden früherer Ehepartner benötigt, und bei kirchlichen Hochzeiten sind die Taufurkunden vorzulegen. Nach der Hochzeit und der Rückkehr aus Mauritius muss die Ehe noch anhand der mauritischen amtlichen Heiratsbestätigung („Apostille“) in Deutschland anerkannt und beurkundet werden. Das Einwohnermeldeamt braucht dazu etwa 4-6 Wochen.

Anreise

Internationale Flugverbindungen

Zahlreiche renommierte Fluggesellschaften bieten Flüge von europäischen Hauptstädten und Metropolen nach Mauritius. Die direkte Flugdauer beträgt je nach Strecke etwa zehn bis elf Stunden.

Nonstopp-Flüge von Deutschland hat derzeit nur die Charter-Airline **Condor** im Programm, die bis zu vier Mal wöchentlich zwischen Frankfurt und Mauritius pendelt.
Kontakt: Tel. 01813-400290 oder 06107-9390, auf Mauritius Tel. 2084802, www.condor.com.

Die mauritische **Air Mauritius** fliegt derzeit täglich zwischen Paris und Mauritius und bietet günstige Anschlussflüge ab vielen Städten in Deutschland, Österreich und der Schweiz. Kontakt: Tel. 069-24001999, Fax 069-50600588, www.airmauritius.de.

Emirates (www.emirates.com) bietet tägliche Flüge zwischen vielen Städten Europas (z. B. München, Frankfurt, Hamburg, Düsseldorf, Wien und Zürich) und Mauritius mit Umstieg in Dubai, die besonders interessant sind, wenn man einen Stopover in Dubai einlegen möchte. Nach Mauritius werden zweimal täglich die modernen Großraumflugzeuge A 380 eingesetzt. Ein großes Plus von Emirates ist auch die großzügige Freigepäckregelung mit max. 30 kg pro Person in der Eco-Klasse. Üblicherweise sind sonst nur 20 bis 23 kg erlaubt.

Außerdem fliegen **British Airways, Air Italy, Edelweiß Air** und **Swiss Airlines** ein- bis mehrmals wöchentlich nach Mauritius.

Ein interessantes Angebot für Afrikareisende ist die Kombination von Südafrika und Mauritius. **South African Airways** und Air Mauritius bieten gemeinsam einen Dreiecksflug an, bei dem Touristen günstig von Frankfurt oder München nach Südafrika, von dort später nach Mauritius und schließlich direkt von Mauritius wieder nach Deutschland fliegen können. Zwischen Johannesburg/Südafrika und Mauritius bestehen tägliche Flugverbindungen.

Innerhalb des Indischen Ozeans gibt es täglich zahlreiche Flüge zwischen Mauritius und La Reunion sowie zweimal wöchentlich zwischen Mauritius und den Seychellen.

Preisauskünfte und Kapazitätsabfragen sind bei Reisebüros erhältlich oder im Internet.

Flüge nach Rodrigues: siehe S. 229.

Anreise mit dem Schiff

Kreuzfahrtschiffe steuern auf ihren Routen durch den Indischen Ozean gerne Mauritius an und liegen dann ein, zwei Tage im Hafen von Port Louis.

Einen regelmäßigen Fährbetrieb zwischen La Reunion und Mauritius betreibt das Motorschiff „Mauritius Pride" (etwa zehnFahrtstunden). Die Schiffspassagen erfreuen sich bei den Einheimischen großer Beliebtheit, daher empfiehlt sich eine frühzeitige Reservierung. Ausführliche Detailinformationen bietet die Website der Mauritius Shipping Corporation: www.mauritiusshipping.intnet.mu.

Kontaktadresse: Port Louis, 1 Military Road, Tel. 2172285, Fax 2428270, email: info@coraline.mu und cinthia.ferret@mscl.mu.

Fähren und Flüge nach Rodrigues

Die Mauritius Shipping Corporation befährt die Strecke Mauritius-Rodrigues-Mauritius in einem etwa zehntägigen Rhythmus mit ihren beiden Motorschiffen „MS Mauritius Pride" und „MS Mauritius Trochetia", die beide Passagiere in verschiedenen Klassen vom Sessel bis zur Luxuskabine aufnehmen. Die Hinfahrt dauert fahrplanmäßig 36 Stunden, die Rückfahrt 26 Stunden. Da die Passage von Rodrigues nach Mauritius mit den Passatwinden ruhiger und zügiger verläuft, bietet sich an, die Hinreise per Flug und die Rückfahrt nach Mauritius mit dem Schiff zu organisieren. Detailinformationen bietet die Website: www.mauritiusshipping.intnet.mu.

Kontaktadresse in Rodrigues: Port Mathurin, Rue François Leguat, Tel. 8310640, Fax 8310641, email: msclod@intnet.mu.
In Mauritius : Port Louis, St James Court, St. Denis Street, Tel. 2172285, Fax 2105176, email: info@coraline.mu und cinthia.ferret@mscl.mu.

Info Wer von Mauritius weiter nach Rodrigues fliegt, darf nicht vergessen, dass auf diesen Flügen nur 15 kg Freigepäck pro Passagier erlaubt sind

Die Reise beginnt

Empfehlungen fürs Gepäck

Reisedokumente: Gültiger Reisepass; Flugtickets, Reiseunterlagen, bei Bedarf einen Internationalen Führerschein. Von offiziellen Dokumenten sollte man Fotokopien dabei haben und an getrennten Plätzen verwahren. Für Notfälle hat man wichtige Rufnummern dabei, z. B. die **Servicenummern** der Kreditkarteninstitute und der Auslandskrankenversicherung. Wir raten, einen Teil der **Reisekasse** als Bargeld und eine Kreditkarte mitzuführen. Persönliche Dokumente, Zahlungsmittel, die Fotoausrüstung und Medikamente gehören ins Handgepäck. Für die Mitnahme von **Sondergepäck**, wie Fahrrädern, sollten Sie unbedingt vorab die Bestimmungen bei der gebuchten Airline erfragen.

Bitte beachten Sie die strengen Bestimmungen für das **Handgepäck**: Fluggäste dürfen nur sehr kleine Mengen Flüssigkeiten im Handgepäck mitführen. Der Behälter darf max. 100 ml Fassungsvermögen haben und muss in einem transparenten, verschließbaren (z. B: ZIP-Verschluss), max. 1 l fassenden Plastikbeutel transportiert werden. Diesen Bestimmungen unterliegen alle flüssigen, cremigen, gelartigen und schaumigen Substanzen. Während der Fluges benötigte Medikamente, wie z.B. Insulin, dürfen mitgeführt werden (lassen Sie sich dafür eine ärztliche Bescheinigung geben).

Leichte **Baumwollkleidung**, wie sie in Europa im Sommer getragen wird, eignet sich für einen Aufenthalt in Mauritius gut. Tagsüber ist atmungsaktive Strand- und Freizeitkleidung angebracht, für kühlere Abende empfehlen wir eine leichte Jacke oder Sommerpullover. Viele Räume werden durch Klimaanlagen stark gekühlt. Ein Halstuch hilft gegen Zugluft bei Ausflügen, im kühlen Flugzeug und bei starken Klimaanlagen. Für Unternehmungen im Landesinneren empfehlen wir leichte Baumwollhosen und Hemden sowie Sommerkleider und einen Sonnenhut oder ein Kappy als Sonnenschutz. „Oben ohne" oder String-Tangas sind in Mauritius nicht gerne gesehen, weder am Strand noch am Hotelpool. In Luxushotels wird nach Sonnenuntergang gepflegte Kleidung erwartet (keine Badekleidung, keine Flipflops, keine Shorts für die Herren). Dennoch sind Jackett und Krawatte nicht erforderlich.

Für Ausflüge ist ein kleiner Tagesrucksack praktisch. Abends ist manchmal eine Taschenlampe hilfreich,z. B. in den Lodges im Landesinneren. Sonnen- und Insektenschutzmittel, eine Sonnenbrille und Badeschlappen sollten auch nicht fehlen.

Fit den Flug überstehen

Der menschliche Organismus braucht pro Stunde Zeitverschiebung einen ganzen Tag, um sich zu erholen und auf die veränderte Ortszeit einzustellen. Mauritius ist trotz der weiten Entfernung für Reisende aus Mitteleuropa eine gesundheitsfreundliche Destination, da je nach Jahreszeit nur zwei oder drei Stunden Zeitverschiebung bestehen. Die typischen Symptome eines Jetlags, wie Schlafprobleme, Appetitmangel und Kopfschmerzen, sind daher bei Mauritius-Reisenden eher selten.

Es fällt dem menschlichen Körper leichter, einen Tag um einige Stunden zu verlängern, als ihn künstlich zu verkürzen. Den Hinflug nach Mauritius empfindet unser Körper also als anstrengender als den Rückflug in die europäische Heimat.

Folgende Tipps helfen, den Körper umzustellen

- Zwei Tage vor dem Flug die Schlafzeiten in Richtung der neuen Zeit verschieben (d. h. etwas früher zu Bett gehen)
- Eine Reise nach Mauritius mindestens für zwei Wochen Aufenthalt planen, damit sich der Körper nicht in Kürze erneut umstellen muss
- Vor und während des Fluges Kaffee, Tee, Alkohol und Nikotin meiden, aber viel Wasser trinken
- Nach der Ankunft am Zielort sollte man sogleich möglichst viel Tageslicht aufsuchen, denn das senkt den Melatoninspiegel und reduziert die Tagesmüdigkeit
- Leichte körperliche Tätigkeiten, wie Spaziergänge, sind ideal nach der Ankunft im Hotel

Elf Stunden Flugzeit bergen aber ein anderes Gesundheitsrisiko: die Thrombosegefahr durch das lange Sitzen mit angewinkelten Beinen. Stehen Sie deshalb während des Fluges immer wieder auf, gehen Sie ein paar Schritte, wippen Sie zwischendurch mit den Füßen.

- Risikopersonen (Venenleidende, Schwangere, Raucher und Übergewichtige) können sich beim Arzt oder im Sanitätshaus Stützstrümpfe für den Flug und/oder entsprechende Medikamente zur Blutverdünnung besorgen

Tipp Auf S. 277 ist die rosafarbene Einreisekarte abgebildet

Tipp Wer direkt am Airport einen Wagen annimmt, sollte dort sogleich Geld wechseln, weil man bei der Ausfahrt Kleingeld für den Parkplatz braucht (20 Rs)

Die Ankunft in Mauritius: Formalitäten am Flughafen

Alle Flugreisenden landen im Flughafen Sir Seewoosagur Ramgoolam (SSR) International Airport in Plaisance an der Südostküste von Mauritius, etwa 3 km von Mahébourg und 45 km von Port Louis entfernt. Der moderne Flughafen bietet zahlreiche Mietwagenagenturen, Taxidienste, Reiseagenturen, eine Tourist Information und mehrere Bankschalter in der Ankunftshalle (sehr faire Wechselkurse). Es gibt jedoch keine Gepäckaufbewahrung im Flughafen. Tel. des Flughafens: 6036000, Auskünfte unter Tel. 6375538, Fax 6375306, im Internet: http://aml.mru.aero/

Bei der Ankunft hat jeder Gast eine **„International Disembarkation Card“** auszufüllen, auf der nach der Flugnummer, persönlichen Daten, wie Beruf und Adresse, und dem Einreisegrund gefragt wird. Auf der gelben **„Health Declaration Form“** geben Sie an, in welchen Ländern Sie sich in den letzten sechs Monaten aufgehalten haben. Diese Frage zielt auf die etwaige Notwendigkeit eines Gelbfieber-Impfnachweises ab (siehe S. 246).

Bei der Ausreise aus Mauritius gilt es eine weiße „Embarkation Card“ auszufüllen, in der sich die Angaben wiederholen. Es sind auf beiden Karten keine Angaben zu Geldmitteln nötig.

Transfer zum Hotel: Bei Pauschalreisen sind die Flughafentransfers in der Regel inbegriffen. Die Gäste werden vor der Ankunftshalle erwartet und je nach Buchung per Kleinbus, Limousine oder sogar Helikopter zum Hotel gebracht. Je nach Verkehrsaufkommen kann ein Transfer in den Inselnorden bis zu zwei Stunden dauern. Viele Hotels empfangen ihre erschöpften Gäste mit gekühlten, duftenden Handtüchern.

Individualreisende: Tagsüber fahren etwa stündlich preiswerte Busse zwischen dem Flughafen und Mahébourg bzw. in die Hauptstadt Port Louis (große Gepäckstücke kosten Aufpreis). Zahlreiche Taxis warten außerdem nach allen Flugzeuglandungen vor der Ankunftshalle auf neue Gäste. Handeln Sie unbedingt zuerst den Preis aus. Eine Fahrt nach Port Louis sollte nicht mehr als 30-40 Euro kosten. Bei unerfahrenen Neuankömmlingen verlangen Taxifahrer aber gerne zunächst das Doppelte.

Wer im Vorfeld einen **Mietwagen** reserviert hat, wird in der Empfangshalle erwartet. Die gängigen Mietwagenanbieter sind mit eigenen Schaltern am Flughafen vertreten. Vor Verlassen des Flughafens empfehlen wir, an einem Bankschalter Geld zu wechseln. Der Wechselkurs ist günstig, und beim Verlassen des Airport-Parkplatzes mit einem Mietwagen benötigen Sie bereits ein paar Rupien an der Schranke.

Unterwegs in Mauritius: Mobil sein vor Ort

Mietwagen

Das dichte und überwiegend gut ausgebaute Straßennetz in Mauritius eignet sich prima für individuelle Erkundungen mit einem Mietwagen. Die meisten Mietwägen sind japanische Marken. Die Auswahl ist groß; vom kleinen Flitzer bis zur Luxuslimousine wird alles geboten. Die Preise hängen von der jeweiligen Saison ab. Bei längerer Mietdauer verringern sich die Tagesgebühren für einen Mietwagen. Es ist ratsam, den Mietwagen bereits vor Reiseantritt über einen europäischen Anbieter zu organisieren, z. B. über Indian-Ocean-Travel Ltd. (www.mietwagen-mauritius.de).

Die Mietwägen werden in Mauritius in der Regel ohne Kilometerbegrenzung abgegeben und die Preise beinhalten eine Vollkaskoversicherung mit Selbstbehalt. Teilweise kommt eine Einweggebühr für den Transfer vom/zum Hotel oder Flughafen dazu. Es ist auch möglich, einen Mietwagen mit Chauffeur zu reservieren, der basierend auf einem 8-Stunden-Tag 20,00-28,00 € pro Tag kostet. Wahlweise kann man zusätzlich eine Diebstahlversicherung (TW: Theft Waiver, ca. 4 € pro Tag) und eine Unfallversicherung (PAI: Personal Accident Insurance, ca. 5 € pro Tag) abschließen.

Info Voraussetzungen für Mietwagenfahrer: Das Mindestalter für das Autofahren in Mauritius beträgt 18 Jahre. Mietwagenfahrer müssen je nach Anbieter mindestens 21 bis 23 Jahre alt sein und wenigstens ein Jahr in Besitz des Führerscheins

Info Bei Vertragsabschluss bzw. bei Übergabe des Wagens sollten Sie schriftlich verankern:
- mögliche vorhandene Fahrzeugschäden
- aktuelle Kilometerzahl
- ggf. Einwegmieten
- Kontaktadresse mit Notfalltelefonnummer bei Panne oder Unfall

Verkehrsregeln & Tipps für Autofahrer

- In Mauritius herrscht Linksverkehr
- Es besteht Anschnallpflicht (bei Verstoß fallen 400 Rs Strafe an)
- Höchstgeschwindigkeit in Ortschaften: 40 km/h, außerhalb geschlossener Ortschaften 50 km/h, auf der Autobahn 80-110 km/h
- In fast allen Städten ist Parken nur mit Parkscheinen erlaubt (an Tankstellen erhältlich)
- Mietwägen erkennt man an den gelben Nummernschildern
- Meiden Sie Nachtfahrten wegen der vielen unbeleuchteten Verkehrsteilnehmer
- Tanken: Keine Selbstbedienung, sondern Bedienung durch den Tankwart. Viele Tankstellen schließen Sonntagmittags. Benzin kostet ca. 1,35 €/Liter, Diesel 1,15 €/Liter.
- Nach heftigen Regenfällen sind einzelne Straßenabschnitte mitunter überflutet
- Fußgänger und Tiere halten sich mangels Gehwegen auf der Fahrbahn auf. Selbst auf der Autobahn gibt es mitunter Obstverkäufer, Zebrastreifen, Bushaltestellen und Fahrradfahrer
- Wer mit einem Mietwagen Mauritius erkunden möchte, sollte sich schon zuhause eine gute Straßenkarte besorgen, denn die Beschilderung vor Ort ist dürftig und ungenau
- Achten Sie in den Ortschaften auf Bodenschwellen
- Die meisten Überlandstraßen haben keine Seitenstreifen und keine Seitenbefestigung, sondern führen gleich steil hinab ins Feld oder auf die Wiese
- Überall ist mit Behinderung durch Busse zu rechnen, die ständig mitten auf der Straße anhalten, weil es keine Buchten für die Bushaltestellen gibt
- Kurven: vorsichtig und weit links befahren, weil viele Autofahrer diese rasant anschneiden
- An den Wochenenden passieren viele Unfälle durch alkoholisierte Verkehrsteilnehmer

Taxi-Rufnummern:
Port Louis Tel. 5081682, Curepipe Tel. 6762714. Taxifahrpreise werden jeweils im Reiseteil genannt. Siehe außerdem: Reisekosten/ Preisbeispiele, S. 251

Parallel zu den Bussen verkehren auf stark frequentierten Strecken außerdem **Sammeltaxis**, die „Taxi-Train" heißen. Hier steigen Gäste zu, solange Platz im Fahrzeug ist. Die Preise liegen etwas höher als bei den öffentlichen Bussen.

Örtliche Reiseagenturen und alle exklusiven Hotels bieten außerdem einen **Limousinenservice** an.

Taxis

Taxis erkennt man an der Aufschrift und am Nummernschild, das schwarze Lettern auf weißem Grund hat (Privatfahrzeuge haben weiße Zahlen und Buchstaben auf schwarzem Grund). In Mauritius gibt es ausgewiesene Taxistände in den Ortschaften und vor den Hotels. Selten erwischt man ein freies Taxi auf der Straße. Die Fahrzeuge sind oft schon etwas älter und haben keine Taxameter, daher ist es wichtig, vor der Fahrt den Preis auszuhandeln. Taxifahrten sind relativ teuer – Einheimische benützen deshalb fast immer den Bus – und bei Touristen schnellen die Preise noch höher als für mauritische Fahrgäste. Hoteltaxis fahren in der Regel nach festen Preislisten. Abends ab 20 Uhr wird ein Zuschlag um fast 50 % erhoben; große Gepäckstücke kosten auch extra.

Beliebt sind **Ganztagesausflüge** mit einem Taxi. Je nach Auslastung (Saison) und Verhandlungsgeschick verlangen die Fahrer 50- 80 € für eine Tagestour. Einen Vorteil für unerfahrene Urlauber bieten sie freilich: Die Taxifahrer kennen sich meistens bestens aus und erzählen bereitwillig über Land und Leute. Mitunter bringen sie ihre Gäste aber auch zu Läden, bei denen sie Provision erhalten. Klären Sie daher frühzeitig mit dem Fahrer ab, wo und wie Sie den Tag verbringen möchten. Taxifahrer erwarten kein Trinkgeld.

Öffentliche Busse

Busfahren ist in Mauritius einfach und sehr preiswert: Ein dichtes Streckennetz und ein enger Fahrplan versorgen alle Landesteile tagsüber ausreichend mit öffentlichen Bussen. Allerdings sollte man es nicht allzu eilig haben, denn die Busse halten an unzähligen Stopps. In Stoßzeiten werden auf den wichtigen Strecken zwischen Port Louis und den Hochlandstädten zusätzlich Expressbusse eingesetzt, die weniger Haltestopps haben und mitunter eine flüssigere Route fahren.

Busse fahren in den Städten von etwa 5:30-20 Uhr, auf dem Lande oft nur von 6:30-18:30 Uhr. Nur zwischen Port Louis und Curepipe via Rose Hill und Quatre Bornes besteht auch abends noch bis 23 Uhr eine Busverbindung. Zwar liegen Fahrpläne in den Touristenbüros aus, aber die sind so verwirrend und umfangreich, dass man getrost darauf verzichten kann. Tagsüber fahren Busse in so kurzen Abständen, dass man immer guten Anschluss erhält. Kurzstrecken, wie z. B. von Grand Baie nach Pte. Cannoniers kosten 20 Rs. Bei längeren Strecken erhöht sich der Fahrpreis, so z. B. von Mahébourg nach Curepipe auf 38 Rs, nach Port Louis 41 Rs, nach Vieux Grand Port 30 Rs. Kinder zahlen stets etwa die Hälfte. Siehe: www.mauritius-buses.com

Die Wartenden an den Bushaltestellen pflegen britische Manieren: Sie bilden eine Schlange anstelle eines Pulks und drängen sich beim Zusteigen auch nicht vor. Im Bus sucht man sich zunächst einen Sitzplatz. Neben dem Fahrer ist immer auch ein Kollektor an Bord, der sodann den Fahrpreis von den Zugestiegenen kassiert und die Fahrscheine aushändigt. Halten Sie möglichst Kleingeld bereit, Wechselgeld ist manchmal knapp.

Busfahren in Mauritius ist ein interessantes Erlebnis und erlaubt dem Fremden, in den mauritischen Alltag zu schnuppern. Während der Rush Our, besonders von 7-9 Uhr und 16-18 Uhr, sollte man den schleppenden Busverkehr aber möglichst meiden.

Praxistipps für Mauritius

Kulinarische Erlebnisse in Mauritius

Die mauritische Küche ist die Summe unterschiedlichster Einflüsse. Wer immer im Laufe der Zeit den Fuß auf die Insel setzte, brachte seine heimischen Geschmäcker und Rezepte mit und kombinierte diese mit den Variationen und Zutaten, die er hier antraf. Das Resultat ist eine Küche voller indischer, chinesischer, französischer und kreolischer Einflüsse. Das Ganze ist variabel und nach Gusto kombinierbar– eine **„Fusion“** oder auch **„Signature“-Küche**, wie sie gerne gerühmt wird, also eine individuelle Fusion unterschiedlicher Geschmacks- und Zubereitungsrichtungen. Und noch etwas ist typisch mauritisch: Es wird viel Wert auf die Optik gelegt. Die Kunst, ein Gericht perfekt anzurichten und galant zu servieren – auf Mauritius scheint dies ebenso wichtig zu sein, wie das eigentliche Geschmackserlebnis.

Am stärksten dominiert die indische Küche, allerdings sind die Speisen auf Mauritius stets milder gewürzt als in der alten Heimat. Das gleiche gilt für die chinesischen Gerichte. In den Touristenhotels mangelt es manchmal am Mut zum Würzen. Der Drang zur „Fusion“ geht so weit, dass die reine französische Küche auch nur noch schwer zu finden ist.

Fremdartige, appetitanregende **Gewürze und Aromen** sind dabei untrennbar mit der mauritischen Gastronomie verbunden. Ein Hauch von Kardamom, Vanille und Koriander liegt in der Luft, Kreuzkümmel und Kurkuma schmeicheln den Geschmacksnerven, und Nelken, Senfkörner, Knoblauch und Zimt runden das Erlebnis vorsichtig ab. Auch die in Indien beheimatete Tamarindenpaste fehlt in keiner guten Küche der Insel.

Tipp Essenstipp für mittags: In den Supermärkten gibt es frisches Baguette, abgepackten geräucherten Thunfisch, hervorragenden Smoked Marlin und kühle Getränke – alles, was man für ein schmackhaftes Picknick braucht!

Auch in Mauritius hängt das kulinarische Erlebnis stark von der Hotel- bzw. Restaurantkategorie ab. Ein 5-Sterne-Resort garantiert aber keinesfalls automatisch eine Spitzenküche. Auch hier ist manchmal mehr Schein als Sein. Mitunter vollführen dagegen die Köche eines einfaches Lokals oder die Hausmaid einer Bungalowanlage eine begnadete Kochkunst. Restaurantempfehlungen sind schwierig, nicht nur wegen der individuellen Geschmacksvielfalt, sondern weil sich die Qualität der Speisen mit jedem Wechsel des Küchenpersonals und Catering Managers rasch ändern kann.

Bilder oben: Gepflegte Gastronomie im Südwesten der Insel: das Restaurant „Domaine du Cachet" in Chamarel und die Terrasse im St. Regis Resort.

Bilder rechts: Gedecke in der Villa Eureka; Früchteschmaus beim Frühstücksbuffet im LUX* Belle Mare

Restaurants

Viele Restaurants, insbesondere in den Städten, öffnen im Regelfall nur tagsüber und schließen gegen Sonnenuntergang. Abends öffnen sie nur bei Bedarf. Wer dort abends dinieren möchte, sollte rechtzeitig reservieren. Es ist üblich, dass eine Speisekarte mit Preisen vor dem Restaurant aushängt, wobei nicht überall die 15 % VAT (Mehrwertsteuer) bereits inkludiert sind. Wichtig: Man wartet am Restauranteingang und wird vom Kellner zu einem Tisch nach Wahl geleitet.

Mauritische Restaurants offerieren überwiegend chinesische Küche, eine als „Fusion" deklarierte Mischung aus französischen und mauritischen (kreolischen) Einflüssen, indische Kost oder italienische Küche. Neuerdings gibt es auch ein paar japanische Restaurants, deutsche Küche aber bisher nicht. Original kreolische Küche kann man gar nicht so einfach bestellen. Sie wird traditionell zuhause gekocht, aber kaum in Restaurants angeboten. Denn wenn Mauritier ausgehen, möchten sie nicht ihre Hausmannskost bestellen, sondern lieben z. B. die chinesische Küche. Dass sich Touristen für kreolische Spezialitäten interessieren, hat man in den letzten Jahren erkannt. Seither sind „Inselbuffets" bzw. „Paul & Virginie Buffets" in den Hotels kaum mehr wegzudenken.

Die mauritische Küche in den Hotels

Zum **Frühstück**, das sich über mehrere Stunden bis in den späten Vormittag ausdehnen kann, wird in der Regel ein Buffet mit Brötchen/Baguette, Gebäck, Croissants, Marmelade, Honig und Obst errichtet. Verschiedene Wurst- und Käsesorten (Importwaren), oftmals auch Quark („Curd"), Joghurt und Müslis, mitunter frische Waffeln und Pfannkuchen, häufig Würstchen und gegrillte Tomaten im britischen Stil sowie veschiedene Eierspeisen, die für den Gast frisch zubereitet werden, ergänzen das Angebot. Als Getränke stehen Kaffee, Tee und Fruchtsäfte zur Auswahl (frisch gepresst sind sie meist nur in Luxushotels). Meterlange Buffets lassen in den feinen Häusern kaum Wünsche offen.

Viele Hotels bieten Halbpension an und offerieren tagsüber **leichte Gerichte** im Strandrestaurant. Neben den Klassikern der Fastfood-Industrie, wie Burger, gegrillte Sandwiches und Pommes, findet man hier auch sehr schmackhafte lokale Spezialitäten. Smoked Marlin auf Nudelsalat, Samoosas (dreieckige, gefüllte Teigtaschen aus Indien) und Octopus-Salat, um nur ein paar Beispiele zu nennen. Zahlreiche Variationen der indischen Küche findet man dagegen eher in einfachen Lokalen als im Hotelrestaurant. Zu den beliebten Snacks und kleinen Gerichten zwischendurch zählen dort frittierte, vegetarische Chilibällchen namens „Gateaux Piments", indische Pfannkuchen bzw. Fladenbrote, die man Roti nennt, das Linsenpüree Dhal und allerlei Curries (auch Cri und Carri genannt). Berühmtheit erlangte der **Palmherzensalat Coeur de Palmiste**, weil er ein Ausdruck größter Dekadenz und Verschwendungssucht ist. Es muss eine ganze Palme gefällt werden, um das weiche Herz des Stamminneren zu ernten, das geraspelt und mit Essig, Öl und Zitronensaft angereichert schließlich auf dem Teller landen soll. Der kostspielige Genuss wird deshalb auch „Salat der Millionäre" genannt.

Beim **Abendessen** ist es typisch, drei- bis viermal wöchentlich ein Themenbuffet anzubieten, die anderen Abende ein Menü. Beispiele für die Themenbuffets: Französisches Buffet, Indisches Buffet, Thai Buffet, Mediterranes Buffet, Paul & Virginie Buffet (Kreolische Küche), Barbecue, Neptune Buffet (Fisch), Orientalisches Buffet. Gelegentlich finden Gala Menüs mit bis zu sieben Gängen statt.

Die Lokale Küche (Buffet „Paul & Virginie")

Als Vorspeisen werden gerne Smoked Marlin, Palmherzen, Octopus-Salat, im Teig frittierte Gemüsestücke und eine Halim (Bohnensuppe) gereicht. Bei den Hauptgerichten dominieren Curries aus Huhn, Fisch, Gemüse, Lamm oder Schwein. Dazu gibt es gekochtes Gemüse, wie Kürbis (Pumpkin), weiße Bohnen, Auberginen und viele Zwiebeln. Koriander, Piment, Zitronengras und Frühlingszwiebeln bilden die Basis der Gewürze. Eine grüne, extrem scharfe Chilipaste wird fast immer dazu gereicht, ebenso Kokosraspeln und Auberginen-Chutney. Fruchtsalate und Pudding bilden das Dessert. Typischerweise wird dieses Inselbuffet serviert, wenn eine Segashow stattfindet (am mauritischen Themenabend).

Gemüse und **Getreide**: Traditionell bildet Reis in unterschiedlichsten Gewürzweisen das Grundnahrungsmittel, Pasta kommt seltener auf den Tisch. Kochbananen erinnern ein wenig an Kartoffeln, denn hierbei handelt es sich keinesfalls um süße Fruchtbananen. Kochbananen werden gekocht, gegrillt oder geschmort serviert. Auch Maniok (Cassava) und Kürbis finden viel Verwendung. Maisbrei und Maisküchlein werden besonders gerne auf Rodrigues verspeist.

Info Wer sich vor Vögeln ekelt, wird in Mauritius auf eine harte Probe gestellt: Selbst in den feinsten Hotels belagern die forschen Vögel die Buffets und Tische – und bedienen sich auch mal ungefragt an den Köstlichkeiten!

Beim **Fleisch** dominieren Huhn und Rind, auf Rodrigues auch Schweinefleisch. Je nach Saison finden sich Wildgerichte auf der Speisekarte. Ein Hinweis auf das „Carri No. 2" fehlt in keiner Lektüre, obwohl wir diesem Gericht nie begegnet sind. Es handelt sich um ein Affencurry, das man angeblich noch auf manchen Speisekarten finden könne... Sehr beliebt sind dagegen dicke Eintopf- und Schmorgerichte, allen voran die indischen Curries (Carris) sowie mediterran anmutende Rougaille-Eintöpfe und asiatische Brianis. Scharfe Würstchen gehören ebenfalls zu den beliebten Fleischspeisen. Häufigster **Speisefisch** auf den Tellern der Gäste ist die Dorade, weil dieser Tiefseefisch vor den Küsten von Mauritius sehr verbreitet ist. Ansonsten sind auch Emperor, Bonito, Thunfisch, Schwertfisch, Capitaine (Weißer Schnapper), Bourgeois (Roter Schnapper), Vielle Rouge (Roter Zackenbarsch) und Cordonnier (Doktorfisch) im Angebot. Unter den **Meeresfrüchten** rangiert der Hummer (Lobster) auf Platz 1 der Beliebtheitsskala, gefolgt von Garnelen und Langusten.

Auch die **Nachspeisen** nehmen einen durchaus bedeutenden Platz ein. Hier fehlt es nicht an süßen Versuchungen und klebrigen Sünden – ob Maniokkuchen, Reispudding, Kokosbällchen oder Flan, alles ist tendenziell süß gezuckert und wird gerne mit tropischen Früchten angereichert. Kleine Törtchen und Speiseeis runden das Angebot ab.

Getränke: Bier und Wein mit Mineralwasser bilden abends die Hauptgetränke. Die Brauerei Phoenix braut die beiden heimischen Marken Phoenix und Blue Marlin. Wein wird besonders bei feineren Anlässen getrunken, zumeist Importe aus Frankreich und Südafrika. Je luxuriöser ein Domizil, um so stärker wird Champagner konsumiert. Eine Grundlage der vielen Cocktails bildet der heimische Rum. Der wird allerdings in Mauritius bevorzugt als Fruchtpunsch getrunken und sogar mit solchen Aromen versetzt in Flaschen angeboten, seltener trinkt man ihn pur. Die beliebtesten Marken sind Island Green und Mainstay. Whiskey ist ebenfalls sehr begehrt. Bei den nichtalkoholischen Getränken sollten Sie einmal Vanilla Tea, Citronel Infusion (Zitronengrastee) und das indische Joghurt-Mixgetränk Lassi probieren!

Kleiner Knigge für Mauritius

Essmanieren: Mauritier legen Wert auf Etikette und gepflegte Umgangsformen. Beim Essen benützt man stets Messer und Gabel und leert den Teller komplett. Denn Essensreste auf dem Teller – in manchen Weltregionen ein Zeichen der Höflichkeit und Symbol dafür, dass man gesättigt sei – wird in Mauritius leicht dahingehend interpretiert, es habe dem Gast nicht geschmeckt. Wird man zu einem Getränk eingeladen, sollte man dies annehmen, denn eine Ablehnung wird hier rasch als unhöfliche Respektlosigkeit empfunden.

Pünktlichkeit: Trotz des „Laisser-faire" und kreolischen Müßiggangs: Pünktlichkeit wird bei allen Terminen erwartet, auch im Hotel, bei Spa-Anwendungen und sportlichen Aktivitäten, wie Bootsausflügen, Tauchen und Wasserskifahren. Unpünktlichkeit gilt als unhöflich und respektlos. Ausflugsboote fahren daher pünktlich ab, notfalls sogar ohne den verspäteten Gast.

Fotografieren: Mauritier sind sehr tolerant und gastfreundlich. Trotzdem empfinden sie es als sehr unhöflich, wenn Touristen sie einfach fotografieren. Fragen Sie bitte immer erst um Erlaubnis. Große Zurückhaltung ist in allen religiösen Stätten, wie Moscheen und Tempeln, angebracht.

Kleider-Etikette: In Mauritius ist „Smart Dress" angesagt. Shorts und T-Shirts sind im Geschäftsleben tabu, sollten nur am Strand, auf dem Hotelgelände oder zuhause getragen werden. Abends gilt für Männer der „Dress Code": Keine Shorts, keine Flipflops, sondern gepflegte Kleidung mit langer Hose und Hemd. Sakko und Krawatte sind nicht notwendig. Beim **Besuch religiöser Stätten**, wie Kirchen, Moscheen oder Tempeln, sind lange Ärmel und lange Hosen angebracht, außerdem sind in Tempeln und Moscheen die Schuhe auszuziehen und die Kopfbedeckung abzunehmen. Die Gebetsstätte in einer Moschee dürfen Ungläubige grundsätzlich nicht betreten. Bevor man einen Tempel betritt, sollte man einen anwesenden Priester oder anwesende Gläubige um Erlaubnis zum Nähertreten bitten. **Badekleidung**: Badekleidung ist ausschließlich am Strand und Poolbereich akzeptabel. Fkk ist in Mauritius streng verboten und „Oben Ohne" bei den Damen höchst unpassend, ebenso, wie knappe Bikinis (String-Tanga-Schnitte). Viele Urlauberinnen tragen im Hotelgelände tagsüber „Covered Swimwear", halbtransparente Strandkleidchen. Am Abend wird auch dies nicht mehr gerne gesehen.

Kontakte: Jedes Gespräch wird von einer höflichen Begrüßung eingeleitet, man fällt nicht sofort „mit der Tür ins Haus". Bei der Anrede bleibt man förmlich und spricht sich eher nicht mit Vornamen an. Wenn man dies doch tut, setzt man ein Monsieur oder Madame davor, z. B. "Monsieur François".

Kleiner Knigge fürs Hotel

Frühstücksbuffet: Es ist sehr unhöflich, heimlich Sandwiches etc. in Servietten verpackt vom Hotelbuffet mitzunehmen.

Dress Code: Nach 18 Uhr ist in den meisten Hotels auf Mauritius der „Smart Look" erwünscht: Keine Shorts und Badeschlappen für die Herren, kein „Covered Swim Dress" für die Damen (halbtransparente Strandkleidchen). Jackett und Krawatte sind nicht nötig. Bademoden: String Tanga und Oben Ohne sind in Mauritius unerwünscht.

Sonnenliegen: Wer in Mauritius morgens vor dem Frühstück mit Handtüchern die Liegen am Pool oder Strand belegt, fällt unangenehm auf. Solche Aktionen sind meistens auch gar nicht nötig, weil es genügend Liegen gibt.

All Inklusive: In Mauritius haben auch All-Inclusive-Hotels ein hohes Niveau. Plastikarmbänder sind hier eher nicht üblich.

Trinkgeld: Der Staat und viele Hotels wollen keine Trinkgeldmentalität fördern. Deshalb wird gebeten, für Trinkgeld die bereitgestellte Box an der Rezeption zu verwenden.

Spa & Wellnessbereich: Spa-Bereiche sind Oasen der Ruhe, in denen jeder Rücksicht auf andere Gäste nehmen sollte. Das Benützen von Handys und Rauchen ist verboten. Es wird erwartet, dass man pünktlich zu den Behandlungsterminen erscheint. In Mauritius geht man generell nicht nackt in die Sauna oder zu den SPA-Anwendungen.

Gesundheitstipps

Im Hotel: Erkältungskrankheiten zählen zu den häufigsten Urlaubskrankheiten. Meist werden die Temperaturrückgänge in der Nacht und der kühle Wind an der Meeresküste unterschätzt oder zu exzessiv von der Klimaanlage Gebrauch gemacht. Es ist gesünder, die Klimaanlage im Hotelzimmer nur bei Abwesenheit laufen lassen. Nasse Badekleidung sollte man stets wechseln.

Am Strand und im Wasser: Barfußlaufen am Strand birgt Verletzungsgefahr. Im Wasser kann man sich leicht an scharfkantigen Korallen verletzen, ferner lauern Gefahren durch Seeigel. Am besten trägt man Flossen oder Badeschuhe. Fassen Sie auch keine Fische an, denn manche sind giftig und gefährlich, wie Steinfische und Rotfeuerfische. Quallen sind in Mauritius selten. Wenn man dennoch mit einer Qualle in Berührung gekommen ist, kein Wasser darüber laufen lassen, sondern die Stelle mit trockenem Sand abreiben.

In der seichten Lagune, die Mauritius umgibt, können fast überall auch Nichtschwimmer sicher baden. Aber es gibt ein paar Stellen mit starker Strömung, deshalb sollte man nur baden, wo dies erlaubt ist und etwaige Verbotsschilder strikt beachten. Baden Sie grundsätzlich nicht nachts im Ozean. Beim Schnorcheln sollte man stets ein T-Shirt tragen, sonst brennt man sich unbemerkt den Rücken und Nacken auf.

Ungeübte probieren besser nicht leichtfertig anspruchsvolle Sportarten, wie Parasailing und Kitesurfen, aus. Bedenken Sie, wie schnell ein Unfall oder eine Sportverletzung die Urlaubsfreuden trüben kann.

Sonneneinstrahlung: Gewöhnen Sie Ihre Haut vor allem in den ersten Tagen ganz langsam an die intensive Sonneneinstrahlung. Meiden Sie die direkte Sonne in den Mittagsstunden (11-15 Uhr). Benützen Sie konsequent Sonnenschutzmittel mit hohem Lichtschutzfaktor und tragen Sie es mehrmals täglich auf. Benutzen Sie eine Kopfbedeckung zum Schutz gegen Sonnenstich. Vorsicht vor Sonnenbrand: Die Haut rötet sich erst 4-6 Stunden nach der Sonneneinwirkung – schützen Sie sich also rechtzeitig.

Essen und Trinken: Ein wichtiger Rat ist von den Tropen vollkommen unabhängig: Viel trinken! Wer Durst verspürt, hat eigentlich schon einen Mangel, den der Körper anzeigt. Gesund ist, stets so viel zu trinken, dass sich kein Durstgefühl einstellt. Besonders geeignet sind Wasser und leichte Tees. Außerdem empfiehlt es sich, Speisen in dieser Zeit kräftiger zu salzen und zu würzen.

Mückenschutz: Bei Dämmerung und im Dunkeln schützt man sich am besten durch körperbedeckende Kleidung, möglichst in hellen Farben. Nach Sonnenuntergang hält man die Fenster geschlossen und schläft ggf. unter einem Moskitonetz. Erste Hilfe bei Stichen: Kühlen! Mit einer Zitrone oder einer Zwiebel abreiben, entsprechendes Gel verwenden, Essigumschläge. Allergiker können sich vom Arzt ein Notfallset zusammenstellen lassen.

Immunsystem stärken: Sorgen Sie auch im Urlaub für ausreichend Schlaf und gönnen Sie Ihrem Körper Erholung, um mit der Zeitverschiebung, dem veränderten Klima und der ungewohnten Nahrung zurecht zu kommen. Verzichten Sie auf Nahrungsmittel von zweifelhafter Herkunft. Trinken Sie rasch viel Wasser bei auftretender Schwäche und Schwindel! Nehmen Sie auch kleine Wunden Ernst, denn sie heilen langsamer in den Tropen. Gönnen Sie sich Ruhepausen bei Unpässlichkeiten, wie Magenproblemen.

Durchfall gehört zu den häufigsten Krankheitserscheinungen bei Fernreisen; dabei handelt es sich in den meisten Fällen um harmlose Reaktionen des Körpers oder um bakterielle Infektionen, z. B. durch unreines Wasser. Wichtigste Maßnahme ist, der Dehydrierung entgegenzuwirken, also viel zu trinken; am besten Wasser mit Mineralienzusätzen. Diese sind in Apotheken erhältlich. Ein harmloser, wässriger Reisedurchfall sollte sich nach zwei bis vier Tagen verflüchtigt haben. Bei eitrigem, blutigem Durchfall oder bei Fieber ist jedoch unbedingt zügig ein Arzt aufzusuchen.

Im Krankheitsfall vor Ort

Das mauritische Gesundheitswesen bietet einen verhältnismäßig hohen Standard. Die Behandlung in staatlichen Krankenhäusern ist kostenlos; der Service in den kostenpflichtigen Privatkliniken allerdings deutlich besser und schneller. Bei Bedarf organisieren die Hotels auch Arztbesuche.

Wer vor Ort ambulante medizinische Leistungen eines Arztes oder einer Privatklinik in Anspruch nimmt, muss die Kosten zunächst selbst begleichen und reicht die aussagekräftige Rechnung später bei der Versicherung ein (auf der Rechnung müssen neben der Adresse des Rechnungsstellers der Name des Patienten, das Datum, die Behandlung und die Währung vermerkt sein). Bei stationärem Aufenthalt in einem Krankenhaus ist der Versicherer sofort zu informieren. In solchen Fällen werden die Kosten in den Regel direkt zwischen der Versicherung und dem Krankenhaus abgerechnet.

Apotheken

Apotheken heißen in Mauritius „Pharmacie", haben montags bis samstags geöffnet und sind flächendeckend auf der Insel vorhanden.

Staatliche Krankenhäuser

Sir Seewoosagur Ramgoolam National Hospital: Pamplemousses, Tel. 2433661.

Mahébourg Hospital: Mahébourg, Tel. 6319556.

Doctor Jeetoo Hospital: Volcy Pougnet Street, Port Louis, Tel. 2123201.

Privatkliniken

City Clinic: 102-106 Sir Edgar Laurent Street, Port Louis, Tel. 2412951, 2200486.

Cinique Ferrière: College Lane, Curepipe, Tel. 6761973, 6763332.

Clinique du Nord : 81 Costal Road, Tombeau Bay, Tel. 2472532.

Tipps zum Fotografieren

Mauritier sind unglaublich tolerant und gutmütig ihren ausländischen Gästen gegenüber. Sie lassen sich zumeist bereitwillig fotografieren. Dennoch sollte es selbstverständlich sein, immer erst um Erlaubnis zu fragen, ehe man Menschen ablichtet. Das gilt insbesondere bei Muslimen und in allen Tempelanlagen und Moscheen.

Die Mauritier sind fotografierwütige Touristen gewöhnt, möchten aber dennoch gefragt werden, ehe sie abgelichtet werden

Portraits dunkelhäutiger Menschen gelingen auch bei Tageslicht am besten mit **Blitzlicht**. Teleaufnahmen und Sonnenuntergangsszenen gelingen am besten mit einem Stativ.

Am schönsten werden die Bilder im sanften, warmen Licht der Morgen- und späten Nachmittagstunden. Mittags in der grellen Sonne leiden viele Aufnahmen durch Fehlbelichtungen oder zu harte Konturen. Allerdings ist die Mittagszeit gut geeignet, das leuchtende Türkisblau des Ozeans einzufangen. Mit den modernen Digitalkameras lassen sich schwierige Bedingungen meistern, indem man mehrere Aufnahmen mit voneinander abweichenden **Belichtungen** tätigt.

Belichtungsreihen ermöglichen optimale Ergebnisse

Die raschen Wetterwechsel der Insel, wo häufig dunkle Wolken über die vulkanischen Bergkuppen ziehen, sind gerade für Fotografen ein Geschenk. Direkt nach einem Regen leuchten die Farben der noch feuchten Natur besonders schön.

Tauchurlaub in Mauritius

Die mauritischen **Tauchgründe** sind eher klein, aber ausgesprochen artenreich, fischreich und die Korallen von seltener Pracht und Schönheit (es gibt hier keine Korallenbleiche). Es ist nicht möglich, vom Ufer aus zu tauchen; die hiesigen Tauchgründe liegen alle im ringförmig die Insel umschließenden Korallenriff oder dahinter im tiefen Ozean. Alle Tauchausflüge starten daher mit dem Boot.

Das Harpunieren ist seit 1971 auf Mauritius verboten. Ein Glück auch für die Taucher, denn seither sind die meisten Fische weniger scheu. Und weil viele Tauchführer die Fische anfüttern, umschwärmen diese die Taucher sofort. Die **Sichtweite** unter Wasser beträgt je nach Gezeitenstand zwischen 15 und 30 Meter; sie ist bei Flut deutlich besser als bei Ebbe. Neopren-Tauchanzüge sind nur im mauritischen Winter zwischen Mai und August erforderlich.

Die besten Tauchgründe liegen in den vier Bereichen Grand Baie, Flic en Flac bis Le Morne, Blue Bay und bei Belle Mare, wenngleich rund um die Insel gute Tauchbedingungen zu finden sind. Mauritius bietet mehr als 20 Tauchzentren, die meisten befinden sich auf dem Gelände eines Hotels. Anfänger können im Swimmingpool eine Übungsstunde absolvieren, die meistens kostenlos ist. Tauchkurse nach internationalen Richtlinien, Einzeltauchgänge mit eigener oder Leihausrüstung und besondere Highlights für Fortgeschrittene, wie nächtliche Tauchgänge oder das Tauchen in Tiefseegewässern jenseits des Kontinentalschelfs, gehören zum Angebot. Einzelne Tauchgänge kosten in der Regel zwischen 30 und 50 Euro. Tauchkurse für Kinder sind ab 8 Jahren möglich.

Wer in Mauritius das Tauchen lernen möchte, sollte sich rechtzeitig vor Antritt des Tauchurlaubs zuhause von einem Arzt untersuchen lassen, ob er tauchfähig ist. Wir empfehlen, eine gute Tauchschule schon vorab in aller Ruhe auszuwählen. Wichtig sind ein gutes Equipment, professionelle Tauchlehrer mit einer Ausbildung nach internationalen Richtlinien, gepflegte Boote und eine moderne Ausrüstung. **Tauchschulen** mit langer Tradition haben meistens auch viel Erfahrung, kennen die besten Tauchplätze und wissen Neulinge souverän in den Tauchsport einzuführen. Fünftägige Tauchkurse mit Abschlusszertifikat kosten 300-500 Euro. Ein guter **Tipp für Anfänger** ist die Blue Bay wegen ihrer flachen Gewässer, in denen sich herrliche Korallenbänke befinden.

Fortgeschrittene, die auf eigene Faust tauchen möchten, brauchen ein Brevet, einen Tauchschein, der international anerkannten Verbände PADI, SSI oder CMAS.

Ein **Tipp für Tauchprofis**: Sporttaucher tauchen meistens im Riff. An der Südküste gibt es Strömungstauchgänge, wo sich die Taucher mit dem Gezeitenstrom durch eine Lücke im Riff treiben lassen, dabei immer mehr an Fahrt gewinnen und schließlich in die Tiefe des Meeres gezogen werden, z. B. in der „Passe St. Jaques". Solche Eskapaden bieten dann auch Gelegenheit,

Berühmte Tauchspots in Mauritius

Name	Ort	Was ist das Besondere?
„Kathedrale"	Flic en Flac	extrem fischreiche, ca. 30 m tiefe Riffspalte
„Aquarium"	Blue Bay	Exquisite Korallenlandschaft, auch für Schnorchler!
„Holt's Rock"	Grand Baie	Fächerkorallen auf vulkanischen Felsen, Riesenmuränen
„TUG II"	Le Morne	Wrackschiff voller giftiger und gefährlicher Zeitgenossen...
„Roche Zozo"	Mahébourg	außerhalb der Lagune gelegene, 40 m tiefe Höhlenlandschaft mit Korallen
„Stella Maru"	Grand Baie	fischreiches, überwuchertes Wrackschiff

den großen Raubfischen des Ozeans zu begegnen, etwa Haien, Rochen, Barrakudas und Riesenschwärmen ihrer Beutefische, wie Makrelenschwärmen (die im Pulk bis zu 50 km/h schnell durchs Meer schießen). Eine andere mauritische Spezialität ist das **Wracktauchen**. In den letzten 25 Jahren wurden rund um die mauritische Küste durch das Versenken ausgedienter Schiffe künstliche Riffe geschaffen. Im Laufe der Zeit wurden diese Schiffswracks von den Korallen eingenommen und zu wertvollen Schutzräumen für viele Fische und Meerestiere. Sie alle liegen im tiefen Wasser außerhalb der Lagune. Beispiele für erfolgreiche künstliche Riffe sind „Stella Maru" vor Trou aux Biches, „Hassen Mia" vor Balaclava, „TUG II" vor Flic en Flac und „Carp" vor Le Morne.

Deutschsprachige Tauchbasen

Sindbad Ltd: bei Kuxville, Nico Kux, Cap Malheureux, Tel. 2628836, Fax 2627407, kuxville@intnet.mu, www.sindbad.mu

Sea Urchin: Flic en Flac, Tel. 7525307, Fax 4538825, email: info@sea-urchin-diving.com, www.sea-urchin-diving.com

Easy Dive: Das Unternehmen ist in den drei Hotels Le Meridien in Pointe aux Piments, LUX* Le Morne in Le Morne und Le Grand Mauritian in Balaclava stationiert.
Tel. 2043333, Fax 2614233,
email: easydive@intnet.mu,
www.easydivemauritius.com

Kontaktstellen für Taucher

Auf der Insel Mauritius existieren zahlreiche Tauchbasen und Anbieter, wohl rund 50 verschiedene.

Rodrigues: www.plogee-rodrigues.com
www.rodrigues-eco-evasion.com
www.cottondivecenter.com (Cotton Bay Hotel)
www.boubadiving.com (Morouk Hotel)

Websites für Taucher

www.mauritius-tipps.de
www.tourism-mauritius.mu
www.tauchen.ws/Mauritius/index.html
www.daneurope.org („Divers Alert Network" ist ein internationales Netzwerk von Notrufzentren rund um die Uhr für Taucher in Not)

Hochseefischen

Mauritius bietet einige der weltbesten Spots zum Hochseeangeln, weil hier sehr rasch nach der Küste und der Lagune der Meeresboden hinter dem Kontinentalschelf in gigantische Tiefen abfällt, in denen sich die mächtigen Raubfische der Tiefsee wohlfühlen.

Die **Zentren der Hochseefischerei** reihen sich entlang der Westküste (von Grand Baie bis Le Morne) und in Trou d'Eau Douce an der Ostküste, wo die berühmten Fischgründe kaum zwanzig Minuten Bootsfahrt von der Küste entfernt liegen. Als beste Zeit gelten die Monate von Oktober/November bis April. Gefischt wird nach Doraden, Schwertfischen, wie dem Blue Marlin, Barrakudas, Thunfischen, Haien und Bonitos. Bei den Sportfischern genießen die mauritischen Tiefseefanggebiete einen ausgezeichneten Ruf wegen der hohen Erfolgsquote und besonders stattlicher Exemplare (sogar einige Weltrekorde wurden in diesen Gewässern gefischt).

Die Ausrüstung und die Schnellboote sind auf modernstem Stand, die Schiffsbesatzungen eingespielt und professionell; sie kennen die besten Gewässer und haben viel Erfahrung mit der Strömung und den Gezeiten. In den meisten Fällen wird **„Catch and Release"** praktiziert, der Fang also nur gewogen und vermessen, und anschließend wieder in die Freiheit entlassen.

Man sollte mit rund 200 € für einen Tagesausflug zum Hochseefischen rechnen. Die Hochseefischerei gilt als anstrengender Sport, denn wenn ein schwerer Raubfisch am Haken hängt, beginnt oft eine lange Jagd. Marlins sind besonders berüchtigt; ihrer werden die Sportfischer oft nur Herr, wenn sie fest vergurtet im „Kampfstuhl" sitzen. Denn nicht umsonst bezeichnen die in der Regel männlichen Sportfischer ihre Passion gerne als eine „Großwildjagd auf hoher See".

Größere Hotels verfügen über eigene Boote bzw. vermitteln über Reiseagenturen entsprechende Ausflüge. Ambitionierte Sportfischer können sich auch direkt an die Fishing Clubs wenden und dort die Boote gleich mit Crew anmieten (Mindestmietzeit fünf Stunden, max. fünf Angler pro Boot).

Kontaktstellen für Sportfischer

Adressen siehe im Reiseteil bei und Trou aux Biches S. 103 und Trou d'Eau Douce S. 139.

Weitere Kontaktadressen:

Beachcomber Fishing Club im Paradis Hotel, Le Morne, Tel. 4505142, email: challenger@intnet.mu

Islands Sports Club, La Balise, Black River, Tel. 4835353, email: islsprt@intnet.mu

Organisation du Peche du Nord: Corsaire Club, Trou aux Biches, Tel. 2655209

La Pirogue Big Game Fishing, Flic en Flac/ Wolmar, Tel. 4538446, email: moana@intnet.mu

Sportfisher: Sunset Boulevard, Grand Baie, Tel. 2636309, email: karen@intnet.mu

Oben: Eine Segelschule in der Bucht von Grand Baie; Unten: Hochseefischen ist reine „Männersache"

Weitere Wassersportarten

Wasserski

In vielen Luxushotels gehört Wasserski zum Gratis-Sportangebot, in einfacheren Anlagen muss man dafür bezahlen. Aus Lärmschutzgründen starten die Wasserskifahrer von Plattformen im Meer. Anfänger bevorzugen die ruhigere West- und Südwestküste von Mauritius.

Segeln

Vor allem in Grand Baie werden Segeltörns aller Art und Dauer angeboten, von Katamaranfahrten über Ausflüge mit historischen Segelschiffen und schmucken Yachten (siehe S. 111 und www.easterlies-cruise-mauritius.com).

Kleine Katamarane heißen übrigens „Hobbie Cats". Ein deutschsprachiger Anbieter für Katamaranausflüge im Norden der Insel ist die Fa. Dreamcatcher (www.dreamcatcher-mauritius.com).

Kitesurfen

Die besten Spots zum (Kite)-Surfen liegen bei Tamarin und Le Morne an der Südwestküste von Mauritius. Einen sehr guten Ruf genießen auch die Ostküste (besonders in der stürmischen Saison des Südostpassats von August bis Oktober), das offene Meer vor der Blue Bay und die Südküste von Rodrigues. Folgende Kiteschulen bieten auch deutschsprachigen Unterricht: Kiteglobing in Bel Ombre und Palmar Beach, www.kiteglobing.com, und Nico Kux von Sindbad Ltd., www.mauritiusurf.com.

Schnorcheln

Fast überall kann man in der Lagune, die Mauritius umgibt, Schnorcheln. Die schönsten Stellen bietet die Blue Bay, deren reiche Unterwasserflora und -fauna unter Schutz stehen (S. 151).

Die meisten Hotels stellen Schnorchel und Flossen zur Verfügung. Manche Hotels bieten Schnorchelstunden mit Guide und fahren die Gäste mit Booten direkt zu den vorgelagerten Korallenriffen. Tipp: Unbedingt viel Sonnencreme benützen und mit T-Shirt schnorcheln, sonst droht schwerer Sonnenbrand. Vorsicht ist vor rücksichtslosen Wassersportlern, wie Motorboot- und Wasserskifahrern, geboten.

Golfen

Das Golfspiel genießt eine sehr lange Tradition auf Mauritius: Bereits seit 1902 finden hier internationale Golfturniere statt wie die „Mauritius Open" im Belle Mare Plage Resort.

Acht 18-Loch-Championship-Golfplätze und drei kleinere Neun-Loch-Übungsplätze für Anfänger verteilen sich in traumhafter Lage und vorbildlich gepflegtem Zustand auf der Tropeninsel. Die Greenfees sind meistens gering bzw. für Gäste der jeweiligen Golfhotels sogar gratis. Alle Plätze bieten ein Club House zur Einkehr vor oder nach der Partie auf dem Rasen.

18-Loch-Plätze:
Zwei im Belle Mare Plage Resort in Belle Mare
Gymkhana Golf Club in Vacoas
Golf du Château Golf Course in Bel Ombre
Ile aux Cerfs (Touessrok Hotel)
Paradis Golf Club in Le Morne
Tamarina Golf Estate in Tamarin
Anahita Golf Course in Beau Champ

9-Loch-Plätze:
Le Saint Géran Golf Course in Poste de Flacq
Maritim Golf Course in Balaclava
Shandrani Golf Club an der Blue Bay

Kleines Golf-Einmaleins

Für alle **Rabbits** (Anfänger) im Golfsport: Die Grundausbildung nennt man **Platzreife**. Nach bestandener Prüfung erteilt die Golfschule eine **Platzerlaubnis**. Als **Handicap** bezeichnet man die persönliche Leistungsvorgabe (das Einsteigerhandicap nach bestandener Platzreife ist ein Handicap unter 54). Je geringer das Handicap, umso besser ist der Spieler.

Die Spielbahn zwischen dem **Tee** (Abschlagspunkt) und dem Grün heißt **Fairway**. Ein **Bunker** ist ein Hindernis. Jedes Loch hat eine vorgegebene Schlagzahl. Wenn man die genau einhält, nennt man das **Par**. Braucht man genau einen Schlag mehr, ist das ein **Bogey**. **Putt** heißen dagegen die Schläge auf dem Grün in Richtung Loch. Der dazu gehörige Schläger wird **Putter** genannt. Ein **Pitch** ist ein kurzer, hoher Annäherungsschlag an die Fahne, mit dem Ziel, den Ball abrupt zu stoppen, nicht auslaufen zu lassen.

Wandern

Obwohl Mauritius wunderschöne Berge hat, die sich zum Wandern anbieten würden, hat sich hier bisher leider keine nennenswerte touristische Infrastruktur, wie z. B. auf der Nachbarinsel La Reunion, entwickelt. So fehlt es an Wanderparkplätzen mit entsprechenden Schildern, markierten Wanderpfaden oder gar Picknickplätzen unterwegs. Einfache Wanderungen, die man auch individuell unternehmen kann, sind von den beiden Besucherzentren des Black River Gorges Nationalparks aus möglich (siehe S. 172ff). Für alle längeren Touren im Nationalpark sowie für die Besteigung einzelner Bergipfel, wie z. B. Le Morne Brabant (S.165f) und Le Pouce (S. 97), empfiehlt sich aus Sicherheitsgründen unbedingt ein versierter Guide. Zu leicht passieren Unfälle im einsamen, unwegsamen und feuchten Steilgelände; außerdem ist die Orientierung im Gelände sehr anspruchsvoll.

Wanderfreunden möchten wir einen Aufenthalt im Südwesten ans Herz legen, insbesondere in Chamarel. Hier bieten sich viele Walks und Bergtouren an, z. B. der in nur 1 Std. erreichbare Gipfel des Piton Canot oder der deutlich anspruchsvollere Anstieg auf den Black River Peak (3 Std.). Aber auch an der Ostküste gibt es reizvolle Wandermöglichkeiten: Von Vieux Grand Port auf den Mount Lion, im La Vallée de Ferney und in der Domaine de l'Etoile.

Für die meisten Wanderungen sind keine Bergstiefel nötig, aber feste Schuhe mit griffiger Sohle. Häufige Wetterwechsel und die tropische Sonneneinstrahlung machen eine Ausrüstung mit Regen- und Sonnenschutz unverzichtbar. Auch geübte Wanderer sollten bedenken, dass das feuchte Tropenklima belastender ist als die Bergluft in den europäischen Regionen.

Kontaktstellen für geführte Wanderungen

Gute einheimische Wanderführer vermitteln die Lodges in Chamarel; einen sehr guten Ruf hat auch der engagierte **Trekking Guide Yan**, mit dem man direkt Kontakt aufnehmen kann: Tel. 7856177,www.trekkingilemaurice.com.

Yemaya Adventures: Tel. 7520046, www.yemayaadventures.com. Outdoor-Freak und Ex-Radprofi Haberland bezwingt die anspruchsvollsten Gipfel der Insel.

Außerdem: www.parc-aventure-chamarel.com

Wichtige Informationen von A bis Z

Airport Tax
Mauritius erhebt keine Airport Tax bei der Ausreise.

Animation
Die Animation in den mauritischen Hotels ist meist dezent und unaufdringlich. Der Schwerpunkt liegt tagsüber auf sportlichen Aktivitäten, wie Ausflügen mit dem Glasbodenboot, zum Schnorcheln und Wasserskifahrten. Abends finden vielerorts mehrmals wöchentlich wechselnde Shows mit Tanz (z. B. Segatänzerinnen und trommelnde Musiker) und Live-Musik statt. Kinder werden in den meisten Anlagen im Kids Club ganztägig betreut.

Fahrräder
In den touristischen Zentren und in vielen Hotels werden Fahrräder stundenweise oder per Tag vermietet. Der flachere Inselnorden eignet sich dabei besser für Fahrradtouren als der bergige Süden. Für sportliche Naturen sind allerdings gerade die reizvollen Bergstrecken eine Herausforderung.

Feiertage

1./2. Januar:	Neujahr
1. Februar	Abschaffung der Sklaverei
12. März	Tag der Unabhängigkeit
1. Mai	Tag der Arbeit
15. August	Maria Himmelfahrt
1. November	Allerheiligen
2. November	Ankunft der ersten indischen Gastarbeiter
25. Dezember	Weihnachten

Darüber hinaus gibt es noch mehrere flexible Feiertage.

Fernsehen
MBC (Mauritius Broadcasting Corporation) strahlt das Programm in Englisch, Französisch und Hindi aus. Die meisten Hotels haben Satellitenanschluss und bieten ihren Gästen auch internationale Sender an (teilweise auch deutsche Sender).

Fkk
FKK ist in Mauritius nicht erlaubt. Auch „Oben ohne" bei den Damen am Strand ist unerwünscht und unpassend, denn es kollidiert mit den Moralvorstellungen und Sitten des Landes.

Geldwechsel
siehe Währung

Geschäftszeiten
Es gibt keine strikten Öffnungszeiten, aber als Richtlinie gelten:

- Banken: Mo-Fr 9:15-15:15 Uhr und teilweise am Samstagvormittag
- Wechselstuben: Wochentags ganztags und sonntags vormittags
- Geschäfte in Port Louis: Mo-Fr 9:30-17 Uhr, Sa 9-12 Uhr
- Geschäfte in den Hochlandstädten: Mo, Di, Mi, Fr, Sa 10-18 Uhr, Do+So 10-12 Uhr
- Märkte: Mo-Sa 6-18 Uhr, So 6-12 Uhr
- Öffnungszeiten der Post: Mo-Fr 8:15-11:15 und 12-16 Uhr, Sa 8:15-11:45 Uhr

Gezeitenunterschied
Der Tidenunterschied fällt in Mauritius relativ gering aus, in der Regel nur zwischen 10 cm und 70 cm (im Durchschnitt ca. 40 cm).

Helikopter
Air Mauritius bietet einen Heli-Service für Hoteltransfers und Rundflüge. Die Preise liegen bei 700 Euro für den Transfer vom Flughafen zu einem Hotel der Wahl auf Mauritius (max. zwei Personen). Rundflüge werden ab 280 Euro pro Person abgeboten (30 Minuten, der Pilot erklärt dabei die Sehenswürdigkeiten auf Englisch).

Air Mauritius Helicopter Services:
Tel. 6033754, Fax 6374104,
email: helicopter@airmauritius.com

Internet
Internetcafés sind weit verbreitet, vor allem in den touristischen Zentren (1 Std. ca. 2-4 Euro). Darüber hinaus bieten die Hotels Internetzugang, viele davon bereits gratis auf dem Zimmer „free WLAN" .

Internetadressen zu Mauritius: siehe S. 277

Kasino

Sowohl bei den Einheimischen wie den Touristen erfreuen sich Spielkasinos großer Beliebtheit. In der Regel sind tagsüber nur die Spielautomaten zugänglich, während abends auch Tischspiele stattfinden. Es bestehen nur legere Kleidervorschriften. Spielkasinos gibt es in Port Louis, Curepipe, Domaine Les Pailles sowie in den Hotels Le Saint Géran, Belle Mare Plage, Le Paradis und La Pirogue.

Polizei-Notruf

Die Notruf-Telefonnummer: 999 gilt für die Polizei, Feuerwehr und Ambulanz gleichzeitig. Notrufnummern sind in öffentlichen Telefonzellen gratis wählbar.

Reiten

Reiten wird in Mauritius mehrfach angeboten, z. B. in Chamarel (Reiterhof Vieille Cheminée, S. 168) und in der Domaine les Pailles, S. 95.

Sicherheit

Mauritius gilt als relativ sicheres und unkompliziertes Reiseland mit geringer Kriminalitätsrate. Gewaltdelikte sind selten, aber die Fälle von Diebstahl mehren sich in den letzten Jahren. Man sollte sich angewöhnen, nichts achtlos herumliegen zu lassen, auch nicht im Hotel. Besondere Vorsicht ist bei dichtem Menschengedränge, wie in den städtischen Märkten, angebracht, wo Taschendiebe ihr Unwesen treiben. Deponieren Sie gleich nach der Ankunft alle Wertsachen im Hotelsafe. Geben Sie Ihre Kreditkarte nicht aus der Hand, und verwahren Sie Ihre Passwörter niemals zusammen mit Kreditkarten. Bei Verlust der Kreditkarte kann man diese sperren lassen unter Tel. +49-116116.

Souvenirs

siehe S. 206

Sprache

Die offizielle Landessprache ist Englisch, im Alltag wird vor allem Französisch und Kreolisch gesprochen (siehe S. 39ff und Glossar S. 279).

Strände & Strömungen

Strömungen kommen vereinzelt an der Südküste vor, ansonsten schützt das Ringriff ziemlich gut und macht die flache, türkisfarbene Lagune rund um die Insel fast zur Badewanne. Alle Strände der Insel sind öffentlich zugänglich, selbst die teuersten Resorts dürfen offiziell niemanden vom Strand verscheuchen. Außerdem gibt es für Einheimische praktisch überall auch Public Beaches, die sich an den Wochenenden und an Feiertagen füllen und zum Ziel ausgelassener Familienausflüge werden.

Viele mauritische Strände sind schneeweiß und feinsandig; manchmal auch mit Korallensplittern und schwarzen Lavafelsen durchsetzt (Südküste, Nordwesten). An manchen Abschnitten kommt es zu etwas Algenbildung, auch Quallen können auftreten. Das klarste Wasser findet sich im Osten und bei Le Morne. Die meisten Hotels sperren Badebereiche mit Bojen ab, die selten bis in tiefes Wasser reichen. Manche Hotels haben aufgeschüttete Hotelstrände. Lange Strandwanderungen sind gut möglich im Inselosten (Belle Mare), bei Le Morne und bei Flic en Flac/Wolmar. Der Ozean ist nicht sehr salzhaltig, es bilden sich kaum weiße Ränder auf der Haut nach dem Baden.

Stromversorgung

220 Volt. In den Hotels sind überwiegend britische Steckdosen (mit drei viereckigen Polen) installiert. In guten Hotels sind Adapter auf dem Zimmer vorhanden, oder bei der Rezeption erhältlich. Wer sicher gehen will, nimmt von zuhause einen Universaladapter mit, den man in Elektrogeschäften kaufen kann.

Telefon

Internationaler Ländercode für Mauritius und Rodrigues: +230.
Vorwahl Rodrigues von Mauritius aus: 00095.

Um von Mauritius aus internationale Gespräche zu führen, muss die Vorwahl 020 dem Ländercode vorangestellt werden. Nach Deutschland lautet die Vorwahl also 02049 (Österreich 02043, Schweiz 02041).

Telefonkarten von Mauritius Telecom (MT) für Auslandsgespräche in den öffentlichen Sprechzellen sind in Buchläden, Tankstellen, bei der Post und vielen Läden erhältlich. Es ist deutlich günstiger, diese zu benützen, als von den Hotels aus zu telefonieren.

Telefonieren mit dem **Handy**: Das mauritische **Mobilfunknetz** Emtel hat Roamingverträge mit den meisten größeren europäischen Anbieter abgeschlossen, z. B. mit D1, D2, O2 und E-Plus. Erkundigen Sie sich ggf. bei Ihrem Anbieter.

Sim-Cards (Prepaid-Karten) werden dagegen nur noch mit Registrierung angeboten.

Trinkgeld

Traditionell sind Trinkgelder in Mauritius nicht üblich (Einheimische geben kein oder nur geringes Trinkgeld), werden aber in allen touristischen Bereichen inzwischen erwartet (max. 10 %). Im Restaurant lässt man einige Münzen bzw. das Wechselgeld am Tisch zurück. Zur Info: Wenn man im Hotelrestaurant nach dem Essen anstelle einer Barzahlung „signiert", gibt es auf der Abrechnung das freie Feld „Gratuities". Dort kann man einen Betrag eingeben, der als Trinkgeld abgezogen wird.

Viele Hotels favorisieren es, wenn der Gast am Schluss der Reise ein paar Scheine in die vorgesehene „Tipping Box" steckt. Luxushotels nennen als Richtlinie für das Gemeinschaftstrinkgeld etwa 5 € pro Tag. Trinkgeld wird in Mauritius nirgends offen gefordert, als Geste der Wertschätzung aber gerne verstanden und angenommen.

Taxifahrer erhalten traditionell kein Trinkgeld.

VAT-Refund

Die Erstattung der Mehrwertsteuer (VAT) auf Waren und Dienstleistungen, die in Mauritius 15 % beträgt, ist vor allem bei teuren Ausfuhrartikeln, wie edler Schmuck und Uhren, interessant. Dabei ist zu beachten: Eine Erstattung erfolgt erst ab einem Einkauf von mindestens 2300 Rs pro Laden. Dort muss bereits online (gratis) oder manuell (6 Euro Gebühr) ein Formular mit den Reise- und Passdaten des Kunden ausgefüllt werden. Vor dem Einchecken am Flughafen geht man mit dem Formular, dem Kassenbeleg und den gekauften Waren zum Zoll. Die VAT-Erstattung wird dann an einem Schalter im Transitbereich des Airports bar in Euro ausgezahlt. Für diesen Aufwand verlangen die Läden einen unterschiedlich hohen Mindesteinkauf.

Versicherung

Zu empfehlen sind eine Auslandsreisekrankenversicherung (S. 251) und eine Reiserücktrittskostenversicherung bei Reisebuchung im Reisebüro, denn sie verringert das finanzielle Risiko bei einer krankheitsbedingten Stornierung der Reise. Ferner sollte man darauf achten, dass der Reiseveranstalter einen Sicherungsschein vorlegt, womit er den Abschluss einer Konkursausfallversicherung belegt.

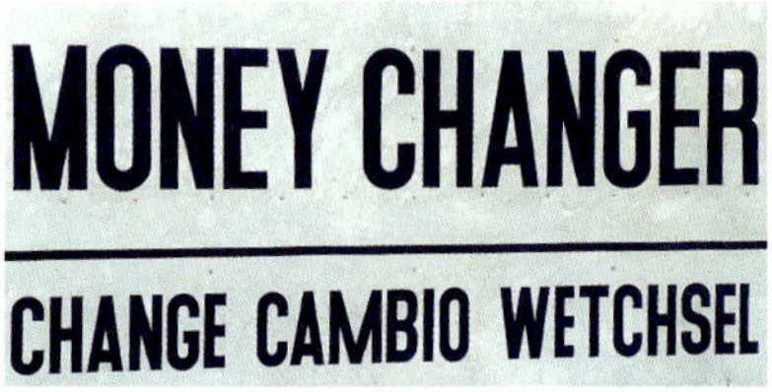

Währung und Devisenbestimmungen

Die Landeswährung heißt Mauritius Rupie (MUR oder Rs). 1 Rupie teilt sich in 100 Cents (Cs). Es gibt Geldscheine zu 25, 50, 100, 200, 500, 1000 und 2000 Rupien sowie Münzen zu 1, 5 und 10 Rupien sowie zu 50 und 20 Cents. Devisen (Fremd- und Landeswährung) dürfen unbeschränkt ein- und ausgeführt werden.

Wechselkurs: 1 € entspricht 42,26 MUR,
100 MUR entsprechen 2,37 €

Bargeld wechseln Banken und Wechselstuben. Manche Banken verlangen dazu die Vorlage des Reisepasses. Schnell und kundenfreundlich zeigt sich die MCB Bank (kein Pass nötig), die Mo-Do von 8-15:15 Uhr und freitags bis 17 Uhr öffnet. An manchen Filialen bietet sie 24-Std.-Bargeld-Wechselautomaten. Wer Reiseschecks einlösen möchte, muss generell den Reisepass vorlegen.

Gängige Kreditkarten, wie VISA, Master Card (Eurocard), Diners und American Express, werden weithin in den Geschäften, Restaurants und Hotels akzeptiert und sind im mauritischen Alltag stärker verbreitet als in Europa. Geldautomaten (ATM-Schalter) sind in Mauritius in allen größeren Ortschaften und Touristenzentren zu finden; auf der Insel Rodrigues bisher nur in Port Mathurin. Info für Notfälle: Sperren von Kreditkarten: Tel. +49-116116

Wasser

Das Leitungswasser hat nach offizieller Aussage Trinkwasserqualität. Da es stark gechlort wird, ist der Geschmack nicht jedermanns Sache.

Wellness

Mauritius entwickelt sich zu einem Wellness-Paradies, in dem immer schönere und stimmungsvollere Verwöhnoasen miteinander konkurrieren. Die Spa-Angebote und Ayurveda-Behandlungen sind erfolgreich, aber nicht unbedingt preiswert. Eine einstündige Massage kostet in den besseren Häusern 2700-3500 Rs, ob es sich nun eine Aroma-, Thai-, Anti-Cellulite-Entspannungs- oder Vitalmassage handelt. Der Gast wird rundum verwöhnt und kann zwischen Hot Stone Therapy, Maniküre, Pediküre, Enthaarung- und Gesichtsbehandlungen sowie Henna Tattoos, Lymphdrainage und Reflexzonenmassage wählen. Deutlich günstiger sind die Angebote z. B. im Zentrum von Grand Baie, aber dafür ist weder bekannt, welche Ausbildung die Masseure genossen haben, noch ist das Ambiente auch nur annähernd vergleichbar (siehe S. 196).

Zeitungen & Medien

Zahlreiche Wochen- und Tageszeitungen werden in Mauritius publiziert, die meisten allerdings nur auf Französisch. Die auflagenstärkste „Le Mauricien", www.lemauricien.com, bedient eine traditionell christliche, frankophone Leserschaft. Größte Konkurrentin ist „L'Express", www.lexpress.mu.

„Mauritius News" ist eine Online-Zeitung für Übersee-Mauritier: www.mauritiusnews.co.uk.

Luxushotels legen beim Frühstücksbuffet Zusammenfassungen der neuesten Nachrichten aus der deutschen, britischen, französischen und italienischen Presse aus. Ansonsten sind ausländische Tageszeitungen kaum zu bekommen.

Zeitverschiebung

Mauritius und Rodrigues sind der mitteleuropäischen Zeit (MEZ) drei Stunden voraus; zur europäischen Sommerzeit allerdings nur zwei Stunden. Sonnenauf- und -untergang erfolgen rasch mit kurzen Dämmerungszeiten.

Zoll

Erlaubte zollfreie **Einfuhr nach Mauritius** für Personen ab 16 Jahren: 1 l Spirituosen, 2 l Wein/Bier oder Sekt, 250 ml Eau de Toilette, 10 cl Parfum, wahlweise 250 Zigaretten, 50 Zigarren oder 250 g Tabak. Einfuhr und Handel mit Drogen sind strengstens verboten. Ebenfalls verboten ist die Einfuhr von Zuckerrohr und pornographischem Material. Waffen und Munition sind deklarierungspflichtig. Die Einfuhr von Tieren und Pflanzen muss vom Ministerium für Agrarwirtschaft genehmigt werden (Tel. 2409702). Hunde und Katzen werden darüber hinaus einer bis zu zweimonatigen Quarantäne unterzogen. Devisen (Fremd- und Landeswährung) dürfen unbeschränkt ein- und ausgeführt werden, wenn sie deklariert wurden.

In Mauritius sind einige Pharmaprodukte Einfuhrbeschränkungen unterworfen, daher ist ratsam, für mitgeführte Medikamente ggf. ein ärztliches Rezept und die Originalverpackung mitzuführen.

Ausfuhr aus Mauritius: Die EU-Reisefreigrenzen bei der Rückkehr aus Afrika lauten: Bei der Einreise dürfen pro Person 200 Zigaretten, 2 l Wein, 1 l Spirituosen, 50 g Parfüm und 500 g Kaffee zollfrei eingeführt werden. Die Freigrenzwerte liegen bei 430 Euro für Personen ab 15 Jahren und bei 175 Euro für Kinder bis 15 Jahren. Es besteht Einfuhrverbot für alle Fleischprodukte aus afrikanischen Ländern.

Die EU praktiziert eine strenge Anwendung des Washingtoner Artenschutzabkommens. Die Einfuhr von geschützten Produkten und Trophäen, wie Reptillederprodukte, Schildkrötenteile, Muscheln etc. ist verboten. Vorsicht ist vor angeblich echten CITES-Zertifikaten geboten (Ausfuhrgenehmigungen), die manche Händler ausstellen, denn diese werden vom EU-Zoll nicht anerkannt, wenn es sich um streng geschützte Produkte handelt. Weitere Informationen zum Thema Artenschutz und Zoll erhalten Sie im Internet unter www.zoll.de/index.html und www.artenschutz-online.de.

Wichtige Adressen und Hinweise zur Reisevorbereitung

Diplomatische Vertretungen in Europa

Botschaft der Republik Mauritius:
Kurfürstenstr. 84, 10787 Berlin.
Tel. 030- 2639360, Fax 26558323,
email: berlin@mauritius-embassy.de,
www.mauritius-embassy.de.
Mo-Fr 9-16:30 Uhr
Zuständigkeit für Deutschland und Österreich

Botschaft der Republik Mauritius:
Ambassade de Maurice, 127 Rue de Tocqueville, 75017 Paris, Frankreich.
Tel. +33-1-42273019, Fax 40530291,
email: ambassade.maurice@online.fr
und amb-maurice-paris@gofornet.com.
Mo-Fr 9-13 und 14-17 Uhr
Zuständigkeit für die Schweiz

Honorarkonsulate

Honorargeneralkonsulat der Republik Mauritius: Dr. Johannes Kneifel,
Landwehrstr. 10, 80336 München,
Tel. 089-555515, Fax 553504
Di/Mi/Do von 10-13 Uhr
Bundesländer: Bayern, Hessen

Honorarkonsulat der Republik Mauritius:
Claus Securs, Wasserstr. 3, 40213 Düsseldorf,
Tel. 0211-136290, Fax 132504
Di/Mi/Do von 10-17 Uhr
Nordrhein-Westfalen, Bremen, Hamburg, Niedersachsen und Schleswig-Holstein

Honorarkonsulat der Republik Mauritius:
Wolfgang Eberspächer, Hirschstr. 22,
70173 Stuttgart, Tel. 0711-6071558,
Fax 60661050
Mo-Do von 10-12, 14-16 Uhr, Fr 10-12 Uhr
Baden-Württemberg, Rheinland-Pfalz, Saarland

Honorarkonsulat der Republik Mauritius:
Dr. P. Freissler, Führichgasse 6/16, 1010 Wien,
Österreich, Tel. +43-1-5132274, Fax 5132273

Diplomatische Vertretungen in Mauritius

Deutschland, Österreich und die Schweiz unterhalten keine eigenen Botschaften in Mauritius, werden aber durch Honorarkonsulate vertreten.

Honorarkonsulat der Bundesrepublik Deutschland: Rainer Götze, Honorary Consul, Royal Road, St Antoine, Goodlands.
Tel./Fax 2837500,
email: germanconsul@intnet.mu
Mo/Mi/Fr von 9-12:30 Uhr

Honorarkonsulat der Republik Österreich:
MSC House, Old Quay 'D' Road, Port Louis,
Tel. 2026868, Fax 2174747,
email: rene.sanson@msc.mu

Honorargeneralkonsulat der Schweiz:
M. Poncini, 2 Jules Koenig Street, Port Louis,
Tel. 2088763, Fax 2103347,
email: swiss.consul@intnet.mu

Übergeordnet für Deutschland ist die Deutsche Botschaft in Madagaskar:
101, Rue du Pasteur Rabeony Hans (Ambodirotra), Antananarivo 101, Madagaskar, Tel. +261-20-2223802, Fax 2226627,
email: info@antananarivo.diplo.de,
www.antananarivo.diplo.de

Touristeninformation

Informationsstellen in Europa

Mauritius Tourism Promotion Authority: c/o **Aviareps Tourism GmbH**, Josephspitalstr. 15, 80331 München, Tel. 089-552533410, Fax 552533489, www.tourism-mauritius.mu, email: mauritius@aviareps.com.

Mauritius Informationsbüro:
Hering Schuppener, Unternehmensberatung für Kommunikation, Grüneburgstr. 64, 60322 Frankfurt /Main.
Tel. 0700-628748487, Fax 069-92187431, email: mauritius@heringschuppener.com, www.mauritius.net. Mo-Fr von 14-16 Uhr

Informationsstellen in Mauritius

MTPA: Mauritius Tourism Promotion Authority: 4-5th Floor, Victoria House, St Louis Street, Port Louis, Tel. 2101545, Fax 2125142, email: mtpa@intnet.mu, www.tourism-mauritius.mu

Weitere Zweigstellen in Mauritius:
SSR International Airport, Tel: 6373635
Trou d'Eau Douce, Maho, Tel: 4800925
Auf Rodrigues: Port Mathurin, Tel: 8320866, Fax 8320174, email: info.rodrigues@intnet.mu, www.tourism-rodrigues.mu

Internet: Informative Websites

www.gov.mu
Offizielle Website der Regierung

www.caudan.com
Website der Caudan Waterfront

www.fftourist.com
Website der Tourist Info in Flic en Flac

www.jummahmasjid.org
Website der größten Moschee von Mauritius

www.mauritius.li
Private Website mit vielen Infos zu Mauritius

www.mauritian-wildlife.org
Website der Mauritian Wildlife Foundation

http://www.caselayemen.mu/
Website des Casela Yemen Naturparks

www.auswaertiges-amt.de
Website des dt. Auswärtigen Amts

Welcome to Mauritius / *Bienvenue à Maurice*
International Disembarkation Card /
Fiche de Débarquement International
(Regulation 23 of the Passports Regulations 1969)

Flight number / *Numéro de vol* — Sex / *Sexe* — Male ☐ *Female** ☐
Family name / *Nom*
First name(s) / *Prénom(s)*
Date and Country of birth / *Date et pays de naissance* — D/J M Y/A
Nationality / *Nationalité*
Occupation / *Profession*
Permanent address / *Adresse Permanente*
Temporary address in Mauritius / *Adresse temporaire à Maurice*
Telephone number in Mauritius (if known) / *Numéro de téléphone à Maurice (s'il y en a)*
Passport number / *Numéro du Passeport*
Date of issue / *Date de délivrance*
Issuing State / *Autorité ayant délivré le Passeport*

Port of embarkation / *Lieu d'embarquement*......

Purpose of visit to Mauritius/*Motif du voyage à Maurice**
Holiday/*Vacances* ☐ Visit Relatives/Friends / *Visite à des Parents/Amis* ☐
Business/*Affaires* ☐ Conference/Official Mission *Conférence/Mission officielle* ☐ In transit/*En transit* ☐
Employment/*Emploi* ☐ Education/*Éducation* ☐ Others/*Autres* ☐
Intended length of stay in Mauritius / *Durée probable de séjour à Maurice*......

Accommodation during stay/*Hébergement pendant votre séjour**
Hotel / *Hôtel* ☐ Boarding House/*Pensionnat etc* ☐
Residence of Relatives/Friends/*Parents/Amis* ☐

Please indicate countries in Asia, Africa or South America where you have been during the last six months.
......
Veuillez indiquer les pays en Asie, Afrique ou Amérique du Sud où vous avez été durant les six derniers mois.
......

DECLARATION/*DÉCLARATION*
The information I have given is true and complete. I understand that I shall commit an offence if I fail to fill in the card or knowingly give false information.
Je déclare qu'à ma connaissance tous les renseignements que j'ai fournis sont exacts et complets. Je suis conscient que le fait de ne pas remplir cette fiche ou toute fausse déclaration de ma part pourrait entraîner des poursuites pénales.
SIGNATURE...... DATE......

* Please tick ☑ appropriate box, where applicable
Cochez la case appropriée ☑

Mietwagenagenturen

in Deutschland

Indian-Ocean-Travel Ltd: Harald Buchholzer, Exerzierplatz 3a, 97072 Würzburg, Tel.0931-8096273, Fax7940851, email: mail@mietwagen-mauritius.de www.mietwagen-mauritius.de und www.maki-car-rental.com
Guter Service, günstige Preise und eine unkomplizierte Abwicklung zeichnen diesen Anbieter aus.

CarDelMar Ferienautovermietung: Spaldingstr. 77, 20097 Hamburg, Tel. 0 40-18048360, Fax180483699, email: kontakt@cardelmar.com, www.mietwagen-auskunft.de und www.cardelmar.de

in Mauritius

Ebrahim Travel & Tours: Royal Road, Grand Baie, Tel. 2637845/1454, Fax 2690272, email: gbcar@intnet.mu, www.gbccar.mu

ABC Car Rental: Albion Docks Bldg., Trou Fanfaron, Port Louis, Tel. 2428957, 2163805, Fax 2428958, email: abccar@intnet.mu, www.abc-carrental.com

Avis Rent A Car : Al Madina Road, Cassis, Tel. 20811624/2086031, Fax 2111420, email: avis@avismauritius.com, www.avismauritius.com
Avis Rent A Car ist auch auf Rodrigues vertreten: am Flughafen unter Tel. 8328100, in Port Mathurin unter Tel. 2086031 und im Cotton Bay Hotel unter Tel. 8318001.
Im Angebot sind ausschließlich Pickups, der Tagessatz liegt bei 35- 45 Euro, für einen Allrad-Pickup bei 50 Euro.

Hertz Rent A Car: 84 Gustave Colin Street, Forest Side, Curepipe, Tel. 6704301, 6743696, Fax 6705910, 6743720, email: hertz@mautourco.com www.hertz.com/rentacar. Am Flughafen Tel. 6373219, Gratis-Tel. 8002333

Europcar: Avenue Michael Leal, Les Pailles, Tel. 2860143, Fax 2864705, www.europcar.com

National Car Rental: 217 Costal Road, Curepipe, Tel. 6701868, Fax 6702137, in Grand Baie Tel. 2637948, Fax 73541 und am Airport, Tel. 6378686, 6733240, 2101900, Fax 2112996, email: national@intnet.mu, www.nationalcar.com

Budget Rent a Car: S. Venkatesananda Street, 125 Rose Hill, Tel. 4579700, Fax 4541682, email: budget@budget.mauritours.net, www.budget.mauritours.net, www.mauritours.net

Kevtrav Ltd.: 3rd floor Discovery House, St. Jean Road, Quatre Bornes, Tel. 4654458, Fax 4643777, email: keltd@intnet.mu, www.kevtrav.com

Magic Sun Tours: 101 Trianon II Avenue, Quatre Bornes, Tel. 2946909, Fax 4667552, www.magicsun-mauritius.com

Sixt Rent a Car: 5 Avenue Bernardin de St. Pierre, Quatre-Bornes, Tel. 2509999, Fax 4271010, www.sixt.com/car-rental/mauritius

Mango Beach Tours: Mr. Nazim Allybukus, Tel. 7671411, Fax 2616007, email: mbt@intnet.mu oder über die deutsche Website www.mauritius-ferien.de

Reiseveranstalter

Es gibt in Deutschland eine Fülle von Reiseanbietern mit einem breiten Mauritius-Angebot in allen Preisklassen. Nachfolgend wird eine Auswahl genannt:

in Deutschland

FTI Touristik: Frosch Touristik GmbH, Friedenstraße 32, 81671 München, Tel. 089-25250, Fax 25256565, email: info@fti.de, www.fti.de

Jahn Reisen: REWE Touristik Gesellschaft mbH, Humboldtstraße 140, 51149 Köln, Tel. 02203-420, Fax 02203-42247, email: dialog@rewe-touristik.com, www.jahnreisen.de.
Pauschalreiseveranstalter

DERTOUR GmbH & Co.KG: Emil-von-Behring-Str. 6, 60439 Frankfurt, Tel. 069-958800, Fax 95881010, email: service@dertour.de, www.dertour.de. Großes Programm mit Pauschalreisen, aber auch Baustein-programmen, Flügen und Mietwagen.

Indian-Ocean-Travel Ltd: Harald Buchholzer, Exerzierplatz 3a, 97072 Würzburg, Tel.0931-66398490, Fax 66398491, email: mail@indian-ocean-travel.com www.iot-mauritius.de. Vermittlung von Ferienwohnungen, Bungalows und Villen

Annerose Thoms: Stüttinghauser Ringstr. 29, 58515 Lüdenscheid, Tel. 02351-664524, email: info@ferien-mauritius.de, www.mauritius-tipps.de. Vermittlung von Ferienwohnungen, Bungalows, Ausflügen.

Abendsonne Afrika: Zur unteren Mühle 1, 89290 Buch, Tel. 07343-929780, Fax 929781, www.abendsonneafrika.de. Vermittlung von Hotels, Bausteinen und Flügen.

Internet Travel Center: Meeschenstrasse 4, 26169 Friesoythe, Tel. 04491-7866610, Fax 7866614, email: kontakt@internet-travel-center.net, www.reisen-mauritius.net Internet-Reisebüro

Beachcomber Hotels:
Dianastrasse 4, 85521 Ottobrunn, Tel. +49 89 6298490, Fax +49 89 6096811, email: info@beachcomber.de, www.beachcomber-hotels.com

Trauminsel Reisen: Summerstr. 8, 82211 Herrsching, Tel. 08152-93190, Fax 931920, email: info@trauminselreisen.de, www.trauminselreisen.de.
Spezialist mit breitem Hotelangebot

Mauritius-Individuell KG:
Hauptstr. 11, 21614 Buxtehude, Tel. 04161-866790, Fax 8667916, email: info@travel-individuell.de, www.mauritius-individuell.com

Reiseagenturen in Mauritius

Rotourco: Port Mathurin, Place François Leguat, Tel. 8310747, Fax 8320747, email: rotourco@intnet.mu, www.rotourco.com. Mietwagen, Transfers, Flugvermittlung

Rodtours: Dependance von Mauritours, Camp du Roi, Tel. 8312249, Fax 8312267, email: rodtours@intnet.mu, www. mauritours.net/destination_rodrigues.htm

Grand Baie Tours & Travel: Route cotière, Irou aux Biches, Tel. 2655261, Fax 2655798, email: resa.gbtt@intnet.mu, www.gbtt.com Unterkünfte und Mietwagen

Veranda Resorts: Village Labourdonnais, Mapou, Tel: 2669700, Fax 2669797, email: veranda@veranda-resorts.com www.veranda-resorts.com

Mauritours: Siège Social, Rue S. Venkatesananda, B.P. 125, Rose Hill, Tel. 4679700, Fax 4541682, email: mauritours@mauritours.net, www.mauritours.net. Örtlicher Anbieter für Unterkünfte, Transfers, Mietwagen, Ausflüge

Ebrahim Travel & Tours: Tel. 4211597, Fax 2690272, email: gbcar@intnet.mu, www.gbccar.mu. Mietwagen und Touren

Mautourco Ltd.: 84 Gustave Colin Street, Forest Side, Tel. 670430, Fax 6743720, email: info@mautourco.com, www.mautourco.com und www.mttb.com. Großes Touristikunternehmen in Mauritius mit breitem Angebot

Expedition Tour Ltd.: Palma Road, La Ferme Street, Quatre-Bornes, Tel. 4275919, Fax 4275919, email: info@expeditiontour.com, www.expeditiontour.com
Spezialist für Individualreisen

Mauritius Guesthouse: Coastal Road, Pointe d'Esny, Mahébourg, Tel. 9319272, email: info@mauritiusguesthouse.com, www.mauritiusguesthouse.com

Solis Indian Ocean Ltd.: Old Pailles Road, Pailles, Tel. 2126918, Fax 2126919, email: info@solis-io.com, www.solis-io.com Rundreisen, Ausflüge, Mietwagen und Hochzeitsarrangements

Sunny Side Up Ltd.: Royal Road 25, Beau-Bassin, Fax 4653127, www.info-mauritius.com. Deutsche Vermittler von Unterkünften etc. mit Wohnsitz in Mauritius

Compnet Ltd: 1st Floor, 27 Mgr. Gonin Street, Port-Louis, Tel. 2108086, Fax 2108087, email: info@maurinet.com, www. maurinet.com. Örtlicher Reisevermittler

AHRIM (Association des Hôteliers et Restaurateurs de l'île Maurice): Die Vereinigung mauritischer Hoteliers hat eine sehr gute Website, auf der sie kleinere Hotelanlagen, inhabergeführte Gästehäuser, Bungalowanlagen und individuelle Unterkünfte auch für Selbstversorger vorstellt: http://authentic-hotels-mauritius.com

Auswahl einiger Getränkepreise in den Hotels (Mittelklasse bis Luxus)

Hotel (Standard)	Bier 0,33l	Wasser (1 l)	Softdrink	Rotwein (1 Fl.)
Le Prince Maurice (5+)	6,50 €	11,00 €	5,80 €	ab 38,00 €
Le Touessrok (5+)	4,50 €	6,40 €	3,60 €	pro Glas 10 €
Le Telfair (5)	4,40 €	5,80 €	3,30 €	ab 32,00 €
Lakaz Chamarel (4+)	3,30 €	4,70 €	2,40 €	ab 30,00 €
Touristenlokal	3,50 €	3,20 €	3,00 €	ab 35,00 €
Straßenkneipe	2,20 €	1,20 €	1,30 €	pro Glas 4 €
Supermarkt	0,90 €	0,50 €	0,70 €	ab 8,00 €

Dankeschön! Wir danken Ludwig Eineder und Sigrid Valérien
für die freundliche Bereitstellung des Fotos Chamarel Falls auf S. 169.

Glossar:	**Typische Ausdrücke in Mauritius**
Hotel:	In Kreol bedeutet „hotel" sowohl Hotel als auch „Gaststätte"
Kiosk:	Überdachter Unterstand, oft mit Sitzgelegenheit, in den Naturparks
Tea Hotel/Tea House:	Gaststätten, in denen kein Alkohol ausgeschänkt wird
Bassin	Kleiner See
Chambre d'Hotes	Familiäre Frühstückspension
Filaos	Kasuarine (Tropenbaum)
Gite	Unterkunft zur Selbstversorgung
GAB	Franz. Bezeichnung für ATM (Automat zur Bargeldauszahlung)
Kovil	Tamilischer Tempel
Maskarenen	Die Inseln Mauritius, Reunion und Rodrigues
MWF	Mauritian Wildlife Foundation
Sega	Mauritischer Nationaltanz
Taxi-Train	Sammeltaxi mit fester Route innerhalb der Städte

Verwendete Abkürzungen

EZ Einzelzimmer	**DZ** Doppelzimmer	**AI** All Inclusive-Angebot
VP Vollpension	**HP** Halbpension	**ÜF** Übernachtung mit Frühstück

Literaturtipps & Quellennachweis

- Grandjot, W.: Reiseführer durch das Pflanzenreich der Tropen. Kurt Schroeder Verlag, 1981
- Sinclair, Ian: Birds of Africa. Struik Verlag, South Africa, 2003
- Slupetzky, Stefan: Der Segatanz unter dem Flammenbaum. Erhebungen in Mauritius. Picus Verlag, 2005
- Le Clezio, J. M. G.: Der Goldsucher. Roman. Handlung spielt in Mauritius und Rodrigues. Kiepenheuer & Witsch Verlag, 2008
- Le Clezio, J. M. G.: Revolutionen. Roman. Die Handlung spielt in teilweise Mauritius. Kiepenheuer & Witsch Verlag, 2006
- Le Clezio, J. M. G.: Ein Ort fernab der Welt. Roman. Die Handlung spielt in teilweise Mauritius. Kiepenheuer & Witsch Verlag, 2000
- Pitot, Geneviève: Der Mauritius-Schekel. Detaillierter Bericht über die jüdischen Häftlinge auf Mauritius 1940-1945. Hentrich & Hentrich Verlag, 2008
- Mauritius-Reunion: Merian, Jahreszeiten Verlag, 2003
- NgCheong-Lum, Roseline: Cultureshock! Insidertipps für Touristen und Arbeitsimmigranten in Mauritius. Marshall Cavendish Editions, 2006
- Sinclair, Ian: A Photographic Guide to the Birds of the Indian Ocean. Struik Verlag, South Africa, 2008
- Bernadin de Saint-Pierre: Paul und Virginie, Verlag Die Waage, 2000

Landkarten

Alle erhältlichen Karten sind leider nicht mehr auf dem aktuellen Stand; die beiden Karten von ReiseKnow-How und freytag&berndt sind darüber hinaus inhaltlich identisch.

- Mauritius, Réunion, Rodrigues: freytag&berndt, 1 :80 000, Auto- und Freizeitkarte
- Mauritius, Réunion, Rodrigues: ReiseKnow-How Verlag, 1 :90 000
- Mauritius, Réunion: Hildebrands Urlaubskarte, 1 :125 000

Bibliografische Information der Deutschen Bibliothek
Die Deutsche Bibliothek verzeichnet diese Publikation in der
Deutschen Nationalbibliografie: Detaillierte bibliografische Daten
sind im Internet abrufbar über http://dnb.ddb.de.

Liebe Leserinnen und Leser,

Danke, dass Sie unseren Reiseführer ausgewählt haben.
Wir freuen uns darauf, Ihre Meinung zu diesem Mauritius-Reiseführer zu erfahren.
Bitte schreiben Sie uns, wenn Ihnen Veränderungen und Korrekturen auffallen, gerne auch Tipps und Verbesserungsvorschläge, damit dieser Reiseführer auch künftig aktuell und leserfreundlich bleibt.

Alle Angaben und Daten in diesem Reiseführer wurden gewissenhaft recherchiert. Dennoch sind diese Angaben und Preise häufigen Veränderungen unterworfen, auch mögliche Auslassungen sind nicht völlig auszuschließen.
Für eventuelle Fehler können der Verlag und die Autoren keinerlei Verpflichtung oder Haftung übernehmen.

Impressum

5. aktualisierte Auflage 2015

Volkartstraße 2, 80634 München, Deutschland
Tel. ++49-89-16783783 Fax ++49-89-1684474
email: info@hupeverlag.de
Internet: www.hupeverlag.de

Text: Ilona Hupe, Manfred Vachal
Fotos: Manfred Vachal, Ilona Hupe
Karten & Grafiken: Manfred Vachal
Layout & Design: Ilona Hupe
Druck: freiburger graphische betriebe GmbH & Co. KG
Bebelstraße 11, 79108 Freiburg, Deutschland

Printed in Germany
ISBN (13) 978-3-932084-62-1 / (10) 3-932084-62-4 [19.90 Euro]